美国货币与财政史

1961—2021

A MONETARY AND FISCAL HISTORY
★★★★★★★★ OF THE UNITED STATES

ALAN S. BLINDER

[美] 艾伦·布林德　著

黄文礼　游春　马可嘉　译

上海人民出版社

译者序

我们三位长期从事金融实务和金融教学研究工作。从事翻译工作,是我们的业余爱好。这么多年,我们已经翻译了多个大部头的英文金融著作。在繁忙的工作之余,我们致力于金融著作的译介工作,主要是基于当前金融业快速发展,新的理论和业务不断呈现,国内的金融业务需要前沿的理论和实务经验借鉴指导。基于此,我们翻译了这部著名的金融史著作。

在翻译此书的过程中,我们常常感叹历史经验总能以其独特的纵深视角给予当下以启示。本书将美国的财政政策与货币政策的协同与决策很好地结合,两者的每一次重大决策,作者都详细地交代了政策出台的背景和各类决策关键人物的关系,以及对政策出台和实施后的效果进行了相对客观的描述和评价,它不仅是美国财政和货币政策变迁的记录,更是对未来的镜鉴。掩卷之际,这部著作带来的不仅是知识的充盈,更是认知维度的拓展。

终于在完成本书的翻译工作之时,我们发现这部著作的价值不仅在于其填补了美国 20 世纪中后期到 21 世纪上半叶金融制度变迁与演化研究的学术空白,更在于它成功构建了一个理解现代国家财政货币政策协同的新范式。在这个范式里,财政能力是主权建构的物质基础,货币制度是权力运行的技术载体,而金融市场则是国家与社会互动的中介空间。当下数字经济重塑金融基础设施、主权货币竞争进入新维度之际,这种历史制度主义的分析视角显得愈发重要。本书对所有关注国家治理现代化、货币主权演进、金融监管创新的研究者来说是不可绕过的重要文献,它用坚实的历史叙事告诉我们:制度演进没有终极答案,但理解过去能为应对未来提供最可靠的罗盘。美国财政货币史告诉我们:真正的制度创新,永远发生在历史经验与未来想象的碰撞之处,而理解过去,正是为了在变革的狂潮中锚定方向。

作为一项学术性的公益工作,没有挚爱和热情是无法完成这项耗时庞大的工作的,在翻译的过程中,我们三位相互打气,定期沟通讨论,最终在耗时两年之后交出了完整的译稿。感谢在翻译本书的过程中,上海人民出版社编辑钱敏女士、王琪先生给予我们翻译上的指导,以及与我们不厌其烦的沟通。正是他们的催促、鞭策和鼓励,本书才得以顺利与读者见面。也正是他们仔细认真的编校工作,订正了译稿中不少的错误之处,让译稿增色不少。

最后,译者也十分感谢我们的家人、朋友和同事给予我们的关心与支持。他们的关注是译者完成这项公益工作的最大动力。当然,本书肯定还存在不少错漏问题,也欢迎敬爱的读者给予我们积极的反馈。

译 者

乙巳年仲夏于上海龙华

目　录

引 言

忘记过去必定会重蹈覆辙。

——乔治·桑塔亚纳

这句话自 1905 年乔治·桑塔亚纳(George Santayana)写下以来已经被重复了许多次,以至于变成了陈词滥调。但我们要记得,陈词滥调往往蕴含着重要的真理。(据称是)马克·吐温的断言"历史不会重复,但它往往前后呼应"[1]可能更加准确。遗憾的是,许多经济学家和政策制定者并不太擅长根据历史经验制定政策。这本书旨在于这方面为你提供帮助。

在过去的 50 多年时间里,我作为一名经济学家学到的一件事是,我的同行们似乎往往倾向于忘记或忽视过去。当然在纯粹的理论世界里,这种记忆的缺失可能并不是什么严重的问题。毕竟,经济学的理论浪潮总是在迅速更迭的,所以通往学术成功最可靠的途径是赶上最新的浪潮,而不是回顾过去。然而,在这个由政策建构出的世界里,健忘会引致错误的发生,甚至有时会产生令人悲痛的严重后果。我想,这正是桑塔亚纳在选择"重蹈"一词时的想法。

政策制定者及其经济顾问所面临的两难抉择是:他们需要抵制类似的"理论浪潮",同时也须避免深陷过去之中。把握好其中的分寸是将经济学的科学性与其艺术性相融合的关键之一。有时这两者之间融合的效果很好,但现实往往不尽如人意,这也是本章中我所强调的主要内容。

本书轻经济理论,你会发现书中的方程式比渡渡鸟还罕见。但那些关于货币和财政政策在理论和实证中的争议都在本书中得到了合理的解释。此外,宏观经济政策思想的部分演变总是包含着理论发展,甚至有时是由理论发展所推动的。因此,宏观经济理论在历史叙述中所发挥的作用不容置疑。

话虽如此,本书仍应归为一部历史著作,而非理论著作。所以我尽可能地避免在理论上浪费过多笔墨,而将重点放在对政策决策产生重要影响的理论发展上。例如,你会在本书中找到很多关于货币主义、理性期望,甚至供给侧经济学的信息,却很少出现那些流行话题(当然只在经济学者中!),如李嘉图等价、时间不一致和价格水平决定的财政理论。据我所知,这些(及其他)话题对实际的政策制定几乎没什么影响。

学界与政界总会相互影响,本书所涵盖的 60 年期间当然也不例外。思想领域的发展(通常来自学术界)有时会对政策领域产生重大影响,而真实世界(包括政策领域)也会从另一方面推动学术的发展。自然,这种双向互动也是本书的另一个主题,包括它的反面也是我们将要探讨的:政策制定者们故步自封,而学者们只做象牙塔里的读书人。

另一个更重要的分主题则是政策和政治之间的互动。在货币政策领域,由于美联储通常独立地设定短期利率和其他政策工具,政治问题几乎已成为次要问题了——当然仍有一些值得注意的例外(比如理查德·尼克松和阿瑟·伯恩斯)。技术官僚(主要是经济学家)制定政策决策。

但财政政策的情况就不尽相同了。在该领域一些被公开讨论的政府预算问题总是被关注的重心,政治主导着一切。尽管人们寄希望于那些民选政治家,期待他们能在结合实际的基础上利用经济学思维做出政治决策,但往往这些政治家会受到一种(对经济学家而言)陌生的思维模式的影响——我称它们为"政治逻辑",以区别于亚里士多德逻辑(Blinder 2018)。不可否认的是,在历史上任何财政政策都需要对政治局势进行深入挖掘。如果在撰写美国财政政策的历史时忽略了政治,那就不仅是漏掉了丹麦王子,还漏掉了奥菲利亚、莱尔特斯和波洛尼厄斯*。

所以,尽管我尽力在书中强调经济学而非政治,你仍会在本书中看到有关财

---

* 《哈姆雷特》中的人物。——译者注

政政策的大量政治讨论。有关于此，我理应在正文之前与各位读者说明，长期以来我一直是中左翼民主党人。然而，在写这本书的时候（与我写专栏时不同），我努力把我个人的政治观点降为第二位或第三位。政策制定过程中那些存在争议的地方我也并不回避，而是尝试让读者了解双方的论点——但我可能在言语之中无意地添加了些许个人色彩。

本书旨在为两类读者服务。一类是我的经济学家同行，或者至少是那些希望学习一些历史的人，可能他们在研究生阶段并没有接触到这方面的知识，同时也可能因此没有把这方面的知识教给他们的学生。这部分读者可以选择只浏览本书的选定部分，之后只在需要时将本书作为参考。

另一类是对经济政策，或至少对宏观经济政策感兴趣的一般读者。过去的历史是如何塑造了现今人们对货币和财政政策的态度、选择和争论？哪些是有效的，哪些是无效的，背后的原因又是什么？针对这类特定的读者，这本书是按时间顺序而非主题分类进行讲述的，时间线从 1961 年开始一直持续到 2021 年底。所以我们应该把它当作一个连续的真实故事去读，至少肯定不是杜撰的。

起这个标题并不是临时起意，而是有意向米尔顿·弗里德曼（Milton Friedman）和安娜·施瓦茨（Anna Schwartz）的《美国货币史（1867—1960）》（Princeton University Press，1963）一书的致敬。这本书是货币主义学说及人们目前对大萧条的观点的来源。与其相比，本书的标题有两处变动。首先，我讲述的是 1961 年，也就是他们的时间节点后开始的故事。虽然我绝非货币主义者，但我也不想与弗里德曼和施瓦茨的鬼魂进行辩论，所以这本书并非他们作品的续集。

其次，也是更重要的一点，在标题中插入"财政"一词反映了本书在重点上的变化。这部作品讲述了 60 年间货币和财政政策相生相克，又相辅相成的故事，他们共同对抗着美国的衰退、失业和通货膨胀。可能有人会说，在 1961 年之前，美国就没有所谓"财政政策"，但我不打算参与这场争论，因为可以确定的是，至少从那时起有了很多财政政策，这一点至关重要。

一个人的暮年几乎鲜有什么优势，除了书写历史。1963 年秋天，我作为普林斯顿大学的一名大一新生开始学习经济学，也就是说我几乎经历了这里讲述的所有事件——不仅经历了它们,还观察了它们,有时甚至参与其中。自从 40 多年前我写了第一篇专栏文章(Blinder 1981a)以来,我就一直在写关于经济政策的文章。几十年里,我担任过许多美国政策制定者的非正式顾问,这其中包括几位总统候选人,并在 1993 年至 1994 年成为比尔·克林顿总统最初的经济顾问委员会的成员。大约一年半的时间后,也就是 1994 年开始至 1996 年间,我担任了美联储副主席,短暂地成为一名真正的政策制定者。从那时起,我就与许多美联储政策制定者及民主党的经济学家(甚至一些共和党人!)保持了密切的接触。因此,这本书中叙述的部分历史是基于第一手经验,另外很大一部分信息则是基于那些与我密切联系的间接来源。

最后,虽然凯恩斯主义是一个被过度使用,有时甚至被滥用的形容词,但我的宏观经济框架无疑是凯恩斯主义的。可能你会感到惊讶,但你想理解历史的话难道还能是别的选择吗? 在这本书所涵盖的几十年时间里,与凯恩斯主义对立的学说层出不穷:货币主义、新古典经济学、供给侧经济学等。但只有凯恩斯主义保存了下来。那些竞争性学说有些因自身的局限而跌落神坛(例如,货币主义),另一些的生命力则在凯恩斯主义传统中得到了延伸(例如,理性预期)。凯恩斯主义经济学起源于 1936 年,由约翰·梅纳德·凯恩斯提出。虽然 2021 年凯恩斯主义经济学的内容与初创时相比已经发生了很大变化,但其家族的相似性仍然存在。正如可能是马克·吐温所说的那样,它是呼应的。

致谢

这本书代表了我在宏观经济学领域的人生旅程,因此我首先要感谢我的数十位老师、同事,数千位学生,以及一些记者,他们帮助我更深入地思考这些问题。育人的过程同时也能帮助我自己更好地学习。在这篇手稿逐步形成的过程中,我的朋友本·伯南克(Ben Bernanke)、迈克尔·博尔多(Michael Bordo)、威廉·达德利(William Dudley)、巴里·艾肯格林(Barry Eichengreen)、菲里普·

弗里德曼(Philip Friedman)和罗伯特·索洛(Robert Solow),以及普林斯顿大学出版社安排的三位优秀匿名审稿人对初稿的评论与建议都让我受益匪浅。尽管几位对手稿中的某些内容可能不以为然,但我认为(观点的碰撞)一定是有益的。他们不应被我的观点影响。

我也要感谢斯蒂芬妮·胡(Stephanie Hu)在研究过程中方方面面的悉心协助,她拥有获取几乎不可能找到的信息的神奇能力。还有威尔·麦克卢尔(Will McClure)和雪莉·伦(Shirley Ren)在时间紧迫时帮助我制作这本书中的许多图表。在整个过程中,我的长期助手凯瑟琳·赫尔利(Kathleen Hurley)十分出色,她细心监督每一个细节,帮我避免了许多错误,并为图表制作了参考文献和标题,总之她一如既往地保持着严谨的工作态度。

由于新冠肺炎疫情暴发,写这本书所花的时间比预计的要长。在这过程中,我受益于普林斯顿大学的课余时间、普林斯顿大学公共和国际事务学院的财政支持,以及格里斯沃尔德经济政策研究中心的研究支持。非常感谢他们。

手稿快完成时,我就将其交到了普林斯顿大学出版社的能人手中,他们由乔·杰克逊(Joe Jackson,高级编辑)和乔什·德雷克(Josh Drake,编辑助理)领导,包括卡尔·斯普尔泽姆(Karl Spurzem,封面设计)、卡尔米纳·阿尔瓦雷斯(Carmina Alvarez,设计)和詹姆斯·施耐德(James Schneider,宣传)。普林斯顿大学出版社的工作人员在每个阶段都是非常善解人意且高效的,这大大降低了我的工作难度。威斯切斯特出版服务公司的工作人员处理手稿的技能、速度和反应能力给我留下了深刻的印象。还要特别感谢克里斯汀·玛拉(Christine Marra)、伊维特·拉姆齐(Yvette Ramsey)、朱迪安妮·斯克拉法尼(JodieAnne Sclafani)和特蕾莎·卡卡尔迪(Theresa Carcaldi)。我是一个常会和编辑争执的挑剔的作家,但是与克里斯汀和伊维特工作时却不是这样,我们相处得非常愉快。

但最深切的感恩要送给我的妻子,也是我的生活伴侣,玛德琳·布林德(Madeline Blinder)。我们的婚姻已经持续了近六十年,和本书的时间跨度几乎一样长。玛德琳不仅是一位充满爱心的伴侣,还在数个至关重要的决策中发挥了关键作用,使本书部分内容得以保留第一手资料的特性。参与本书的写作很大程度上要归功于她。简单的一句"感谢"远不能表达我的感激之情。

注释

1. 目前尚不清楚吐温是否曾经确切地写过这句话,但他表达过类似的想法。

第 1 章
新边疆的财政政策

> 现在,让我们来谈谈财政政策问题。传说比比皆是,而真相寥寥可数。
>
> ——约翰·F.肯尼迪(John F. Kennedy),耶鲁大学毕业典礼演讲,
>
> 1962 年 6 月 11 日

"新经济学"一词最早由媒体在 1962 年 6 月 7 日提出,彼时利用财政政策影响经济活动的想法已经过时。当天的新闻发布会上,总统约翰·肯尼迪承诺会要求国会"全面降低个人和企业税率,降低的税率不能被其他改革抵消——换句话说,就是净减税"(Stein 1969,407)。然而该税收提案历经多时才得以在政府内部形成具体计划,并越过重重障碍最终于国会中通过。1964 年 2 月,直到约翰·肯尼迪去世后,他的税收提案才终于被正式立法。不说全部,其中至少有部分原因是为了对这位被暗杀的总统致敬。该举措大获成功,很快受到了人们的赞誉,并在日后被称为"肯尼迪—约翰逊减税政策"。

当然,财政刺激这一做法并不新鲜,早在 20 世纪 30 年代就在瑞典被实施过(Türegün 2017),以及富兰克林·罗斯福在美国的新政中也实施过,尽管当时的规模相对于巨大的需求来说是杯水车薪。[1]另外,虽然也曾在"二战"期间大范围实行该做法,但显然这并不符合任何凯恩斯主义的推理。因此,"新经济学"并不像媒体所说的那样新,但它仍与德怀特·艾森豪威尔政府的财政政策大相径庭。

背景：艾森豪威尔和三次经济衰退

正如赫伯特·斯坦因(Herbert Stein 1969)在关于"财政革命"如何进入美国的权威历史中所论证的那样，艾森豪威尔和他的团队理解基本的凯恩斯主义思想，但由于政府不想偏离预算平衡，他们并不愿意在政策中使用凯恩斯主义。另外，艾森豪威尔将通胀与预算赤字联系起来，导致他对通货膨胀的担忧几乎达到了偏执的地步(Stein 1969，chap.11)。而事实是他在位期间的通胀率(以消费者价格指数[CPI]衡量)的平均水平仅为 1.4％。[2]在他任职的八年时间里，美国经济的平均实际增长率达到了令人赞叹的 2.9％，而通胀率能保持如此之低的一个原因是美国经济在此时期遭遇了三次衰退。

第一次衰退是在 1953—1954 年，基本上是由急剧的财政紧缩造成的。从某种角度来看，这次衰退其实是从战时过渡到和平时期的正常调整：随着朝鲜战争的结束，联邦国防开支大幅下降。但是，没有必要把它与非国防开支的下降联系起来——除非你是被牢牢钉在"平衡预算"这根柱子上了。艾森豪威尔就是如此。

与第一次衰退的原因不同，1957—1958 年和 1960—1961 年的经济衰退不能直接归咎于艾森豪威尔政府。前者其实是全球经济增长放缓过程的一部分。虽说货币紧缩(用于对抗通胀)的政策在当时也得负一定责任(因为通货膨胀仍是人们最担心的事情)，但它的角色其实在 1960—1961 年那次衰退更为重要。另外，提及本章的重点，美国政府和国会几乎没有采取任何措施来缓解这两次衰退。[3]1960—1961 年间经济逐步走向衰退的过程中，财政政策的不作为尤其值得注意，因为这使副总统理查德·尼克松感到十分懊恼，他没能成功说服政府实行财政刺激，随后又在 1960 年的选举中以微弱劣势输给了肯尼迪(Nixon 1962，309—310)。尼克松认为，经济衰退使他在 1960 年的大选中战败，而他很可能是对的。正如我们将在第 4 章中看到的，这一教训将永远令他铭记。

新边疆和减税政策

1961 年 1 月,肯尼迪取代艾森豪威尔成为总统后,人们的态度开始迅速转变,但你无法从 1960 年肯尼迪参加竞选时预料到这一点。这位来自马萨诸塞州的年轻参议员在竞选活动中承诺"让美国经济再次复苏",言下之意是这个国家在艾森豪威尔的领导下正停滞不前。然而,肯尼迪也是一名财政保守派,他认为这并不矛盾(Stein 1969,376)。这种财政保守主义在一定程度上是受到了家庭背景的影响——他家境优渥,父亲作为当时的华尔街巨鳄,使其观点明显带有金融圈的时代印记(Tobin 1974,19)。如果非要说有什么不同的话,可能尼克松在1960 年竞选中听起来比肯尼迪更倾向于凯恩斯主义。

出生于 1917 年的肯尼迪是在凯恩斯主义时代长大的,他非常富有好奇心,渴望聆听他邀请来华盛顿的专家们的意见。该顾问组由明尼苏达大学的沃尔特·赫勒(Walter Heller)领导,他是肯尼迪最初的经济顾问委员会(CEA)的主席。组内成员几乎都是慷慨激昂的凯恩斯主义者,这点可能不是巧合。

这个明星顾问组的一名成员是耶鲁大学的詹姆斯·托宾(James Tobin),他后来是诺贝尔奖得主,被肯尼迪聘为 CEA 成员。当时还发生了一件著名的"被拒"事件,刚当选的总统呼吁托宾加入新政府的时候,托宾一开始礼貌地回绝了:"恐怕你找错人了,我只是一个在象牙塔中的经济学家。"肯尼迪回答说,"那再好不过了,我是个在象牙塔中的总统"(Noble 2002)。(很容易想象肯尼迪在电话一头说这些话时,脸上浮现出他标志性微笑的样子。)托宾后来回忆说,正如那个小插曲,"就职典礼那天,他就像一个对经济一无所知,但却深感好奇的被行政楼里的教授们偏爱的学生"(Tobin 1974,24)。

那么,"新经济学"到底新在哪里? 当然不是新在基本的理论框架。其基本思想可以追溯到凯恩斯在 1936 年发表的通论。到 1961 年,凯恩斯主义已经跃升至标准理论的地位,至少在中左翼圈子里是这样。尽管当时的许多保守派谴责该思想是"社会主义的"。（他们对此的定义并不严谨。）赫勒后来指出，"1964年减税提议的逻辑依据来自该国战后的经济学教科书"（Heller 1966，72）。当时主流的教科书由麻省理工学院的保罗·萨缪尔森（Paul Samuelson 1948）编写，虽然他从未在华盛顿担任要职，却是肯尼迪经济学家团队中公认的知识分子领袖。

也许肯尼迪—约翰逊减税政策作为美国政府第一次有意公开实行凯恩斯主义的财政政策，是新经济学最重要和最明显的特征。尽管政府的这些想法并非首创，但对它的实行却是前无古人的。也正因如此，肯尼迪—约翰逊减税被视为一个政策上的分水岭。

在联邦预算处于赤字，经济呈复苏之态而非衰退的情况下，减税是一项革命性的举措。事实上，当时在经济顾问委员会工作的罗伯特·索洛（在私人信件中）向我回忆时说，肯尼迪的经济团队当时经历了激烈的心理博弈，认定财政赤字不会超过艾森豪威尔政府的最大赤字。这一点至关重要。

在肯尼迪的税收提案（proposals）[4]提出之前，人们认为反周期财政政策是为应对深度衰退而保留的紧急措施，比如罗斯福面临的经济形势。几年后，赫勒些许夸张地写道："约翰·肯尼迪和林登·约翰逊因此脱颖而出，成为美国总统中第一批现代经济学家。他们的政府很大程度上摆脱了那些古老神话和错误观点的误导，不再认为政府赤字总是与通货膨胀相连；政府支出的增加可能导致令人生畏的经济萧条；抑或是将政府债务累及子孙后代，是一种败德之行。"（Heller 1966，36—37）。如果赫勒还活着，看到时至今日这三个前凯恩斯主义观点依然存在（哪怕只是在口头上），一定倍感震惊。

虽然赫勒确实夸张了，但艾森豪威尔政府和肯尼迪政府之间似乎确实出现了明显的分歧。1972年在普林斯顿大学的一次演讲中，托宾回顾了他认为的新经济学"新"在何处，并列出了三个要点：

1. 提出"在恒定的目标失业率（新边疆主义者设定为4%）下，政府有能力并且应该有义务使经济保持稳定的实际增长"（Tobin 1974，7）；

2. 摆脱"对财政赤字的禁忌"（10）；

3. 寻求"货币政策的解放,使之与引导财政政策的宏观经济目标相一致。"
(11)

第一点是一种明确的倡导。该倡议起初是被赞扬的,后来却被嘲弄为"微
调"。赫勒在他(1966)的书中发出了更明确的呼吁,坚称在 20 世纪 60 年代初
(68),财政政策"变得更加激进大胆了"。事实上,他说的是:"我们现在理所当然
地认为,政府必须介入以保证稳定的高就业水平和增长率,这一点是市场机制无
法单独实现的"(9)。他补充说,这种必要的激进主义意味着"货币政策和财政政
策都必须持续进行,而不是随机而动"(69)。如今,已经很少有经济学家会如此
深刻地思考这个问题了。

第三个要点值得注意,因为在接下来的货币主义与凯恩斯主义的辩论中(见
第 2 章),托宾将发挥主导作用。但更值得注意的是它缺乏对(现在被奉为圣经
的)中央银行独立学说的忠诚。虽然站在现代的角度来看可能无法理解,但在当
时央行独立性确实并非神圣不容侵犯的存在,甚至连经济学家都这么认为。事
实上,总统 1964 年 1 月的经济报告曾警告美联储,"通过货币紧缩来取消减税刺
激是自掘坟墓"(CEA 1964,11)。密歇根大学的加德纳·阿克利在 1964 年 11
月取代赫勒担任经济顾问委员会主席,他更加直言不讳道:"我会尽我所能来减
少甚至消除美联储的独立性"(Meltzer 2009a,457)。现在的"阿克利"*一派绝
不会说这样的话,央行独立的观点早已深入人心。

美联储著名的货币主义者和历史学家艾伦·梅尔泽(Allan Meltzer)曾批评
美联储主席威廉·麦克切斯尼·马丁(William McChesney Martin)过于顺从。
"马丁陷入了政策协调的圈套,"梅尔泽声称。"他自愿牺牲美联储的部分独立性
以换取他在经济团队中的角色,好让他的观点和协调政策的措施有机会被总统
听见并采纳。"(Meltzer 2009a,445)。考虑到马丁随后与约翰逊间的冲突,这一
批判似乎显得过于尖锐了(见下文)。此外,政策协调真的是一件坏事吗,尤其是

---

*　这里的阿克利是指 Gardner Ackley,他在 20 世纪 60 年代提出了"政治不可预测定理",主张央行的
　独立性以避免政治干预对货币政策的干扰,他的观点对央行独立性的理论和实践发展有着深远的
　影响。——译者注

它并不意味着美联储会一味屈从于白宫？如果美联储看到即将大幅减税,它难道会不想相应地调整货币政策吗？接替阿克利担任经济顾问委员会主席的耶鲁大学的阿瑟·奥肯(Arthur Okun)对此做出了更为仁慈的评判:"美联储委员会在 1966 年表现出色,做出了明智的判断。更重要的是,他们有勇气迅速、果断地采取行动"(Okun 1970,81)。

我个人的看法——这也应该是历史上的共识——更接近于奥肯的观点。别忘了,在 20 世纪 60 年代初到中期的主流观念是,美联储将要且应该要"适应"扩张性的财政政策[5],即现代经济学所说的"财政主导地位"的早期版本。[6]在稳定政策方面,货币政策应起到后方保障作用,而不是在宏观调控中冲锋陷阵。肯尼迪也承认,他(用一个小技巧)记住了财政政策和货币政策之间的区别——"货币"和"马丁"都以字母 M 开头(Stein 1969,4)。

其实托宾提出的第二个要点才是真正棘手的政治问题。在当时,预算平衡的思想不仅存在,还是主流。这也让肯尼迪在预算已经处于赤字的情况下对提出过于激进的减税方案犹豫不决。尽管赫勒、萨缪尔森和托宾竭力从理智上说服了新总统,但是从国会得到的支持寥寥无几。甚至连他自己的财政部长、华尔街共和党人道格拉斯·狄龙(Douglas Dillon)也反对这个想法。(相比直接减税,狄龙更支持税收改革。)尽管现代读者很难想象,但在那个年代向国会兜售减税政策是一项艰难的工作!预算平衡如一股政治引力,不停吸引着政策向其倾斜。

尽管如此,肯尼迪总统还是决定将大幅减税作为他的新经济计划的核心。1962 年 6 月 7 日肯尼迪总统宣布减税时,表明了希望其能迅速在国会通过的意愿。可最终事与愿违,甚至差得很远。在当时非衰退的环境下实施财政刺激的想法不仅是革命性的,其至被认为是异端的。与此同时,国会和白宫还必须决定作为减税的配套措施的税收改革究竟应该改多少(最终税改程度很低),以及配合税法的支出削减又应该是多少(最终有一些),因为这两个决定都会影响税收对预算赤字的影响,从而影响该法案在国会的未来命运。最后,从政治角度来看,国会和政府必须解决减税的分配问题——每一方各得多少呢？同期还有一些其他的"小问题"的干扰,比如 1962 年 10 月的古巴导弹危机和 1962 年 11 月的中期选举！

肯尼迪的经济顾问委员会认为大约应该减税 100 亿美元——约占联邦所得税收入的 13％ 和国内生产总值（GDP）的 1.4％。这可以消除我们现在所说的 GDP 缺口，也即当时他们口中的"充分就业盈余"[7]。然而，这种宏观经济上的微妙之处不太可能波及太多的国会议员，他们其中很大一部分人对减税乐见其成，但骨子里仍是平衡预算的坚定拥护者。尽管如此，1964 年，在《税收法案》全面实施后，每年的联邦税收收入减少了约 115 亿美元，该数字接近经济顾问委员会的最初目标。

在 1964 年国会最终通过的法案是减税法案，而不是税收改革。它将个人的最高边际税率从 91％ 降低到"只有"70％（时代肯定已经改变了！），并将最低起征税率（非零）从 20％ 降低到 14％。它还将最高的企业税率从 52％ 削至 48％。[8]

如果乘数峰值是 1.5 的话，那么这种规模的减税预计将使实际 GDP 提高约 2.5％。可赫勒的经济顾问委员会所期望的远不止这些。按照斯坦因（Stein 1969，431—432）的说法，经济顾问委员会分析中的乘数更接近 3，而不是 1.5，其中可能假设了货币宽松。[9]因此实际 GDP 增长率（使用今天的数据）从 1963 年四个季度的 4.1％ 上升到 1964 年四个季度更合理的 5.2％（注意了，税收减免直到 2 月下旬才通过），但在 1965 年四个季度飙升至 8.5％。可见经济当时正高速发展。相应地，失业率也从 1963 年 12 月的 5.5％ 下降到 1964 年 12 月的 5％，到 1965 年 12 月又跌至 4％（见图 1.1）。彼时，肯尼迪团队的临时失业目标已经实现了。

然而，通货膨胀这边却迟迟没有动静。根据 12 月至 12 月同比消费者价格指数，通货膨胀率从 1963 年 12 月的 1.6％ 下降到 1964 年 12 月的 1.2％，随后在 1965 年间只上升到 1.9％（见图 1.1）。[10]"越南通货膨胀"事件直到 1965 年底才开始。

总的来说，1965 年的美国经济看起来像一场短暂美好的卡米洛特的梦*，新

---

　　* 这里的卡米洛特（Camelot）是指 1961—1963 年肯尼迪时代的政治和文化氛围，Camelot 通常被描绘成一个想象中的乌托邦，被认为是美国历史上的光辉时刻。——译者注

图 1.1　1960—1969 年失业率和通货膨胀率

资料来源:美国劳工统计局。

边疆主义的经济学家则相应地被视为天才一般的存在。正如当时经济顾问委员会成员奥肯所回忆的那样,"在华盛顿,一位经济学家声望的制高点很可能是在1965 年底达到的。在那样一个短暂的时期里,甚至连国会议员也会使用'教授'的称谓来表达尊重和认可"(Okun 1970,59)。20 世纪 90 年代中后期,我在华盛顿任职,一开始是在比尔·克林顿的经济顾问委员会,之后又就任于联邦储备委员会,可能很多人会认为这段经历对于经济学家而言会是一段巅峰,但我可以向你保证这远不及大家的预期。

肯尼迪的经济团队真的都是一群天才吗?经济顾问委员会有托宾,又有罗伯特·索洛和肯尼斯·阿罗(Kenneth Arrow)之辈(想象一下!),甚至还有保罗·萨缪尔森的场外支援,这就有四位诺贝尔奖获得者了。但新边疆主义者只是像教科书般的凯恩斯主义者一样行事。他们的领袖沃尔特·赫勒有着学界罕见的政治和媒体敏锐度。他非常了解美国政界的运作规律。

如前所述,肯尼迪的经济顾问委员会将后来被称为自然失业率的指标定为4%,该数值的确定虽是基于少量数据,但拥有理论支撑。在今天看来,国会预算办公室(CBO)估计当时的这个数字应该要高得多:1965 年第四季度为5.7%。若

CBO 现值计量的估计值接近真实值,美国当时应该已经有相当大的通胀缺口了。这意味着经济学家本应该预期到通货膨胀率的上升,虽然当时几乎看不出通胀。而他们事实上并没有。

客观地说,肯尼迪·约翰逊的经济团队确实无法预测随后发生的紧急军事集结,尽管他们确实比大多数人(包括美联储)更早听到风声,因为政府预算规划在越南相关的实际支出产生之前就已经历了激增。实际国防开支从 1965 年 4 季度到 1966 年 4 季度期间增加了 15%,随后从 1966 年 4 季度到 1967 年 4 季度期间又增加了 7%。[11]这一点很大程度上导致了经济过热到超过了充分就业的地步,通货膨胀率(基于 12 月至 12 月同比 CPI)在 1966 年和 1967 年都上升到3.3%,在 1968 年又上升到 4.7%(见图 1.1)。和今天一样,美国人当时也认为这个数字过高了。

沃尔特·赫勒(1915—1987 年)
新边疆者的领袖

沃尔特·赫勒来自明尼苏达大学,是 1961 年与肯尼迪总统一起来到华盛顿的经济团队中公认的的领头人。他的地位并非源于超群的智力——在这方面,和未来的诺贝尔奖得主(比如詹姆斯·托宾和罗伯特·索洛)相比他并不占优势——而是因为他的教学能力(广义上)、政治敏感度和措辞技巧。赫勒可能是历史上最有影响力的经济顾问委员会主席。他自称"总统的教育家",而自他以后很少有经济顾问委员会主席能这么称呼自己(Kilborn 1987b)。

赫勒出生在纽约的布法罗,父母是德国移民。他就读于奥柏林学院,并于 1941 年在威斯康星大学获得经济学博士学位。在那里任教了几年之后,他于 1946 年成为了明尼苏达大学的一员,在那里他早期的学术工作主要与税收有关。这段经历也使他在马歇尔计划实施之前和计划实施早期担任美国驻西德军政府税务顾问。后来在此期间又参与了帮助西德复苏的货币和税制改革。

赫勒与肯尼迪的相遇纯属偶然:明尼苏达州参议员休伯特·汉弗莱在 1960 年的一次竞选活动中为他们牵了线。两人聊天后,赫勒回到家给肯尼迪写了一份备忘录。其中的内容一定是非常特别的,因为后来刚当选总统的肯尼迪邀请赫勒教授担任经济顾问委员会的主席(TIME,1961)。按照肯尼迪的传记作家理查德·里夫斯(Richard Reeves 1993,26)的说法,这个选择出乎意料,"主要是因为他不是哈佛人或耶鲁人。肯尼迪周围已经有太多常春藤联盟成员了"。

作为可以在肯尼迪面前发表意见的激情澎湃的凯恩斯主义者,赫勒说服了这位年轻的总统在经济复苏和预算处于赤字的情况下提倡大幅削减边际税率。媒体将这一观点称为"新经济学"。后来,赫勒又帮助肯尼迪制定了自愿性工资价格指导方针,旨在在经济繁荣时控制通货膨胀。(只是实行起来缺了点运气。)

肯尼迪遇刺后,赫勒继续留在白宫,并向林登·约翰逊总统提出了"向贫困开战"(War on Poverty)。后来约翰逊坚持在不增加税收的情况下加大对越南战争的投入,而赫勒认为这样的政策会导致通货膨胀,于是选择在1964年11月提出辞职。凯恩斯主义思想有时要求扩张性财政政策,而有时则需要收缩性政策。政客往往不喜欢后者。而赫勒显然是位双面的凯恩斯主义者。

在白宫工作多年后,赫勒回到了明尼苏达大学,在那里他度过了他余下的职业生涯,但期间他也经常会去华盛顿。随后,他担任该校经济系主任,帮助其成为世界上最好的经济系之一。为了表彰他的贡献和杰出成就,明尼苏达大学以他的名字命名了校内的一座建筑。

因此,价格均衡性被打破的原因是经济学家(不论是当时的还是现代的)所认为的一种政策性错误:在已经达到(如果您相信4%)或远远超过(如果您相信5.7%)充分就业的经济体上堆积了大量的国防支出。敏锐的读者应该注意到了这与特朗普政府2017—2018年的财政政策选择的相似之处,尽管当时失业率接近4%(有关该事件的更多信息请参见第17章),国会仍然削减了税收并增加了支出。正如黑格尔(Hegel 1899,6)明智地观察到的那样:"经验和历史教给我们的是,人民和政府并不会参考前车之鉴,更别说按照从历史中习得的原则行事了。"

与此同时，回到美联储

在通货膨胀开始上升的同时，不稳定的经济繁荣便开始失去动力。从 1966 年 2 季度到 1967 年 2 季度的五个季度里，实际 GDP 的年增长率放缓至 2.4%——其中还包括了零增长的 1967 年 2 季度。在一些商业周期年表中，这一事件被称为"增长衰退"，这个词曾经是常用术语，但一旦真正的衰退开始重新出现，它似乎就从词典中消失了。那么，是什么减缓了经济增速呢？主要是货币政策，而不是财政政策（稍后会详细介绍）。

当时并非美联储主要政策工具的联邦基金利率，多年来一直呈缓慢上升的态势。尽管人们并没有注意到这一现象，但它确实从 1961 年夏天的 2% 上升到 1965 年 11 月的 4% 以上。虽然现在看来肯尼迪总统和约翰逊总统，甚至他们的经济顾问都没有注意到这点是不可思议的，但在那个货币供应更惹人关注的年代，M2 的增长（与我们今天所衡量的方式相同）[12] 并没有达到令人喜出望外的地步。[13] 此外，由于人们推测紧缩的经济本就会推高利率，因此美联储可能只是被动地，也可以说是过于被动地，放任市场利率的上升。

然而在早期，人们认为积极管理总需求增长的任务更多落在财政政策的职责范围之内。当时，联邦公开市场委员会认为自己是抵御通货膨胀的中流砥柱，而非负责指导经济走向的机构，因此也自然不需要负责适度调整经济（FOMC 1975，70）。直到 1977 年，《美联储法案》才明确规定了美联储承担维持低通胀率和低失业率的双重任务。

虽然当时大多数美联储官员不能被称为凯恩斯主义的践行者——事实上，马丁根本没有受过经济学训练——但他们明白，他们的部分职责正如主席马丁的著名格言所描述的："美联储……以一种监护人的身份在派对刚开始热闹起来的时候，就下令撤除酒杯。"[14] 随后在 1965 年，马丁和他的同事们觉得这个"派对"变得有些疯狂了。于是他开始公开谈论他的担忧，即由于越南战争的支出不断增加,经济面临过热的危险。[15]

1965 年 6 月,马丁在哥伦比亚大学的一次演讲中提出了难题,他大声疾呼,担心当前的经济和股市形势与 20 世纪 20 年代之间的"令人不安的相似之处"。天哪,1929 又来了? 这一想法让交易员后脊发凉,市场也随之下跌。而当时更棘手的是,马丁的演讲激怒了约翰逊总统,以至于约翰逊总统问他的司法部长是否可以合法地罢免美联储主席。(如果没有理由的话是不可以的。)

1965 年 11 月底,马丁警告当时约翰逊的财政部长亨利·福勒:美联储可能会在下次于 12 月 3 日召开的会议上投票决定提高贴现率。福勒在向约翰逊转达感恩节问候的同时,提出了一些总统并不需要的建议:"我们现在真的应该努力阻止他。"如前所述,央行的独立性远不及我们如今公认的标准。

约翰逊愤怒地回答说:"如果马丁想成为比德尔,我就准备成为杰克逊。"总统显然了解美国的货币历史。这里指的是 1833—1836 年安德鲁·杰克逊总统和美国第二银行总裁尼古拉斯·比德尔之间进行的所谓银行之战。这场"战争"的结局对比德尔来说很糟糕,并使得美国连续 78 年都没有中央银行。

马丁虽然警告他的同事说,美联储的独立性可能会受到威胁,但他并没有因此而退缩。12 月贴现率上调的提案以 4 比 3 通过,也就是说马丁投了决定性的一票。当时正在得克萨斯州农场术后疗养的约翰逊总统脸色铁青地把这位美联储主席召集到佩德纳莱斯河岸边参加了那场著名的烧烤派对。

我认为在烧烤派对中虽然供应的是得州的牛肉,但真正的目的是"炙烤"马丁。"马丁,"总统抱怨道,"我的孩子们在越南都快死了,你却不愿意把我需要的钱印出来。"美联储主席显然不为所动,他告诉约翰逊,总统和央行应该各司其职,《联邦储备法》中拥有制定利率权力的是美联储,而不是财政部。从一年后约翰逊提名马丁连任的结局来看,即使他当时再不情愿,还是被马丁说服了。而这毫无疑问是 60 年代的这场繁荣持续下去的原因之一。根据国家经济研究局公布的数据,美国经济增长史无前例地持续了 106 个月,一直到 1969 年 12 月才结束。

当时比尔·马丁已经担任美联储主席超过 14 年了,作为一个经济的观察者,他并不是唯一一个担心 1965 年和 1966 年经济过热和通货膨胀的人。约翰逊总统的经济顾问委员会中的凯恩斯主义成员亦是如此。经济顾问委员会后来由加德纳·阿克利担任主席,包括阿瑟·奥肯,他后来接替任了阿克利。

威廉·麦克切斯尼·马丁(1906—1998 年)
美联储任期最长的主席

威廉·麦克切斯尼·"比尔"·马丁,与后来的大多数美联储主席不同,并非经济学出身。从 1913 年美联储成立到马丁时代,美国总统并不认为正式的经济学培训对这个职位有多么重要,他们试图任命一个正直且有判断力的人(直到珍妮特·耶伦在 2014 年成为主席之前,美联储主席都是男性)。马丁正是这样的人,或者说远不止这些特质。你甚至可以说他就是为美联储而生的:他的父亲曾担任圣路易斯联邦储备银行总裁。

马丁在华尔街出色的职业生涯始于一家圣·路易斯的经纪公司 A.G.Edwards。仅仅两年后,他就成了一名正式的合伙人。到 1931 年,他在纽约证券交易所(NYSE)就有了一席之地。1929 年股市崩盘后,他在股市监管方面的工作经验使他成为纽交所理事会的成员,并在 31 岁时担任理事会主席。这一迅速崛起为他赢得了"华尔街奇迹"的称号。

第二次世界大战后,当时(1949 年)美联储试图从财政部独立,马丁进入政府部门工作,于财政部任职。(美联储在战争期间为了维持利率失去了独立性。)他遣散了当时参与美联储和财政部在 1951 年谈判的部分员工。紧接着杜鲁门总统就任命马丁为美联储主席,可能是他错以为马丁会帮助他让美联储再次顺从。

但事实证明,马丁是美联储独立的有效捍卫者,他与数位总统都发生了冲突——其中最著名的是 1966 年与约翰逊总统的冲突。尽管如此,正如在文中所指出的,约翰逊再次任命了马丁——就像杜鲁门、艾森豪威尔和肯尼迪在他之前所做的那样。马丁是一个真正的知名人士,是美联储历史上任职时间最

长的美联储主席。美联储在华盛顿的两座主要办公大楼之一就是以他的名字
命名的。[16]

虽然比尔·马丁以著名的"撤酒杯"妙语而闻名,但讽刺的是,在他担任美
联储主席的后期,通货膨胀率从 1.5％上升到了 5％以上。马丁对这部分货币
政策的遗留效果并不满意。

约翰逊的经济学家顾问认为,联邦政府有能力而且有义务削减民生支出或
增加税收,以抵消或至少缓解国防开支带来的总需求激增。用现在的话说,联邦
政府应该为激增的军费开支"买单"。但约翰逊拒绝削减开支,因为这会阻碍他
伟大的社会计划。对他来说,这将是枪"和"黄油 *。用他的话来说,"我决心同时
成为战争领袖和和平领袖。我拒绝让批评我的人强迫我选择其中一个。我两个
都想要"(Goodwin 1976,283)。约翰逊还拒绝增税,因为这会让选民直观地看
到越南战争所需的成本,从而削弱人们对战争的支持。因此,用奥肯的话来说,
"当局的经济学家带着痛苦和沮丧眼睁睁地看着财政政策偏离了轨道"(Okun
1970,71)。可惜,这并不是他们最后一次"痛苦和沮丧"的观望。

财政刺激转向财政约束(或至少减少刺激)的失败教训中,有三个原因值得
注意。最显而易见的是它为越战期间的通胀打开了大门:截至 1969 年,通货膨
胀率上升到了 6％(见图 1.1)。另外,虽然不及第一点明了,但对这本书的主题同
样重要的是,它使凯恩斯主义经济学受到了非议。批判者很快就会开始声称凯
恩斯主义的政策对通胀有偏见。据称,凯恩斯主义者主张与失业作斗争时采取
刺激措施,但却在与通货膨胀作斗争时并不主张克制。这一指控无论是当时还
是现在都是不正确的。但这些批评极大地推动了货币主义的兴起(见第 2 章),
即使在今天,货币主义学说偶尔也会发展。例如,两位经济学家批评了《冠状病
毒援助、救济和经济安全法案》的"凯恩斯主义"性质,这是为应对 2020 年经济衰
退而制定的第一个大型财政计划,他们写道:"我们目前最不需要的就是凯恩斯

---

　　* 经济学中用"枪或黄油"比喻政府开支在民生和军备之间的抉择,这里用"和"的连词形容约翰逊总
　　统想要两手抓的意图。——译者注

主义刺激。由于封锁限制了供给,刺激需求只会导致价格上升。"(Seru and Zingales 2020)他们在 2020 年错得一塌糊涂。持有类似观点的经济学家并不止他们两人。

最后,(在某种程度上)骰子被掷出了。理论上,财政政策应该是对称的。提高税收或削减支出以抑制总需求,相反削减税收或增加支出则用以刺激总需求。然而,在实践中,未来的财政政策只会用于扩大需求(只有极少例外)。当收紧需求成为当前经济的一种必要时,政策制定者转而投向货币政策,从而将责任从政治家转移到联邦储备局位于宪法大道的总部身上。[17]

我想这是种好的政治手段,但入门教材中会解释为什么从经济学角度来说这是种糟糕的做法。宽预算和紧货币往往会导致更高的实际利率,使得投资占 GDP 的比重降低,最终导致潜在 GDP 增速放缓。这正是 1965 年至 1968 年期间发生的事情。例如,企业投资份额占 GDP 的比例从 1966 年 1 季度约 18% 的水平下降到 1967 年 2 季度约 16%,而国会预算办公室估计在 1968 年之后,潜在的 GDP 增长将急剧下降。[18]

直到 1968 年 6 月增加税收被通过,财政"水龙头"才被关闭,但由于被明确表明仅是暂时的,该措施的威力被大大削弱了。[19]因此对抗通货膨胀的重任就落在了货币政策的肩上。如前所述,美联储在 1965 年 12 月提高了贴现率,到 1966 年 11 月,联邦基金利率上升到 4.1%。

1966 年发生的金融事件后被称为"信贷紧缩"。在那段时间里,货币政策的影响力大多源于由联邦储备委员会的 Q 条例带来的"去中介化",该条例规定了银行向储户支付的利率上限。Q 条例是当时为应对大萧条而制定的一项遗留产物,它基于一种老派的理论,即对存款的恶性竞争是 20 世纪 30 年代银行倒闭的主要因素。1980 年的《存款机构放松监管和货币控制法》分阶段削弱了这一监管的作用,进而削弱了货币政策的力量(但同时也使其不再那么扭曲),最终 2010 年的《多德—弗兰克法案》完全取消了 Q 条例。但在 Q 条例监管的鼎盛时期,包括 1966 年的信贷紧缩时期,每当市场利率超过监管上限时,银行和储蓄机构就会看到投资者转而将资金投入收益率更高的替代品,这一过程被称为"去中介化"。

这种对家庭流动资产的重新分配看似毫无道理。毕竟,这些资金并没有消失。但资金的流动对房地产行业产生了深远的影响,因为住房抵押贷款的融资来自银行和储蓄机构,而不是国债和货币市场工具,而且当时也还没有抵押贷款支持证券的存在。因此,任何一轮严重的去中介化都会使房地产市场陷入低迷。1966 年 1 季度至 1967 年 1 季度期间,住宅投资下降了 22%。

增长衰退的发生,甚至约翰逊对美联储的攻击,促使央行在 1967 年的货币政策有所放松。但更多的紧缩政策随后出台。到 1967 年 11 月,联邦基金利率高达 4.1%,最终在 1969 年 8 月达到 9.2% 的峰值(见图 1.2)。三个月后,失业率为 3.5%,美国经济于 1969 年至 1970 年陷入衰退,失业率升至 6%,为 1961 年末以来的最高水平。

图 1.2　1964—1970 年联邦基金利率

资料来源:美联储理事会。

此外,一个虽说现已过时的因素也促使美联储在 20 世纪 60 年代末和 70 年代初不时地收紧货币:黄金外流。美元——尤其是其 35 美元兑 1 盎司黄金的固定汇率——是布雷顿森林体系下固定汇率制度的关键。其他领先的工业国将本国货币与美元挂钩,例如,由于法国法郎的价值固定在 20 美分,法国实际上采用了 175 法郎每盎司的一种仿制“金本位”制度。然而,这里存在一个陷阱,那就是美元的国际汇率并不会在必要时下跌(比如即使是美国的通货膨胀率一再高于德国的情况)。相反,美国的国际收支赤字将扩大,原则上黄金会不断流出。

早在 20 世纪 60 年代,"黄金流出"的信号对美联储官员(或任何人)而言都是一记警钟。不断流失的黄金使人们认为利率将上升,这是在经典金本位制度下必然的情况。重要的是,黄金储备的损失是一个很现实的问题:从 20 世纪 50 年代末到 60 年代末,美国货币黄金存量稳步下降(图 1.3),直到 1971 年 8 月尼克松总统最终打破了美元与黄金的联系(第 4 章对此有详细介绍)。但黄金至少在肯尼迪—约翰逊政府时期对货币政策产生了潜在的影响。

（百万美元）

图 1.3　1950—1970 年美国货币黄金库存

资料来源:圣路易斯联邦储备银行。

本章总结

凯恩斯主义经济学的思想出现在新边疆时期的美国财政政策中。当时货币政策被视为次要政策,其主要工作是"适应"1964 年至 1965 年的减税政策。美联储的独立性也并非神圣不可侵犯。虽然从事实上说,美联储应保持独立性。1965 年美国经济的"软着陆"(失业率 4％,通货膨胀率低于 2％)在不久之后被越南战争规模的扩大打破了。这是一个典型的需求过剩案例,补救措施也非常明了:收紧货币和财政政策。然而,尽管美联储大幅提高利率,但货币和财政政策在抗击通货膨胀方面均未能跟上步伐,因此无法有效控制通胀。这也让约翰逊总统感到不悦。随着20世纪60年代的结束,美国进入了轻度衰退的阶段,但通货膨胀仍然是当时一大痛点。凯恩斯主义经济学被不公正地贴上了几十年来难以摆脱的标签:它会导致通货膨胀。

注释

1. E.卡里·布朗(Cary Brown 1956)一篇经典论文的结论是:"财政政策……在30年代似乎是一种不成功的复苏手段,不是因为它不起作用,而是因为没有被尝试。"

2. 本章及之后的章节中,我使用的是现代数据,而不是政策制定者当时会看到的实时数据,只有个别例外。但这些差异几乎无足轻重,而当它会产生影响时我都会标注出来。

3. 关于这段历史,请参见斯坦因(Stein 1969,第12—13章)。

4. 我在这里使用复数形式,是因为由肯尼迪政府经济顾问委员会发起的投资税收抵免政策是在1962年被颁布的。

5. CEA(1965,1966),作为美联储缺乏独立性的证明,现被称为宏观经济政策"三驾马车"的财政部、管理和预算办公室、经济顾问委员会,当年却将美联储也纳入其中,形成了所谓"四驾马车"。

6. 许多学术论文中都讨论并模拟了财政主导模式。其中最早的是利珀(Leeper 1991)。

7. 斯坦因(Stein 1969,431—433)。值得一提的是,奥肯在经济顾问委员会任职时测量的潜在GDP在当时还是一个新概念。国会预算办公室估计当时奥肯测算的潜在GDP很接近真实值。

8. 这些和其他历史税率来自税收基金会(未注明日期)。

9. 当时的主流理论和今天的主流理论一样,都认为在货币政策阻止(或限制)加息时,财政乘数会更大。

10. 在那段时间,没有必要区分"核心"通胀率和"广义"通胀率,前者不包括食品和能源价格。食品和能源价格的冲击将使二者区别在稍后显现。

11. 在此处和全书中,像1965:4这样的日期是1965年4季度的缩写。

12. 今天的M2包括公众持有的现金、银行的支票存款、小面额定期存款和零售货币市场基金

(MMF)的余额。在 20 世纪 60 年代还不存在货币市场基金。

13. 然而,自那以后,货币供给的测量发生了多次变化。

14. 确切的话经常被以不同的方式引用。我的资料源于美联储的历史网站(Martin 1955, 12)。

15. 本段历史记述,包括接下来的所有引文,主要引自格兰维尔(Granville 2017)。

16. 另一个是以玛丽娜·埃克尔斯(Marriner Eccles)的名字命名的。

17. 与之相对应的是,当时的一句民间谚语称,货币政策只在紧缩方向上起作用。货币扩张就像"推绳子"一样不会发挥作用。

18. 我不想夸大这一点。国会预算办公室估计潜在 GDP 增长下降幅度太大,无法用投资占 GDP 比重下降两个百分点来解释。例如,可参见 CBO(2021)。

19. 相关研究可参见艾斯纳(Eisner 1969)与布林德(Blinder 1981b)等文献。更深入的分析详见本书第 2 章。

第 2 章
通货膨胀与货币主义的兴起

> 无论何时何地,通货膨胀都是一种货币现象。
>
> ——米尔顿·弗里德曼(1956 年)

正如第 1 章所述,1964 年肯尼迪—约翰逊的减税是美国首次蓄意利用财政政策来加快总需求的增长(但这样的政策其实很早以前就被几个欧洲国家使用过)。虽然其成功一度使减税之举声名大噪,但这一切追根溯底不过是通过提振需求以推动经济的发展。

1968 年,美国有意通过向所得税征收临时附加费的财政政策来减缓总需求的增长。然而该政策并不成功,而且自那以后美国历史上也很难再找到一些(或者说任何)为求稳而紧财政的案例。[1] 当然,政客们回避增税有明显的政治原因,但诚然 1968 年失败的财政政策的确对经济产生了重大影响。那么该措施究竟为何失败?

抗击通货膨胀的长期斗争,1965—1968 年

回想 1965 年末,林登·约翰逊总统的经济顾问们几乎是集体一致地竭力敦促他推行紧缩性财政政策,而约翰逊却在之后近一年多的时间里无动于衷。直到 1967 年 1 月,面对失业率降至 3.8%,通货膨胀率升至 3.4% 的情况时,他才被

三驾马车(财政部、管理和预算办公室以及经济顾问委员会)说服,承认增税是合理的(Okun 1970,84—85)。约翰逊起初想对个人和企业所得税征收 6％的附加费,并免除最低级别纳税人的缴税。但当国会采取行动时,经济过热的情况已经再度恶化,使他们最终不得不将附加税税率升至 10％。

约翰逊的请求可能很早就提交了,但却在国会山遭到了冷遇。比如当时国会议员威尔伯·米尔斯(来自阿肯色州的民主党众议员),也就是众议院筹款委员会主席,在 1967 年 11 月的一次听证会上说道,"我还没有看到任何证据表明我们目前所面临的是需求拉动型通胀,并且到了要立即采取行动的地步"(Okun 1970,87)。如果你和大部分的国会议员一样,并不关注理论或是一些经济预测的话,米尔斯的观点确实所言不虚:当时的通货膨胀正呈稳步下降的态势。

当局立法者也知道,纳税人一定不会喜欢高税收。另外人们对越南战争的抗拒心理也注定了当时任何以"爱国主义"为名的税收呼吁在政治上都会是徒劳的。这场战争最终也没有因为时间的推移被人们欣然接受,但公众和国会反通胀的决心却随着通货膨胀率从 1967 年 5 月的 2.3％的低点攀升到 1967 年 12 月的 3.3％和 1968 年 6 月的 4.2％变得逐渐强硬(见图 2.1)[2]。通胀究竟到什么地步才会停下?

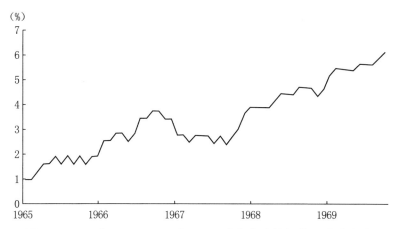

图 2.1 1965 年 1 月—1969 年 12 月消费者价格指数通货膨胀率

资料来源:劳工统计局。

有趣的是,鉴于当时对央行独立性的不以为意的态度,美联储在 1968 年初明确加入了政府对财政紧缩的呼吁。1968 年 2 月的《总统经济报告》指出,"政府和联邦储备系统始终坚信,国家应该主要依靠财政政策,而不是货币政策,来抑制额外的需求增长,这点现在看来是必要的"(CEA 1968,84—85)。

从现代的角度来看,这句话中包含了两个引人注目但长期以来都被人们反驳的观点。首先,美联储将对抗通胀的"主要负担"都抛给了政府。真的吗? 美联储真的认为这种做法会奏效? 或者你上一次听到经济学家表达这种观点是什么时候? 其次,美联储明确支持政府的财政政策,这一点在经济顾问委员会的《经济报告》中也有所体现。难道美联储主席比尔·马丁没有想到,约翰逊政府或未来的政府可能不会通过支持美联储的货币政策来回报他们吗? 难道他忘了政客们并不希望看到自己的潘趣杯(punch bowls)*被拿走吗?

《1968 年收入和支出控制法案》最终于 1968 年 6 月下旬由约翰逊总统签署成为法律,针对个人的部分追溯至 4 月 1 日,针对公司部分追溯至 1 月 1 日。据估计,一旦开始全面分阶段实行,每年将筹集约 105 亿美元,约占当时 GDP 的 1.2%。值得注意的是,这导致 1964 年肯尼迪—约翰逊的减税效果几乎被抵消了,还减少了 60 亿美元的财政支出。这两部分法案相叠加后产生了相当大的财政紧缩效果,约占 GDP 的 2%。虽然在时间上晚了一些,但规模着实引人瞩目。

历史对 1968 年附加税的判决来得相当迅速,其负面性也被数据证实了。自 1968 年法案通过后,前四个季度的实际 GDP 增长从 5.5% 放缓到 3.1%。当 1969 年最后一个季度开始出现负增长时,经济也开始经历短暂且轻微的衰退(见图 2.2)。

当时人们是否曾预计经济会更快或更急剧地放缓? 我想有部分人可能预计到了,但经济顾问委员会在 1969 年 1 月时预测 1969 年四个季度的实际增长"不到 3%"(CEA 1969,56)。现代数据显示实际数字为 2.1%,可以说经济顾问委员

---

* 在美国经济学中,潘趣杯有一个类比的含义,即指货币政策中提供充足流动性以刺激经济增长的做法。——译者注

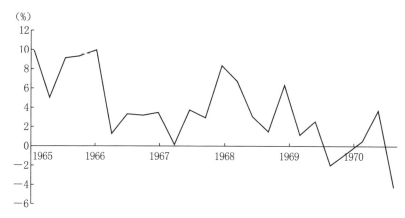

图 2.2　1965—1970 年实际国内生产总值的年化增长率(季度)

资料来源:经济分析局。

会的预测基本上是正确的。罗伯特·索洛和我(Blinder and Solow 1974,103—115)随后指出,附加税在与一系列扩大总需求的同期力量作斗争,例如信贷紧缩后高度扩张的货币政策所引发的滞后效应和在汽车产业总支出的激增。因此,也许附加税的效果比人们认为的有效。话虽如此,增税后通货膨胀率却意外地并不乐观,从 1968 年 6 月的 4.2% 上升到 1969 年 6 月和 1970 年 6 月的 5.5% 和 6%(见图 2.1)。这一结果甚至可以说有些反常,总之附加税被认定为失败之举了。

　　高税收对实际需求的作用相对疲软,这一点并不难解释。法律只征收了一年的附加税(后来又延长到了第二年)。罗伯特·艾斯纳(Robert Eisner,1969)当时观察到的和随后的研究所证实的结果都表明(尽管这点存在争议)[3],短暂性的所得税增加(或减少)理应比永久性增加的影响更弱一些。奥肯(Okun 1971)随后使用四个宏观经济计量模型进行估计后得出,1969 年四个季度平均 90 亿美元(按年率计算)的个人所得税附加费本应减少约 40 亿美元的消费者支出,即不到 GDP 的 0.5%。

　　因此,在某种程度上,这个谜题并不是为什么消费没有进一步下降,而是为什么通货膨胀持续上升。对现代经济学家来说,这个答案可能是显而易见的,但当时许多经济学家并不这么认为:失业率在整个时期都远低于自然水平,直到1970年7月也才勉强达到5%。当时的部分凯恩斯主义经济学家并不愿接受这个观点,他们坚定支持约翰·肯尼迪总统4%的"充分就业"目标。当然,"自然失业率"虽然是由弗里德曼(Friedman 1968)和菲尔普斯(Phelps 1967,1968)提出的,但这个假说其实并未被广泛接受(下一章将对此进行详细介绍)。人们更关心的是"工资上涨""管理定价""瓶颈"这类更短暂的现象。

米尔顿·弗里德曼和货币主义的诞生

当新边疆主义者将凯恩斯主义观点带入主流实践时,米尔顿·弗里德曼和安娜·施瓦茨却以一种非凯恩斯主义的方式实实在在地改写了美国经济史。在他们1963年的史诗巨作中(也正是本书标题的出处),开篇第一句准确却又低调地描绘了该作品的意图与成就:"这是一本关于美国货币存量的书"(Friedman and Schwartz,1963,3)。然而,它所探讨的内容其实远不止这些。

弗里德曼和施瓦茨的《美国货币史(1867—1960)》以强调货币供给波动的新视角重写了宏观经济史。(在20世纪五六十年代时,货币作为名义GDP和通货膨胀的预测指标的效果比之后要好太多。)两人的另一著名观点是,大萧条的持续时间之长、影响之深应完全归咎于美联储的"无能"政策。他们坚持认为,"尽管美联储宣称其采取了宽松的货币政策,但事实完全相反"(Friedman and Schwartz 1963,699),即允许货币供应量的收缩。弗里德曼和施瓦茨认为,是紧缩的货币政策,而不是信贷状况,挤压了总需求,并将经济从原本可能只是衰退的局面推向了萧条的深渊。

近四十年后,时任美联储理事、后来担任美联储主席的本·伯南克(Ben Bernanke)在2002年弗里德曼90岁生日庆祝活动上向弗里德曼和施瓦茨道歉:"我想对米尔顿和安娜说:关于大萧条,你们是对的,是我们的问题,非常抱歉。但多亏了你们,今后我们不会再重蹈覆辙了"(Bernanke,2002)。当然,在2008年9

月,当大萧条 2.0 卷土重来,准备席卷美国经济时,伯南克和美联储绝对没有"重蹈覆辙"。2020 年,美联储主席杰罗姆·鲍威尔(Jerome Powell)也没有。

弗里德曼和施瓦茨认为,美联储在 1929 年至 1933 年的错误除了使大萧条变得更糟外(当然这本来就够糟糕的了),还在很大程度上颠覆了人们的认知。"人们长期以来都认为货币是经济周期性过程中的重要因素,货币政策则是促进经济稳定的有力工具。然而(那次的错误之后)该观点发生了几乎 180 度反转,即'货币无用论';货币从此被认为是一个被动的存在,它仅是其他因素变动的一种映射;因此货币政策在促进稳定方面的作用是极其有限的"(Friedman and Schwartz 1963,300)。当然,弗里德曼和施瓦茨并不愿意接受这种货币角色的"破碎";他们还是倾向于回归那"长期以来的信念"。特别要注意的是,将"货币无用论"这句话打上引号,并去掉引用的格式,似乎在暗示着这在当时是一个广为流传的概念。但事实真的是这样吗?还是一种(针对货币角色)的诡辩?

看起来似乎后者的可能性更大一些。我找不到任何一位会在当时否认货币政策重要性的经济学家。赫勒、托宾、阿克利和奥肯都曾表达过自己的立场,所以他们显然都不在那个阵营。萨缪尔森、索洛和弗兰科·莫迪利亚尼(Franco Modigliani)等其他凯恩斯主义者也是如此。正如许多美国经济学家在回顾大萧条时观察到的,事实上是流动性陷阱剥夺了货币政策的有效性,凯恩斯在 1936 年就指出了这一点。然而,20 世纪 60 年代时没有人想到是流动性陷阱惹的祸。[4]

要找到极端的"财政主义者"可能在英国才比较有希望,因为那里有尼古拉斯·卡尔多(Nicholas Kaldor)和琼·罗宾逊(Joan Robinson)存在。但他们的质疑并非源于货币政策的无用,而在于货币供应的内生性,因此它不应被视为一种控制变量(Iša 2006)。诚然,前面提到的许多美国经济学家都认为货币供给是一种外生政策工具,这与弗里德曼和施瓦茨的观点相距甚远。但这远未到要宣称"货币无用"的地步。

不管是否真的有经济学家(哪怕仅有一人)说过货币无关紧要,弗里德曼和施瓦茨的传世之作毫无疑问改变了整部知识史,当然这少不了弗里德曼个人说服力和辩论技巧的功劳。尽管货币主义一词从未出现在他们的著作中,但他们的货币史是该学说的诸多源头之一。

其中另一个货币主义学说的源头——弗里德曼和戴维·迈泽尔曼(Friedman and David Meiselman 1963)为货币与信贷委员会撰写的长篇论文《1897—1958年美国货币速度和投资乘数的相对稳定性》在当时非常著名,但今天却已经几乎被人们遗忘了。该委员会由经济发展委员会于 1957 年 11 月成立,旨在对美国货币体系进行自 1908 年至 1911 年奥尔德里奇委员会该委员会的调查最终促成了美联储的成立以来的首次广泛调查。尽管委员会的报告发表于 1961 年 6 月,但直到 1963 年才出现一系列的支持性研究,包括弗里德曼和迈泽尔曼当时即将成名的论文。

弗里德曼和迈泽尔曼以一种极其简单的方式问道,货币流通速度是否比凯恩斯乘数更稳定(因此更可靠)。具体来说,他们的问题实际上是哪个能更好地预测消费者支出(C):也就是我们口中的 M2 或者"自主支出"(A)。然而有个事实很容易被人们忽略,那就是货币在当时并不是美联储常用的政策工具,而且美国在 1897 年至 1913 年甚至还没有中央银行。[5]弗里德曼和迈泽尔曼采用的基本方法是通过单变量回归,在 M 和 A 之间进行统计赛马。也就是说,将 C 对 M 和 A 进行回归,看哪一个在统计上更有说服力。最终结果表明,M 以绝对优势赢得了这场赛马。但这样直白的证据并不是很有说服力——除非你已经被说服了。

然而,该观点的提出仅仅只是一场持续数十年的实证之战的开端。艾伯特·安多和弗朗哥·莫迪利亚尼(Albert Ando and Franco Modigliani 1965)在《美国经济评论》(*American Economic Review*)上很快就对弗里德曼和迈泽尔曼的研究方法及其结论提出了疑问。随后两位作者针对此给出了谦虚而详尽的回复,并在其中表示:"我们的文章是对一片无人涉足之地的开垦,所以它必然是试探性的、冒险的,也一定是不完美的。也正因为它向正统提出了新的疑问,所以会引发争议也是预料之中的事"(753)。(事实证明)的确如此!

　　在鹰派行长达里尔·弗朗西斯（Darryl Francis）和研究主管霍默·琼斯（Homer Jones）的影响下，圣路易斯联邦储备银行成为联邦储备系统内货币主义滋长的温床。1968 年，该银行的两位研究经济学家莱昂诺尔·安德森（Leonall Andersen）和杰里·乔丹（Jerry Jordan）在《圣路易斯联邦储备银行评论》（*Federal Reserve Bank of St. Louis Review*）上发表了一篇轰动一时的论文，成为货币主义者和凯恩斯主义者之间辩论的决定性事件。[6] 这篇论文使用（虽然没有具体引用）了弗里德曼和迈泽尔曼的分析；而杰里·乔丹在多年后也回顾道：“我们认为莱昂诺尔·安德森和杰里·乔丹的文章是弗里德曼和迈泽尔曼文章的续集”（Jordan 1986，6）。

　　但安德森和乔丹的方法比弗里德曼和迈泽尔曼的方法复杂得多，尤其是在考虑政策的滞后效果，以及将货币和财政变量纳入回归等方面。安德森和乔丹使用货币存量、基准货币作为货币政策的衡量标准，另外将高就业剩余及其收入和支出部分作为财政政策的衡量指标，对 1952 年至 1968 年的数据进行了一系列多元回归。而其研究结果意在表明：在解释名义 GDP 的季度变动方面，货币政策比财政政策更有效。

　　凯恩斯主义者对此结论表示惊讶，而针对该研究的批判也接踵而至。[7] 我还记得 1969 年至 1970 年，当我还在麻省理工学院读研时，安德森曾就他们的研究成果开过一次研讨会。当时安德森就货币政策和财政政策的重要性发表了一些非冒犯性的言论，保罗·萨缪尔森突然从座位上跳了出来，振振有词地说道：“如果你相信这一点，你就不是货币主义者。你是人类的一员！”鼎鼎大名的萨缪尔森教授也选择参加此次研讨会就表明了安德森和乔丹的研究结果在学术界的地位，尽管它并没有发表在同行评审的学术期刊上。他那句不太礼貌的话也印证了这番辩论的激烈气氛。

　　货币主义一词似乎是由卡尔·布伦纳（Karl Brunner）创造的。布伦纳和他的合著者艾伦·梅尔泽可能是仅次于弗里德曼本人的当今最著名的货币主义者。布伦纳将该学说的核心归纳为三个命题。“第一，货币冲击是解释产出、就业和价格变化的主要因素。第二，货币存量的变动是衡量货币冲击的最可靠指标。第三,货币当局的行为主导着货币存量在商业周期中的变动"(Brunner 1968,9)。

当时的大部分凯恩斯主义者接受了其中的第一和(也许)第三个命题。[8] 但第二个对他们来说却是如鲠在喉。当时,美联储正在使用"自由储备"的工具[9],主要用于控制短期利率。不管从哪个角度来看,这种方式肯定不是以货币供应为目标的。这也恰恰说明了美联储当时的实际表现。这就留下了一个悬而未决的问题,如果放出以货币供应量为目标导向的话,是否能更好地发挥政策效用? 在这点上,货币主义者坚持认为当时是可以而且应该这样做的。

请注意,布伦纳的命题中没有涉及"财政政策无关紧要"这样的表达,尽管弗里德曼、迈泽尔曼、安德森和乔丹的结果都指向了这一观点。1968 年,沃尔特·赫勒在一场与弗里德曼的著名辩论中表示:"问题的关键不是货币是否重要——因为这一点毫无争议,而在于是否只有货币重要,正如一些弗里德曼主义者所说的那样,或者应该称他们为弗里德曼主义的'疯狂拥护者'"(Friedman and Heller 1969,16)。弗里德曼回答说,这是"稻草人谬误*……我并不认为这一点有什么值得探讨的"(46)。但在后几页,他又表示:"在我看来,(财政)预算本身对名义收入、通货膨胀、通货紧缩或周期性波动都没有显著影响"(51)。这不是在说财政政策无关紧要吗?[10] 弗里德曼当时的解释在现在被称为完全挤出型的赤字支出,即政府通过发行债券来融资。这就产生了一个问题:在货币供应不增长的情况下,更大的财政赤字能扩大总需求吗?

在货币需求以及流通速度对利率不敏感的前提下,货币主义的简化模型对此给出了否定的答案。用经济学家的话来说,描绘货币需求与利率、GDP 相关性的 LM 曲线是垂直的。然而,这样零弹性的观点很容易就被实践经验推翻。弗里德曼(Friedman 1959)在他著名的,或者说臭名昭著的论文中声称发现了零利率弹性,但其他人却未曾发现过。奥肯(Okun 1970,146—147)的书列出了 25

---

* 稻草人谬误是一种辩论技巧,指的是不直接回应,而是借机扭曲并攻击对方的观点,以此来取得辩论上的优势。——译者注

篇关于"实证结果报告显示货币需求与利率之间存在负相关关系"的文章,而相比较而言,二者毫无联系的观点只出现在弗里德曼 1959 年发表的那一篇文章中。[11]

　　然而,确定货币需求与名义利率的负相关关系,并没有结束凯恩斯主义和货币主义之间的争论。一位著名的货币主义者(Jordan 1986,6)回忆道:"随着 20 世纪 60 年代的结束,这场旷日持久的思想斗争在两派间拉开序幕。凯恩斯主义革命仍然占据主导地位,但货币主义反革命的挑战已经吹响了号角。"这场斗争确实持续了很长时间,从 20 世纪 70 年代到 80 年代,甚至一直持续到 20 世纪 90 年代初,当时美联储主席艾伦·格林斯潘(Alan Greenspan)正式宣布联邦公开市场委员会(FOMC)将不再关注货币总量的增长率。[12] 在他发表这一声明之前,美联储对货币的关注(自 1975 年以来一直是一项法律要求)就早已沦为一张空头支票。格林斯潘只是结束了这样的局面。

凯恩斯主义者是通胀主义者吗?

　　现在我们再来回顾一个事实:1968 年的附加税未能抑制通货膨胀。虽然回想起来应该没有人能预料到这种结局,但在通货膨胀上升至近 20 年都未曾听闻的水平这一惨痛事实面前,凯恩斯主义经济学确实经历了一次溃败,因此,货币主义无论是在学术界还是政治界的兴起都被注入了一股强大动力。

　　也许是巧合,大多数凯恩斯主义经济学家在通胀问题上倾向于站队自由派和鸽派,而货币主义者则倾向于保守派,在对待通胀的问题上显然更加强硬。[13] 萨缪尔森和弗里德曼分别为这两个阵营的典型代表。因此,货币主义者指责凯恩斯主义者对通胀态度软弱,这是有一定道理的,但也仅此而已。别忘了,早在 1965 年,正是以约翰逊总统为代表的凯恩斯主义经济学家在为紧缩、反通胀的政策进行游说。凯恩斯主义和货币主义的分歧在政治方面可能更多地源于弗里德曼对固定货币政策的支持,而不是与货币本身有关的任何东西。毕竟,自由派通常向政府寻求解决方案,而保守派则倾向于视而不见。

无论如何,通胀上升无疑大大推动了货币主义的兴起。1969年,消费者价格指数(CPI)通胀率自1951年以来首次超过6％。事态的走向已不受控制。如前所述,当时财政和货币政策方向转向紧缩,以抗通货膨胀。不出意料,1969年12月开始,轻微的经济衰退便接踵而至。结果是,一年后通货膨胀率降至约5.5％。1971年8月理查德·尼克松总统实行工资—价格控制时,通货膨胀率下降到了约4.5％(第4章有更多关于价格控制的内容)。据此可以说货币政策和财政政策都发挥作用了,虽然尼克松当时正因1972年的连任问题焦头烂额,失去了耐心,导致整个进程相对缓慢。但人们对于整个事件的解读,尤其是货币主义者和其他保守派,大多是对凯恩斯主义的贬低。

在米尔顿·弗里德曼看来,单纯减缓狭义货币供应量的增长速度便是医治通胀的一剂良药,而他提出的有关货币增长的K％规则比货币主义这个术语早了很多年。[14]常数K被认为是潜在GDP的预期增长率加上目标通货膨胀率——现在是2％,尽管弗里德曼可能更喜欢零甚至负数(Friedman 1969)。关于应对通货膨胀,他写道:"我认为货币政策根本不需要财政政策的支持,它完全可以单独抑制通货膨胀"(Nelson 2007,1)。弗里德曼的推论非常简单易懂:"当且仅当预算赤字在很大程度上是通过印钞来融资时,才会引发通货膨胀。"[15]值得注意的是,弗里德曼又一次危险地站在了极端立场,即他曾抨击的"财政政策无关紧要"的诡辩。

还请记住,他的政策处方,即K％规则,比货币主义的诞生早了很多年,并且不是卡尔·布伦纳1968年定义清单的一部分。而单独来看,上面引用的布伦纳的话其实很容易被解读为激进货币稳定政策的简化版——这是年轻的米尔顿·弗里德曼曾推崇过的(Friedman 1948)。[16]尽管如此,如果没有货币主义理论的话,K％规则不会这么快成为货币主义政策的重要组成部分。弗里德曼是一位不信任政府的自由主义者,他很自然地认为应该将规则置于人类的自由裁量权之上。许多货币主义者赞同这一观点,但阿瑟·伯恩斯(Arthur Burns)作为一个保守派并不赞同此观点(第4章有更多关于伯恩斯的内容)。

米尔顿·弗里德曼(1912—2006)
著名的货币主义者

很少有从未在政府中担任要职的经济学家能像米尔顿·弗里德曼那样对公共政策产生如此巨大的影响。他凭借自己的智慧、灵巧的笔锋和惊人的辩论天赋做到了这一切。[17]他于 1963 年出版的《美国货币史(1867—1960)》(与安娜·施瓦茨合著)这也是本书书名的灵感来源。

弗里德曼出生于纽约布鲁克林,但在新泽西长大,父母是现在我们所称的乌克兰的移民。作为一名才华横溢的高中生,年轻的米尔顿获得了罗格斯大学的奖学金。罗格斯大学当时是一所私立大学,但现在是新泽西州立大学。在那里学习经济学和数学时,他遇到了他的老师阿瑟·伯恩斯(Arthur Burns),他们形成了一对既持久又有影响力的强强组合。但其实弗里德曼最初的梦想是成为一名精算师!

从罗格斯大学毕业后,弗里德曼拒绝了在布朗大学学习数学的机会,而选择在芝加哥大学学习经济学。这是一个事关命运的决定,因为"芝加哥学派"和"弗里德曼"后来几乎成了同义词。作为芝加哥大学的研究生,弗里德曼受到了雅各布·维纳(Jacob Viner)、弗兰克·奈特(Frank Knight)和亨利·西蒙斯(Henry Simons)等人的影响。更重要的是,弗里德曼遇见了并爱上了他的妻子,罗斯主任。

具有讽刺意味的是,当时弗里德曼在 1935 年获得博士学位后的第一份工作是在华盛顿特区,作为富兰克林·罗斯福新政中的一个小角色,为国家资源规划委员会工作。几年后,他重返政府,在"二战"期间担任财政部顾问。

显然,这份在联邦系统内的工作并没有持续下去。弗里德曼的传奇职业生涯其实都是在学术界度过的,主要是在芝加哥大学(从 1946 年到 1977 年),其中大部分时间都在攻击政府行为的鲁莽(甚至更糟)。在芝加哥大学,弗里德曼出版了《消费函数理论》(1957)、上文提到的《货币史》、1967 年任美国经济学会主席的著名演讲《货币政策的作用》(1968)、论文集《货币的最佳数量和其他论文集》(1969)等许多著作。他于 1976 年被授予诺贝尔经济学奖。

弗里德曼敏锐的思维和其超群的说服力在许多畅销书(《资本主义与自由》[1962]和《自由选择》[1979])中都有体现,他在《新闻周刊》(*Newsweek*)长达 18 年的专栏中被广泛阅读,他也在期间提出了许多"疯狂"的想法,并随后成为了现实,如浮动汇率、负所得税、全志愿军队和教育券。

然而,在货币和财政政策领域,弗里德曼最著名的还是后来被卡尔·布伦纳称为"货币主义"的学说。即积极货币主义和规范货币主义,前者认为狭义货币供应量的增长率毫无疑问是通货膨胀最重要的决定因素,后者认为央行应该稳定货币供应量的增长率。虽说现如今货币主义者已经所剩无几,但在其全盛时期,该学说本身和米尔顿·弗里德曼一样,对这个时代有着巨大的影响力。

尽管货币主义者坚持货币政策的重要性并时常诋毁财政政策的地位,但他们也同样坚持认为美联储将目标定为短期利率而不是(某种程度上的)狭义货币供应量增长率是一种错误。货币主义者认为,货币是比利率更好的控制工具。正如艾伦·梅尔泽多年后所说的那样,(简单地)看待传导过程有些过于局限和刻板了。影响名义和实际货币存量的货币冲击不仅仅只是改变短期利率或借贷成本(Meltzer 1995,52)。谁会反对这个观点呢? 例如,认为"财富效应将刺激消费支出"是另一种诡辩。但它留下了一个悬而未决的问题,即美联储到底应该设定货币还是利率为其目标。

这个重要的问题后来被弗里德曼的学生威廉·普尔(William Poole,1970),也就是当时联邦储备委员会的一名经济学家,在一篇具有里程碑意义的论文中解决了。普尔后来成了一名学者兼圣路易斯联邦储备银行行长。和许多其他有意义的观点一样,普尔最初的框架是非常简单的,只不过后来被其他经济学家从不同方面进行了复杂化的扩展。[18]以下是他的基本理念。

如果央行固定狭义货币供应量(M),从而产生教科书中的 IS-LM 系统,那么产出(y)和利率(r)都会随着货币需求的随机冲击("LM 冲击"或"速度冲击")或实际支出的随机冲击("IS 冲击")而波动。另一方面,如果中央银行固定 r,让 M 逐期调整以达到期望的利率水平,那么 LM 冲击变得与 y 无关,y 的方差仅取决于 IS 冲击。但与有向上倾斜的 LM 曲线缓冲的情况相比,这些需求冲击现在对 y 的影响更大了。所以,通过权衡利弊,以 M 而不是 r 为目标会削弱 IS 冲击的影响,但会将 LM 冲击囊括在内。根据判断不同冲击所带来的困扰程度,货币当局会依据情况在两者中进行抉择。

普尔后来成了一位杰出的货币主义者,他对 1970 年那篇论文中的选择持相对怀疑的态度。这是一项学术工作,而不是宣传工作。然而,他观察到,"可以说,人们对货币部门的了解比对支出部门的了解要多得多"(Poole 1970,206),如果这是真的,则中央银行会倾向于以 M(而不是 r)为目标。随后的事件,特别是在通货膨胀和 Q 条例限制的刺激下 20 世纪 70 年代和 80 年代的金融创新浪潮中,证实了普尔简单却有力的分析。但他的直觉可能是错的,因为人们对货币部门也没有过多的了解。相反,强烈且反复出现的速度冲击逐渐导致一家又一家央行放弃对货币主义的拥护。正如加拿大央行行长杰拉尔德·布伊(Gerald Bouey)的戏谑之言,"不是我们抛弃了货币总量,而是它抛弃了我们"(Bouey 1982)。

有关联邦与货币主义之间在 1979—1982 年间的"露水情缘"将在第 7 章中进行更详细的描述。但货币主义在 20 世纪 60 年代末和 70 年代初的崛起对现实世界产生了足够的指导意义,以至于金融市场开始紧跟着美联储的决策走(联邦每周公布的货币供应),就像音符跟随音乐走一样,尽管这些高频数字大多数不过是统计噪声罢了。联邦公开市场委员会(FOMC)自 1974 年开始制定 M1 和 M2 的"容忍范围"。随后在 1975 年,收到国会的指示,在其半年报告中增加了 M1、M2、M3 和银行信贷的年增长目标的内容。货币主义学派对此深感欣慰,用弗里德曼过于兴奋的话来说,"有关货币政策的重大调整,可能是自 20 世纪 30 年代银行法以来最具影响力的举措了"(Friedman 1975a,62)。

最后,1977 年的《联邦储备法》修正案指示美联储"保持货币和信贷总量的长期增长与经济增长的长期潜力相当,以有效促进就业最大化、物价稳定和适度长期利率目标的实现"。现代注意力集中在该指令的最后一部分,即美联储的所谓双重使命。但再读读前十个词,我们会发现国会已经将货币的重要角色载入法律。[19]货币主义(在某种程度上)得到了国会的认可。

在1979—1982年的沃尔克实验之后,美联储迅速放弃了其所谓货币主义操作程序。用本·伯南克在2006年的话说,"可以说,自那时以来,货币和信贷总量在美国货币政策的制定中并没有发挥核心作用"(Bernanke 2006)。这样的说法有些过于保守了。当法定报告要求在2000年失效时,美联储不再设定货币总量的目标范围。在那时货币主义几乎已经成为一种死气沉沉的思想学说了。经验现实战胜了理论推理——这不是第一次,也不会是最后一次。

话虽如此,货币主义实实在在地留下了它存在的痕迹。早在2009年,通货膨胀鹰派就十分担心美联储为应对世界金融危机而建立的巨额准备金可能带来的潜在通胀后果,尽管事实很明显:(a)惶恐不安的银行希望持有大量闲置准备金(以应对危机);(b)这些准备金得支付利息。例如,在2009年7月的一次众议院听证会上,国会议员罗恩·保罗批评了美联储第一轮的大规模量化宽松。"通货膨胀的正确定义是当你提高狭义货币供应量时……你将货币供应量翻了一倍。因此,在我看来,你们正处于大规模通货膨胀的漩涡中心"(U. S. House Committee on Financial Services 2010,19)。保罗的"正确定义"似乎颠倒了马和马车的作用。但话又说回来,国会听证会从来都是不需要逻辑的。

现在,你可能会将保罗定义成一个反美联储的怪人——当然这样想没有任何问题。且不断螺旋上升的通胀也并未出现。然而,2010年1月,由于经济仍处于低迷状态,时任堪萨斯城联邦储备银行行长的托马斯·霍尼格(Thomas Hoenig)反对美联储的过度扩张政策,部分理由是"接近零的利率加上我们资产负债表的规模,将导致通胀预期随着时间的推移,在整体上变得不那么稳定"(FOMC 2010a,188)。该理由体现的思想不完全是货币主义,但也许是货币主义的分支。

在2020—2021年疫情期间,货币主义思维重新出现,且这一次更加来势汹汹。从2020年2月到2021年8月的一年半时间里,M2增长飙升了35%,越来越多的声音开始指出货币增长是通胀的预兆。2021 年通胀确实上升了,尽管大多数当代观察家更多地将其归因于部门供应瓶颈而不是狭义货币供应量。

本章总结

货币主义之所以声名鹊起,是因为一些备受争议的学术著作、米尔顿·弗里德曼在辩论中非凡的才华与技巧,而最重要的也许是 20 世纪 60 年代末(由于需求过剩)和 20 世纪 70 年代初(主要是由于第 5 章中讨论的供给冲击)的通胀上升。凯恩斯主义被不公正地贴上了"通货膨胀"的标签,货币主义则取而代之。

货币主义学说在学术和政策领域的消亡原因如出一辙,尽管在不同国家的时机不同:其消亡的速度变得不稳定和不可预测。然而,这是在货币主义对美国、英国、德国和其他国家的政策制定产生重大影响之后才发生的。与弗里德曼和其他人宣称的不同,有关政策的辩论并不在于货币政策是否有效,而在于财政政策脱离于货币政策存在是否有效。而事实证明,确实有效。

注释

1. 正如本书将阐明的那样,出于其他原因,如减少预算赤字,也有过实施财政紧缩政策的例子。
2. 在这里,像往常一样,我使用现代数据中记录的 12 个月的消费者价格指数通胀率。
3. 例如,见奥肯(Okun 1971)和布林德(Blinder 1981b)。
4. 然而,在 2008 年末,流动性陷阱的想法令人惊讶地卷土重来。
5. 公平地说,即使没有中央银行,货币创造也可以影响产出和支出。
6. 乔丹后来成了克利夫兰联邦储备银行行长。
7. 几年后,一位名叫艾伦·布林德(Alan Blinder)的初出茅庐的来自普林斯顿大学的经济学家参与了这项工作。参见 Goldfeld 和 Blinder(1972)。例如,我们证明了完美的财政稳定政策会破坏 GDP 和财政政策变量之间的统计相关性。

8. 多年后,出现了大量关于内生货币的学术文献。然而,它并不是来自卡尔多和罗宾逊的反对意见,而是来自货币主义阵营的"内部"。例如,见 King 和 Plosser(1984)。

9. 自由准备金被定义为超额准备金减去从美联储的借款。

10. 然而,公平地说,财政赤字至少与狭义货币供应量一样是内生的。

11. 奥肯列出的文章的作者名单包括著名的货币主义者,如卡尔·布伦纳,艾伦·梅尔泽和戴维·莱德勒(David Laidler)等。

12. 例如,见他在参议院银行委员会的证词(Greenspan 1993)。

13. 但不是全部,无论是当时还是现在。赫伯特·斯坦因是当时著名的保守派凯恩斯主义者。而本·伯南克是现今的保守派凯恩斯主义者。

14. 弗里德曼在他 1960 年的著作(Friedman 1960)中提出了这一观点。

15. 来自报纸采访,引自 Nelson(2020,437n162)。

16. 他的想法是,在固定的财政政策下,商业周期自然会产生赤字和盈余,而这些赤字和盈余应该通过创造和销毁强势货币来融资。

17. 个人笔记:我和他辩论过一次。我为这件事所做的准备比我为其他任何事情所做的准备都要刻苦。与米尔顿辩论令人恐惧。

18. 萨金特和华莱士(Sargent and Wallace, 1975)提出了一个这样的扩展,被证明是理性预期革命的里程碑。见第 6 章。

19. 关于本段和下一段中的事项,见 Bernanke(2006)。

第 3 章
菲利普斯曲线变成了一条垂直的直线

> 我们有必要对失业、工资率、价格和生产率之间的关系进行更详细的研究。
>
> ——A.W.菲利普斯(A.W. Phillips 1958)

该题词源于伦敦政治经济学院(LSE)教授 A.W.菲利普斯(1958, 299)于 1958 年发表的宏观经济学历史上最著名的论文之一的最后一句话。[1]和他的论文一样,这句话读起来让人觉得非常谦虚。尽管菲利普斯的生平令人震惊,但他显然是一个谦虚的人。他 1958 年的这篇论文引起了全世界的轰动,并对世界各地的财政政策,尤其是货币政策产生了深远而持久的影响。

在菲利普斯之前

如果想要理解为什么菲利普斯 1958 年的论文能引起如此大的轰动,那么我们有必要快速回顾一下 20 世纪 50 年代的宏观经济学术框架。那时,凯恩斯主义革命已经席卷了学术界——当然,除了芝加哥大学。但早期的凯恩斯主义模型并没有通货膨胀理论,比如普遍存在的 IS-LM 模型。从理论上说,IS-LM 本身就是一个固定价格的模型,价格水平并不会改变。当然,没有人相信这是符合现实的。所谓"原始凯恩斯主义"的常见解释有时将总供给曲线描述为倒 L 型:在经济接近充分就业(图中的 y^*)之前是水平直线,在这之后几乎垂直上升(图 3.1)。

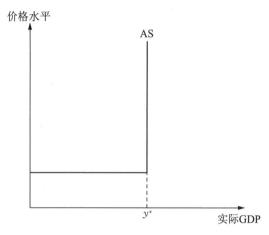

图 3.1 反向 L 型总供给曲线

请注意这一原始凯恩斯主义模型的实证含义是:只有在"充分就业"时越过总供给曲线上的拐点,通过货币或财政政策扩大总需求才会导致通货膨胀。在那之后,总需求的进一步增加都只会导致通货膨胀,而不会进一步增加产出。如果你真的相信这种朴素原始的世界观,那么当经济在低于充分就业的情况下运行时,货币或财政政策都可以用来促进就业,但不能用来降低通胀。当经济在充分就业之外时,情况则正好相反。这一概念非常简单。

但事实上,这种模型太简单了。我怀疑不会有人相信现实世界是非黑即白的,这一点只要你睁大眼睛仔细观察图 3.1 就能发现。图 3.2 所示的 20 世纪 50 年代的通胀数据,显然不支持通货膨胀仅存在两种简单的状态。通货膨胀有升有降。正是这一试图将极其幼稚的理论与事实相符合的观念,引发了关于成本推动型与需求拉动型通货膨胀、行业瓶颈的可能重要性等问题的争论。经济学界正在努力寻找一种将可变通胀纳入凯恩斯主义理论的方法。

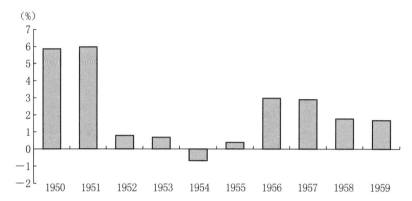

图 3.2　1950—1959 年美国通货膨胀率（基于 12 月至 12 月同比消费者价格指数）

资料来源：劳工统计局。

菲利普斯的发现

　　虽然菲利普斯避免提出笼统的主张，但他通过一种只能被称为不寻常的方法来"拟合"英国工资通胀数据的曲线，提供了一条平滑的经验曲线来取代图 3.1 中的反 L 曲线来填补这一领域的空白。该曲线后来被命名为菲利普斯曲线（Phillips Curve），这条曲线显示，在 1861 年至 1913 年期间，英国的货币工资变化率与失业率之间存在强烈的负相关关系。这种负向的关系并不令人惊讶。菲利普斯的著名论文（Phillips 1958，283）的第一句话便直截了当地解释了这种关系："当一种商品或服务的需求高于其供给时，我们预计价格会上涨。"甚至连当时伦敦政治经济学院的学生都知道这一点。

　　在菲利普斯的论文中，令人惊讶的是这种关系的长久性和一致性。他的原始曲线，如图 3.3 所示，是基于 1861 年至 1913 年的数据。这是一个很长的时间跨度。然而，更令人惊讶的是，1948 年至 1957 年（当时最近的十年）的数据点几乎正好落在菲利普斯拟合旧数据的曲线上。作为对估计方程的后样本的稳健性测试，这位计量经济学家跳过 35 年的数据，得到了几乎完全相同的

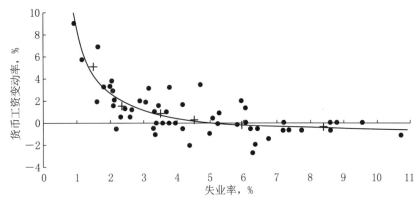

图 3.3　菲利普斯原始曲线:1861—1913 年英国数据

资料来源:菲利普斯(Phillips 1958)。

估计方程,这是非常了不起的。这也是菲利普斯的论文引起了如此多的关注的
原因。

没过多久,人们就注意到,这是一个从名义工资增长方程式到物价上涨方程
式的快速飞跃。因此,菲利普斯曲线通过提供缺失的通胀方程对凯恩斯模型进
行了完善。然而,值得注意的是,菲利普斯最初的工资等式中没有任何通胀项。
进一步深入思考,他当时是在为名义工资的变动率进行统计解释,但他忽略了通
货膨胀这个决定因素。从现代的角度来看,这似乎是不可思议的。菲利普斯并
没有忘记通货膨胀。他提到了这一点,但却否认了它的重要性:"本文将论
证……生活成本调整对货币工资率的变化率几乎没有影响"(Phillips 1958,
283)。事实真是如此么?

两年后,菲利普斯在伦敦政治经济学院的同事理查德·利普西(Richard
Lipsey, 1960)[2]通过加入并估计菲利普斯曲线中的通货膨胀系数(估计值为
0.37)弥补了这一遗漏。

$$w_t = \alpha\pi_t + f(U_t) + \varepsilon_t \tag{1}$$

其中 w_t 是名义工资的变化率,$f(U)$ 是失业率的非线性函数,π_t 是通货膨胀
率,ε_t 是随机误差。当利普西用更近的数据(就当时而言)而不是 1861—1913 年

的数据估计上述方程时，α 的估计上升到 0.76（标准误差为 0.08）。利普西可能从未想过这个估计参数会在后来变得如此重要。

同年，保罗·萨缪尔森和罗伯特·索洛(1960)在 1959 年 12 月的美国经济学会会议上发表了一篇论文，将菲利普斯曲线(Philips Curve)引入美国。光是他们显赫的专业地位就足以保证他们的论文会受到极大的关注。事实也确实如此。

萨缪尔森和索洛(1960)在纵轴上使用通货膨胀而不是名义工资的变化率，勾勒出了他们所谓"修正的针对美国经济的菲利普斯曲线"。也许最值得注意的是，他们在曲线图表的标题中注明了："这显示了失业和价格稳定度之间的不同的可供选择的组合，而这是根据美国过去 25 年的数据做的粗略估计(192)。"这确实只是一个粗略估计。萨缪尔森—索洛菲利普斯曲线(Samuelson-Solow Phillips Curve)是纯手绘图，而不是计量经济学的估计。在我写这本书的时候，索洛在私人信件中向我回忆说，当时在麻省理工学院的时候他和萨缪尔森都没有电脑。

A.W. "比尔"·菲利普斯(1914—1975)
工程师变成了经济学家

当然，比尔·菲利普斯最出名的是发现了菲利普斯曲线。（他自己没有给它起这个名字！）但他在经济学之前的生活也是不寻常的。[3]

菲利普斯出生于新西兰的一个农场，15 岁时高中毕业，成为一名电气工程的学徒，六年后移居澳大利亚，在那里辗转两年，做过金矿电工和鳄鱼猎人等各种工作。1937 年，他踏上了前往英国的漫长旅程，路途中经过了西伯利亚大铁路。一到伦敦，他就取得了电气工程师的资格。但当第二次世界大战来临时，他加入了皇家空军。1942 年，当菲利普斯乘船前往爪哇时，他的船遭到了敌机的袭击。他勇敢地操控机枪反击，并因此赢得了大英帝国的勋章。很少有经济学家像他一样有过这些非凡的经历！

不幸的是,菲利普斯在爪哇被日本人俘虏了。在战俘营的三年半时间里,他建造并操作了一台秘密电台,向狱友学习中文,并养成了吸食尼古丁的坏习惯,这可能是他英年早逝的原因。

1946年回到英国后,菲利普斯进入伦敦政治经济学院攻读社会学学位,但很快他就对经济学,特别是凯恩斯理论产生了兴趣。在看到经济流动和水力流动之间的相似之处之后,他建造了一台机器,让水在透明的塑料管中流动,以描绘凯恩斯主义的收入和支出循环流动。这台机器在伦敦政治经济学院引起了轰动,多年来一直在学校的地下室展出,后来在伦敦科学博物馆展出。目前,它被安放在新西兰储备银行。

菲利普斯于1950年进入伦敦政治经济学院任教,以当时的标准来看,他可谓平步青云:他在1958年就成了教授。也是在这一年,他发表了著名的论文《1861—1957年英国失业与货币工资率变化率之间的关系》。

1967年,菲利普斯回到澳大利亚,在堪培拉的澳大利亚国立大学担任教席。但在1969年,他患上中风,退休后回到了奥克兰,并于1975年在故土去世。

在萨缪尔森—索洛的文章之后,将菲利普斯曲线解释为一个"选择菜单"成了主流观点,至少在凯恩斯主义者中是这样。政策制定者可以选择高通胀和低失业率的组合,也可以选择低通胀和高失业率的组合。很快,传统观点认为,自由派民主党人倾向于沿着菲利普斯曲线向上走,走向更低的失业率和更高的通胀,而保守派共和党人则倾向于沿着菲利普斯曲线向下走,走向更低的通胀和更高的失业率。事实上,这成了区分自由派和保守派宏观经济学家的一个标志。

然而,如果你仔细阅读萨缪尔森和索洛的文章,就会发现他们其实有所保留:"我们所有的讨论都是就短期而言的,仅涉及未来几年可能发生的事情。然而,如果认为我们的将物价水平与失业率联系起来的选择菜单将长期保持不变,那就错了"(1960,193)。但不要认为他们正确地预测了未来10年到15年将会发生什么。因为这两位受人尊敬的经济学家并没有把菲利普斯曲线可能发生的转变主要归咎于预期通胀的变化。但是,随后有人这样做了。

米尔顿·弗里德曼 1967 年 12 月在美国经济学会的主席演讲受到了最多的关注。他认为,所谓由负斜率菲利普斯曲线提供的选择菜单是一种海市蜃楼,因为它忽略了通胀预期的变化。一旦考虑到通胀预期的调整,从长期来看,唯一可持续的失业率水平是它的"自然利率",即"瓦尔拉斯一般均衡方程系统所能达到的水平"(1968,8)。最重要的是,自然失业率不受货币政策的影响。(弗里德曼对财政政策的影响提到的不多。)

其背后的机制很简单。如果货币政策使失业率(U)低于自然失业率(U^*),通货膨胀(π)和货币工资的增长率都会开始上升。如果公司比工人更早地意识到正在发生的事情(他的一般假设),那么物价将比工资上涨得更快,因此实际工资将下降。较低的实际工资成本反过来会刺激公司增加就业,从而在短期内将U^*压低。然而,随着时间的推移,工人们也会意识到这一点,那么实际工资水平将回升到均衡水平,公司将没有额外的雇佣动机,U 将回到U^*。弗里德曼认为,真正的长期选择菜单只由唯一的自然失业率U^*和政策制定者选择的任意通胀率组成。也就是说,长期菲利普斯曲线是垂直的。

埃德蒙德·菲尔普斯(Edmund Phelps 1967,1968)提出了一个类似但更正式的模型,在这个模型中,公司和工人最初都被通货膨胀蒙蔽了,导致了暂时的高就业率。但两者最终都会意识到通货膨胀的存在,因此该模型得出了与弗里德曼相同的结论:从长期来看,不存在权衡的选择。考虑到后来发生的事情,值得指出的是,无论是弗里德曼的演讲,还是菲尔普斯的方程式模型,都没有体现出后来被称为理性预期的东西。相反,他们都认为预期是落后于现实的,但最终会赶上——这更像一种适应性的预期。在 U 小于 U^* 的过渡时期,π^e 会系统滞后于 π,但总体呈上升趋势。罗伯特·卢卡斯(Robert Lucas)和其他人随后认为,这种滞后的有偏见的预期是不"理性的"。但在 1968 年,几乎没人这么想。[4]

正如罗伯特·戈登(Robert Gordon)几十年后提到的,弗里德曼的主席演讲和菲尔普斯的两篇论文的时机是"无可挑剔的,甚至不可思议"(2011,16)。肯尼迪—约翰逊减税政策,以及越南战争的扩大使得失业率远低于任何合理估计的自然利率,而通货膨胀率在整个 60 年代都在上升——正如弗里德曼—菲尔普斯模型所预测的那样(图 3.4)。因此,新的自然利率理论既强化了凯恩斯主义需求管理政策具有通胀性的指控,又支持了货币主义提供了更好或至少通胀更低的政策框架的说法。

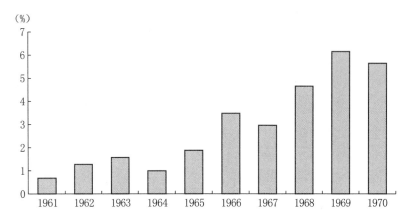

图 3.4 　1961—1970 年美国通货膨胀率(基于 12 月至 12 月同比消费者价格指数)

资料来源:劳工统计局。

凯恩斯的"理论"受到了打击,但并不是致命的。正如索洛几十年后反思时提到的,"相比于那些凡事都有答案,而且答案相同的一体化学说,杂糅了多种思想的美国凯恩斯主义总是处于劣势的,因为它们并不完全一致,有时是需要用'胶带'粘在一起才能勉强维持的"(2018,424)。但回到菲利普斯曲线以及胶带的话题上。

为了将弗里德曼—菲尔普斯分析纳入上述的菲利普斯曲线(1),需要添加一个(假定为负的)常数(因为物价通胀低于工资通胀),更重要的是,将右侧的实际通胀替换为预期通胀,得到等式(2):

$$\pi_t = \theta + \alpha \pi_t^e + f(U_t) + \varepsilon_t \tag{2}$$

在均衡状态下,等式(2)简化为:

$$(1-\alpha)\pi_t = \theta + f(U_t)$$

　　它定义了 π 和 U 之间的负向关系,即萨缪尔森和索洛(Samuelson and Solow 1960)描绘的长期倾斜的菲利普斯曲线。但是,如果 $\alpha=1$,即得到 $0=\theta+f(U_t)$,它定义了失业率的独特均衡水平,弗里德曼自然率和垂直的长期菲利普斯曲线。因此,实证的注意力开始集中在估计参数 α 上。它到底是等于还是小于 1?

　　利普西(Lipsey 1960)估计 α 小于 1,在他之后的一些论文对其的估计也是如此。例如,罗伯特·戈登(Gordon 1970)在一系列对于不同时间、不同经济条件下的菲利普斯曲线估计中 α 的第一个估计仅为 0.45。[5]不只有利普西和戈登估计的 α 小于 1。1967 年秋天,我开始攻读研究生,先是在伦敦政治经济学院(菲利普斯的故居),然后是麻省理工学院(萨缪尔森和索洛的故居)。我清楚地记得,当时这些地方的观点是,尽管弗里德曼和菲利普斯提出了令人信服的 α 应该等于 1 的理论证据,但经验证据却强烈表明 $\alpha<1$。这是理论与经验严重冲突的典型案例之一。正如格劳乔·马克斯(Groucho Marx)令人难忘的提问:"你更相信谁,我还是你自己的眼睛?"我记得麻省理工学院的观点是,用你自己的眼睛去看。

　　与此同时,宾夕法尼亚大学一位名叫托马斯·萨金特(Sargent 1971)的年轻经济学家,后来的诺贝尔奖得主,在一篇仅有五页的精彩论文中证明了关于估计参数的争论并不重要,尽管这篇论文在当时没有得到重视。他认为,基于早期对理性预期的运用,用一系列过去实际通货膨胀率的分布滞后项来代替公式(2)中不可观测的预期通货膨胀率已成为计量经济学中的常见做法。因此,人们实际上是在用公式(3)的形式估计菲利普斯曲线方程:

$$\pi_t = \sum \alpha_j \pi_{t-j} + \theta + f(U_t) + \varepsilon_t \tag{3}$$

　　而检验这条曲线在长期是否时垂直的标准是 α 的总和是等于 1.0 还是小于 1.0。实证经验表明它是小于 1.0 的。

　　萨金特解释了为什么这个测试在理性预期下是无关紧要的。为了说明他的论点,假设真正的模型是公式(4)所示

$$\pi_t = \pi_t^e + \theta + f(U_t) + \varepsilon_t \tag{4}$$

由于预期通胀的系数是 1.0,因此隐含的长期菲利普斯曲线是垂直的,正如弗里德曼和菲尔普斯认为的那样。假设产生通胀的随机过程是:

$$\pi_t = \rho \pi_{t-1} + u_t \tag{5}$$

其中 $\rho < 1$。(这个简单的版本只有一阶滞后;萨金特的观点会加入更普遍的滞后项)代入(4)得到

$$\pi_t = \rho \pi_{t-1} + \theta + f(U_t) + \varepsilon_t \tag{6}$$

其中 $\rho < 1$,这是计量经济学家使用分布式滞后方法估计的值。方程(6)看起来像一个长期下倾的菲利普斯曲线,因为 $\rho < 1$。但这只是错觉。在(6)中的 ρ 不是在(4)中 π_e 的系数,后者是 1.0。相反,它是描述(5)中通胀如何演变的自回归参数。如果该参数发生变化,菲利普斯曲线(6)中的估计系数也将发生变化。[6]

如前所述,萨金特的重要观点并没有立即被接受。人们继续估计类似(3)的方程,并测试 $\sum \alpha_j = 1$ 还是 $\sum \alpha_j < 1$。 然而,随着时间的推移、通货膨胀的加剧,理论和经验证据开始变得一致。1972 年,戈登在布鲁金斯学会发表的论文中估计了一个非线性 α 系数,尽管没有提到萨金特当时的论文。他发现 α 随着预期通胀的上升而上升,当预期通胀为 7% 时,α 达到 1.0 左右。(1972 年 CPI 通胀率为 3.4%,1973 年为 8.9%。)所以,到 1972 年或 1973 年,关于长期菲利普斯曲线垂直性的实证辩论几乎结束了,因为它在理论上和实证经验上都被证明是垂直的。凯恩斯主义者和货币主义者(以及不久将被称为"新古典主义者"的经济学家)都同意这一点。这一次显然是理论战胜了(有缺陷的)经验证据。

随着学院派经济学家迅速接受了理性预期的假设后,人们很快注意到,即使是短期的菲利普斯曲线,在理性预期下也应该是垂直的(Sargent and Wallace 1975)。回顾方程(4),在理性预期下,π_t^e 与 π_t 间只相差一个随机期望误差项,该误差具有零均值并且与 π_t^e 无关。把这个想法放到方程(4)中,我们回到 $0 = \theta + f(U_t)$ 这一公式,即 U^* 处的垂直的菲利普斯曲线。但这一次即使在短期内也是

垂直的。理性预期的惊人含义在当时是革命性的。它也与观察到的现实大相径庭。因此,尽管学院派经济学家非常重视它,但现实世界的政策制定者从未给予它太多关注(更多内容见第 6 章)。

但理性预期革命的另一个问题几乎没有引起注意。卢卡斯(Lucas 1976)著名的计量经济学政策批判正确地指出,如果政策反应发生变化,观察到的经验关系——例如 $\pi_t^e = \sum \alpha_j \pi_{t-j}$,可能会发生变化。正如刚才提到的,萨金特(Sargent 1971)提出的重要观点就是一个恰当的例子,它比卢卡斯的批判早了五年。但"可能性"不等于"一定会"发生变化,而变化也不一定意味着变化很大。在推动宏观经济学革命并推翻凯恩斯主义的过程中,似乎没有人停下来思考,在菲利普斯曲线的背景下,卢卡斯批判是否具有实证的重要性。

确实,几乎没有任何人提过这个问题。在 1988 年的一篇几乎没有引起注意的论文中[7],我估计了 1955 年 2 月至 1987 年 4 月期间美国通货膨胀的一系列萨金特式自回归方程,形式为

$$\pi_t = \sum \alpha_j \pi_{t-j} + u_t$$

然后,我在 1970 年、1971 年、1972 年和 1973 年底——通胀上升的时候,测试了这个通胀预测方程是否存在统计上显著的差异。估计的 F 统计量在 0.2 到 0.9 之间,没有一个接近统计显著性。这意味着,尽管卢卡斯的理论存在,但对于美国通货膨胀率来说,最适合的自回归模型在 20 世纪 70 年代早期仍然保持相对稳定,即使通货膨胀本身并没有保持稳定。当然,萨金特(1971)在原则上是正确的。卢卡斯(1976)也是如此。但至少在这个应用中,卢卡斯批判的重要性似乎并不是在数量级上的。

然而,旧的菲利普斯曲线确实在 20 世纪 70 年代后期崩溃了。这不是卢卡斯—萨金特的原因。相反,这是因为美国和其他经济体遭受了严重的负面供给冲击。当加上供给冲击变量,即食品和能源的冲击之后,菲利普斯曲线迅速修正。但这是第 5 章的故事。

重要的一点是,到 1972 年左右,宏观经济学家之间的强烈共识是,无论是货

币政策还是传统形式的财政政策,都不会对就业或产出产生永久性影响。[8]通货膨胀和失业之间存在短期的权衡,但没有长期权衡。在实践中,这意味着政策制定者可以缩短经济衰退时间,并降低衰退的程度,但代价是通胀率将保持在较高水平。从另一个角度考虑,扩张性的货币或财政政策可能会让经济在短期内陷入"糖瘾"*。但糖会溶解,随后通胀会保持在较高的水平。这很快成为学术界的权威观点,现在仍然如此。这似乎也是理查德·尼克松总统和他亲自挑选的美联储主席阿瑟·伯恩斯所接受的观点,我们将在下一章中看到。

本章总结

菲利普斯在 1958 年发现了他著名的曲线,就像亚历山大·弗莱明(Alexander Fleming)在 30 年前发现青霉素一样——都是偶然发现的。但这条曲线却屹立了几十年,并对货币政策和财政政策的构思方式产生了深远影响。从理论上看,菲利普斯曲线弥补了旧式凯恩斯模型(即所谓通胀方程)中缺失的一环。在政策方面,最初人们认为这条曲线为决策者提供了一系列选择,可以决定经济在通胀—失业率区间的位置。

但米尔顿·弗里德曼和埃德蒙德·菲尔普斯令人信服地辩称,从长远来看,不可能存在这样的选择菜单。基于理论基础,从长来看,不管当时估计的菲利普斯曲线如何,货币必须是中性的。在之后的几年之内,尽管萨金特认为滞后通货膨胀率的系数并不重要,用滞后通货膨胀率作为预期通货膨胀率的代理变量的经验估计菲利普斯曲线与弗里德曼和菲尔普斯的理论主张达成了一致。在这一背景下,实用的宏观经济思想很快就形成了这样一种观点,即政策制定者可以在短期内以更高的通胀换取更低的失业率,但在长期内却不能。这一观点直至

---

* 这个概念用来比喻一些经济政策在短期内可能会带来一时的经济增长,但会在长期带来负面影响。——译者注

今日都没有改变，虽然从 20 世纪 90 年代末以来的美国经济数据中，很难找到短期的菲利普斯曲线。

注释

1. 这一章包含几个简单的方程式。不喜欢看公式的读者可以跳过方程式，直接阅读随附的文字。
2. 与菲利普斯不同，利普西（Lipsey 1960）用传统的计量经济学方法估计了菲利普斯曲线。他也发现了一种不像菲利普斯所发现的那样引人注目的拟合结果。
3. 这篇简介的大部分内容都是基于巴尔（Barr 2004）。
4. 卢卡斯才刚刚开始。参见 Lucas 和 Rapping（1969）。
5. 在那个年代，人们通常用货币的变化率来估计价格方程，把工资放在右边，把预期通货膨胀放在另一个工资方程的右边。这个双方程系统的简化形式类似于（2）。在他的论文中，戈登（Gordon 1970）使用长期利率来产生预期通货膨胀的统计代理变量。
6. 这是后来被称为卢卡斯批判的早期应用。见第 6 章。
7. 在撰写本文时，谷歌 Scholar 仅记录了对 Blinder（1988）的 273 次引用。
8. 所谓"常规形式"，我指的是允许边际税率变化产生永久性激励效应。这种情况在当时是众所周知的，尽管当时"供给学派经济学"（supply side economics）这个术语还没有被创造出来。

第4章
尼克松、伯恩斯和政治商业周期

没人比我更努力帮你了。

——阿瑟·伯恩斯在 1971 年 6 月对理查德·尼克松说

理查德·尼克松和阿瑟·伯恩斯之间的恩怨情仇至少能够追溯到 1953 年，而他们的关系对 20 世纪 70 年代乃至现在的国家货币政策和财政政策都产生了持久与深远的影响。[1]尼克松的重要性无需言明。伯恩斯是哥伦比亚大学的著名教授，也是美国最重要的商业周期专家之一。1953 年，德怀特·戴维·艾森豪威尔总统任命他为第一任经济顾问委员会主席。尼克松和伯恩斯一起在艾森豪威尔政府任职，直到 1956 年底，伯恩斯回到哥伦比亚大学任教。

但两人之间纠葛而动荡的关系并未结束。伯恩斯在共和党圈子里仍然很活跃，1960 年 3 月，他去见尼克松并提醒他：经济可能会衰退。伯恩斯预测，如果任由这种情况发生，美国经济将在 1960 年 10 月左右触底，而这将严重损害共和党在 11 月大选中的前景。他敦促尼克松增加联邦政府的开支，放宽信贷条件，以避免经济开始衰退。注意这里伯恩斯将货币政策和财政政策进行了结合，因为此时对于央行独立性的坚定信念尚未出现。

伯恩斯没有把时间精确到月份；美国国家经济研究局（NBER）将 1960—1961 年的衰退日期定为从 1960 年 4 月开始，1961 年 2 月触底。但总的来说，他的预测是非常正确的，远远超过他的政治说服力。艾森豪威尔与他的内阁讨论了伯恩斯刺激经济的想法，但最终该想法并未被采纳，这让当时的副总统，同时也预计将会成为共和党总统候选人的尼克松非常懊恼。几年后,尼克松(Nixon 1962,310)感叹道:"在支持伯恩斯的观点这一方面,我必须承认,在政治上,我比内阁的其他成员更敏感。"毫无疑问他确实如此。

尼克松随后将自己在大选中惜败于约翰·肯尼迪归咎于经济衰退(肯尼迪在选举人团中获得的票数优势更大)。尽管尼克松在电视辩论中的形象问题和不太有魅力的表现可能同样重要,但他的说法是有道理的,经济衰退确实会对现任政府造成伤害。[2]无论如何,他不会忘记 1960 年的惨痛教训,也不会忘记曾警告他选举危险的明智预言家。

1972 年大选前的财政和货币刺激

当然,1960 年尼克松败给肯尼迪并没有结束他的政治生涯。在 1962 年的加州州长竞选中,他被埃德蒙德·帕特·布朗羞辱性地击败后对媒体发表了一份著名声明:"你们再也不会有机会揪着迪克·尼克松不放了。"然而结果证明他们依然有机会。不到六年,他再次获得共和党总统候选人提名,并在 1968 年的选举中击败了副总统休伯特·汉弗莱。具有讽刺意味的是,那次选举的结果与之前肯尼迪和尼克松的选举很相似:在普选中以极微弱的优势获胜,但在选举人团中获得的票数优势更多。

伯恩斯随即被任命为总统顾问,这是一个内阁级别的新职位。当时人们普遍认为,这只是一个暂时的安排,为了让伯恩斯有个位置待着,尼克松则在等待威廉·麦克切斯尼·马丁担任联邦储备委员会主席的最后任期结束,届时尼克松会将伯恩斯提拔为联邦储备委员会主席。事实的确如此。

尼克松在 1969 年 1 月就任总统时,财政政策和货币政策都处于反通胀政策的后期阶段。这个反通胀政策最初是由林登·约翰逊在 1968 年才开始实施的,而美联储则在两年前开始了这一政策。尼克松最初的财政政策正是出于这一目的。在 1968 年和 1970 年这两个财政年度之间,当时被称为"充分就业赤字"的比例从占 GDP 的 4% 左右缩减到 0.5% 左右——这是一次相当大规模的财政紧缩。由于当时经济接近充分就业,这一数字意味着联邦预算接近平衡。艾森豪威尔应该会很赞成这一做法。货币政策在 1969 年仍在收紧。联邦基金利率从尼克松当选时的约 6% 上升至 1969 年 5 月的约 9%,但在这300 个基点的升幅中,只有一半代表实际联邦基金利率上升,因为通胀率已从4.4% 上升至 5.9%。

由于以上和其他原因,12 个月的消费者价格指数(CPI)通胀率在 1970 年初达到 6.4% 的峰值,然后开始下降——尽管速度很慢(图 4.1)。当然,下降的通胀正是紧缩货币和财政政策的预期效果。但也产生了一种意外但可以预料的结果——始于 1969 年 12 月、结束于 1970 年 11 月的一次短暂而轻微的经济衰退。在 1969 年至 1970 年的经济衰退中,实际国内生产总值(GDP)仅下降了约 0.6%。失业率的确上升了约 2.5 个百分点,但仍然只有 6% 左右。

图 4.1 尼克松—福特任职期间通胀率

资料来源:劳工统计局。

没有哪位总统喜欢在任期间出现经济衰退。然而,对于一位渴望制造政治经济周期的总统(比如尼克松)来说,这场经济衰退的时间几乎是完美的。当经济衰退在现任总统下次选举前两年触底时,他很有可能在整个连任竞选期间享受经济扩张的红利。而尼克松确实如此。然而,1960 年的教训始终历历在目,他不想冒任何风险。1971 年 1 月,尼克松将自己描述为"现代经济学凯恩斯主义者"(Reuters 1971),这在当时——甚至现在——都是一个非常不像共和党人的说法。[3]但他在传达一些信息。是什么信息呢?

从实证(即描述性)经济学角度出发,凯恩斯主义经济学的核心原则之一是,实际 GDP 的短期波动主要由总需求的变化决定,其中一部分总需求的变化源自货币政策和财政政策的影响。这些需求的变化在短期内主要体现在实际产出上,而不是通货膨胀,因为通货膨胀的反应速度相对较慢,只有经过较长一段时间才能体现。这也正是当时的实证菲利普斯曲线所显示的。

就规范经济学(即规定性经济学)而言,凯恩斯主义有时意味着更担心失业问题而不是通货膨胀问题。也正是由于针对这两大宏观经济问题的相对的考虑方式,许多保守派至今仍回避被贴上"凯恩斯主义"的标签。因为他们可能是实证凯恩斯主义者,但他们不是规范的凯恩斯主义者。而尼克松两者兼有。

由于政府支出的增加,充分就业的预算赤字在 1971 年增加了约 GDP 的 1%,在 1972 年又增加了 GDP 的 0.5%。1972 年 10 月,第一批由尼克松推动的社会保障支票被寄送到退休人员的邮箱,支票上的福利增加了 20%。而这正是完美的时机!这些慷慨的支票上附有一封毫不隐讳的介绍信,上面写道:"根据国会通过的新法案和尼克松总统在 1972 年 7 月 1 日签署的法律,您的社会保障金已从本月开始增加了 20%。"[4]这些支票无疑让很多老年人非常开心,也为共和党赢得了选票。

与此同时,于 1970 年 2 月接任美联储主席的阿瑟·伯恩斯也在积极采取货币政策刺激经济发展。到 1972 年 1 月,联邦基金利率从 1969 年的 9% 以上的峰值下降到 3.5%——大致与通货膨胀率齐平,因此实际利率为零。在选举月,这一比例仍然只有 5.3%。

然而,在那些日子里,人们更多地关注货币增长率,而不是联邦基金利率。不幸的是,货币增长的数值不断修订,甚至自 20 世纪 70 年代初以来连货币供应量的定义也发生过多次变化,包括伯恩斯担任主席期间的几次更改。值得一提的是,如今的 M1 增长数据呈现出一种与联邦基金利率类似的"走走停停"的周期性起伏模式。当伯恩斯担任美联储主席时,滞后 12 个月的 M1 增长率仅为2.9%,到 1971 年 6 月上升到 7.7%,然后在 1972 年 11 月上升到8.2%。一年后,M1 增速又回落至 5.9%(见图 4.2)。M2 的增长呈现出类似但更夸张的模式,从1970 年 2 月的 2.5% 上升到 1971 年 6 月的 13.1%,1972 年 11 月的 12.7%,然后下降到 1973 年 11 月的 6.9%。这看起来确实像是一个政治商业周期中的货币政策部分。

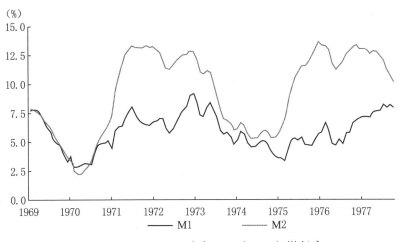

图 4.2 1969—1977 年间,M1 和 M2 年增长率

资料来源:Board of Governors of the Federal Reserve System.

几十年来,一直有很多猜测,但没有确凿的证据表明伯恩斯所做的这一切都是为了帮助他的朋友尼克松连任。伯恩斯坚决否认这一指控,多年后声称:"1972 年的选举对我在美联储的所作所为绝对没有任何影响。"[5]但在臭名昭著的"水门事件"录音带被逐步公布给研究人员后,伯顿·阿布拉姆斯(Burton Abrams 2006)发表了一些尼克松和伯恩斯之间的对话摘录,这些摘录毫无疑问证实了这一指控。以下是阿布拉姆斯论文中的一段摘录,内容涉及 1971 年 12 月联邦公开市场委员会(FOMC)会议召开前四天,尼克松和伯恩斯之间的一次电话通话：

　　　　伯恩斯说："我想让你们知道，我们降低了贴现率⋯⋯降到了 4.5%。"
"很好。"尼克松回答。伯恩斯表示，在宣布降低贴现率的同时，美联储还将
补充声明，称此举"也是为了促进经济扩张"。伯恩斯表示，他下调利率也是
为了让他们（联邦公开市场委员会）知道，通过这次行动，我希望联邦公开市
场委员会在下周二采取更积极的措施。"太好了，"尼克松回答，"你可以引
导他们，正如你一直在做的，现在再推他们一把就好了。"（Abrams 2006，
181）

　　尼克松和伯恩斯的大规模财政和货币刺激计划成功了，对尼克松来说，时机
非常完美。在 1971 年最后三个季度，实际 GDP 增长率平均为 2.1%，但在选举
年 1972 年的前三个季度跃升到 6.9%。这对于现任总统来说非常有利，但这里
面的奥妙不止于此。

　　假设你身处 1971 年的尼克松的位置，并且你的道德观念与尼克松差不多。
你将在 1972 年竞选连任。经济正在增长，但增速不快，失业率约为 6%，远高于
你上任时的大约 3.5%。同时，通货膨胀率仍然顽固地保持在每年 4.5% 左右，高
得足以让美国选民不满意。

　　尼克松难以抵挡的诱惑是：假设我们在选举年通过财政和货币刺激措施来
提高 GDP 增长（记住，尼克松在美联储有个朋友），但在选举后扭转局面。为了
在此期间遏制通货膨胀，我们可以利用国会在 1970 年大胆赋予我们的权利来实
施工资—价格控制 *。[6]这样的政策组合能让我们在 1972 年 11 月的选举中，让经
济快速增长的同时通胀率保持在较低水平。我们可以以后再操心如何清理通胀
的烂摊子。

---

　　* 工资—价格控制，指政府实施工资和物价管制措施。政府通过规定法令或指令的方式来控制企业
　　和工会的工资涨幅以及商品和服务的价格上涨。这是一种干预市场机制的手段，旨在遏制通货膨
　　胀和保持价格稳定。——译者注

1971 年 8 月的意外事件

　　而这也正是尼克松所做的。具体来说,在 1971 年 8 月 15 日的一次重要总统讲话中,他宣布全面实施工资—价格管制措施,首先是对大多数工资和价格进行为期 90 天的惊人冻结。这是美国在和平时期进行的全面的经济范围内的工资—价格控制的第一次也是唯一一次试验。这些管制措施对于一个不到一个月前曾谴责价格管制为"社会化美国的阴谋"的共和党总统来说(Abrams and Butkiewicz 2017,64),是非常令人震惊的。此外,美联储的"保守派"主席支持这种"社会主义"政策干预。[7]

　　至少在政治上,价格控制对于尼克松来说发挥了作用。尽管经济蓬勃发展,但滞后一年的通胀率从 1971 年 8 月的 4.4％下降到一年后的仅 2.9％(参见图 4.1)。根据货币政策,这就像一个有利的供给冲击,预计会提高实际 GDP 增长。当然,工资—价格管制也带来了常见的扭曲、短缺、执行困难等问题。因此,在选举后,从 1973 年 1 月开始,政府开始分阶段取消工资—价格管制措施。当通货膨胀在 1973 年夏季再次出现时,价格管制曾被重新实施,但 1973 年 8 月重新开始取消价格管制,尼克松的工资—价格管制最终在 1974 年 4 月被彻底解除。

　　这些工资—价格管制对通货膨胀率产生了什么影响? 威廉·牛顿和我构建了一个受价格管制影响的 CPI 比例的月度时间序列(图 4.3),并利用它估计了两个不同的计量经济模型,以分析工资—价格管制对核心 CPI 通胀率的影响,即不包括食品和能源价格的通胀率(Blinder and Newton,1981)。[8]根据其中一种模型,在 1971 年 7 月到 1974 年 2 月(其最大影响月份)期间管制措施将价格水平降低了累计约 3％。但在 1974 年 10 月,管制措施后的反弹效应完全抵消了这种影响。请注意,这一估计意味着在 1974 年 2 月至 10 月期间管制措施的取消对通胀率产生了巨大的正面影响。根据另一个模型,管制措施对物价水平的峰值影响也是在 1974 年 2 月,但是相对而言更大:约 4％。然而,第二个模型估计的管制

取消后的反弹效应要小得多,并且从未完全反弹。因此,这两个模型一致认为,
价格管制在 1971 年 8 月到 1974 年 2 月期间平均降低了约 1.5 个百分点的通货
膨胀率。[9]但是,这两个模型对于取消管制后通货膨胀率上升的程度存在着明显
分歧。

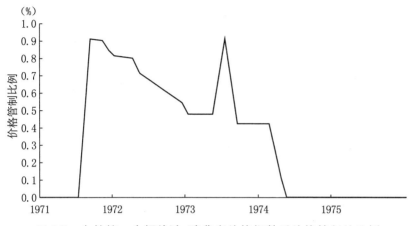

图 4.3 布林德—牛顿估计:消费者价格指数受价格管制的比例

资料来源:布林德和牛顿(1981)。

在 1971 年 8 月 15 日,尼克松总统宣布实施工资—价格管制,但这并不是唯
一的重大新闻。事实上,从世界范围看,这甚至都不是美国最大的新闻。相反,
全球的头条新闻是美国"暂时"暂停将美元兑换成黄金,因此单方面结束了布雷
顿森林体系下的固定汇率制度。事实上,美国多年来一直在消耗黄金储备,因此
几乎不再有能力将美元价值与黄金挂钩。随着布雷顿森林体系仅存的规则被彻
底打破——到了 1971 年已经所剩无几——所有主要国家都在两年的时间里摸
索着如何应对汇率问题。最终,几乎所有国家都在 1973 年转向真正的管理浮动
汇率制度。

结束布雷顿森林体系的既不是财政政策,也不是货币政策,但它与后者高度
相关,特别是在其他国家,甚至在美国。在简单的教科书模型中,固定汇率会将
货币政策从国内的稳定政策工具箱中移除,因为中央银行必须将其货币政策工

具用于固定汇率,如同在金本位制下一样。

　　然而,对于像美国这样的经济大国而言,现实情况并非如此严峻,因此伯恩斯和联邦公开市场委员会在布雷顿森林体系下有一定的自由度来实行传统的货币政策。尽管如此,固定汇率确实给每个参与布雷顿森林协议的国家的中央银行都施加了一定的限制。这个限制对许多国家而言是严格的,对美联储而言则相对灵活,尽管限制仍然存在。因此,对于尼克松和伯恩斯而言,在 1971 年 8 月摆脱这些限制是方便的。

　　当布雷顿森林体系解体时,货币政策所受的这些限制几乎消失了。[10]一些经济学家将 1973 年后全球通货膨胀的激增归咎于布雷顿森林体系的终结。[11]固定汇率的终结确实发挥了作用,但我倾向于第 5 章中讨论的供给侧冲击对其带来的影响。其中一个原因很简单:如果美元贬值导致美国通货膨胀加剧,那么美国主要贸易伙伴货币的升值应该导致该国的通货膨胀率降低。但是,20 世纪 70 年代的通货膨胀激增是全球性现象;它影响了几乎所有国家,尽管程度有所不同。[12]在 1971 年 8 月至 1973 年 8 月期间,加拿大的 CPI 通货膨胀率从 3.4% 上升到 8.1%,法国从 5.6% 上升到 7.6%,德国从 5.7% 上升到 7.3%。[13]

　　然而,总的来说,布雷顿森林体系的终结摧毁了当时被认为是世界上最好的货币体系,尽管它有缺陷,但它提供了一个名义的锚定机制来帮助稳定通胀预期,促进全球经济稳定。浮动汇率制度并没有提供替代方案。布雷顿森林体系的终结也使美联储不再担心黄金流动和美元汇率的问题。美联储可以将全部注意力集中在美国的通货膨胀和失业问题上。[14]

1973 年的重大逆转

　　在 1973 年这一年,相比于失业率,人们更关注通货膨胀。在 1972 年大选之后,失业率缓慢下降,使其在经济和政治上的关注度下降。但通货膨胀率飙升了,从 1972 年 11 月以来的仅 3.4%(实行价格管制产生的效应),到 1973 年 11

月惊人的 8.3％（以年为单位调整后的），达到自 1951 年以来美国最高的通胀水平。随着选举结束，伯恩斯领导下的联邦储备委员会对高通胀做出了强烈反应，将联邦基金利率从 1972 年 11 月的 5.1％提高到 1973 年 9 月的 10.8％。请思考一下：虽然美联储的联邦基金利率在短短十个月内上涨了 570 个基点，但通货膨胀在同期也上涨了 400 个基点，这使得实际的紧缩只有 170 个基点。

在阿以（阿拉伯—以色列）战争的推动下，石油输出国组织（OPEC）在随后的一个月发动了罢工，令油价飙升，并将美国和其他经济体推入了媒体所称的滞胀的不幸组合。[15]滞胀问题让央行处于政策两难境地，虽然现在来看已经被充分理解，但在当时，不仅仅是阿瑟·伯恩斯，许多央行行长都对此感到困惑。如果央行放宽货币政策以对抗经济停滞，那么将加剧通货膨胀问题。或者，如果央行收紧货币政策以对抗通货膨胀，那么停滞问题将变得更糟。没有央行可以同时缓解这两个问题。那么，货币政策该如何应对呢？

事实证明，伯恩斯领导的联邦储备委员会的反应出现了摇摆不定的情况。它首先通过在 1974 年 2 月放宽货币政策，将联邦基金利率降至 8.8％（通胀率为 10％）以刺激经济增长。但随后又转向提高利率以抗击通胀。在 1974 年 6 月，联邦基金利率达到近 13％的峰值。然而，通胀也在上升。所以，看似高企的基金利率只比 11％的通胀率高出约 2 个百分点。根据霍尔斯顿、劳伯克和威廉姆斯（Holston, Laubach and Williams 2016）的估计，当时中性实际联邦基金利率略高于 3％，因此货币政策仍然是扩张性的。但当然，当时还没有霍尔斯顿—劳伯克—威廉姆斯的估计数据。事实上，中性实际利率的概念在当时并没有在美联储的词汇表或思考中扮演重要角色。此外，令人震惊的是，当时的美联储主席对货币政策调控通胀率的能力持怀疑态度（下文将进一步探讨）。

随着石油输出国组织（OPEC）的冲击重创经济，财政政策也趋向紧缩。充分就业赤字在 1972 年第 4 季度选举季节达到高峰，约占 GDP 的 5％（这相当巧合），但在 1974 年第 3 季度降至 GDP 的约 2％。简言之，选举前货币政策和财政政策刺激经济的局面迅速转变为双管齐下的限制，这是一个典型并近乎完美的政治商业周期。

但也许太完美了。1971—1974 年间的经济繁荣和衰退具有明显的"政治商业周期"特征,加上对工资—价格管制的普遍谴责,可能标志着"政治商业周期"在美国的破灭。尼克松对经济的政治操纵是如此极端和无耻,以至于他的两位更有原则的继任者,共和党人杰拉尔德·R.福特和民主党人吉米·卡特,似乎像躲避瘟疫一样躲避政治操纵。尽管这两位总统都有充分的机会和甚至合理的理由应用财政刺激措施:在 1973 年至 1975 年福特执政期间的深度衰退和卡特执政期间在第二次石油危机后的滞胀。然而,即使通胀再次升至两位数,自尼克松以来,没有一位美国总统考虑过工资—价格管制。[16]这些都是尼克松时代宏观经济政策的遗产。

阿瑟·伯恩斯的遗产

阿瑟·伯恩斯在美联储的遗产主要有两个:在 20 世纪 70 年代未能控制通货膨胀,愿意放弃央行的独立性将其交于尼克松。但这两个很快被坚定独立且致力于打击通货膨胀的保罗·沃尔克彻底扭转。第 7 章会对其详细展开。

回到伯恩斯,把所有通货膨胀的责任都归咎于他和联邦公开市场委员会的同事们是不公平的。刚才提到的供应冲击(在下一章中将进行更充分的讨论)也需要承担很大一部分责任。然而,伯恩斯领导的美联储确实应该承担一些责任。出于多种原因,尼克松—伯恩斯的事件被认为是美联储历史上的一个污点。

第一,伯恩斯是尼克松身边最亲近的顾问之一,他曾敦促这位不择手段的总统实行工资—价格管制,并在尼克松这样做时表示赞赏(Nelson 2020,321—331)。然而这样做使他不会受到许多经济学家或者历史的青睐。

第二,1971 年和 1972 年美联储宽松的货币政策无疑促成了 1972 年至 1974 年的通货膨胀,尽管伯恩斯经常痛斥通货膨胀的罪恶。这使他看起来不仅政治化,而且极端虚伪。

第三,伯恩斯被指责在 1976 年至 1978 年再次打开了货币之门,虽然在这点上仍然存在争议。在这三年中，M1 平均年增长率为 7.6%，M2 平均年增长率为 10.4%。纳尔逊写道："1976 年至 1978 年的这段时期——伯恩斯任期的最后两年——可能见让了比 1970 年至 1972 年更大的货币政策宽松，并导致更高的通货膨胀高峰"(Nelson 2013，2)。

第四点更多是在思想领域而不是政策领域。伯恩斯实际上声称美联储很难控制通货膨胀。例如，他在 1971 年 3 月告诉参议院银行委员会："我认为我们的财政政策和货币政策都不足以控制通货膨胀。我们的国家以及其他国家，特别是加拿大和英国的经验，都印证了这一点。"[17] 但伯恩斯昔日的学生，米尔顿·弗里德曼和安娜·施瓦茨等人显然持有不同的观点。

也许当时的伯恩斯还是个新手，但是在他从联邦储备局离任后的 1979 年 9 月，在国际货币基金组织(International Monetary Fund)于贝尔格莱德召开的"佩尔·雅各布松"(Per Jacobsson)讲座中，伯恩斯似乎将高通胀的原因归咎于除了中央银行之外的其他因素。

伯恩斯指责"自 20 世纪 30 年代以来美国和其他国家的经济生活的哲学和政治思潮发生了很大的转变"，比如新政(the New Deal)和伟大社会(the Great Society)等，指出"联邦储备局本身也被卷入了其中"(Burns 1979，9，15)。他抱怨说，"尽管联邦储备局不断尝试各种压制通货膨胀的措施，但它不断地遭到行政机构和国会的激烈批评"(16)。他总结说，央行行长"在政治力量不断推动的通货膨胀方面的实际控制能力非常有限"(21)。

真的是社会自由派和固执的政客们扼制了美联储抑制通货膨胀的能力吗？对于像弗里德曼这样的货币主义者来说，这显然是个悖论。对于保罗·沃尔克来说，这是一种危险的幻想。正如沃尔克在自传中回忆的，伯恩斯"(臭名昭著地)怀疑中央银行是否还能够控制通货膨胀"(Volcker 2018，107)。在沃尔克当时和现在几乎所有经济学家看来，伯恩斯是完全错误的。供应冲击有时是通货膨胀的重要决定因素；我在第 5 章中会解释，在解释 20 世纪 70 年代和 80 年代初通货膨胀的上升和下降时，它们实际上比需求冲击更重要。然而，从长远来看，尽管伯恩斯努力将通货膨胀归咎于福利国家，但货币政策仍是通货膨胀的一个

(许多人会认为是主要的)决定因素。因此很难想象当一个国家的央行行长怀疑货币政策影响通货膨胀的能力时,一个国家该如何制定完善的货币政策。

阿瑟·伯恩斯(1904—1987)
当卓越学者成为政治家

阿瑟·伯恩斯是 20 世纪 50 年代到 70 年代研究美国商业周期及其历史的重要人物。他的态度和行动对艾森豪威尔政府、尼克松政府,以及之后的时期产生了深刻的影响,当然也包括他从 1970 年到 1978 年担任主席的美联储。

伯恩斯于 1904 年出生在奥地利,父亲是一名油漆承包商。十年后,他随家人移民到美国。伯恩斯在新泽西州长大,他就读于哥伦比亚大学,获得学士学位,并在 1925 年获得硕士学位。此后的几年,他在罗格斯大学教书,并在哥伦比亚大学攻读博士学位。

在哥伦比亚大学,伯恩斯遇到了威瑟里·克莱尔·米切尔(Wesley Clair Mitchell),当时他是 NBER 的研究主任,也是美国商业周期研究的最高权威。这场相遇同时改变了他们两人的命运;伯恩斯和米切尔的团队随后几乎成了商业周期研究的代名词。多年后,伯恩斯接替米切尔担任 NBER 的研究主任。

伯恩斯在 1945 年从罗格斯大学转到哥伦比亚大学,在那里他遇到了该校校长艾森豪威尔。当艾森豪威尔在 1953 年成为美国总统时,他邀请伯恩斯担任其经济顾问委员会主席。在这个职务上,伯恩斯敦促艾森豪威尔,这位铁杆的财政保守派,削减税收和支出以减轻 1953—1954 年的经济衰退。这是纯凯恩斯主义。

1956 年,伯恩斯回到哥伦比亚大学和 NBER 担任其主席。尽管再次成为学者,但他仍然保持着政治联系,这使他成为 1969 年尼克松政府中一个自然而然的选择。伯恩斯在 1970 年 2 月被提升为联邦储备委员会主席,正如本章所述,在那里他度过了动荡的八年。《纽约时报》在关于他的讣告中指出,"对于数百万美国人来说,他是一个不可忽视的人物,他浓密的从中间分开的灰色头发,镶有金属边框的眼镜,尖锐的烟斗和精确的、略带鼻音的声音,以及在最尖锐严厉的质疑下保持着柔和的语调"(*New York Times* 1987, 1)[18]。

1981 年,罗纳德·里根总统任命伯恩斯担任驻德国大使,他在这个职位表现得很出色。在 1985 年完成了他的任期之后,伯恩斯作为一个普通公民回到华盛顿,并于 1987 年在那里去世。作为对他历史重要性的致敬,《纽约时报》以头版刊载了他的讣告。

本章总结

理查德·尼克松和阿瑟·伯恩斯展示了财政政策和货币政策在协同工作时操纵经济的潜在力量,并用以实现政治目的。早在 1960 年,他们就对这一策略心照不宣。因此在 1972 年,当历史给予他们将这个想法付诸行动的机会时,他们紧紧握住了这次机会。选举前,尼克松和国会通过财政支出进行了相当大规模的财政刺激。同时伯恩斯和联邦储备委员会进行了强有力的货币刺激。在此期间,尼克松施行了工资—价格管制,以暂时控制通货膨胀。这个配方奏效了,但当尼克松当选连任后,它就迅速被颠覆了。

具有讽刺意味的是,他们在 1971 年至 1973 年期间引起的政治商业周期最终成了一次典型的灾难性成功案例。选举前的经济刺激和当选后的紧缩形成鲜明对比,并且声名狼藉,以至于没有美国总统在此之后尝试过这种方式。

此外,正如我们将在第 7 章中看到的那样,伯恩斯认为通货膨胀已经超出了中央银行的控制范围——这可能是福利国家的产物——这个观点也没有持续太久。

注释

1. 引言出自梅尔泽(Meltzer 2009b, 793),其来源是白宫录音带。

2. 无论是经济学还是政治学,都有大量文献支持这一观点,尽管几乎没有一篇文献在 1960 年之前。例如,参见 Fair(1978)。

3. 尼克松经常被错误引用为说过"我们现在都是凯恩斯主义者"。实际上,这句话是米尔顿·弗里德曼说的,而弗里德曼的完整说法是:"在某种意义上,我们现在都是凯恩斯主义者;但另一方面,再也没有人是凯恩斯主义者了。"参见 *TIME*(1965)。

4. 这封信的复制件出现在 Tufte(1978, 32)中。

5. 这句话出自伯恩斯的讣告(*New York Times* 1987)。

6. 几年后,当时在场的乔治·舒尔茨和肯尼思·达姆写道:"国会早先作为政治挑战,授予总统对美国经济实行控制的广泛权力"(Shultz and Dam 1977, 141)。

7. 真正的保守派乔治·舒尔茨当时担任预算管理办公室主任,他强烈反对这些管制措施。例如,参见加藤(Garten 2021, chap.8)。

8. 这两个模型使用不同的需求压力度量方法。

9. 布林德和牛顿(Blinder and Newton 1981)对管制措施对通货膨胀的抑制效应的估计与戈登(Gordon 1975)相似。

10. "几乎"是因为大多数国家仍然关心其汇率。

11. 例如,参见波尔多和艾肯格林(Bordo and Eichengreen 2013),他们关注的是一个稍早的时期,当时布雷顿森林协议陷入困境,但被更认真地考虑了。其他人也表达了类似的看法。

12. 但从另一方面来说(也已经有人这样做了!),布雷顿森林体系的消亡使得美国货币政策变得更加宽松,而外国货币政策变得更加宽松,从而促进了全球通货膨胀。我感谢巴里·艾森格林指出了这一点。

13. 我在 1973 年 8 月结束了这个比较期,因为那年 9 月 OPEC 采取了行动。所引用的 CPI 数据来自经济合作与发展组织。

14. 在 1972 年 6 月 23 日一次被记录在白宫录音带中的著名对话中,尼克松的幕僚长 H.R.哈尔德曼向尼克松报告,伯恩斯担心针对意大利里拉的投机。尼克松回答说:"我才不在乎里拉"(Nixon 1972, 13)。

15. "滞胀"一词最初是由英国政治家伊恩·麦克劳德(Iain Macleod 1965, col.1165)于 1965 年提出的,他后来成为英国财政大臣。这个词在 1973 年之前并不被广泛使用。这次初始的石油危机后来被称为 OPEC I。

16. 卡特总统确实迫使保罗·沃尔克在 1980 年短暂实施信贷管制(Volcker 2018, 110—112)。有关该事件的更多信息请参见第 7 章。

17. 美国银行、住房和城市事务委员会(1971, 19)。

18. 这篇文章中的大部分信息来自《纽约时报》(*New York Times* 1987)。

第 5 章
滞涨及其后果

一切皆分崩离析,所有的联系都烟消云散,所有的公正都荡然无存。

——约翰·多恩(John Donne),1611 年

图 5.1 包含了大量的信息,它跟踪记录了从 1965 年到 1985 年通货膨胀以消费者价格指数(CPI)衡量的变化,包括整体通胀率和核心通胀率,并生动地说明了三个重要的观点。

首先,这二十年的通胀历史主要由两座大山主导,一座在 1975 年左右达到峰值,另一座在 1981 年左右达到峰值(1970 年左右还有一个小高峰)。每个通胀高峰都看起来异常对称,尽管并不确定,但有些东西的出现推高了通胀,但随着它们几乎消失后,又使通胀回落到大致相同的水平。在本章中,我认为那些"东西"不是什么神秘力量,而是一系列容易观察到的,甚至是显而易见的事件:接二连三的供应冲击打击了美国经济(当然也还有其他国家的经济)。每当这样的冲击到来,在经济中表现为达到峰值,之后消失,只在核心通货膨胀率的路径上留下一点痕迹。

其次,图 5.1 说明,在这一时期内,整体通胀率相对于核心通胀率波动更加剧烈,这点应归咎于食品和能源价格。特别要注意的是,在 1972 年至 1982 年间的大部分年份中,整体通胀比核心通胀率更高,并且在真正高通胀的年份(例如 1974 年和 1980 年),整体通胀率与核心通胀率之间的差值变得相当大。除非这是巧合,否则这进一步证明了供给冲击的确在那关键十年间推高了通货膨胀率。

第三,尽管如此,核心通胀率在图中的两个十年里呈现出明显的上升趋

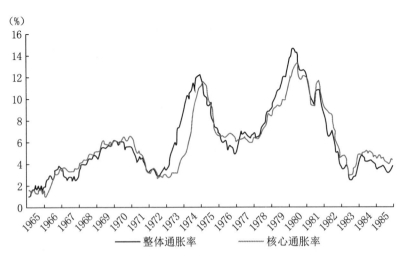

图 5.1　1965—1985 年整体和核心通货膨胀率

资料来源:劳工统计局。

势。最初,正如第 2 章所述的,这种趋势可能是因为政策制定者在越南战争期间
未能有效地控制需求。在这之后核心通胀率的上升趋势应归咎于阿瑟·伯恩斯
的货币政策(如第 4 章所述),以及 1976—1978 年的通货膨胀性货币政策。通货
膨胀过程中的惯性无疑也发挥了重要作用:一旦供给冲击推高了核心通货膨胀
率,它只会非常缓慢地回落。

　　本章重点对 20 世纪 70 年代和 80 年代初的供应冲击进行描述和分析,特别
是它们给货币政策和财政政策制定者带来的困境。其中的原因非常简单。除了
图 5.1 中所示的高通货膨胀率之外,美国经济还在 1973—1975 年、1980 年和
1981—1982 年经历了衰退。这三次衰退中,有两次是极其漫长且影响深远的,如
何应对我们称之为"滞胀"的这种经济恶疾,是货币政策和财政政策制定者在当
时面临的主要挑战。

太阳底下的新鲜事?

　　20 世纪 70 年代和 80 年代初发生的供给冲击是巨大的,大到足以成为该时期

的主要经济事件。图 5.2 和 5.3 以图例的方式更直观地展示了这些冲击。[1]

图 5.2 显示了从 1970 年到 1988 年原油的实际价格(按 CPI 进行通胀调整)。比较引人注意的两个时间段是:1973—1974 年间,第一次石油危机几乎使原油实际价格翻了两倍,而 1979—1980 的第二次石油危机则将其再次翻倍。一个有趣

图 5.2　1970—1988 年石油实际价格(以 1988 年 12 月不变美元计算)

资料来源:能源信息管理局和劳工统计局。

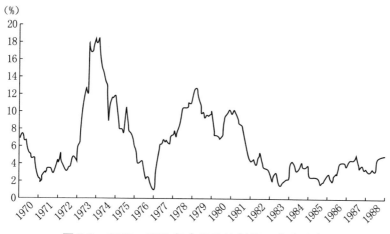

图 5.3　1970—1988 年食品和饮料的通货膨胀率

资料来源:劳工统计局。

的差别是,第一次石油危机看起来像是石油相对价格的持续增长:油价大幅上涨,然后在高位上保持到 1979 年(该年份油价再次大幅上涨)。相比之下,虽然第二次石油危机以实际美元计算的规模更大,但其影响在 1981 年后便开始逐渐消散(部分原因是全球经济衰退),到 1985 年底基本上完全消失。回忆起来,那些石油生产商都应记得 1986 年是何其令人生畏。

尽管石油毫无疑问是当时炙手可热的话题,但当时食品价格的冲击也值得注意,尤其是 1973—1974 年和 1978—1980 年(图 5.3)。与能源相比,食品在国内生产总值(GDP)(以及消费者价格指数,CPI)中的占比要大得多。因此食品价格的动荡会对整体通货膨胀率造成较大的影响。然而,宏观经济学家似乎已经忘记了其中大部分细节,或许是因为自 1980 年来就没再发生过食品的价格冲击了。但未来的历史学家定然不该忘记这些。

早在第一次石油危机之前,第一次食品价格震荡就已经发生了,而且规模不小。但当 OPEC 在 1973 年秋季提高油价时,通货膨胀和失业率在世界各地同时激增。起初,美国和其他国家的政策制定者都对这种病态的联系感到困惑。统计菲利普斯曲线表明,通货膨胀和失业通常是相反的。而即便再不完美,历史数据也清晰地表明了两者之间的负相关关系。可究竟为什么这两个因素会同时上升呢? 到底发生了什么?

该谜题的答案很快就被揭晓了。罗伯特・戈登(Gordon 1975)和埃德蒙德・菲尔普斯(Phelps 1978)发表的学术论文中,在基本的宏观经济学原理的框架下从形成原因和机制的角度解释了滞涨,即"供给冲击"(此前并不是经济学家的术语)导致的物价升高和实际产出降低。而在此之前,也就是第一次石油危机发生的几个月后——虽然并未形成公开发表的结论——1974 年 1 月,在普林斯顿大学的核心宏观经济学课程的期末考试中我向当时的博士学生抛出了这个问题。这个问题的答案对我而言并不难写,对学生们来说也不难回答。现在,大一新生都能在经济学 101 中按照套路回答出这个问题。但滞胀在 1973—1974 年那个阶段是一件令人困惑的新事物,是一种本不该发生的现象。

图 5.4 的两个面板直观地展示了供需冲击的逻辑。在几代的经济学家的惯

性思维中,宏观经济波动来源就是需求冲击,不管这种冲击是正向的还是负向的
(如面板(a)所示)。在这种情况下,价格水平和产出应是同方向移动的。将这些
简单的静态图表应用于现实,这意味着通货膨胀率和实际增长率应该朝着同一
个方向移动。具体数据(比如 1947 年至 1973 年)也表明现实情况与该预测基本
一致。

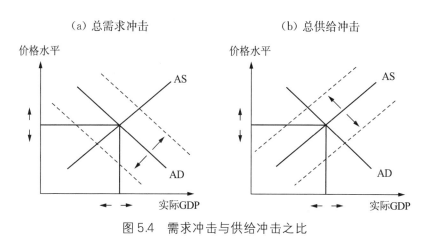

图 5.4   需求冲击与供给冲击之比

现在来看图 5.4(b)。如果宏观经济波动主要受供给冲击的驱动,那么价格
和产出应该呈相反的方向移动;因此数据应该显示通货膨胀和增长之间负相关,
也就是滞胀。提前透露一下本章节我将详细讲述的故事,20 世纪 70 年代和 80
年代声称滞胀要么违背凯恩斯主义经济学,要么是一个谜团的批评者们,应该感
到难堪(但他们显然没有)。这个所谓"谜团"大概持续了几周,也从来没有任何
矛盾存在。

但确实还是存在着一个难题。根据基本的微观经济理论,任何要素价格(在
这种情况下是食品或能源)的外生增长都理应降低潜在 GDP,正如戈登(Gordon
1975)和菲尔普斯(Phelps 1978)所指出的那样。当然,在 1973 年至 1975 年的经
济衰退期间,实际 GDP 确实大幅下降。这乍一听没有什么问题:负面的供给冲
击降低了总供给。但这留下了两个巨大的悬念。

首先,如果经济衰退不是源于总需求的下降,而是由供给下降(即实质性冲

击)引起的,为什么就业率会下降这么多呢? 在一个严格的新古典主义世界中,没有理由认为纯粹的供给冲击会导致就业下降——产出会下降,但就业不会。为了理解这一点,考虑总生产函数为 Y=F(L,K,E)的情况,其中 L 是劳动力投入,K 是资本投入(在短期内是固定的),E 是能源投入,即供给冲击的一种体现方式。假设每个要素都得到其边际产品报酬。如果油价上涨导致 E 下降,那么即使 L 和 K 固定,Y 也会下降。产出和实际工资应该下降,但就业不应该下降。实际上,如果能用劳动替换能源,L 应该上升。(顺便提一句,在这种并不现实的情况下,货币政策应该收缩需求以适应供给的减少。稍后会对此进行详细的说明。)当然,在石油输出国组织(OPEC)第一次石油危机后,美国和其他地区的就业率急剧下降。所以新古典主义一定忽略了某些重要的东西。

其次,量级问题导致数值根本不能相加。布鲁诺和萨克斯(Bruno and Sachs 1985)指出,基于新古典主义原理,如果所有能源都是进口的(这是比较夸张的假设),那么上述三要素生产函数意味着一个国内附加值(GDP)函数 $Q=Y-\rho E$。他们的研究结果表明,Q 相对于实际油价 ρ 的弹性为 $s/(1-s)$,其中 s 代表 Y 中能源的份额。这是一个非常小的数字。例如,如果 $s=0.07$,那么 $s/(1-s)=0.075$。布林德和拉德(Blinder and Rudd 2013,129)利用同样的分析方法计算得出,第一次石油危机的纯新古典主义效应对产出的影响应该是使 GDP 下降略多于 1%。但相对于当时约为 3.5% 的年度趋势,1973 年第 4 季度至 1975 年第 1 季度之间的实际下降幅度更接近 8%。再次证明单纯利用新古典主义分析远远不够。

这幅图片缺少什么? 许多经济学家提出了各种需求方面的影响。最为突出的是,一些人将石油冲击与 OPEC 对进口国征收的"石油税"相提并论。对这个观点的解释很简单。如果进口石油价格上升,那么美国人的实际收入就会下降,就像他们被外国实体征税一样。这个"税"对能源需求缺乏弹性的人打击更大,而我们知道,在短期内价格弹性是非常低的。因此,税款只有一小部分被转嫁回生产者身上。(在更长的时间区间上就是另一回事了。)

在第一次石油危机的情景下,到 1974 年底,国家进口石油的费用上升了

GDP 的约 1.5%。乘数略高于 1 时,该"税"的最大影响将会略低于 GDP 的 2% 左右,这几乎是新古典主义供给侧效应的两倍。[2] 但这仍然只解释了 GDP 下降中的 3 个百分点,远远达不到实际发生的情况。还有什么其他因素在起作用?

一方面,随着购买力从能源消费者转移到能源生产者手中,美国内部发生了资金再分配。如果后者(例如石油公司及其股东)较一般消费者具有更低的边际消费倾向,总需求将进一步降低。尽管这是事实,但该效益并不会非常大。

在消费者支出方面,由于股票价值和其他金融资产的实际价值下降,负面的财富效应可能产生了更重要的数量上的影响。人们现在往往忘记,1973 年和 1974 年其实是历史上道琼斯工业平均指数第二差的两年。(请记住,价格水平在 20 世纪 30 年代初急剧下降,但在 1973 年至 1974 年大幅上升。)

此外,在 1973 年至 1974 年尚未使用指数化的税收制度下,价格水平的上涨通过税率蠕动*导致了更高的所得税。更重要的是,通货膨胀率的上升也提高了对资本的有效税率,因为征税的是名义而非实际的利率和资本收益,而折旧津贴是基于历史成本(名义)计算的。这种未指数化的税收制度相当于是自动产生了一种隐形的、未官方化的财政紧缩。

我们目前已讨论的所有问题在 70 年代中后期就已经被囊括在经济学家的研究范围内了。然而令人质疑的是,所有这些其他需求面的影响加在一起是否真的足以解释实际 GDP 额外下降的那 5%,这一点也正是我们需要深究的。然而,当时至少有两个创新性的引发滞胀的渠道,虽然只被少数人提及,但却有着巨大的量级影响。

其中之一源于当时一位名为本·伯南克(Bernanke 1983)的年轻学者的文章。文章为第一次石油危机对产出的重大不利影响提出了一个看似可能的解释,因为当时没有人知道如何解释这一新现象。具体而言,飙升的石油价格和随后出现的滞胀之谜造成了巨大的不确定性,这种不确定性使得商业投资者和耐

---

* 税率蠕动是指由于通胀导致纳税人赋税增加的情况。由于通货膨胀会导致个人名义收入上升,他们对应的税收门槛也会相应提高。——译者注

用品消费者在局势明朗之前暂停活动。请注意,这个假设是关于延迟支出而不是永久性地减少支出。同样,不确定性的增加可能会促使消费者紧缩开支并增加预防性储蓄(Kilian 2008),随后创造更多财富,留以日后消费。

第二个新奇的观点涉及生产率增长的滞后感知对经济的影响。原则上,通胀和生产率增长之间并不应该有任何系统性关联。在任何一个稳定的增长路径上,实际工资增长率应该等于劳动生产率的增长率(g),使得名义工资的趋势增长率(w)等于 g 加上通货膨胀率(π)。如果 w=g+π,则工人无论通货膨胀率如何都会收到国民收入的恒定份额。在这个理性的世界里,g 的下降会立即表现为实际工资增长率的下降,对通胀没有特殊的影响。

然而,在实践中,通货膨胀率共有两个感知通道对生产率增长意外下降做出上涨的反应,正如美国在 1973 年经历过的情况。第一种可能性是:生产率的放缓可能没有被及时充分地反映在工资增长的放缓上。假设工人和企业一开始没有意识到生产率增长速度的减缓,那么他们可能会接受并不符合生产率实际增长的工资增长水平。这反过来会给单位劳动力成本和通货膨胀施加压力。这些"过度"的工资增长也会降低就业率,将失业率提升到与稳定通胀相一致的水平,即非加速通货膨胀的失业率(NAIRU)。简而言之,此时我们将迎来滞胀。

政策制定者未能及时认识到经济放缓是生产率放缓引发通货膨胀的第二个途径。如果中央银行未能意识到 g 的下降,它会高估潜在产出的增长率,而相应的总需求增长率的目标也会被高估,致使通货膨胀的上升。此外,由于工人和企业的上述错误会提高 NAIRU,政策制定者可能会追求一定程度的劳动力市场紧缩(稍后会详细介绍),这也会导致通货膨胀。

可以说,这两种渠道都在"大滞胀"期间发挥了作用,在 1973—1974 年尤其。实际上,随着前一个十年的扩张结束,生产率增长在 20 世纪 60 年代末开始放缓。到第一次石油危机爆发时,趋势生产增长率已经低于前 20 年的盛行水平约 1%。但这点几乎没有人注意到。从劳动力收入份额的表现可以看出,这段时间真实工资增长率未能下调,而该指标在 1969 年至 1970 年的经济衰退期间曾经历过飙升(见图 5.5)。但是,它并未在随后下降,而是在 20 世纪 70 年代保持高

位,甚至稍有上升之态。(注意,每一个周期性高峰都比前一个更高。)

图 5.5　1961—1980 年期间企业部门的劳动力收入份额。
总体报酬除以名义企业产出

资料来源:美国经济分析局。

　　欧菲尼德斯(Orphanides 2003)提出,(当时的)货币政策是错误的,他有力地主张,20 世纪 70 年代对产出缺口的同期估计(以及由此推出的自然失业率的估计)过于乐观。此外,当时自然失业率上升应部分归因于大量年轻的婴儿潮一代和女性进入劳动力市场,导致了正常的劳动力市场摩擦。政策制定者对这些人口结构的变化反应较迟钝,因此对产出缺口的错误估计也致使他们制定出制造通胀的货币政策。那些可悲的错误估计还可能从人们的感知上提高了减缓通胀的成本。如果政策制定者认为尽管经济中仍有大量未被发掘的潜力,但仍看不到降低通胀的希望,他们可能错误地得出"牺牲比率比实际更高"的结论。在当时他们似乎确实是犯了这个错误。[3]

　　总之,在 20 世纪 70 年代初实际生产率放缓时,人们针对生产率增长观念的缓慢调整很可能是引发滞涨的一个缘由,不仅因为这种缓慢调整本身就是一个问题,而且它导致了货币政策上的错误。而这些错误可能确实是(除理查德·尼克松外)阿瑟·伯恩斯成为具有通胀倾向的美联储主席的另一原因。

货币政策的两难困境

即使美联储已经认识到供给冲击的性质和影响,但如何应对它们仍是一个大难题。要记得,美联储当时正(相对灵活地)将名义货币供应量增长作为目标。* 因此,价格的任何上涨冲击都会通过减少实际余额而自动引发货币紧缩。对于一个对抗通胀的中央银行而言,这种政策应对是正确的吗?还是说美联储应该在石油危机的冲击下放松政策以缓解经济衰退?显然,没有一家中央银行可以同时做到这两点。

对于当时一些经济学家和金融市场参与者来说,答案是显而易见的。米尔顿·弗里德曼的著名格言"通货膨胀自始至终都是一种货币现象"一直以来备受货币主义者的推崇。这否认了在没有货币供应迅速增长的情况下仍能产生高通胀的观点。石油价格不再重要,因为它只是一种相对价格的存在了。我认为这样的观点还是过于天真,或者可以说一种意识形态的货币主义了。照这个逻辑,不应该是供给冲击,而是过度的货币增长才是 1973 年至 1974 年通货膨胀恶化的罪魁祸首。

货币主义者也因此对美联储的双重使命(即稳定物价和促进就业)置若罔闻,反而坚定地认为央行理应收紧货币以抵制通胀和通胀预期的上升。例如,弗里德曼在 1974 年 9 月的《新闻周刊》中写道:"最近的货币增长率并没有太低,如果想在合理时间内结束通胀的话,这个增长率还是太高了"(Friedman 1974a, 82)。

在某种程度上,这种态度源于古典分割理论:认为真正的冲击(如能源相对价格上涨)无法影响通货膨胀。第一次石油危机后随即出现了该论点的简易版

---

* 美联储在那时并没有严格地使用名义货币供应量的增长率作为唯一的货币政策目标,而是相对灵活地将这一目标与其他经济指标相结合。这种方式允许美联储在制定货币政策时考虑到多种因素并做出相应的调整。——译者注

本,认为相对价格的变化会导致一般性通货膨胀在逻辑上是错误的。相反,能源产品的名义价格上升(P_E)和其他各种产品的名义价格下降(将其称为"其他"价格 P_O)的组合将最终实现能源产品的相对价格上涨(P_E/P)。除非货币供应量增加,否则整体价格水平 $P = \omega P_E + (1-\omega)P_O$ 没有理由上涨。用弗里德曼的话来说,这次是引自 1974 年 6 月的一篇《新闻周刊》专栏文章:"为什么所有价格的平均水平会因为一些产品的相对价格变动而产生显著影响呢?"(Friedman 1974b)。[4]

当然,一个重要的答案是,自凯恩斯革命以来,大多数经济学家(虽然不是所有人)都认为,名义价格和工资刚性是普遍存在的。在名义刚性的情况下,相对价格上涨可以并且确实会导致更高的价格水平,例如当 P_E 上涨而 P_O 不下降时。正如之前讨论的,如果名义工资具有刚性,那么实际工资将在一段时间内变得"过高",进而导致更高的失业率。

理解这一争论的途径就是要认识到,由于工资和价格的黏性,通货膨胀和相对价格变化之间的因果关系是双向流动的。一方面,当某些价格比其他价格黏性更高时,通货膨胀的需求冲击将引发相对价格的变化。另一方面,需要大幅度改变某些相对价格的供给冲击可能是总体通货膨胀的源头,因为其他价格不容易下降。那么在实践中,问题就成了究竟哪种因果关系在定量分析中更为重要。在 20 世纪 70 年代和 80 年代初,答案是显而易见的:供给冲击"导致"了更高的通货膨胀,不管弗里德曼和 M1 货币供应量怎么说。[5]

对于货币政策制定者来说,当时(现在仍然如此)另一个重要问题是,第一轮供给冲击在价格水平上的影响对二轮通胀有多大的诱导作用,比如高能源成本渗透到其他商品和服务的价格中,或者当生活成本上升引发名义工资提高时。在价格方面,诺德豪斯(Nordhaus 2007,223)使用输入—输出模型估计出能源成本对其他消费品价格(如机票、公寓租金等)的长期传导率,发现该数值是能源价格指数直接影响的 80%,这是相当大的。

一种更自上而下估计二轮效应的方式是,检查供给冲击对核心通胀指标的影响。根据定义,核心通胀指标通过消除能源和食品价格对总通胀的初步冲击仅保留二轮效应。布林德和拉德(Blinder and Rudd 2013)使用标准的价格—价格菲利普斯曲线对三种不同类型的特定供给冲击进行了精确的计算:一种是引发能源价格暴涨并迅速消失的供给冲击(如第二次石油危机),一种是能源相对价格永久上升到更高水平的情况(如第一次石油危机),最后是能源通胀率永久增长的情况,当然,第三种是一种不太可能的极端情况,仅作为比较之用。在每个模拟中,我们保持失业率不变,这就默认假设了一种宽松的货币政策以防供给冲击引起经济衰退。但我们发现即使只有滞胀中的"滞"的部分,也并没有显著减少估计的通货膨胀影响。

在能源价格通胀持续较高的情况下,自然而然地会出现核心通胀率的走高,尽管非能源的二轮效应很小。在这种不切实际的情况下,货币政策收紧似乎是较为恰当的一种政策响应,以防通货膨胀永久保持较高水平。

在能源价格出现短期飙升的情况中,我们估计核心通胀的二轮效应虽然在一开始会很明显,但在约18个月后就会消失。因此,核心通胀显示出一个相当大的波动,即使央行不进行货币紧缩也会自行消失。这种通胀表现可以证明,即使适应性货币供应的增加可能会导致略高的通胀率,使用该政策来应对供给冲击还是必要的。

能源价格永久性上涨的情况同样会导致核心通胀的波动,但由于其他价格的二轮效应,这种波动不会完全自行消失。在这种情况下,不愿容忍核心通胀持续上升的中央银行最终必须实施货币紧缩政策。

第二个传递机制发生在(如果?)更高的通胀率开始"渗入"工资时。布林德和拉德(Blinder and Rudd 2013)也研究了这种机制,他们使用了双方程的菲利普斯曲线模型,重点关注了类似第一次石油危机的情况:能源相对价格的永久性变化。该模型中,工资通胀率取决于前期的整体通货膨胀率,而核心通胀则由趋势单位劳动力成本决定的。我们的估计施加了几个"加速主义"限制;例如,在价格标记方程中趋势单位劳动成本和滞后通胀率的系数总和为1。因此,其中暗含的食品和能源价格到核心通胀率的传递机制也遵循与更简单的价格—价格模型相同的定性模式:总体通胀率在短时间内会立即飙升,但很快又回回落。然而,估计的数量要大得多。

货币政策对供给冲击的反应

对政策制定者来说，现在这个时点来看所有的一切都应该是清晰的。但在当时——那个 1973 年的秋季，前景并不明了。那时人们关于美联储应如何应对所谓"供给冲击"（当时甚至还没有这个名词的诞生）还没有什么头绪。事实上，我仍然记得一位著名货币主义者（不便透露姓名）曾竭力反对以任何形式增加货币增长率，理由是这样的货币扩张引起的额外通胀会导致 OPEC 等组织等比例地提高石油价格。我们不需多加思考也能得出，该观点即使是正确的，其量化推论也是荒谬的。

我们来看看具体的数学解释。假设存在全面配合冲击的货币政策，OPEC 的冲击将使美国物价水平上涨 5％。如果 OPEC 随后再将价格上涨 5％——当然该主张可能并不实际——由于能源在价格指数中占 8％，美国物价水平的二轮效应将约为 $0.08 \times 5\% = 0.4\%$。这暗含着通货膨胀周期很大程度上被抑制了！但在当时类似观点是由一些反通胀的货币主义者提出的。

伯恩斯领导的联邦储备委员会对第一次石油危机做出了何种反应？答案是：他们的做法是矛盾且分裂的。回想那时央行在 1972 年选举前选择提高货币增长率，这可能是出于政治原因。不久之后却又选择改弦易辙。而这些都与 OPEC 无关。尽管通货膨胀率很高，但至 1974 年 6 月 M2 的增长率从两位数降到了约每年 5％，且该数字大致维持到 1975 年 1 月。当时通货膨胀率居高不下的情况意味着实际货币增长率在面临衰退时是显著为负的——这是一种非常紧缩的货币政策。1975 年初，随着经济衰退的影响变得越来越明显，美联储紧急逆转了方向。M2 的增长率开始上升，并在 1976 年 2 月达到 14％，这是一种相当宽松的货币政策。

联邦基金利率在当时虽然并不怎么受关注，但也经历了类似的故事情节。

1972年11月选举之后联邦基金利率开始上涨,当然,又在第一次石油危机发生(从1973年9月到1974年2月)之后略微下降了一些。而自那之后,通胀成了美联储的头号敌人,利率则从1974年2月的约9%上升到1974年7月的约13%。(虽然当时没有人知道那会是理查德·尼克松当权的最后一个月。)大约在那个时候,美联储把战斗重心从通货膨胀转向了经济衰退。到1975年3月,联邦基金利率下降到约5.5%,并在接下来的两年多时间里几乎保持着这个水平。

其实这一切都会在保罗·沃尔克成为美联储主席后发生彻底的改变,但这已超出了我们的故事范围。

对于供给冲击的财政政策反应

广义上讲,第一次石油危机之后的财政政策也存在类似的矛盾。从未通过选举成为总统的杰拉尔德·福特于1974年8月在艰难的情况下就任。("我国漫长的噩梦结束了。")不到两个月,通货膨胀开始猖獗,他宣布了那可笑的"打倒通货膨胀"(WIN)计划。WIN计划当时分发了数百万个徽章(我到现在还保存着),福特的反通胀运动要求美国人签署并邮寄回一张优惠券,上面写着:"亲爱的福特总统:我志愿在此期间成为对抗通货膨胀和节约能源者。"(我没有报名。)

我想,这个想法的目的是鼓励爱国公民(在不要求他们支付更高税收的情况下)减少开支,并(在不涨价的前提下)通过像自己种植蔬菜和减少狗狗进出房子的时间等自愿的"政策"来节约能源。一定有人认为,这些做法会有助于抗击通货膨胀。真的吗?

弗里德曼和其他货币主义者对此举表示不敢苟同。一年多后,他写道:"WIN运动有利有弊,但整体来看是一个相当愚蠢的计划。"[6]福特政府的经济顾问委员会主席艾伦·格林斯潘也表达了不认同。格林斯潘(Greenspan 2007, 66)在后来写到,当时他想:"这简直蠢得不可思议。"(然而,我们不知道他是否曾对福特总统说过类似的话。)那时,我还是一名28岁的助理教授,只记得当时的大多数经济学家都认为 WIN 运动是一个笑话。

美国的通货膨胀率在 1974 年至 1975 年间确实迅速下降,但这并非因为 WIN 运动的功劳,也不是什么货币政策的作用。只是供给冲击和价格管制的结束所带来的影响都顺其自然地消失了。另外,尽管有着很长的滞后效应,那场严重的经济衰退也可能起到了一定作用。到 1975 年 12 月,曾在 1974 年 12 月达到 12.3% 的 CPI 年通胀率已降至 6.9%;一年后降至 4.9%。但 1974 年经济衰退加剧,经济也在 1975 年的一季度遭受了有史以来最严重的冲击(实际 GDP 年度降幅为 4.8%)。

当然,福特和其他政治家都看到经济几经崩溃边缘,福特也撤回了他在 1974 年 10 月为打击通货膨胀提出的加税呼吁。在 1975 年 1 月,他转而呼吁进行一次暂时性减税。这一次国会以非比寻常的速度在 1975 年 3 月底通过了一项全面减税计划,其中包括对 1974 年应纳税额进行一次性退税 10%。另外,该法案还包括了标准扣除额和投资税收抵免额的暂时性增加。

讽刺的是,经济研究局将 1975 年 3 月定为衰退的最后一个月。那么,(所进行的减税措施)是不是来得太晚又强度太小了呢? 我并不这样认为。

首先,我们不能排除这样的可能性,即 1975 年的减税措施是加速结束了严重的经济衰退,还是促进了经济恢复进程,抑或是两者兼具。毕竟,1975 年第一季度是经济衰退的最后一个季度,1975 年第二季度开始就恢复增长了。当时经济处于商业周期的谷底,所以财政刺激当时是受欢迎的,甚至可以说是一场及时雨。

其次,虽然减税的暂时性可能削弱了它的效果[7],但相对于经济规模来说,减税幅度还是很大的。同期估计将 1975 年的税收削减额定为 460 亿美元,其中 310 亿美元是退税。[8]1975 年第二季度是一个关键时期,国会预算办公室的数据显示,当时占 GDP3% 的被称为高就业盈余的数据出现下降,成为整个历史中(至 2019 年)财政形势的季度最大变化。

那么,财政应对措施来得太晚了吗? 我认为没有。它及时地减轻了对实体经济的打击,使其在后期得以快速复苏,从 1975 年第一季度到 1976 年第一季度增长了超 6%。它减税幅度太小了吗？当然不是。按当时的标准，它是巨大的。

结语

最后我们还必须指出一点，因为经济史的研究涉及经济事件和经济思想两个方面。20 世纪 70 年代和 80 年代的供给冲击对滞胀的解释是显而易见的。本章开头阐述的概念框架非常直观，而这里详细描述的后续发生的事件在当时也是显而易见的，并不需要诉诸于任何神秘的无法观测的变量。我和其他人早在一本书(Blinder 1979)和一系列论文(Blinder 1981a，1982)中便讲述了供给冲击的故事。然而，有关供应冲击的解释在理解上仍有一定阻碍，这一点后来杰里米·拉德和我(Blinder and Rudd 2013)在 2008 年举行的一次会议上重新讨论过，那已经是第一次石油危机发生的 35 年后了！

我们可以从那篇论文中总结出两个要点：

1. 用于解释 20 世纪 70 年代和 80 年代通货膨胀的供应冲击理论同样适用于一系列后续事件、多次数据修订和宏观经济学的几项新的理论拓展。

2. 当你单纯用数字去填充这个简单的概念框架时，实际上高估了通货膨胀的上升程度。这并非否认了总需求的作用，毕竟点估计是存在标准误差的。但这确实表明，那些否认供应冲击在其中扮演主要角色的人应该都（像鸵鸟一样）把头埋进沙子里了。仍固执己见的经济学家违背了经济学的科学性，给这门学科的形象造成了不良影响。

本章总结

20 世纪 70 年代滞胀刚开始时，货币政策制定者和财政政策制定者都对此感到困惑。他们究竟是应该选择对抗通货膨胀呢？还是经济衰退呢？这种混乱最终导致了一系列愚蠢行为,例如杰拉尔德·福特总统的"WIN"(对抗通货膨胀)计划,同时还伴随相当大的政策波动。比如,福特起初在 1974 年 10 月要求增税以对抗通货膨胀,然而后来又在 1975 年 1 月要求减税以对抗衰退(后者后来成功了)。另外,美联储也在宽松和收紧货币政策之间摇摆不定。

在第一次石油危机发生后不久,几位经济学家将石油相对价格的急剧上涨定义为总供给冲击,这种总供给冲击会提高通货膨胀率,同时使实体经济活动减少。然而,货币主义者反对这一结论。他们坚持认为除非有适配的货币扩张政策,否则相对价格的变化并不会引发普遍通胀。这一观点意味着,要对抗通胀,美联储该做的就是减少货币供应的增长。而凯恩斯主义学派并没有给出这样明确的建议。相反,它指出了一个真实的困境:货币政策要么用于支撑疲软的经济,要么用于对抗通货膨胀,且鱼和熊掌不可兼得。

那么,哪一方是正确的呢? 这里有一条重要线索(是不容忽视的):在解释这两次石油危机的影响程度时,纯粹的新古典主义供给效应远不足以解释数据所揭示的情况,这一点虽然说不上有决定性作用,但它的重要性毋庸置疑。肯定还有一些其他抑制需求的因素。与 OPEC 采取的行动不同,这些因素对总需求的负面影响可以被财政政策和货币政策部分抵消。

石油冲击,尤其是企业对冲击的调整,也是劳动生产率增长速度放缓的原因之一。其中的逻辑很简单:在其他条件相同的情况下,使用更少的能源和更多的劳动力会降低劳动生产率。尽管 1973 年后期的生产率放缓持续了许久,且其影响日益凸显,但这在起初并没有被人们立即察觉到。这种认为生产率增长高于实际水平的误解有几个潜在的有害影响,比如可能会导致美联储采取比在充分(正确)信息下更宽松的货币政策。也可能导致实际工资"过高",即高于新古典主义的均衡水平,进而导致更高的失业率。

等等,我的论点是基于认知偏差之上吗? 当时在学界引起轰动的理性预期假设否认了这种错误看法系统化的可能性。在接下来的内容中我会针对该问题进行探讨。

注释

1. 本节大量借鉴了 Blinder 和 Rudd(2013)的观点。

2. 相比之下,Blinder(1979,84—85)引用了 Perry(1975)以及 Pierce 和 Enzler(1974)的两项计量经济学研究,这两项研究使用了美联储宏观计量经济学模型的早期版本,将大约 3% 的实际 GDP 下降归因于第一次石油危机。

3. 例如,奥托·埃克斯坦(Otto Eckstein 1981,59—62)估计,要使核心通货膨胀率从 9% 左右降至 5% 左右,平均失业率必须在 10 年内保持在 8.7% 左右。

4. 但在接下来的句子中——这句话从未被引用——弗里德曼给出了部分答案:"幸亏调整有延迟,这使得石油和食品价格的快速上涨暂时在一定程度上提高了通货膨胀率" (Friedman 1974b)。与许多强硬的货币主义者的立场一样,问题的关键归根结底是程度问题,而不是方向问题。

5. 例如,Taylor(1981)。

6. 转载于 Friedman(2017)。

7. 不是全部。临时性地提高投资税收抵免的效果应该更好,而不是永久性地。

8. Blinder(1981b,39).

第 6 章
通货膨胀和理性预期革命

当代研究商业周期的学者们所面临的任务是整理残骸。

——罗伯特·卢卡斯和托马斯·萨金特

(Robert Lucas and Thomas Sargent 1978)

正如引言中所指出的,本书关注的是宏观经济政策的历史,而非经济学说的历史。尽管如此,在引言中同样提到过,由于理论的发展影响着(或未能影响)政策,而现实中的事件同样影响着(或未能影响)理论,两者(宏观经济政策的历史和经济学说的历史)是相互交织且密不可分的。理性预期革命为两者都提供了极好的例证,并对有关货币政策的经济思维产生了深远影响。因而在此处插叙有关理性预期的话题是比较合适的。

凯恩斯主义革命对实际政策的制定产生了巨大的,并且在我看来大都是有益的影响。与之形成鲜明对比的是,理性预期革命在大多数宏观经济学学者和现实中的政策制定者之间造成了深刻的思想鸿沟。这里我把许多在政府任职的专业经济学家归为后者。的确,理性预期对央行经济学家思考、谈论和模拟货币政策制定的方式产生了重大而持久的影响。然而,这对于经济学博士来说是一场思想革命,但在实际政策制定领域的影响却是微乎其微的。

此外,正如我们将在本章中看到的那样,理论与实践之间的巨大鸿沟的本质并不在于对理性的假设,而在于许多延伸理念(比如快速市场出清)与理性预期之间如藤壶一般剪不断的关联。

在我可能有偏见的观点中,如果不是因为一个简单的事实,所谓理性预期革命将使货币政策制定倒退几十年:央行的实际政策制定者(大多)无视它是明智的。

橡子很快长成橡树

与政治革命一样,知识革命有时也会悄无声息地开始,几乎不为人知。而在正式爆发之前,叛乱的种子就早已被埋下了。理性预期革命的发生正是如此。1961 年,约翰·穆斯(John Muth),后成为卡内基梅隆大学的一位年轻经济学家发表了一篇极为重要的学术论文,题为《理性预期与价格运动理论》。尽管这篇论文发表在经济学领域领先的杂志《计量经济学》(Econometrica)上,但它的影响在起初是微乎其微的。正如公认的革命领袖小罗伯特·E.卢卡斯(Robert E. Lucas Jr.)后来回忆的那样,"我们当然知道(理性预期)。穆斯当时是我们的同事。我们当时只是觉得这不重要,这个假设在 60 年代或多或少是被埋葬了"(Klamer 1984,38)。但却在 20 世纪 70 年代像拉撒路*一样"复活"了。

一场极其成功的知识革命开始得很慢。当时卡内基梅隆大学的另一位年轻经济学家卢卡斯在美联储于华盛顿举行的会议上发表了一篇题为"自然利率假设的计量经济学检验"的短文(Lucas 1972a)。该文当时被发表在一本不知名的会议文集中,所以并没有被广泛引用。事实上,时至今日它的引用量仍然很小。当时人们也不太理解这篇文章。卢卡斯的论文指出,简单的通胀预期模型(如适应性预期)与弗里德曼—菲尔普斯的自然率理论不一致。适应性预期假设人们根据最近预测误差的一小部分对他们预期通胀进行修正。而另一方面,理性预期模型与弗里德曼—菲尔普斯的理论是一致的。但用理性预期来检验这一理论所需的计量经济学技巧比当时盛行的用于估计传统菲利普斯曲线的更为复杂。

如果说卢卡斯 1970 年的会议论文在当时没有被广泛阅读和重视,那么他在

---

* 拉撒路(Lazarus)是《圣经》中的人物,据《新约》记载,他是个死了四天的人,被耶稣复活。该词也被用于比喻某个事物或人经历了一段痛苦或低谷之后重获生机。　　译者注

《经济理论杂志》(*Journal of Economic Theory*)上发表的后续论文(Lucas 1972b)(未被广泛关注)则是因为该论文令人费解(读者可以试着读一下)。然而,该文开篇的一段值得完整引用:

> 本文提供了一个经济中的简单例子,在该例中,均衡时的价格和数量展现了现代商业周期的主要特征:名义价格和实际产出变化率之间的系统性关联。这种关系本质上是著名的菲利普斯曲线的一种变体。它是从一个框架中推导出来的,在这个框架中,所有形式的"货币幻觉"都被严格排除:所有的价格都是市场出清的,所有的主体都根据他们的目标和预期做出最优行为,预期也以最优的方式形成(下文将详细说明)(Lucas, 1972b, 103)。

注意这里有一处惊人的讽刺。卢卡斯在《经济理论杂志》上的论文从微观层面为菲利普斯曲线奠定了严格基础。然而他后来认为在这种模型经济中,名义变量和实际变量之间要么根本不存在这种联系,即使存在也应该是微小的。该结论的关键假设是瞬时市场出清和持续优化,而不是预期的合理性。这些特征将所谓新古典模型与传统凯恩斯模型区分开来。然而,经济学领域的专业人员们花了相当长的时间才意识到这一点。

卢卡斯(Lucas 1972b)的核心贡献在他的脚注 7 中得到了阐释,他在其中详述了模型中假设的市场效率,但随后(几乎是事后)才加了一句意味深长的评论:"基于穆斯的理性预期假设,价格预期是理性的这个观点也是正确的"(Lucas 1972b, 110)。可以说卢卡斯对这个古老观念——货币的中性——进行了密集的数学处理,虽然在当时的影响相对较小,不过它注定会成为经典。20 世纪八九十年代,我在普林斯顿大学向博士生教授宏观经济理论时曾开玩笑说,顶尖经济系的研究生都被灌输了鲍勃·卢卡斯在 1972 年发明了货币的中性的观念!大卫·休谟? 他是哪位?

卢卡斯在他的《经济理论杂志》论文中所实现的其实是将穆斯的理性预期思想,即主观预期与模型中隐含的数学预期相匹配,从默默无闻发扬至进入主流,并很快占据主导地位。

但当时革命还处于萌芽阶段。卢卡斯那篇真正让人们注意到理性预期及其对货币政策的惊人影响力的论文,是在一年后在《美国经济评论》(*American Economic Review*)上发表的。那篇文章当时几乎是立即引起了轰动。在某种意义上,卢卡斯(Lucas 1973)发表的那篇文章"宣传"了理性预期的思想,并证明了它在货币模型中的力量。

1973 年的论文同样再次强调了(在那之后不久)被称为"卢卡斯供给函数"[1](Lucas supply function)的概念,即实际产出与潜在产出的偏差取决于价格水平的"意外",也就是说,偏差程度取决于 p_t 超过其(理性的)期望的数值:

$$y_t - y_t^* = \beta(p_t - {}_{t-1}p_t) + \epsilon_t \tag{1}$$

其中 y 是实际产出的对数,y^* 是其潜在(完整信息)值,p 是价格水平的对数,${}_{t-1}p_t$ 是给定 $t-1$ 前所有可用信息的 p_t 的数学期望。

在卢卡斯(Lucas 1973)论文的特定模型中,这种"意外"源于代理人对相对价格变化和绝对价格水平变化的混淆。当然,理性预期意味着"意外"一项的均值必须为零,而 $y_t - y_t^*$ 的均值也必须为零。没有人——当然不包括卢卡斯——注意到这样一个事实:除非年度通货膨胀率高到一定程度,否则消费者价格指数的月度数据不会让价格水平存在较大的意外,而且这些意外也不会持续太久。消费者价格指数(CPI)的月度数据所经历的时间滞后都比较短。

与他发表在《经济理论杂志》上的模型形成鲜明对比的是,卢卡斯在《美国经济评论》上的模型更简单易懂,也更容易传授给学生。该论文声称提供支持性的经验证据,尽管文中跨国回归的"良好拟合"结果几乎完全依赖于两个通胀率非常高的异常国家:阿根廷和巴拉圭。如果说卢卡斯 1972 年发表的两篇论文就像弗朗西斯酒馆里的低语,那么他 1973 年发表的论文就像列克星敦和康科德:全世界都能听到的知识的枪声。* 卢卡斯(Lucas,1973)模型不久后就成了世界各

---

* 弗朗西斯酒馆被视为美国革命的象征和历史文化遗产,这里用此比喻形容卢卡斯第一篇论文影响范围比较小;而列克星敦和康科德则是美国独立战争时期的一场著名战役,以此比喻卢卡斯第二篇论文的影响力之大。——译者注

地研究生宏观课程教学的主要内容。理性预期革命真正开始了。

　　就像列克星敦和康科德一样,卢卡斯 1973 年发表的文章只是一个开端。请注意,卢卡斯供给函数暗示着只有意外的价格水平(因此也只有意外的货币政策)才能推动产出。这一点在卢卡斯(Lucas,1973)的文章中并没有被着重强调,但在托马斯・萨金特(Thomas Sargent)和尼尔・华莱士(Neil Wallace)1975 年的著名论文中被提出。

　　萨金特和华莱士(Sargent and Wallace 1975)最初只是打算从多方面拓展普尔(Poole 1970)针对利率与货币供应规则的研究。但结果显示,只有一个变化是真正重要的:将价格预期设定为理性的,而不是自回归的。在这之后不久,普尔的问题就被遗忘了——央行的货币政策应该基于货币还是利率? 这是因为,正如萨金特和华莱士在文章中(1975,242)所说的,如果预期是理性的,"任何一个目标明确的货币供应政策不会亚于任何其他规则",也就是说不管哪个政策都算不上好。这一颠覆性想法很快就被贴上了"政策无效结果"的标签,因为在理性预期下,央行几乎不可能定期对货币供应进行意料之外的调整。

小罗伯特・卢卡斯(1937—)
理性预期革命的领袖[2]

　　罗伯特("鲍勃")・卢卡斯是继米尔顿・弗里德曼之后公认的芝加哥宏观经济学学派的领袖。他出生在华盛顿州亚基马,父母都崇拜富兰克林・罗斯福以及他的新政。当时卢卡斯家族经营的一家小餐馆在 1937 年至 1938 年深受经济衰退所累。但当时还是婴儿的小罗伯特・E.卢卡斯(Robert E. Lucas Jr.)还太小,因此并没有太深刻的体会。他对商业周期的兴趣是后期由一些其他因素引起的。

　　卢卡斯在高中时数学科学成绩非常优异。他回忆说,通过帮助没有上过大学的父亲解决一个计算问题,他"第一次尝到了真正的应用数学的乐趣,那是一种令人兴奋的味道"。到了上大学的时候,麻省理工学院没有给卢卡斯提供奖学金,而芝加哥大学提供了。(也许是"看不见的手"在起作用?)他因此被芝加哥大学录取了。卢卡斯本打算学数学,但当时一下子被校内独特的人文课程所吸引了,这也是他后续踏上历史与学术生涯的原因。在伯克利大学短暂接触了经济学之后,卢卡斯又回到芝加哥大学继续攻读研究生。

讽刺的是,正是保罗·萨缪尔森的《经济分析基础》(Samuelson 1947)中"自信而迷人的风格"从思维上吸引了卢卡斯。他回忆说,"我逐行逐句地读完了前四章,必要时回顾一下我的微积分书",最后"达到了不逊色于芝加哥大学任何一位教员的水平。更重要的是,我已经领会了萨缪尔森的想法:关于经济问题如何被恰当地提出以及回答的标准"。

卢卡斯剩下的经历正如历史中所记录的,其中包括师从"有说服力的"米尔顿·弗里德曼学习价格理论。卢卡斯回忆说:"我也曾试图抓住伴随我成长的新政,但弗里德曼的影响使这变得困难。"如今,卢卡斯的那些经济学同行中已经很少有人认为他是新政自由派了。

卢卡斯于 1963 年在当时叫卡内基理工学院(现在的卡内基梅隆大学)开始了他辉煌的学术生涯。在那里,他结识了伦纳德·拉平(Leonard Rapping,他的亲密朋友和合著者)、艾伦·梅尔泽、汤姆·萨金特、埃德·普雷斯科特(Ed Prescott),当然还有约翰·穆斯。1974 年,当卢卡斯回到芝加哥大学时,他已经是一个极有可能获得诺贝尔奖的学术巨星了,后来在 1995 年他做到了。他和同事们发起的这场革命,在学术宏观经济学上留下了深刻而持久的思想印记。

政策无效的本质很简单:只有"意料之外的"货币政策冲击才能导致价格水平的意外变动。因此在卢卡斯的供给函数中,只有这类货币政策冲击才能推动实际产出。这让反对革命只剩下两条出路可走。

你可以对理性期望提出疑问。他的对立面是什么,非理性期望吗?[3]在一个以"经济人"这一超理性概念为基础的学科中,这条思路似乎不该被抱有太多期望。[4]或者你可以尝试在卢卡斯供给函数中找找问题,那些货币政策有效性的捍卫者自然将精力集中在了这方面。斯坦利·费希尔(Stanley Fischer 1977)对理性预期表示赞同,但他指出,对于长期合同,在获取到当前信息时,在合同撰写时理性的预期可能就不再理性了。约翰·泰勒(John Taylor 1980)采纳了这一观点,在模型中考虑了工资合同不同的起始与终结日期。该模型的巧妙之处在于,它在即使使用理性预期的情况下仍然能够逼近真实的商业周期。当时还有更多类似这样的模型研究。[5]

萨金特和华莱士(1975)关于政策无效的论点完全基于先验推理——基于理论,而不是基于事实。随后罗伯特·巴罗(Robert Barro 1977)很快就提供了他声称强有力的经验证据来支持他们的假设。他在研究中设法将货币增长数据分为预期部分和未预期部分,并从实证角度证明只有后者才会影响失业率。这正是他所做的。五年后,弗雷德里克·米什金(Frederic Mishkin,1982)和罗伯特·戈登(Robert Gordon,1982)有效地推翻了巴罗的发现。但这中间已经间隔了太久,所以最后许多萨金特—华莱士命题的信徒们并不对此感到信服。

在讲述这个故事的时候,其实还有一个非常重要的学术基础我们尚未提及。

在 1973 年 4 月的首届卡内基—罗切斯特会议上(但直到 1976 年才发表),卢卡斯汇报了 20 世纪下半叶最著名和最有影响力的学术论文之一:《计量经济政策评估:一种批判》,后续被简单地称作"卢卡斯批判"。它指的是标准的计量经济学模型和方法忽略了这样一个事实,即政策的变化可能通过预测的渠道改变计量经济学的估计参数。因此,采用不同的政策规则可能会改变政策影响的量化维度,从而使其所依据的计量经济学证据具有误导性。

我们已经在第 3 章中见过一个这样的例子。萨金特(1971)指出,实际通货膨胀的自回归模型的变化将改变理性主体使用过去数据来预测未来通货膨胀的方式,从而改变 $\pi_t = \alpha(L)\pi_{t-j} + f(U_t) + \varepsilon_t$ 的实证中菲利普斯曲线的系数。公式里 $\alpha(L)\pi_{t-j}$ 是预期通货膨胀的代理变量,指的是过去通货膨胀率的分布滞后。

卢卡斯(1976)的文章表明,同样的想法也适用于对投资税收抵免(ITC)和临时与永久性所得税变化的分析。这三个例子——菲利普斯曲线、ITC 和临时所得税变化——在卢卡斯 1976 年的论文之前就已经为人所知。但他对这三个例子潜在统一性的论证,以及相同思想在其他方面的应用潜力,使这篇文章成为力作。更重要的是,卢卡斯的批评显然是正确的。预期的变化可能会使传统的计量经济学对政策效果的估计具有误导性。正如卢卡斯(1976,279)在那篇著名的论文中指出的那样:"这种论点在某种程度上是颠覆性的。"

的确,在追随者狂热的拥护下,卢卡斯的结论显得有些过于低调了。他们将"可能"这个词忽略——或者更确切地说,直接变成了"确实"。理性预期革命者并没有把卢卡斯批判视为使用非实验的时间序列数据做实证工作时的一种隐患,而是强调了他毋庸置疑的崇高地位,尽管当时并没有任何有关其实际重要性的依据。从没有人怀疑过,在实践中卢卡斯批判的问题是否比遗漏变量或解释变量的内生性问题更为重要。

卢卡斯批判本可以也本应该成为计量经济学实践的一项警示,而它非但没有起到这样的作用,还大范围地引起了所谓计量经济学虚无主义的情况。[6]许多理性预期革命者只是断言当时用于政策分析的所有"老套的"模型都存在系统性误导,因此应予以忽略。但他们又提供了什么呢?嗯,大部分只是一种先验推理——一种让许多主流经济学家都认为是大错特错的推理。

在第3章中,我提到过本人在1988年发表的一篇几乎不为人知的论文,这篇论文对卢卡斯批判在菲利普斯曲线背景下的实证重要性(而不是思想上的连贯性)提出了怀疑。在1984年的一篇可能更不为人知的论文中,我使用了三个"老套的"大型宏观计量经济学模型来评估"里根经济学"的早期效果。在给出了一组估计之后,我发现"毫无疑问地,模型在卢卡斯批判下站不住脚了"(Blinder 1984,223)。但随后我继续做了一项理性预期革命者从未探索过的研究:在我们认为的预期效应最重要之处,这些模型是否出现了巨大的错误。

例如,1981年里根的减税政策加速了折旧免税额,但承诺未来几年将出台进一步加速的折旧规定。因此,按照标准卢卡斯式(1976)的推理预测,企业应该选择推迟投资,直至加速折旧开始生效。如果这种预期效应在数量上是重要的,那么忽略该效应的模型可能会过度预测1981年和1982年的投资支出。然而事实证明并非如此。相类似地,还有一系列其他例子都应证了最终结论:"我的调查结果并不表明卢卡斯批判具有重大的实证意义"(Blinder 1984,226)。

这是 1977 年前后学术界的情况：

- 学术经济学家狂恋着"理性预期"，几乎没有意识到这个术语真正的含义其实是"与模型一致"的预期，不论该模型是多么愚蠢。
- 萨金特和华莱士提出的"政策无效"结论令许多（虽然不是全部）学术宏观经济学家相信，央行试图减缓商业周期的行为实则是在浪费时间，因为针对系统性货币政策（比如失业问题）的反应并不会导致意料之外的货币冲击。
- 理性预期革命者完全忽略了第 5 章中讨论的供给冲击。相反，他们试图让所有人相信，美国在 20 世纪 70 年代初经历的高通胀是凯恩斯经济学失败的证据。而令人不安的是，最终他们某种程度上成功地削弱了凯恩斯主义的地位。
- 更重要的是，他们坚信人们不该过多关注那些多年来被用于计划和评估财政政策、货币政策的模型所产生的结果，因为它们都与卢卡斯批判大相径庭。那个年代，只要在拥挤的研讨室内大喊"卢卡斯批判"就能立刻让一场戏剧般的讨论停下来。

当时流行的一句格言是"没有一位凯恩斯主义经济学家是 40 岁以下的"（Blinder 1988，278）。我知道那不是真的，因为 1977 年时我才 32 岁。但无论如何，现实世界的公民是幸运的，因为货币政策和财政政策的决定权牢牢掌握在 40 岁以上的人手中。

在这种反凯恩斯主义的背景下，波士顿联邦储备银行于 1978 年 6 月在玛莎葡萄园岛召开了一次高级别会议，而该会议也因此有了一个充满戏谑意味的名字——"在后菲利普斯曲线时代"。是"后"吗？未参加会议的罗伯特·戈登一定会把 1978 年纳入菲利普斯曲线时代，而非"后"，然而当时他正忙于修正传统的菲利普斯曲线以解释供给冲击。

在那次令人难忘的会议上发表的最著名，抑或是最臭名昭著的论文是由卢卡斯和萨金特合著的《后凯恩斯宏观经济学时代》(Lucas and Sargent，1978)。这里又出现了"后"这个挑衅性的词,但现在更大范围地应用于整个凯恩斯经济学。他们的攻击范围之广,争议之大其实并非偶然。卢卡斯和萨金特(1978，81)在会后写道:"由于我们两人都是凯恩斯宏观计量经济学模型的严厉批评者,我们认为我们参与到这个会议是为了尽可能有力和准确地表达这种不同的观点。"他们确实做到了。

卢卡斯和萨金特(1978，49)宣称,凯恩斯经济学的"预测","是非常不正确的,而且……它们所基于的理论从根本上是有缺陷的"。此外,他们断言,这些对凯恩斯主义的批评"现在已经是简单的事实了,在经济理论中没有任何新意。当代研究商业周期的学者们所面临的任务是整理残骸"。这些话在本章开头都已陈述过了,接下来还有更多。

根据卢卡斯—萨金特批判,盛行的凯恩斯主义模型,尤其是它们的菲利普斯曲线的含义,由于忽略了 1973—1974 年的滞胀(一种可以完全由供给冲击来解释的现象)造成了"在计量经济学上的大规模失败"(Lucas and Sargent，1978，51)。此外,像凯恩斯主义者在波士顿联邦储备银行会议之前所做的那些——对模型缝缝补补是无用的,因为"所遇到的障碍是致命的:……现代宏观经济模型在指导政策方面没有价值"(50)。你可能会说,这是在挑事,因此主流凯恩斯主义者自然会予以回击。在会议上,本杰明·弗里德曼和罗伯特·索洛是卢卡斯—萨金特那篇论文官方指定的点评人,而他们的言论在字里行间都显露出了对他们观点的鄙夷。更重要的,但争议更少的是戈登(1977)随后展示的 1972 年菲利普斯曲线,他在对供应冲击进行直观的修正后很好地拟合了数据。不过没关系,反正"卢卡斯批判"被解读为:经济学家可以忽略所有这类证据。

这场争论的参与者众多且持续了数年,通常过程都不太友善。(我对此很清楚,因为当时我也是其中一员。)[7]那是宏观经济学界一段动荡不安的时期。许多倡导者最初表现得像是理性预期是造成分歧的关键,但事实并非如此。费希尔(Fischer 1977)、泰勒(Taylor 1980)等人表明,矛盾的关键是快速的(在模型中是瞬时的)市场出清。当然,如果所有市场都能立即出清就不需要政府采取行动来解决问题了。现在回想起来,理论经济学家花费如此多笔墨来争论市场(包括总劳动力市场)是不是立即出清的,似乎是一种智力资源的浪费。但他们确实是这样做了。

此时的现实世界

　　20 世纪 70 年代和 80 年代也是货币政策的一段动荡时期,但动荡的原因截然不同。大约在 1980 年左右,世界上一些主要的工业国家在审视高通货膨胀率后,不愿继续忍受,并决定用行动摆脱高企的通胀。美国的保罗·沃尔克、英国的玛格丽特·撒切尔[8]、西德联邦银行(Bundesbank)和其他国家的通货膨胀斗士在不同的时间点分别宣布了对通货膨胀的全面战争。即使说理性预期革命,尤其是"政策无效"的结论,对这些政策制定者的思维有一定影响,这些影响也肯定没有体现出来。央行仍采用了最传统的方式来降低通胀:通过紧缩货币使经济陷入深度衰退。

　　在美国,备受赞誉的沃尔克反通胀政策效果良好,但那是因为它将 1982 年 11 月和 12 月的失业率推高至 10.8%,这是自 20 世纪 30 年代以来的最高纪录。鉴于学术界关于货币政策传导渠道的无休止争论,我曾在沃尔克离任美联储后问他认为货币政策究竟是如何抑制通货膨胀的。他的回答让我大吃一惊:通过制造破产。[9]

　　在英国,实际 GDP 在 1979 年第二季度月至 1981 年第一季度之间下降了 5.3%,撒切尔时期的经济衰退使失业率从 1979 年的 5.4% 上升到了 1983 年的 11.5%。和美国一样,这也是英国自 20 世纪 30 年代以来失业率的最高水平。但也同样,这剂苦药起了作用:消费者价格通胀从超过 15% 降至 5% 以下。就像美国的沃尔克一样,撒切尔宣誓效忠货币主义。但同时就像沃尔克在美联储时的经历一样,英国的货币增长也远远谈不上稳定。

　　尽管细节和时机各不相同,但很难证明沃尔克和撒切尔时期发生的衰退,以及其他国家发生的衰退是源于意料之外的货币紧缩政策。的确，美国那具有钢铁般意志的央行行长和英国的铁娘子实际上是先站在屋顶上大肆宣扬他们的观点，然后再坚定不移地履行他们的承诺。我想萨金特—华莱士真正的信徒可能会辩称，没有人会相信沃尔克、撒切尔和其他人。但考虑到沃尔克是坚定的通胀鹰派，这一观点似乎不太站得住脚。相反，20 世纪 80 年代初的通缩看起来像是预期的货币紧缩造成深度衰退的典型案例。

注意这里的一处历史性讽刺：当时的理性预期宏观经济学之所以能流行，尤其是其隐含的货币预期变化的菲利普斯曲线即使在短期内也是垂直的，是因为它提到现有的凯恩斯主义既未能控制也未能解释高通胀。我想关于"未能控制"这一部分的指控的确属实，虽说在面临巨大供应冲击时想要稳定通胀所需的代价将是无法想象的。但如果你给凯恩斯主义经济学家几个月的时间来完善他们的框架，将供给冲击考虑在内，那么此时"未能解释"就成了一项诬告了。真的，几个月的时间就足够了。[10]

理性预期方法，尤其是因为与前凯恩斯主义思想相似而后被称为"新古典经济学"的方法，是否为一种更好的选择？我并不认为沃尔克或撒切尔会觉得他们所采用的强硬货币紧缩是"意料之外的"，而且他们也不会这样期望。但英国与美国的货币紧缩似乎对实际产出和就业都有较大的影响——你可以将其称为"凯恩斯效应"，沃尔克和撒切尔也都预料到了这一点。

理性预期革命在现实世界中激起千层浪，在学术界却好像销声匿迹，这从侧面证明了学者们似乎时不时地将自己封闭在象牙塔之中。如果他们也曾试着探出头来，那么预期的货币紧缩产生的真实影响将清晰可见。正如我们将在第 8 章中看到的，可能连菲利普斯曲线都会是有效的（至少在美国）。

本章总结

1789 年的巴士底狱风暴既不是法国大革命的开始，也并不意味着它的结束，但它确确实实动摇了当时的现状。卢卡斯、萨金特和其他人在 20 世纪 70 年代发起的理性预期革命也是如此。他们在学术界产生了深远的影响,对稳定政策(尤其是货币政策)的根本逻辑提出了疑问,更不用说那些更加细节的问题了。

但在真实的政策领域其实很难找到理性预期革命对政策制定的影响。认为政策制定者应该更加关注预期是如何形成的(包括对未来政策的预期)的观点显然是有益的,且它(理应)持续至今。但如果理性预期的推理真的说服了政策制定者只能通过"惊喜"来影响实际变量,那只能说他们可能将这种信仰深埋心底了。

在 20 世纪 70 年代末和 80 年代初的紧缩与低通胀时期,美国和其他地方的央行行长们并没有表现得像在谋划制造"货币惊喜"。他们的做法看起来是相信货币紧缩能够打败通货膨胀的,而且也很乐意告诉大众他们的意图。总之在通胀的背景下,理性预期和新古典经济学在学术上取得了胜利;和现实世界中的结果一样,政策制定者使用古老的方法征服通胀——利用货币紧缩和高失业率。真是讽刺。

注释

1. 我说"强调"是因为卢卡斯在 1972 年的论文中已经引入了卢卡斯供给函数。
2. 本章中的大部分材料和引用都来自卢卡斯的诺贝尔奖自传(Lucas 1995)。
3. 多年以后,行为经济学家会认为,从严格的经济学意义上讲,人类行为在许多方面上都不是理性的。
4. 对于理性预期假设的检验并不容易。然而,随着时间的推移,越来越多的证据表明这种假设存在问题,其中包括洛弗尔(Lovell 1986)和费尔(Fair 1993)的两篇论文。当然,这在 1975 年还不为人所知。
5. 卢卡斯供给函数的简单模型排除了产出与潜在产出的序列相关偏差。这立即引起了人们的关注,使得模型往更复杂的方向发展,用多种原因来解释其中的序列相关性,比如基德兰德和普雷斯科特(Kydland and Prescott 1982)以及布林德和费希尔(Blinder and Fischer 1981)的研究。

6. 这种说法对萨金特、拉尔斯·汉森(Lars Hansen)等人来说并不公平。他们尝试设计可以在政策改变时不改变估计"深层结构性"参数的方法。然而,这些方法依赖于太多可疑的、具有限制性的假设,以至于许多经济学家认为这项工作在技术上是极具挑战性的,但最终结果却并不可信。

7. 见 Blinder(1987b)。卢卡斯出席了美国经济学会会议,并对我发表的言论表示不满。

8. 那时的英格兰银行还不是独立实体,货币政策仍受白厅管制。

9. 也不是沃尔克想让企业破产,而是他认为这是让货币紧缩政策奏效的必经之路。

10. 见戈登(Gordon 1975)的论文。

第 7 章
卡特、沃尔克和征服通胀

> 在通胀过程中的某个特定时间点,公众将支持采取强硬政策来恢复经济稳定,尽管这些政策可能会造成高昂的短期成本。
>
> ——保罗·沃尔克,"中央银行的胜利"(1990)

第 6 章是对学说历史的考察,有时了解政策的历史是很有必要的。且政策的历史通常会对当下的经济政策产生更大的影响。

吉米·卡特于 1977 年 1 月就任美国总统。当他进入白宫时,美国经济刚刚度过了艰难的滞胀时期(第 5 章有详细描述),但显然当时经济正在逐步变好。而美国的政治生态则经历了一段更艰难的时期,由于人心惶惶的"水门事件"听证会,导致理查德·尼克松于 1974 年 8 月辞职(以避免被弹劾),而杰拉尔德·福特在一个月后发布的针对尼克松总统的特赦令更是引起了公众的激烈争议。

因此,在 1976 年 11 月,当美国人投票选举新的领导人时,他们渴望改变,希望有一个既平和又诚实的人带领美国,而不是一个尼克松政府的继承者(这是卡特在竞选中对福特形象的描述)。而卡特也成功符合了"我不是尼克松"的形象。他的竞选口号"我永远不会对你撒谎"非常适合当时的时代背景,并最终在一场激烈的竞选中胜出:在普选中以约 2 个百分点的优势获胜,在选举人团中凭借 297 票对 240 票的优势获胜。

经济动荡的开始

当卡特成为美国总统的时候,年度消费者物价指数(CPI)已经下降到5.2%,与1974年2月至1975年4月期间盛行的两位数相比,当时的经济情况还算不错。然而,通胀率在1977年2月跃升至6%以上,并在该年余下的时间保持在6%—7%的范围内。而在当时没有人知道,通货膨胀和伊朗的阿亚图拉·鲁霍拉·霍梅尼(Ayatollah Ruhollah Khomeini)将成为卡特总统生涯中的两大难题。

在实际增长方面,从1973年至1975年的衰退中恢复过来的经济正在迅速发展。从1976年1季度至1977年1季度,实际GDP增长率达到了强劲的4.5%。尽管如此,许多美国人仍感觉国家的经济正处于衰退中。[1]1977年1月,失业率仍然很高,达到7.5%。在卡特总统的任期中,失业率几乎没有下降到6%以下。

为了领导他的经济团队,卡特选择沃纳·迈克尔·布卢门撒尔(W. Michael Blumenthal)作为财政部长,他是非常知名且成功的企业首席执行官(CEO),也是当时民主党中的少数几位CEO之一;同时选择来自布鲁金斯学会备受尊敬的经济学家查尔斯·舒尔茨(Charles Schultze)作为他的经济顾问委员会主席。两人都拥有经济学博士学位和丰富的政策制定经验,但他们注定会爆发冲突。像大多数专业经济学家一样,舒尔茨更注重数据和模型,而经验丰富的企业家布卢门撒尔则更关注被模型忽略的心理因素。他在通货膨胀问题上比舒尔茨更鹰派。卡特选择了来自乔治亚州的商人朋友伯特·兰斯(Bert Lance)担任预算管理办公室主任。这项任命在当时引起了瞩目[2],但兰斯任职未满一年就离职了。[3]

然而,卡特最不寻常的经济任命是大约一年后的事,当时他提名威廉·米勒(G. William Miller)代替阿瑟·伯恩斯担任联邦储备委员会主席。和布卢门撒尔一样,米勒曾经是一位成功的企业CEO。但与布卢门撒尔不同的是,他是非经济学专业出身。不久之后这一点变得很明显,米勒对美联储的运作方式了解得不多。米勒本人也意识到这一劣势，并也曾提醒过卡特（Meltzer 2009a，1923）。所以米勒在美联储主席上的任期注定是短暂而不成功的。

在卡特总统任期初期，他提议并通过了一个温和的财政刺激计划，大约占GDP 的 1%，重点放在创造就业方面。它包括数十万个公共服务工作岗位和一项新颖的税收抵免措施来扩大就业机会。卡特最初提议的财政刺激计划规模更大，包括退还 1976 年的每人 50 美元税款。但是该退税方案在政治上被认为是失败的，例如当时担任参议院财政委员会主席的路易斯安那州的民主党参议员罗素·朗（Russell Long）嘲笑这个方案是"从华盛顿纪念碑上扔下 50 美元账单"（Eizenstat 2018，292）。

财政刺激计划规模被缩减的一个原因是，联邦政府预算赤字已经约占 GDP的 2.5%，对比里根接替卡特成为美国总统后的占比，这似乎不值一提。但在1977 年，财政收支平衡的思想依然存在且盛行，至少在表面上是如此。经过缩减的财政刺激法案在众议院和参议院中分别以 326 比 87 和 63 比 15 的压倒性投票通过，之后卡特总统签署了该法案，而那时他的总统任期还不到 4 个月。

1977 年的财政刺激法案中有一个有趣的历史细节：新工作税收抵免。该税收抵免为企业提供了一个工资补贴，即对去年人数增加超过 2% 的雇用岗位前4 200 美元工资的 50% 进行补贴。毫无疑问，这种方式反映了经济学家希望在利润率的边际提供激励，而不是浪费资金补贴那些本来就会发生的活动。这种方式虽然粗略，但实际上是将补贴集中在边际就业率上的一种实用方式。

虽然这是一项小规模的政策创新，但新工作税收抵免通常被认为是成功的（Perloff and Wachter 1979）。在我任职于比尔·克林顿的经济顾问委员会时，我们说服他以类似的方式将投资激励措施边际化，但是国会拒绝了这个提议。2009 年，当奥巴马政府在寻找促进就业创造的方法时，新工作税收抵免的想法再次浮现，类似该措施的政策在 2010 年成为恢复就业奖励法案的一部分。

然而，卡特试图实施扩张性财政政策的努力并没有止于 1977 年的财政刺激法案。同年晚些时候，这位新总统（在竞选中准确地称现行税法为"人类的耻辱"）又向国会提出了另一项税收法案。这个法案本意是进行税制改革而非减税。但在通过国会审议的过程中,税制改革演变成了削减税收。需要注意的一点是,当时参议院财政委员会主席,也就是之前提到的罗素·朗,他对于税收改革的著名格言是"既不对你征税,也不对我征税,而只对那些躲在树后面的人征税"。

朗非常钦佩那些"树"。*因此,到1978年10月,该法案以压倒性的优势在众议院和参议院中通过,几乎所有卡特的改革提案都被削减了。相反,税率被削减,税率区间扩大,标准扣除额增加,对资本利得的最高税率从35%降至28%。我想,巧合的是,1978年《税收法》中的净减税幅度与最初的1977年财政刺激计划大致相同,因此财政刺激有效地增加了一倍。作为一个财政保守主义者,卡特很想否决这项法案,但他的顾问和国会议员劝阻了他(Eizenstat 2018,316)。40年后回顾这两项法案,卡特的国内政策专家斯图尔特·艾森施塔特写道:"考虑到在1977年初就任时所知道的情况,很难说我们提出的解决经济停滞的财政刺激计划是错误的。但同样难以替我们在同年晚些时候提出的第二次财政刺激政策做辩护"(Eizenstat 2018,314)。简而言之,在1977—1978年间,财政政策过度扩张是有问题的,当时经济发展还算良好,不需要这样的政策。

1977年是所谓"美元危机"的开始。浮动汇率当时仍然很新且不受大众信任。由于美元仍然是国际货币体系的关键(现在仍是),因此,美元贬值在当时对于美国和国外来说都是一个非常棘手的问题。

在1977年6月的经合组织会议上,布卢门撒尔部长轻描淡写地表示,汇率调整应该在国际宏观经济调整中"发挥其适当的作用"。而在浮动汇率制下,这只是一种赘述。尽管如此,布卢门撒尔被指责试图通过让美元贬值来促进美国的经济增长,并减缓外国的经济增长,他对此予以否认(Solomon 1982,346)。自那时起,财政部部长们都刻意避免提及任何可能引起对"布卢门撒尔时期美元贬值"的回忆的言论。直到2018年1月,财政部长史蒂文·姆努钦(Steven Mnuchin)打破了这个禁忌,他毫不隐瞒地表示,美元贬值对美国贸易有利(Ball 2018)。事实上,唐纳德·特朗普总统在他之前就已经提到了这一点(Chandler

---

* 这里的"树"比喻能为税收提供隐蔽利益的手段或实体。——译者注

2017）。

通货膨胀在 1977 年上升，联邦公开市场委员会（FOMC）较为宽松的货币政策对美元的影响可能比布卢门撒尔的言论更加重要。但不管是出于什么原因，美元仍然继续下跌直到 1978 年。根据美联储对主要外币的贸易加权平均值的测算与比较结果显示，美元从 1977 年 1 月到 1978 年 10 月下跌了 14％。其中，美元对德国马克和日元的贬值尤其引人注目。1977 年 1 月，1 德国马克的价值接近 42 美分，但到 1978 年 10 月已经超过 54 美分。而同时期，1 美元兑 291 日元下降至 1 美元兑 184 日元。

卡特政府采取了一揽子的"美元救助计划"来应对这一局势，其中包括紧急出售黄金和向国际货币基金组织借款，这在美国历史上是唯一的一次。更加猛烈的是，美国财政部出售了一些以德国马克和瑞士法郎计价的债券证券。它们被戏称为"卡特债券"，这个绰号并不能算是一个褒义词（财政部再也没有发行以外币计价的债券）。这一系列举措看起来有些惊慌失措。

然而，美元贬值并不是最大的问题，通货膨胀才是。[4]12 个月消费者物价指数（CPI）的通胀率从 1977 年 1 月的 5.2％上升到 1978 年 12 月的 9％，最终在 1980 年超过 14％。当然其中的一些增长，特别是在 1979 年和 1980 年，是由石油输出国组织的"第二次石油危机"冲击所致，详见第 5 章。但就算是核心通货膨胀率，在 1977 年期间一直保持在 6％—6.5％的范围内，到 1978 年 12 月也上升到了 8.5％，甚至在 1980 年的几个月中上升到 13％。[5]通货膨胀显然是当时主要的问题，甚至超过了失业问题。因此，通货膨胀才是给卡特和米勒带来的大问题，而不是美元贬值。

双重使命的起源

在卡特总统执政初期，还有另一系列事件并没有得到太多关注，但是它们对美国货币史和货币政策至今仍有重要意义。鲜为人知的 1977 年《美联储改革法》于同年 11 月由卡特总统签署成为法律,该法律的重点在于增强美联储的问责制,其中包括按照法律要求向国会报告"关于未来 12 个月货币和信贷总量的范围"[6],并开始为美联储主席和副主席的任命举行单独的参议院确认听证会。在此之前,虽然所有的美联储委员会成员都必须得到确认,但只需总统指定其中一人为主席,另一人为副主席。[*]

然而,最重要的是,我们现在所称的美联储的双重使命就是在 1977 年的该法案上确立的:促进最大就业、生产和价格稳定。这一使命,即将就业与通货膨胀平等对待,将美联储与大多数其他央行区分开来。常常有人错误地归功于《汉弗莱—霍金斯法案》(即《充分就业和平衡增长法》),该法案是一年后由国会通过并由卡特签署的。

由于该法案为失业率设定了一个具体的(可能不切实际的)数字目标(4%),并在其中设立了半年度的汉弗莱—霍金斯听证会,美联储主席在该会上向国会解释中央银行的举措,因此《汉弗莱—霍金斯法案》受到了更多的关注。该法案还对货币使命的措辞进行了一些适度的修改,即"最大化的就业、稳定的价格和合适的长期利率"。由于经济学家认为这三者中的最后一个是多余的(如果价格稳定,名义利率将会很低),所以这被称为美联储的双重使命。但事实上这一使命起源于 1977 年的法案,而不是 1978 年的法案。

在 1977 年之前,整个美国政府致力于根据 1946 年的就业法案,追求"为能够、愿意且正在寻求工作的人提供好的就业条件"的目标。这一含糊但却非常重要的承诺是在美国还未从大萧条的阴影中完全走出来的背景下通过的。然而,国会当时还不愿意接受之前提出的"充分就业法"的名称。重要的是,《就业法案》并不是针对美联储的,1946 年的美联储在人们心中的分量没那么重要。事实上,该法案还在白宫创建了经济顾问委员会,并要求总统每年提交一份经济报告,但并没有要求美联储提供类似的报告。

---

[*] 这一改变增加了美联储成员的透明度和对他们的监督,并使参议院能够更加仔细地评估和确认候选人。——译者注

因此，尽管当时人们没有意识到这一点，但 1977 年和 1978 年对《美联储法》的修正确实对货币政策是具有里程碑意义的。我发现令人惊讶的一点是，艾伦·梅尔泽的鸿篇著作《美联储史》(2009a，b)几乎没有提及 1977 年的法案，甚至没有提及其双重使命的规定。

供给冲击卷土重来

在立法过程中，全球各地的食品价格开始攀升，通货膨胀再次成为经济问题的头号议题。在美国，消费者物价指数(CPI)中的食品和饮料组成部分的增长率在 1976 年 12 月降至 1％(季节性调整后的年率)，之后开始上升，并最终在 1979 年 2 月达到约 13％(见图 7.1)。作为 CPI 的相对重要组成部分(约占 18％)，这些食品价格的上涨在 1978 年就为整个 CPI 通货膨胀率贡献了 2 个百分点，在 1979 年和 1980 年也都增加了 1.75 个百分点(Blinder and Rudd 2013，141)。[7]卡特和米勒承受了很大的指控，尽管正如布林德和鲁德所指出的，"我们也对农业灾害、恶劣天气和生猪周期是货币政策的滞后效应深感怀疑"(142)[8]。

图 7.1 1975—1980 年美国食品价格通胀率

资料来源：劳工统计局。

也就是说,石油价格而非食品价格,占据了 1979 年和 1980 年的头条。现在我们称之为第二次石油危机(OPEC II)的冲击,包括 1978—1979 年的伊朗革命和之后的伊拉克入侵伊朗事件导致原油价格飙升。油价非常迅速地影响到了消费者价格。CPI 中的能源组成部分从 1978 年 11 月的 7% 通胀率(季节性调整后的年率),飙升至 1980 年 3 月的 47%(见图 7.2)。这不是笔误,确实是 47%。

图 7.2 1975—1980 年美国能源价格通胀率

资料来源:劳工统计局。

再次强调,正如鲁德和我观察到的,"显然,两次石油危机冲击都是由地缘政治事件引发的,这些事件既不可能归因于美国的货币增长,也不可能归因于世界的经济增长"(Blinder and Rudd 2013,140)。然而,货币主义者在当时似乎并没有发现这一点。例如,弗里德曼在 1975 年《新闻周刊》专栏中的反问——"为什么某些商品的价格相对于其他商品价格的变化会显著影响平均价格水平?"——被认为是不言自明的(Friedman 1975b,73)。弗里德曼的一些学术传承者,甚至至今仍然持怀疑态度。[9]当然,其中一个原因是核心通胀率同时飙升——从 1978 年初的 6% 左右到 1980 年中期的 13.5%。为什么会这样呢?

部分解释是供给冲击,即使是暂时的冲击,也会在其后对核心价格产生一定的传导效应。布林德和鲁德(Blinder and Rudd 2013,146)估计,在 1978 年至

1980 年期间,这种压力造成核心通货膨胀率额外增加了约 2 个百分点。然而,即使考虑了这一因素,1978 年至 1980 年的通胀也不能完全归咎于供给冲击。

总需求过剩也是导致通胀上升的另一个明显的额外因素,它推动经济超出了充分就业水平。事实上,1977 年和 1978 年的实际 GDP 增长率分别为 5％和 6.7％,均高于趋势水平。与此一致,除了少数例外,失业率稳步下降,从 1975 年 5 月达到 9％的衰退高点,降到 1979 年 5 月的 5.6％的低点。

这种快速增长部分是由前述的财政刺激引起的。但货币政策也起了一定作用。例如,M2(比去年同期)的增长率从 1975 年中期到 1978 年初一直保持在两位数。即使你不是一个货币主义者,你也可以怀疑这样的货币增长率是否会导致通货膨胀。无论如何,货币和 GDP 的快速增长和不断上升的通胀率,让许多批评者指责米勒领导下的美联储已经失去了控制通货膨胀的能力。他们的话是有道理的。美联储的官方历史网站这样表述:"与一些前任不同,米勒更少地专注于打击通货膨胀,而是致力于促进经济增长,即使这会导致通货膨胀。米勒认为,通货膨胀是由许多因素引起的,而这些因素已经超出了联邦储备委员会能够控制的范围。"[10]最后一句话充满了阿瑟·伯恩斯的味道。

华尔街中米勒的批评者都没有那么客观。例如,记者史蒂文·贝克纳(Steven Beckner)写道(或许有点歇斯底里):"如果尼克松任命的伯恩斯引发了火灾,那么米勒在卡特总统任职期间则是在火上浇油"(Beckner 1996, 22)。但在过于轻信需求过剩的解释之前,我们应该注意到,在 1977 年和 1978 年期间失业率从未降至 5.8％以下。考虑到现在国会预算办公室对那个时候的自然失业率的估计约为 6.2％(当时的估计更低),这种超额部分是相对较小的。通过超过自然失业率 0.4 个百分点来增加通货膨胀率并不多。然而,正如第 5 章所提到的,欧菲尼德斯(Orphanides 2003)认为,高估产出缺口的问题,主要是由于未能认识到从 1973 年开始的生产率放缓,这个问题在伯恩斯和米勒的货币政策过于宽松方面起到了重要作用。如此看来,需求过剩的压力已经积累了一段时间,因此仅仅关注 1977 年至 1978 年这段时间是有些短视的。

最后,CPI 存在测量误差问题,这也夸大了通货膨胀率。在 1983 年劳工统计局(BLS)解决了这个问题前,住房抵押贷款利率被视为 CPI 中的一部分"价格"。但是因为一般的名义利率,特别是抵押贷款利率取决于通货膨胀率,这个测量误差产生了一个正反馈循环,夸大了通货膨胀的上升(或下降)。每当通胀上升时,公布的 CPI 水平将因上升的抵押贷款利率而获得额外推动。[11]当利率急剧上升时,这不是一件小事。劳工统计局现在发布了一个历史研究系列,可以追溯到1978 年,这纠正了这个问题和其他一些问题。根据这个衡量标准,1978 年、1979 年和 1980 年的通货膨胀率分别为 7.8%、10.9%和 10.8%;每个都远低于官方 CPI 指数 9%、13.3%和 12.4%。但在当时,没人能够看到像这样的实时数据。

保罗·沃尔克上台

到了 1979 年夏天,毫无疑问的是,在卡特心中,降低通货膨胀既是经济上的头等大事,也是政治上的头等大事。他曾经以比较笨拙的方式将能源危机(高通胀的一个主要原因)称为"道义上的战争"。7 月 15 日,卡特向全国电视观众发表了他后来被称为"萎靡不振的演讲"(Malaise Speech)的讲话,尽管他从未使用过这个词(Carter 1979)。虽然最初得到了好评,但这个演讲很快就被广泛批评为消极的演讲,它象征着卡特总统政治生涯的失败。

在那场命运攸关的演讲后的几天内,卡特开始清理党羽,解雇包括财政部长布卢门撒尔和第一任能源部长詹姆斯·施莱辛格在内的人(卡特于 1977 年建立了能源部)。很明显,米勒在任何情况下都不适合担任美联储主席,因此他迅速取代了布卢门撒尔并出任财政部长,进而造成了美联储主席职位空缺,不过这种情况并没有持续多久。卡特随后便提名了保罗·沃尔克,他当时担任纽约联邦储备银行行长,是位众所周知的铁腕的通胀鹰派。参议院在一周内确认了沃尔克美联储主席的提名。

接下来发生的事毫无疑问,沃尔克于 1979 年 8 月 6 日顺利接任美联储主席。沃尔克不再采取卡特式的临时方法去应对通货膨胀,如任命反通货膨胀专员以及制定工资价格指导方针。同时也不再像伯恩斯或米勒那样找借口说,美联储会被更强大的社会力量压倒,以至于无法控制通货膨胀。这一时期将会是紧缩的货币政策。当卡特任命沃尔克负责货币政策时,卡特对自己所面临的困境没有任何幻想,甚至包括他可能在 1980 年选举中遭受失败。用艾森施塔特的话说,"卡特勇敢地任命保罗·沃尔克领导美联储,并且十分清楚地知道他将动用紧缩货币政策和高利率这些直接工具。最终,这种做法让美国以高失业率的代价降低了通货膨胀率,但也导致卡特失去了连任的机会"(Eizenstat 2018,278)。这与尼克松任命伯恩斯相比,并没有什么不同。

在米勒第一次打电话邀请沃尔克前往华盛顿会见卡特时,沃尔克表示很惊讶。他说:"我从未见过总统,虽然我在公开市场委员会会议上投票反对米勒。但是,我最终还是搭上了去往华盛顿的班机"(Volcker 2018,108)。沃尔克告诉卡特,他坚定支持美联储的政策独立性和打击通货膨胀,然后回到纽约告诉他的朋友们:"我刚刚错过了成为美联储主席的机会"(108)。但他错了。次日清晨,卡特打电话给他,邀请他担任美联储主席。并且如艾森施塔特所预见的那样,这可能注定了卡特自己连任前景的失败。但是,卡特终于找到了一种有效对抗通货膨胀的武器:一个坚定的美联储主席。

关于未来货币政策收紧的预期是否应该提高或降低长期利率的问题,长期存在的争议持续至今。一方面,如果市场认为这个消息可信,则通货膨胀预期应该下降,从而降低名义利率。另一方面,预期未来的短期利率应该上升。根据期限结构的标准预期理论,即长期利率是预期未来短期利率的适当加权平均值,这应该提高长期利率。凯恩斯主义者倾向于后者。而货币主义者倾向于前者,沃尔克也是如此。[12] 但正如他在自传中所说的那样,"没有这样的运气"(Volcker 2018,108)。

1979 年夏天对沃尔克的任命本应该是一种假说对另一种假说的严峻考验,但事实并没有。在卡特提名沃尔克(1979 年 7 月 25 日)的时候,10 年期美国国债利率为 8.99%,在沃尔克接管美联储(1979 年 8 月 6 日)时为 8.91%。[13] 难道沃尔克的作用只有 8 个基点吗? 这似乎有些难以置信。[14] 但是在美联储提高短期利率之后,利率方面的反应才紧随其后。长期利率开始上升。例如,1979 年 9 月底至 10 月底,30 年期国债利率上升了 100 多个基点。

9 月下旬,沃尔克前往当时的南斯拉夫首都贝尔格莱德,参加国际货币基金组织和世界银行的年会。在那里,除了其他事情之外,他耐着性子听完了真正应该被称为阿瑟·伯恩斯"萎靡不振的演讲"(在第 4 章中有描述)。在离开华盛顿之前,沃尔克给美联储的一些高层人员留下了指示,要求他们考虑一种新的货币政策方法,这种方法相当于"实用货币主义",即更多地关注货币总量的增长,而不是"米尔顿·弗里德曼倡导的更极端和机械化的货币主义"(用沃尔克的话说)(Volcker 2018,106)。

请记住,当时的货币主义者都是学界中强烈的反通胀支持者。在卢卡斯、萨金特和其他理性预期主义者的帮助下,他们成功地给凯恩斯经济学打上通货膨胀的烙印,尽管这很不公平。因此,将一种新的货币政策方法披上货币主义的外衣,在一定程度上具有公关意义。不管这是不是凯恩斯主义,控制通货膨胀的老方法显然已经不起作用了。

沃尔克提前离开贝尔格莱德会议,飞回华盛顿,开始研究美联储新的货币主义式的政策。然后在 1979 年 10 月 6 日,他做了一件美联储主席几乎从未做过的事情:他在周六晚上召开了一次临时新闻发布会! 取消了当晚娱乐计划的记者们并没有失望,沃尔克告诉记者团,联邦公开市场委员会在当天早些时候的一次临时会议上决定将重点从联邦基金利率的日常管理转移到银行准备金(也是货币供应)的增长率上。正如他在新闻发布会上所说,"通过强调储备货币的供给,并通过准备金机制抑制货币供给的增长,我认为可以在更短的时间内更好地控制货币供应量的增长,但是这带来的代价是市场上的每日汇率倾向于在比近年来更大的范围内波动"(Volcker 1979,4)。

确实是"更大的范围"。如图 7.3 所示,1979 年 10 月以后,国债利率的波动性变大。并且不仅是更大的波动,国债利率还有上行趋势。沃尔克新闻发布会前一天的三个月国库券利率为 10.7%,到 10 月 22 日跃升至 12.8%。[15] 有效联邦基金利率在 1979 年 9 月平均为 11.4%,1979 年 10 月平均为 13.8%,到 1980 年

4 月升至 17.6%。

图 7.3 1978—1983 年美国选定利率

资料来源：美国联邦储备系统。

共和党人、民主党人和普通公民都对这前所未有的高利率感到震惊。他们通过各种方式向美联储表达了他们的不满，从国会听证会上的尖锐批评，到房屋建筑商邮寄的微不足道的大量信件，甚至还有死亡威胁。到 1980 年底，美联储安全人员坚持要求沃尔克获得武装保护（美联储主席至今仍保留这一做法）。他们的判断没有错。一年后，一名武装入侵者不知何故闯入美联储总部大楼，威胁要劫持美联储委员会。虽然那段时期确实是艰难的时期，但沃尔克是一个使命必达的人，不会轻易地被吓倒——他坚如磐石，永远信守诺言。

保罗·沃尔克（1927—2019 年）
中央银行的贝比·鲁斯

小保罗·安东尼·沃尔克是带领美国战胜通货膨胀的人，他将永垂不朽。他用老办法做到了这一点：极度紧缩的货币供给。更重要的是，他做这件事的时候，许多人认为这项任务要么是不可能的，要么比实际成本高得多。战胜通货膨胀需要钢铁般的意志,而保罗·沃尔克就有这样的意志。

沃尔克出生于新泽西州的开普梅,就读于普林斯顿大学,毕业论文批评了美联储最近的(1949年前后)货币政策。普林斯顿大学当时的座右铭是"普林斯顿为国家服务",沃尔克就是理想的例证。那种态度是他当城市管理者的父亲灌输给他的,并持续了一生。

从普林斯顿毕业后,沃尔克先后在哈佛大学肯尼迪学院和伦敦政治经济学院学习经济学。1952年回到美国后,他在纽约联邦储备银行找到了一份经济学家的工作,从此开始了他一生的公共服务生涯。沃尔克在大通曼哈顿银行工作了一段时间后,于1962年加入美国财政部,正式开始了他的政府生涯。不到两年,他就晋升为负责货币事务的副部长。在大通曼哈顿银行第二次任职后,他于1969年重返财政部,担任国际货币事务副部长,在这个职位上他度过了动荡的五年。请注意,这位典型的技术官僚尽管是民主党人,却是由理查德·尼克松总统任命的。

作为财政部副部长,沃尔克目睹了1971年8月布雷顿森林体系固定汇率的崩溃,这一定让他很痛苦,因为他一直坚信稳定汇率的重要性。但当西方世界跌跌撞撞地走向浮动汇率时,他却坚持了下来。

沃尔克于1974年离开财政部,在被任命为纽约联邦储备银行行长之前,他在母校任教了一年,在那里,他形成了强烈的反通胀信念。1979年。当卡特总统需要一个新的能够强硬地对待通货膨胀的美联储主席时,沃尔克显然是合适的候选人。

作为力量、诚实和正直的支柱,沃尔克仍然是美联储的传奇人物。1987年,当罗纳德·里根总统不会再次任命沃尔克为美联储主席的传言(事实证明是真的)出现时,我在《商业周刊》上写了一篇专栏文章,称赞他为"中央银行的贝比·鲁斯"。我当时写道,"我对取代沃尔克的想法的反应,就像波士顿红袜队应对洋基队请求交易贝比·鲁斯时的反应一样:绝不可能"(Blinder 1987c)。

沃尔克对公共服务的贡献并没有随着他的美联储主席任期结束而结束。世界上没有人会拒绝好的事业,沃尔克继续担任委员会主席,调查瑞士银行对大屠杀幸存者的赔偿、联合国石油换粮食计划方案的丑闻和世界银行的内部问题。似乎每一个面临棘手问题的主要组织都希望有一个"沃尔克委员会"来解决问题。

沃尔克被认可的价值延续到了奥巴马政府。当新总统寻求对银行自营交易进行严格限制的支持时,沃尔克一直倡导这一想法,他将其命名为"沃尔克规则"。这个名字很有分量,就像贝比·鲁斯的名字一样。

货币增长率怎么样了?它们稳定下来了吗?大家可以自行判断。图 7.4 显示了从 1978 年到 1983 年,即货币主义实验结束后,美联储当时测量的 M1 和 M2(自 1979 年以来,Ms 的定义已经改变了很多次)的增长率(从之前的 12 个月开始)。我很难看到 1979 年 10 月后波动性有所降低,货币主义者对此怨声载道。正如沃尔克在他的自传中所说,"以米尔顿·弗里德曼为首的货币主义者非但没有宣称美联储最终采取了更加货币主义的方法,反而坚持认为我们做得不

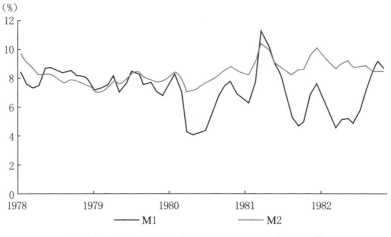

图 7.4　1978—1983 年美国 M1 和 M2 的增长率

资料来源:美国联邦储备系统。

对"(Volcker 2018,109)。这里有一个例子,来自米尔顿·弗里德曼的《新闻周刊》专栏:"美联储的货币增长目标是合理的,问题在于未能实现这些目标。如果一家私营企业的实际产量与计划偏离的频率和幅度一样大,就会有人被解雇"(Friedman 1980,62)。

这不仅仅是一些技术问题,如滞后的储备金审计,货币主义者不喜欢它,因为它提升了精确控制货币增长的难度。[16] 相反,高通胀、对名义利率的残余控制(随后被取消)和大量的金融创新(本身在很大程度上是高通胀的结果)三者的结合,对美联储接近实现其M1、M2或美联储工作人员尝试的任何其他"货币"定义的能力造成了严重破坏。[17]

就连艾伦·梅尔泽也承认,"货币创新增加了选择(货币增长)路径以及将其向公众公布的难度"(Meltzer 2009a,1039)。简单地说,如果没有计量经济学的细节,当你不知道货币需求发生了什么变化时,就很难为货币供应制定合理的目标,更不用说实现这些目标了,尽管美联储也曾试图这样做。

货币史上一个有趣的问题一直萦绕至今:沃尔克真的转向货币主义,并将其作为一种更好的政策手段了吗?还是他只是把专注于货币增长这一借口视为方便的政治挡箭牌,以应对他知道即将到来的难以忍受的高利率?更多的美联储观察人士倾向于后一种解释,我也是这样认为的。

沃尔克本人在他的自传中对这个问题有点谨慎。在引用了弗里德曼的名言"通货膨胀是一种货币现象,无论何时何地都是如此"后,沃尔克立即指出,首先,"该论点的简单性有助于为向美国公众展示新方法提供基础";其次,公开的货币主义方法"在美联储身上强加了一种一直缺乏的内部纪律"(Volcker 2018,118)。因此,也许货币主义者的实验实际上是关于公共交流和私人承诺,关于把联邦公开市场委员会绑在桅杆上,而不是关于对速度稳定性的任何信念。

斯图尔特·艾森施塔特在卡特执政期间见证了货币主义者的实验,对此持有不同的看法。在承认沃尔克的可信度论点后,艾森施塔特补充说,"沃尔克不是政治上的新手。他也知道这种方法比直接提高利率提供了更多的政治掩护"(Eizenstat 2018,345)。艾森施塔特引用了沃尔克在一次采访中的话说,"这无疑是一种更容易获得公众支持的方式。你可以说我们必须控制货币供应。这就是我们正在做的;我们不是直接针对利率"(Eizenstat 2018,345)。几年后,当一个朋友问他沃尔克在当时是否真的是一个货币主义者,他直接回答说,"不,我只是想让他们振作起来"(Eizenstat 2018,345)。

他确实做到了。然而,直到 1980 年第一季度,通货膨胀和利率仍然居高不下,没有出现经济衰退。是的,增长疲软,但实际 GDP 没有下降。根据目前的数据,1979 年的实际 GDP 增长率仅为 1%(经季节调整的年增长率),1980 年第四季度为 1.3%。美联储内外的观察人士越来越不耐烦。但请记住,货币政策的滞后时间很长。然后在 1980 年第二季度,沉重的打击来了。

信用控制灾难

具有讽刺意味的是,并不是沃尔克扔下了铁砧,而是卡特选择了美联储作为工具。

总统和他的通胀权威领导人阿尔弗雷德·卡恩已经确信,消费者信贷的过度增长正在加剧通货膨胀,而不是通胀预期、商业支出或超额货币增长。美联储不同意这一观点。[18]然而,卡特拥有尼克松时代遗留下来的法律权力,可以要求美联储实施信贷控制,他于 1980 年 3 月使用了这一权力。回顾这一决定,艾森施塔特称之为"一个极其糟糕的主意"(2018,347)。的确如此。沃尔克和他在美联储的同事们肯定也是这样认为的,尽管就连他们也可能对事情的糟糕程度感到惊讶。

沃尔克后来回忆说,在"过度信贷不是问题"的时候,美联储将信贷控制视为"一种显而易见的政治策略",因此迅速设计了"控制措施",希望其不会产生实质性影响(Volcker 2018,110)。但这位政治敏锐的美联储主席认为,尽管中央银行是独立的,但它不能断然拒绝卡特。毕竟,总统是支持他们的紧缩货币政策的,尽管他自己面临明显的政治风险。因此,美联储设计了信贷控制措施,例如,豁免汽车和房屋购买贷款。这就像是留下一只没有牙齿的老虎,对吗?

实际上不是。事实证明,人们的反应与之前完全不同,卡特对限制信贷的大肆宣传,引起了已经厌倦高通胀的美国公众的强烈共鸣。这一次人们的反应与对1975年杰拉尔德·福特徒劳的"立即制止通货膨胀"(Whip Inflation Now)运动的反应完全不同,"人们非常渴望为对抗通货膨胀尽自己的一份力量,他们撕毁了自己的信用卡,这是一种爱国行为,并将这些信用卡碎片寄给了卡恩和白宫,并附上信件:'总统先生,我们会合作的'"(Eizenstat 2018,348)。

这些显然不是空洞的姿态。消费支出大幅下滑,GDP增长也随之下降。1980年第二季度是美国战后历史上最糟糕的季度之一,年增长率为负8%(见图7.5)。消费支出通常是GDP中最稳定的组成部分之一,年增长率却达到了难以令人置信的负8.7%。爱国主义显然胜过了利率和货币增长。

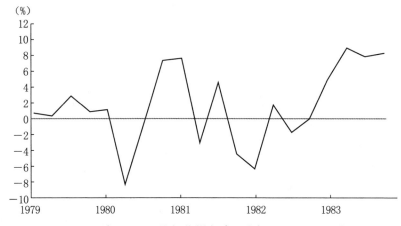

图 7.5　实际 GDP 的年化增长率,季度,1979—1983 年

资料来源:经济分析局。

美国国家经济研究局估计,1980年短暂但剧烈的衰退从1月开始,到7月结束。对于一个寻求连任的总统来说,这是最糟糕的时机。(卡特当时也在处理伊朗人质危机,但没有成功。)

这些控制措施也给货币主义者的实验带来了坏消息,因为信用卡贷款减少的另一面是货币供应增长的急剧下降。1980 年 3 月,M1 月增长率骤降至负 5％(季节性调整后的年增长率),4 月份更是达到了惊人的负 13％。即使是在 12 个月的基础上,M1 的增长率也从 1980 年 2 月的 8.3％下降到 4 月的 4.1％。对于被公认为稳定货币增长的央行来说,这些都是重大变化。(一个真正支持货币主义的美联储会增加货币供应量吗?)然而尽管货币增长快速下降,利率暴跌,正如沃尔克所说,"我们不得不快速后退"(2018,111)。[19]

到 1980 年 8 月至 9 月,随着信贷管制的取消,货币增长和经济都有所回升,美联储认为不得不再次收紧货币政策。9 月下旬,在距离大选只有一个多月的时候,美联储上调了贴现率。毫不奇怪,这在白宫不受欢迎;卡特称其为"不明智"(Volcker 2018,111)。然而对抗通货膨胀的进展甚微。(记住政策总是长期滞后的。)1980 年第三季度,核心 CPI 通胀率确实曾短暂降至 5.5％,但在第四季度又回升至 14％以上。[20]

逃离货币主义

对于沃尔克和他的一群初出茅庐(或者是假的?)货币主义者来说,在 1981 年和 1982 年,情况并没有好转。罗纳德·里根取代吉米·卡特入主白宫,但是当时的利率和货币增长率仍然不稳定。截至 1981 年 9 月,核心 CPI 通胀率仍接近 12％(但根据劳工统计局的系列研究,核心 CPI 通胀率仅为 9.4％),随后大幅下降。当时飙升的美元无疑在这种反通胀中发挥了一定作用。自美国从 1980 年人为制造的衰退中走出后,经济开始迅速强劲地恢复起来,但一场真正的、非常严重的经济衰退始于 1981 年 2 季度,直到 1981 年 4 季度和 1982 年 1 季度,美联储很清楚这不是普通的衰退,而是一个弥天大谎。当时,这是自 20 世纪 30 年代以来最严重的衰退。

到 1982 年夏天,里根的减税政策还没有发挥多大作用,这将在下一章讨论。因此,沃尔克和他在美联储的同事们很清楚,他们必须迅速实行宽松货币政策,以免深度衰退变成更糟糕的事情。到 1982 年秋,货币主义学说阻碍了这一进程,这清楚地表明美联储不能再继续坚持货币主义。无论如何,这一原则并没有奏效。在 1982 年 10 月 5 日的联邦公开市场委员会会议上,沃克尔告诉该委员会,"遵循死板的操作是因为我们认为这对信誉至关重要,但将经济拖入困境对我们保持长期信誉并无好处"(FOMC,1982 年)。对沃尔克和他在联邦公开市场委员会的同事们来说,货币主义已经达到了目的。通货膨胀终于有所缓解。

1982 年 10 月,沃尔克宣布"我认为……我们别无选择,只能在接下来的一段时间里对 M1 的走势给予比平常少得多的重视"(*American Banker*,1982)。这是一种保守的说法。事实证明,货币增长目标的"暂时"暂停被证明是永久性的。货币主义者并不高兴,但美联储的货币主义实验已经结束。然而,直到 1993 年 7 月,艾伦·格林斯潘才正式放弃美联储的任何货币供应目标,告诉参议院委员会"货币增长和经济增长之间的关系已经完全破裂"(Greenhouse 1993)。当然,格林斯潘是对的。但是这个"消息"是在事情发生十多年后才公之于众的。

本章总结

吉米·卡特于 1977 年 1 月上任,当时他认为经济仍然疲软,可能比实际情况更糟。基于这种信念,他恰当地提议了一个适度的财政刺激方案,国会也通过了。然而,1977 年可能是稳定政策历史上最引人注目的一年,因为 1977 年《美联储改革法》正式确立了美联储的双重授权。

回顾过去,尽管粮食危机和第二次石油危机都应该为 1979 年至 1980 年的通货膨胀承担较多的责任,但卡特 1977 年至 1978 年的财政政策以及威廉·米勒领导下的美联储货币政策似乎过于宽松。为了寻求解决方案,卡特求助于治理通货膨胀的著名鹰派人物保罗·沃尔克,他坚决反对通货膨胀超出中央银行控制范围。抛开货币主义不谈,沃尔克知道该做什么,而且他有钢铁般的意志。尽管速度不快且过程十分痛苦,但紧缩的货币政策加上供给冲击的消失,的确降低了通货膨胀。

信贷控制不是通常的货币政策与财政政策的一部分,它导致了 1980 年一场短暂但严重的衰退。随后是 1981 年至 1982 年由货币政策收紧导致的更为传统的衰退。这两次衰退一起使核心通货膨胀率跌破了底线。到 1982 年 10 月,随着反通胀之战胜利在望,沃尔克和美联储准备放弃任何货币主义的伪装。他们做到了。

注释

1. 例如,1977 年 9 月 18 日至 9 月 26 日进行的一项哈里斯民意测验发现,54%的人对"你认为国家是否处于衰退中"这一问题回答"是"(Louis Harris and Associates, 1977)。
2. 《纽约时报》在 1976 年 12 月 4 日指出,兰斯"在试图掌握联邦官僚机构的更大复杂性方面面临着艰巨的挑战,而他以前则没有这方面的经验"(Mohr 1976)。
3. 他因银行丑闻而辞职,但后来被无罪释放。
4. 只有一小部分上升的通货膨胀可以追溯到美元贬值。
5. CPI 中的一个怪圈——后来被修正了——通过计算不断上升的抵押贷款利息而夸大了通货膨胀价格上涨。
6. 这项规定基本上是将国会在 1975 年第 133 号共同决议中指示美联储做的事项编纂成法律了。
7. 此外,本章后面讨论的一个测量误差夸大了 1978—1981 年的通货膨胀。
8. 二十多年前,布兰德(Blinder 1982, 270)观察到,1978 年和 1979 年的食品通胀中相当大一部分实际上是"肉类价格通胀",这是由牛群急剧减少、严冬天气和饲料成本上升的结果。
9. 例如,参见 Bordo 和 Orphanides(2013)中的几个章节。
10. 联邦储备系统理事会,"G.威廉米勒",《联邦储备历史》,圣路易斯联邦储备银行,https://www.federal reserve history.org/people/。
11. 在众多抱怨这一错误的参考文献中,参见 Blinder(1980)。
12. 这场辩论有数百种可能的参考资料。对于货币主义者的观点,例如,见 Wray(1993)。对于凯恩斯主义的观点,例如,参见米什金(Mishkin 1995)。
13. 圣路易斯联邦储备银行,《联邦储备经济数据》。
14. 如果你认为沃尔克的提名已被市场提前预期到,那么在 7 月 25 日之前的几天,长期利率也没有太大变化。

15. 到 1980 年 6 月中旬,在下文讨论的严重衰退中,失业率下降到 6.2%。

16. 按照美联储的惯例,滞后准备金核算意味着所需法定准备金是基于两周前的存款量。

17. 在许多关于货币需求不稳定性的来源中,参见 Goldfeld(1976)。

18. 关于货币政策是主要通过货币供应渠道还是主要通过信贷渠道发挥作用,存在长期的理论争议,我们不会在这里停留。

19. 这种后退可能会让美联储失去一些信誉。参见 Bordo 等(2017)。

20. 后者受到前面提到的测量误差的严重影响。劳工统计局的研究系列记录了 1980 年第四季度 7.9% 的 CPI 通货膨胀率。

第 8 章
里根经济学以及货币政策和财政政策之间的冲突

这种减税政策将极大刺激我们的经济并且会实实在在地增加政府收入。

——罗纳德·里根,1981 年 7 月

在美国历史上,可能没有哪个时期比里根时代更能说明货币政策和财政政策发生冲突时会发生什么。前几章所讨论的可怕的滞胀、紧缩的货币、伊朗人阿亚图拉·鲁霍拉·霍梅尼的愤怒,以及罗纳德·里根作为候选人的善意呼吁,这四方面的因素相结合,共同导致了 1980 年 11 月选举的压倒性胜利,吉米·卡特黯然下台。里根的胜利为财政政策向更低税收与更高预算赤字的突然转向打开了大门。卡特担心财政赤字,但没有采取太多措施。而里根做着关于赤字的白日梦(见本章题词),他所奉行的政策使得赤字爆炸性增长。

但在深究细节问题之前,我们应该停下来考虑一下所谓里根经济学的两个重要前因。

搭建舞台

其中一个前因是后来被称为"供给侧经济学"的学说,特别是肯普—罗斯减税提案,以其两个发起人,国会众议员杰克·肯普(共和党)和参议员威廉·罗斯

(共和党)命名。他们的计划在卡特担任总统期间首次宣布和推广,要求在三年内以每年10％的速度逐步降低30％的个人所得税率。肯普—罗斯减税提案引起了极大的关注。毕竟,减税总是有政治诱惑力的,而这次的规模是巨大的。但相信财政责任制的卡特总统坚决反对大幅削减财政收入的肯普—罗斯减税提案。他们是预算破坏者。

然而,历史的潮流总是朝着降低税率的方向涌动,高通货膨胀率推动了这一趋势,使税收阶梯上的蚕食效应变成了加速蚕食效应。* 1978年,卡特勉强同意了国会众议员威廉·斯泰格尔(共和党)提出的大幅降低资本利得税率的建议,将最高资本利得税率从40％降至28％。但斯泰格尔修正案似乎只是激起了减税支持者的胃口。同年,加利福尼亚州发生了一场大规模的抗税运动,而这导致了著名/臭名昭著(取决于你怎么看)的第13号提案,该提案将财产税削减到了最低水平。值得玩味的是,加利福尼亚州正是里根的家乡。

当这一切发生时,经济学家阿瑟·拉弗(Arthur Laffer)和记者祖德·万尼斯基(Jude Wanniski)等人正在推广一种引人注目的新学说,即供给侧经济学。简而言之,他们的论点是,降低所得税率将对工作、储蓄和投资决策产生强大的激励作用,使得税基飞快增长。因此,尽管税率较低了,但税收收入实际上会上升,而不是下降。政府可以通过减法来做加法!

这是一个诱人的愿景,1974年,拉弗在华盛顿特区的一家餐厅的餐巾上画出了后来被称为"拉弗曲线"的草图,首次向万尼斯基解释了这一愿景。[1]万尼斯基作为拉弗的公关人员,利用《华尔街日报》的社论版一直有效地传播着这一理念。1978年,他甚至出版了一本名为《世界运作的方式》(Wanniski 1978)的书。

对经济学家来说,只有一个大问题:供给侧经济学并没有描述世界的运作方式,它的极端主张从未得到证据的支持。是的,较高的所得税确实削弱了人们赚取收入的动力。同样,税率可以设定得如此之高,以至于降低税率实际上会产生

---

* 蚕食效应(Bracket Creep),当名义收入因通胀上涨(但实际购买力未变),纳税人被推入更高税率阶梯,导致税负被动增加的现象。——译者注

更多的收入。这是一个简单的数学问题,任何微积分的初学者都可以为你证明。但拉弗、万尼斯基和其他人从未提供任何确凿的证据,证明当时美国现行的所得税税率处于甚至接近这个令人望而却步的范围内。正是这种过分的夸大导致卡特的高级经济顾问查尔斯·舒尔茨(Charles Schultze)在 1980 年打趣说:"供给侧经济学当然没有错,将其主张打个一折,就可以完全解决其中存在的问题。"[2]税收的激励作用? 当然如此。免费午餐? 不。* 但里根或他的团队是否曾经荒谬地声称美国税收制度处于拉弗曲线的下降区域? 鉴于本章的题词,这个问题从表面上看似乎很荒谬。[3]答案显然是肯定的。但在 1991 年 8 月,我曾被迫在《华尔街日报》的版面上与马丁·安德森(Martin Anderson)就这一点展开了一场"辩论",马丁·安德森曾在 1980 年竞选期间和里根总统任期初期担任其高级国内和经济政策顾问。[4]安德森坚称,里根从未提出过极端的供给侧主张。果真如此吗?

　　我打败了这匹看似已经死去了的马,原因很简单:这匹马从未死去。遗憾的是,直到今天,一些共和党人仍然坚持认为拉弗和里根一直是对的。你可以通过降低税率来增加收入的学说是一种政治学说而非经济学说。乔治·W.布什(George W. Bush)总统曾在 2001 年利用拉弗派的论点来支持他里根式的减税提案。在此,我仅举一个例子,回顾 2001—2003 年的减税方案,他曾在 2006 年 2 月的一次演讲中断言,"你减税了,税收就增加了"(Bush 2006)。

　　后来,唐纳德·特朗普总统的财政部长史蒂文·姆努钦(Steven Mnuchin)在 2017 年声称,"这项税收计划不仅会为自己买单,还会偿还债务"(Davidson 2017)。当然,特朗普 2017 年 12 月的减税政策并未实现自我平衡,当然也没有偿还国债。相反,早在 2020 年初疫情暴发之前,联邦预算赤字就激增到万亿美元的规模。这没有什么新鲜的。布什在 2001—2003 年的减税政策也使赤字膨胀,恰如里根的减税政策。虽然大幅减税有其合理之处,但增加收入并不是一个正当的理由。

---

* 这句话的意思是降低税收确实可以激发经济活动,但并不能像魔法一样实现无限增长,也不能让每个人都从中受益。——译者注

第 7 章中对里根经济学进行了广泛的讨论：由美联储主席保罗·沃尔克设计的极度紧缩的货币政策，旨在扼杀通货膨胀。请记住，沃尔克的反通胀运动始于 1979 年 10 月，距离 1980 年大选还有一年多的时间。1981 年 1 月里根宣誓就职时，美联储紧缩的货币政策已经全面实施，这使得严重的经济衰退已经成为一种可能。(美国国家经济研究局将发生于 1981 年至 1982 年的衰退定为 1981 年 7 月开始的。)然而，当时的预测者并没有预见到它的到来。例如，国会预算局在多年后观察到："我们未能预见到 1981 年至 1982 年衰退的开始，以及衰退开始后造成的深远影响。"(CBO，2017a，17)

里根—沃尔克的政策组合至少在最初的几年里将宽松预算与紧缩货币政策结合在了一起。基本的经济推论认为，这样的组合应该会产生高的实际利率，正如我们将看到的那样——而且的确如此。但目前至关重要的一点是，沃尔克强有力的紧缩政策首先造成了影响。即使 1981 年的财政政策试图阻止经济衰退，也不过是螳臂当车。此外，供给侧理论实际上是支持使用紧缩的货币政策来对抗通货膨胀的。但是在意识形态和经济学的奇怪混合中，供给侧学派认为货币政策可以用于降低通货膨胀，同时通过减税刺激实际经济增长(稍后将详细介绍这种理念)。

里根经济学

这让我想起了里根经济学。自 1981 年以来，供给侧学派所提出的"免费午餐"的愿景在政治上一直具有诱惑力。此外，减少富人税率是可以挽救经济的说辞对富人来说极具吸引力，而这其中的许多人是热情的共和党支持者。没有人会在意，几乎没有主流经济学家认同供给侧经济学(尽管其中一些人支持减税)。共和党政治家们趋之若鹜，其中一个人就是前加利福尼亚州州长罗纳德·里根。

总统候选人里根将卡特时期的经济描绘得比实际情况糟糕得多，更不用说卡特的预算赤字了。里根在 1980 年 10 月的一场电视辩论中提出了一个著名的反问："你现在比四年前过得好吗？"这是一个很好的例子，说明了糟糕的经济往往造就了好的政治。事实是，人均实际 GDP 在卡特政府的四年内（1976 年第四季度至 1980 年第四季度）上升了大约 8.5％，因此对大多数美国人来说，答案无疑是肯定的。但里根的问题带有强烈的暗示：答案是否定的。在通货膨胀肆虐和 1980 年短暂但剧烈的经济衰退中，许多选民可能就是这样认为的。观念落后于现实，我们可以肯定的是，在较晚作出决定的选民中对里根的支持率很高（Dionne，1988）。

这位挑战者（里根）在竞选中以大幅削减所得税（基本上是肯普—罗斯的提案）为竞选口号并凭借此轻松获胜。里根当选总统后，很快就通过了肯普—罗斯提案的精简版本。该方案不是以在三年内每年减税 10％（总计 27％）的方案逐步实施，而是在 1981 年 10 月、1982 年 7 月和 1983 年 7 月分三次分别减税 5％、10％、10％（总计 23％）。然而，高收入者并没有等待太久，他们的需求显然很迫切。最高税率当时是 70％，在 1981 年 10 月一下子降到了 50％。[5]

1981 年的《经济复苏税法》还将个人所得税分档按通货膨胀指数化，这项规定在短期内对税收几乎没有影响，但在长期内却产生了巨大的影响。经济学家普遍支持将税法指数化。毕竟，为什么是由通货膨胀率而不是由美国国会来决定税率呢？但是算术问题很重要：如果不采取任何补救措施来弥补损失的收入，指数化会加剧未来的赤字。

最后，尽管现在这件事基本上被遗忘了，但《经济复苏税法》还包括大幅削减公司税，主要是通过加速成本回收体系下的加速折旧备抵来实现，该体系非常慷慨，一旦它生效，利息费用仍然可以扣除，那么很多类型的设备的实际公司"税率"将变为负数，也就是说，变成补贴。事实上，其中一些补贴规模如此之大，以至于这些类型的资本的总体有效税率，包括现在的公司税和个人税，都将变为负值（Fullerton and Henderson，1984）。这太令人惊讶了！在历史上也从未发生过。在 1982 年相对平和的氛围中，国会回顾了其在 1981 年的工作，并决定在 1982 年的《税收公平和责任法》中废除大部分公司税削减条款。

《经济复苏税法》中所包含的大幅减税政策，即使扣除了《税收公平和财政责任法》中废除的条款,也预期会在联邦预算赤字中产生巨大的缺口。事实也的确如此。美国财政部随后估计,在法案颁布后的第四年,《经济复苏税法》的收入损失为 GDP 的 4.15%,《税收公平和责任法》第四年的收入收益为 GDP 的1.23%(Tempalski 2006)。但里根的智囊团否定了这一显而易见的算术运算。在年轻且受意识形态驱使的预算主管戴维·斯托克曼的领导下,里根经济团队拼凑出了一份预算数字,其中包含了大幅减税、大规模军事建设,以及到 1984 财年平衡的预算。(相比之下,卡特在 1981 财政年度的上一份预算中预算赤字为 GDP 的2.5%。)这看起来像是自欺欺人,而事实也的确如此。

不幸的是,对于实实在在的预算而言,基于手法的魔术表演不过是幻觉罢了,尽管这种不幸并不适用于里根的政治命运。里根最初的预算数字就是如此。斯托克曼后来也承认:

> 设计一个全面的计划,在 40 天内彻底改变国家经济治理,这是一个荒谬、鲁莽的想法……我很快成了各种捷径、计划和方法的孵化器,以克服这个事实……除非进行独裁统治,否则预算缺口是无法弥补的……我的权宜之计确保了关键问题在任何地方都没有得到解决。这导致了整个财政计划充满了矛盾和隐藏压力的陷阱。(Stockman,1986,80,105,123)

事实证明,矛盾和陷阱无处不在,联邦预算赤字从 1981 财年占 GDP 的2.5%激增至 1983 财年占 GDP 的 5.7%。后者是 1946 年以来最大数字,而当时第二次世界大战的复员工作仍在进行中。

表 8.1 显示了 1981 和 1984 财政年度的主要预算类别,所有这些都是占 GDP 的份额,加上里根团队 1981 年 2 月对 1984 财政年度的预测。该表表明了一些显而易见的事情。首先,军费开支的增长(占 GDP 的 0.8%)远远抵消了民用开支的下降(占 GDP 的 1.2%),因此非利息支出总额占 GDP 的比例有所下降。削减民事开支正是里根和共和党人想要的,尽管幅度太小,无法真正"饿死这头野兽"。也许只是让他节食吧。

表 8.1　联邦预算(占 GDP 的百分比)

财政年度	收入	总支出	国防	利息	其他	赤字
1981	19.1	21.6	5	2.2	14.4	2.5
1984 实际	16.9	21.6	5.8	2.6	13.2	4.7
1984 预测	19.3	19.3	8.0	2.8	8.5	0.0
1981—1984 变化	−2.2	0.0	0.8	0.4	−1.2	2.2

资料来源:白宫(1981)和预算管理办公室。

其次,赤字的激增是由税收大幅减少(占 GDP 的 2.2%)和相应的利息支出增加(占 GDP 的 0.4%)所导致的,而后者是由于这几年间预算赤字增加的结果。因此,减税解释了里根执政期间超过 100% 的赤字爆炸。从修辞角度上来看,尽管发生了大规模减税,里根改革确实应该刺激如此之多的增长,并使赤字由于民用开支的削减而缩小。然而,事实上,减税扩大了赤字,而对军事建设的投资抵消了大部分民用开支的削减。顺便说一句,里根时期的经济增长与卡特时期大致相同,这戳穿了供给侧经济学派的谎言。而这一切造成的后果在于,赤字扩大到了美国自"二战"以来闻所未闻的水平。

然而,直接比较数字其实并不合理,因为严重的经济衰退也会引起财政赤字扩大。赤字的扩大是沃尔克紧缩货币政策的副产品,而非里根减税政策导致的,因为后者显然是扩张性的。这一点很重要,也在 1982 年和 1983 年财政预算规模上得到了验证。但到 1984 财年,经济衰退对预算的影响已经消退,该年份是一个经济快速增长的年份。事实上,国会预算办公室的数据显示,1984 年对预算的周期性影响与 1981 年几乎相同,这并不令人惊讶,因为这两年的失业率几乎相同(CBO 2019,134,table C-1)。里根经济学创造了一个赤字难题,直到比尔·克林顿(Bill Clinton)的第二个任期,这个问题仍然是国家议程上的首要问题。

图 8.1 说明了里根执政时期的和平时期赤字这一现象是多么的前所未有。从 1948 财年到 1981 财年(卡特的上一次预算),联邦预算赤字仅两次超过 GDP 的 3%,分别是在 1975 和 1976 财年。在此期间,赤字平均仅占 GDP 的 1.7%,债务与

GDP 的比值稳定,尽管这一时期发生了朝鲜战争和越南战争。然后是里根时期的预算,从 1982 财年开始,赤字与 GDP 的比率在 1983 财年达到 5.9％的峰值,在接下来的 12 个财年中只有一次低于 GDP 的 3％。债务与 GDP 的比值急剧上升。

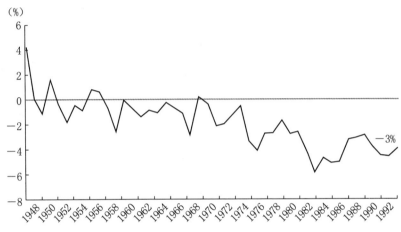

图 8.1　1948—1993 年联邦预算赤字(或盈余)占 GDP 的百分比

资料来源:预算管理办公室。

　　里根的预算事件也说明了财政政策中重要的不对称性。从政治上讲,减税或增加支出很容易,这是乔治·W.布什总统和唐纳德·特朗普总统所不能忘记的重要教训。与此同时,在政治上,提高税收或削减开支是很困难的。因此,尽管扩张性财政政策可能有助于对抗衰退,但收缩性财政政策可能不会被用来限制繁荣。后一份工作被默认留给了美联储。

　　与理查德·尼克松不同,没有人指责里根为了赢得 1984 年的连任而精心策划了一个政治商业周期。但正如图 8.2 所示,美国经济的起伏正是实现这一目标的理想之选。如前所述,在里根第一任期早期,经济就开始了深度衰退,从粗略的政治角度来看,这正是现任总统想要"接受"衰退的时候。简单的经济学常识告诉我们,沃尔克—里根冲突,即收缩性的货币政策与扩张性的财政政策之间的冲突应该拉高实际利率,而现实中发生的也的确如此。但它并没有告诉你要期待美国在 1981 年至 1984 年经历的戏剧性的萧条—繁荣周期。为什么

图 8.2　1981—1989 年实际 GDP 季度增长

资料来源：经济分析局。

会发生这种情况？

　　总而言之，答案就是把握时机。具体来说，紧缩的货币和宽松的预算是不同步的，而前者的实施又远远早于后者的实施。我们记得，沃尔克的紧缩货币政策始于 1979 年末，之后由于 1980 年信贷控制灾难的反弹而搁置了一段时间，然后在当年晚些时候花了一段时间才恢复运行。考虑到通常的滞后，我们预计，经济将从 1981 年开始衰退，并在 1982 年更加严重。里根的分阶段减税那时才刚刚开始，但在 1983 年和 1984 年发挥了效力。因此，尽管减税来得太晚，无法阻止沃尔克政策造成的经济衰退，但它们正好能帮助经济摆脱 1983 年和 1984 年的衰退。请记住，货币政策也在 1982 年 10 月左右转向了扩张。

　　图 8.2 显示，1981 年最后一个季度和 1982 年第一季度的实际 GDP 平均增长率仅有 -5.2%（经季节性调整的年增长率），而从 1983 年第二季度开始的四个季度的平均增长率为惊人的 8.6%。这一显著的转变在里根总统著名的"美国再次迎来早晨"竞选广告中得到了有效的宣扬，他在 1984 年的选举中击败了民主党对手沃尔特·蒙代尔。

　　里根的减税政策刺激了经济增长吗？当然，但主要还是来自需求刺激。当时似乎没有人注意或关心，或者即使是今天也并不为人所知，那就是里根的整个第一任期内经济增长率(3.26％)几乎与卡特的四年(3.19％)完全相同。1981年至1984年,美国经历了一场萧条,随后又出现了繁荣,产生了略高于平均水平的增长率。没有出现所谓"供给侧奇迹"。但对于里根的压倒性胜利至关重要的是,1984年11月选民投票时,需求驱动的繁荣正在全速发展。

政策组合

根据标准的主流观点,沃尔克式的紧缩货币政策提高了实际利率并降低了总需求的增长,尽管这可能只是暂时的。根据相同的主流观点,扩张性财政政策(就像里根一样)提高了实际利率,并加快了总需求的增长。正如里根和沃尔克所做的那样,将两者同时放在一起,预计实际利率会大幅上升,而对实际产出的净影响取决于上述博弈的结果。实际利率的上升将削弱投资动机。因此,里根—沃尔克的政策组合应该会对投资造成损害。

但在供给侧学派教父、经济学家罗伯特·蒙代尔(Robert Mundell)的(智力上的)领导下,供给侧学派并不认同这种逻辑。相反,他们声称,减税将推动实际经济增长的加速,而紧缩的货币可以控制通货膨胀。这场争论依赖于蒙代尔所主张的经典二分法的不重要的部分,蒙代尔是一位极具创造力的思想家,后来获得了诺贝尔奖(尽管不是因为供给侧经济学)。他在1971年的一篇论文中是这样说的:"货币加速供应不是1971年启动扩张的合适起点,因为存在引发通胀预期的风险。减税是适当的方法。它增加了对消费品的需求,这对供给产生了影响……由于许多行业中存在产能闲置和失业,可以在不引起整个经济成本增加的情况下增加供给。因此,从整个经济的角度来看,减税并不会引起通货膨胀"(Mundell 1971,25)。

1936年,凯恩斯认为他已经打破了经典的二分法,即货币供应量单独控制价格水平,而其他"实际"因素(而非货币)决定实际产出。现实显然并非如此。蒙代尔将经典的二分法作为供给侧改革的一部分重新引入,尽管这与他自己先前在20

世纪 60 年代关于货币政策和财政政策的工作相矛盾,但这项开创性的工作确实为他赢得了诺贝尔奖(Mundell 1960)。在这种新旧观点的转换中,政策制定者可以同时将一种武器(紧缩货币)瞄准通货膨胀,另一种武器(减税)瞄准增长。

1976 年,蒙代尔将这种非传统的政策组合观点传达给了杰克·肯普(Jack Kemp)(由万尼斯基介绍),这很快成了供给侧经济学的一部分。在很大程度上,里根团队声称其庞大的财政计划不会导致通货膨胀。他们声称,在通货膨胀和失业之间没有任何与政策相关的权衡;反通胀的货币政策会解决这个问题。因此,里根—沃尔克政策组合是一个大胆的实验,尽管肯定不是一个受控的实验(许多其他事情同时发生)。这项实验结果如何? 政策混合辩论的哪一方看起来更好?

答案是传统观点远远胜出。图 8.3 显示了 1979 年至 1989 年十年期美国国债的实际利率。[6]随着里根计划的首次提出、立法和颁布,1981 年至 1983 年的实际利率明显大幅上升。标准宏观分析表明,实际长期利率的上升应该会降低投资在 GDP 中的份额,并推高美元汇率。投资份额确实有所下降,从 1981 年的 13.6％下降到 1982 年的 12.1％和 1983 年的 12.6％。但这远不是一个清晰准确的比较,因为经济衰退总是会对投资造成损失。

图 8.3　1979—1989 年的实际国债利率

资料来源:美国联邦储备系统理事会和劳工统计局。

罗伯特·A.蒙代尔(1932—2021)
供给侧经济学和其他许多领域的创始者

罗伯特("鲍勃")·蒙代尔于 1932 年出生于加拿大安大略省金斯顿市，1956 年获得麻省理工学院经济学博士学位(注意他当时的年龄)。在斯坦福大学、约翰·霍普金斯大学和国际货币基金组织工作后，他的学术生涯在芝加哥大学真正开始蓬勃发展，在短短五年(1966 年至 1971 年)的时间里，他影响了下一代的许多顶尖的国际货币经济学家。

但正是在 20 世纪 60 年代的国际货币基金组织，蒙代尔和 J.马库斯·弗莱明(Marcus Fleming)写了两篇关于固定与浮动汇率下的货币政策和财政政策的经典文章，被后世称为蒙代尔—弗莱明模型。这项工作，加上蒙代尔对最佳货币区的开创性分析，为他赢得了 1999 年的诺贝尔奖。具有讽刺意味的是，蒙代尔有时被称为"欧元之父"，因为他对最佳货币区的研究，尽管他的研究显然指向了相反的结论：欧元区国家几乎肯定不是最佳货币区。

在文中提到的蒙代尔在普林斯顿大学写的关于供给侧政策混合的论文，在学术界中并不是特别引人注目。但在政策领域，这篇论文却被证明是非常值得关注的。在那篇文章中，蒙代尔提出了减税以刺激实际增长和紧缩货币以对抗通货膨胀的政策组合，这一原则后来被纳入了供给侧经济学。

对美元汇率的影响可能提供了一个更清晰的对比(见图 8.4)。[7] 1980 年 9 月至 1985 年 3 月期间，美元对一篮子其他主要货币的贸易加权价值飙升了 54％，其间只有少数几次小幅波动。到了 1985 年，美国政府面临越来越大的压力，要对高估值美元采取行动，因为高估值美元等问题正在削弱中西部地区的制造业基础，而这只是其中的一部分问题。("铁锈带"一词在 20 世纪 80 年代初成为常用说法。)这种压力最终导致了 1985 年 9 月的《广场协议》诞生，该协议以谈判地点纽约市广场酒店命名。在那里，五国集团(美国、西德、英国、日本和法国)同意介入外汇市场以推动美元汇率下降，这也是市场自 1985 年 3 月以来一直在做的事情。当你在已经向下滚动的雪球背后推一把时，把雪球推落的几率是很高的。

指数：1972年3月为
基期，基期数值为100

图 8.4　1978—1988 年美元贸易加权值

资料来源：美国联邦储备系统理事会。

所以《广场协议》成功了。1985 年 9 月至 1986 年 4 月，美元下跌了 10%。

里根时代的汇率经验和贸易平衡提醒了美国经济学家，他们经常习惯性地陷入封闭经济的思维框架，即巨额政府预算赤字可能会挤出净出口，可能与挤出国内投资一样多，甚至更多。作为实际 GDP 的一部分，贸易逆差从 1980—1982 年的约等于零攀升至 1984 年的约 2.4%，对美国制造商和出口商造成了严重破坏。正如刚才所指出的，政策制定者的反应是通过《广场协议》降低美元价值。原则上，通过将更紧缩的财政政策与沃尔克领导下的美联储 1982 年 10 月开始推行的宽松得多的货币政策相结合，美元的压力本可以得到缓解。但是那时正处于一场深度的经济衰退中，政府并不愿意撤销里根经济学的核心政策。[8]1983 年和 1984 年的所得税税率削减按照 1981 年的立法计划正常进行。财政扩张政策也全面实施。

大规模通缩

我之前提到，里根团队来到华盛顿，承诺在预算方面（到 1984 年实现预算平衡)和增长方面(实际 GDP 增长大幅加速)都会出现奇迹般的改变。他们也开始承诺用蒙代尔二分法作为他们的模型以消除通胀的威胁。所以,大多数供给侧学派坚定地支持美联储的反通胀之战,至少在最初是这样的。根据供给侧理论,如果没有经济衰退,通货膨胀就会下降。事实上,可以这样讲:在经济增长加速和失业率下降的同时,通胀也会下降。

主流经济学家对这种波澜不惊的观点持高度怀疑态度;我想沃尔克也是如此。相反,许多人(包括我自己,但可能不包括沃尔克)将他们的赌注放在我过去所称的"布鲁金斯经验法则"上,该法则主要以罗伯特·戈登的菲利普斯曲线系列论文命名,该系列论文在 20 世纪 70 年代和 80 年代发表于《布鲁金斯经济活动报告》(*Brookings Papers On Economic Activity*)(Blinder 2021)。

假设菲利普斯曲线采用第 3 章中介绍的简单形式,在线性情况下是:

$$\pi_t = \theta + \pi_t^e - \beta U_t + \varepsilon_t \qquad (1)$$

如果我们使用滞后通货膨胀作为预期通货膨胀的合理经验代理变量,方程(1)变为:

$$\Delta \pi_t = \beta(U^* - U_t) + \varepsilon_t \qquad (2)$$

其中,自然失业率 $U^* = \theta/\beta$。在 β 约为 0.5 的情况下,方程(2)表明,每年失业率增加一个百分点,通货膨胀率就会降低约 0.5 个百分点。这就是布鲁金斯的经验法则。

这个经验法则在 20 世纪 80 年代的大滞胀中起到了多大作用? 以 5.8%(1979 年的实际失业率)作为当时的估计自然失业率,沃尔克反通货膨胀的特点是在 1980—1985 年的六年中,"额外"失业率为 13.9 个百分点。它使核心消费者价格指数(CPI)通胀率在同一时期下降了 6.2 个百分点。[9] 两者的比例,意味着菲利普斯曲线斜率 $\beta = 6.2/13.9 = 0.45$。如果你相信蒙代尔提出的经济运行的实际和理论方面,或者卢卡斯和萨金特关于(垂直的)菲利普斯曲线的理性预期观点,那么情况并不算太坏。

正如我在第 6 章中强调的那样,很难理解,在现实世界中,如此痛苦且未经宣布的通货紧缩正在进行的时候,理性的预期是如何在学术上取得胜利的。然而,令人欣慰的是,供给侧经济学从未在学术上取得重大进展。它从过去到现在一直是一种政治学说。

里根经济学的遗产

罗纳德·里根留下了多方面的遗产。他堪称疯狂的军事开支成功地压制了苏联,并帮助美国赢得了冷战,苏联试图与比它富裕得多的美国相抗衡,但最终失败了。与杰拉尔德·福特、里查德·尼克松和德怀特·艾森豪威尔等较为温和的前任相比,他还将共和党大幅拉向右翼。鉴于此,里根理应被视为历史上的重要人物(Wilentz,2008)。但我仍会坚持从宏观经济学的视角来评价,里根经济学究竟有何不同?

一个天真的回答可能是通货膨胀,里根就职时通货膨胀率为 11.8%(以每月 CPI 为基础),八年后为 4.5%。这听起来像是一场重大胜利。但正如我们在第 7 章中看到的那样,通货紧缩在很大程度上是沃尔克和他在美联储的同事们的杰作。除了在里根第一任期初期给美联储留出言辞上的空间外,里根政府实际上没有做任何反通胀的事情。

在增长方面,里根执政期间没有发生任何值得注意的事情。是的,从 1981 年至 1982 年的经济衰退中迅速反弹令人印象深刻,减税无疑给它带来了新的动力,激励措施的确很重要。但就实际增长而言,里根执政的八年与之前的卡特执政的四年大致相同,比之后克林顿执政的八年略差。供给侧学派承诺会出现增长奇迹,但他们没有实现这一承诺。

里根经济学对经济的最大影响可能是税收政策和预算。在里根担任总统之前,两党都认为,人人都热衷的减税政策必须受到财政赤字因素的限制。还有一个不言而喻的共识,即联邦预算赤字不应超过 GDP 的 3%(见图 8.1)。里根在政治上的成功打破了这两个规范。正如副总统迪克·切尼后来所说,"里根证明了赤字并不重要"(Suskind 2004，291)。我敢肯定，他的意思是，这些赤字在政治上无关紧要。

无论如何，从里根时期到新冠疫情暴发，联邦预算赤字平均占 GDP 的 3.3%，这一时期包括克林顿时期长期的预算盈余。相比之下，从 1947 财年到里根的总统任期前，赤字平均仅占 GDP 的 0.9%。此外，自里根以来的三位共和党总统中有两位推动了国会的大规模减税。第三位，乔治·H.W.布什，在 1992 年的连任竞选中失败了，可能正是因为他为了减少赤字而违背了"不征收新税"的承诺。里根之后的共和党人放弃了谨慎的财政政策，转而支持减税。

尽管如此，通过祖德·万尼斯基(Jude Wanniski)嘲讽性地称之为"根管经济学"(即减税和削减支出)的办法来减少预算赤字的需求，成为下三届总统任期(布什、克林顿、克林顿)的核心经济政策关注点。如果财政政策的重点是降低赤字，而不管经济是繁荣还是衰退，那么稳定政策的工作就会交给央行，当然，这正是美国发生的事情。

最后，无论预算是接近平衡还是显示出巨额赤字，也无论经济是腾飞还是低迷，减税政策的可取性都已成为共和党经济学的核心信条。例如，当特朗普上任时，联邦政府已经有了巨大的预算赤字(约占 GDP 的 3.5%)，而美国的失业率很低(4.7%)。这些先决条件显然不利于减税。但无论如何，特朗普提出了大幅减税，共和党控制的国会兴高采烈地通过了。如果没有里根的遗产，这会发生吗?

本章总结

罗纳德·里根于 1981 年 1 月上任时，保罗·沃尔克极度紧缩的货币政策正在酝酿之中，但 1981—1982 年的严重衰退还没有到来。此外，里根团队信奉的供给侧理论认为，减税可以扩大经济，而紧缩的货币可以对抗通货膨胀。所以，里根和沃尔克一开始并没有冲突。新总统支持紧缩货币政策。

然而，随着里根—沃尔克的宽松财政政策和紧缩货币政策相结合的政策与现实相遇,这种暗流涌动的和平破裂了。里根的巨额减税主要是通过降低个人所得税税率来实现的,这使联邦预算赤字(占 GDP 的比例)飙升至美国 1946 年以来前所未有的水平。与此同时,美联储所奉行的货币主义政策使利率和美元汇率双双飙升,并使沃尔克和美联储在政治上不受欢迎。

更高的利率对国内投资造成了损失,尽管可能没有预期的损失那么大。美国净出口受到了更为沉重的打击,这让美国经济学家在考虑挤出时要扩大经济开放规模。与此同时,由于连续两次经济衰退、供给冲击的抑制作用和美元上涨,通货膨胀迅速消失。当时的菲利普斯曲线经过修正以应对供给冲击,很好地反映了通货紧缩。

里根—沃尔克事件在货币政策和财政政策上留下了两个持久而重要的遗产。首先,对预算赤字的传统厌恶消失了,至少在共和党内部是这样。[10] 自里根以来,赤字(占 GDP 的比值)系统性地攀升,"供给侧"减税对共和党人的吸引力从未消失。其次,在超过四分之一个世纪的时间里,稳定政策的职责基本上被委派给了货币政策。毕竟,如果一方不顾宏观经济形势而推动减税,而另一方一心想减少其继承的赤字,那么财政稳定政策基本上已经被抛到了九霄云外。

注释

1. 拉弗曲线的一个轴表示税率,另一个轴表示税收收入,呈山丘状,随着低税率的上升而上升,然后随着高税率的上升而下降。
2. 这句话在许多地方被引用和重复,这里我引用了舒尔茨(Schultze 2011, 13)的原话。
3. 引用于费尔德斯坦(Feldstein 1994, 21n)。
4. "被迫"可能有些夸张。在 1991 年《华尔街日报》的一篇专栏文章中,安德森(Anderson 1991, A16)指责我在 1987 年出版的《硬脑袋,软心肠》(Blinder 1987a)一书中对里根经济学进行了"出人意料的鲁莽"攻击。我本可以不理睬他,但即使在那个时候,我也认为历史应该被准确地书写。参见 Blinder(1991, A13)。
5. 由于 1981 年 10 月接近纳税年度的尾声,50％的税率实际上直到 1982 年才完全生效。
6. 在 20 世纪 80 年代没有通货膨胀保值国债,因此这里显示的月实际利率是通过从名义 10

年期国债利率中减去 CPI 通货膨胀率(过去 12 个月)来计算的。

7. 图中显示的汇率是美联储对主要外国货币的贸易加权美元的旧指数。

8. 除此之外,如前所述,国会 1981 年通过的大部分企业减税政策在 1982 年被废除。

9. 在第 7 章对 CPI 的研究讨论中测量出核心通胀率下降约 5.6 个百分点。

10. 比尔·克林顿后来将其总统任期的一部分时间用于削减赤字。见第 11 章。

第 9 章
20 世纪 80 年代的长期扩张

报道我死亡的消息实在太夸张了。

——马克·吐温（1897 年）

在三年内经历了两次衰退之后，1982 年 11 月开始的扩张注定会持续到 1990 年，这是当时美国商业周期历史上第二长的扩张（之后，从 2009 年 6 月到 2020 年 2 月的扩张打破了所有纪录），当然，当时没有人知道这一点，也没有人敢假设这一点。但就像 20 世纪 60 年代长达 106 个月的经济扩张一样，80 年代的长期周期性上行最终重新引发"商业周期已死"的狂热论调[1]（事实并非如此），并迎来了后来被称为"大缓和"的时期（事实的确如此）。[2]

大缓和

图 9.1 非常好地描绘了大缓和时期，这一时期指的是自 1984 年前后起，季度实际 GDP 和年实际 GDP 增长波动性急剧下降。（在此期间，通货膨胀率大部分时间都保持在较低水平，而且相当稳定。）这里的具体指标是八个季度的实际 GDP 增长的移动平均标准偏差。但除了细节和及时性之外，四个季度、十二个季度或十六个季度的时间窗口显示的模式与上述相似。图 9.1 所示的波动率指标从 1949 年第 1 季度至 1983 年第 4 季度的平均 4.5％下降到 1983 年第 4 季度至

2019 年第 4 季度的 0.8%,在此之后,没有人再考虑任何形式的"缓和"。从图 9.1 中可以看出,波动率急剧下降,即使是 2007—2009 年的大衰退也没有让它回到之前的水平,除了几个短暂的季度。

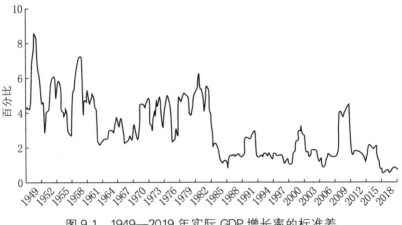

图 9.1　1949—2019 年实际 GDP 增长率的标准差

资料来源:作者根据经济分析局的数据计算得出。

该现象被学者发现的时候,家庭手工业的发展解释了下述所发生的事情。波动率的下降是因为稳定政策的改善、经济结构的变化(例如,更好的库存管理或从商品到服务的转变),还是因为仅仅是运气好,出现了较小的冲击(例如,大宗商品较小的价格波动)?尽管在早期,斯托克和沃森(Stock and Watson 2002)从对 1959 年 1 季度到 2001 年 3 季度的多个时间序的深入分析中得出方差的减少不是因为结构的变化,且相较于图 9.1,他们的短样本的变化幅度更小。相反,他们估计这源于改善的货币政策(10%—25%)、较低的生产率和较低的大宗商品价格冲击的可识别的好运气(20%—30%),以及以较小的随机冲击形式出现的不可识别的好运气。他们得出结论,较好的财政政策发挥的作用微不足道。简而言之,货币政策对"大缓和"的产生起了一点作用,但主要因素是一种长期的好运气。

随后的研究表明,反周期货币政策在某种程度上发挥了更大的作用,但基本上没有人将"大缓和"的主要原因（如果有的话）归功于财政政策的改善（Gali and Gambetti 2009；Benati and Surico 2009）。这也不足为奇。正如前文以及本章和接下来的章节所说的，财政政策在调节商业周期方面发挥的作用非常有限，因为在罗纳德·里根的第一个任期后，财政政策很少被用于维持经济稳定。相反，在 1984 年至 1997 年期间，联邦税收和支出政策几乎完全转向了一个压倒一切的目标：减少预算赤字，这绝对不是沃尔特·赫勒所说的财政政策起着"平衡轮"的作用。

如第 8 章所述，自 1982 财年起，里根的减税政策将赤字膨胀到 GDP 的 4％—5％，之后至 1993 财年几乎每年都保持在 GDP 的 3％以上。这一时期的财政辩论总是围绕着削减支出或增税（更少见）展开，无论经济是弱还是强，货币政策是宽松还是紧缩。就这一点而言，这些变动都不像"微调"，或者任何一种"调整"。事实上，目前国会预算办公室的数据显示，在 1984 年至 2002 年之间，只有一个财政年度（1987 年）的标准预算赤字或盈余变动幅度高达 GDP 的 1％。通过及时调整支出或税收来管理总需求的财政稳定政策已经暂停。

税改：遥不可及的梦想成为可能

我将在第 10 章更详细地讨论预算赤字问题。就目前而言，值得一提的是，里根总统第二任期的一项重大财政政策行动是税收改革，而不是减税（如 1981 年）或增税（如 1982 年）。包括我在内的许多经济学家认为，国会在 1986 年通过的《税收改革法案》（Tax Reform Act）是战后，甚至可能是有史以来最好的税法，但它通过需要一点政治奇迹。

和所有总统一样，里根对《国内税收法规》（Internal Revenue Code）的复杂性感到惋惜。在 1984 年 1 月的国情咨文演说中，他呼吁财政部在 12 月之前——即 1984 年 11 月大选之后——起草一项全面的税收改革方案。但税改并不是里根演讲的重点。迄今为止，他著名的改革"口号"实际上只有一段话：

让我们继续进行一项以实现公平、简洁和刺激增长的历史性改革。我
要求(财政)部长唐·里根(Don Regan)提出一份简化整个税法的行动计划，
让所有纳税人，无论大小，都能得到更公平的对待。我相信这样的计划可以
使地下经济暴露在诚实纳税的阳光下。它还可以扩大税基使得个人税率可
能下降，而非上升。除此之外，我已要求财政部在 1984 年 12 月之前提交符
合这些目标的具体建议。(Reagan，1984a)

财政部的非政治专业人员满脑子都是改革的想法，如今他们接到了简化税
法的命令。不要把改革作为增加财政收入的手段。不要触及抵押贷款利息扣除
(尽管演讲中没有提到这一点)。以及，请在选举结束后再进行报告。

这些经验丰富的技术官僚充分利用了他们新获得的自由。当 1984 年 11 月
财政部公布最初的手稿时(U.S. Department of the Treasury，Office of the Sec-
retary 1984)，华盛顿的政治家开始焦虑不安。"根据人们对后来被称为
'Treasury Ⅰ'的文件所发出的抱怨判断，你可能以为这份文件提议废除《权利法
案》、恢复奴隶制，以及将'为人母'(motherhood)定为非法"(Blinder 1987a，
161)。当然，法案并没有采取这些提议。相反，财政部的野心家表现得像训练有
素的专业技术官僚，提议把一大群神圣的奶牛(主要指一些保守的税收政策，不
包括抵押贷款利息减免)送到屠宰场。

企业投资激励措施(其中一些源于 1981 年的减税)将被大幅削减。石油和
天然气、房地产、金融和国防承包行业多年来享受的税收优惠也会被取消。工人
享受的各种附加的免税福利也将消失。也许最大胆的做法是指标化资本收益，
像普通收入一样征税，从而结束自 1921 年以来具有政治敏感性的税收优惠。还
有许多需要修改的条例，且几乎每一项都在一些游说者的办公室里敲响了警钟。

可以肯定的是，大多数改革想法都让国务卿唐纳德·里根感到惊讶，曾是
美林证券公司首席执行官的他在介绍该计划时强调这是"用文字处理器写
的"，因此容易更改(Wicker 1985b)。这并不是财政部工作的完美背书。随着
政治阶层发现该提案的内容，事情很快发生了变化，游说者纷纷涌向财政部和白

宫,要求删除其中的大部分内容。1985 年 5 月,当“Treasury Ⅱ”(U. S.
Department of Treasury, Office of the Secretary 1985)的第二份草案提交给国
会时,它已经被政治清洗了。尽管如此,这仍然是一项税改法案,而不是减税法
案。1995 年,保罗·萨缪尔森在一家报纸专栏中敷衍地为其宣传:“新的冗长废
话比起目前的混乱状况略好一些。”这样的言语表达有些吝啬。事实上,“冗长废
话”比起“混乱状况”是一个很大的进步。

　　税收改革之后被提交到了美国国会,在那里公平因人而异,关注经济效率的
人很稀有,而繁琐的手续则被视为施惠的精彩方式。在国会山的第一站是众议
院,那里的筹款委员会由芝加哥的老派(非常有效率的)国会议员丹·罗斯滕科
斯基(民主党的伊利诺伊州代表)担任主席。到了财政与预算委员会制定出法案
的时候,许多漏洞都已经被修复,但却出现了一些新漏洞,罗斯滕科斯基承认“我
们没有制定出完美的法律”(Wicker 1985),很少有人质疑他的评估。

　　然后,形势转向了由共和党控制的美国参议院,改革前景看起来愈发黯淡。
参议院财政委员会主席鲍勃·帕克伍德(Bob Packwood,共和党的俄勒冈州代
表)已经宣布反对税改。因此,委员会制定自己的法案时,情况并不出乎意料,参
议员们显然有许多需要合法漏洞的朋友。正如纽约州民主党参议员丹尼尔·帕
特里克·莫伊尼汉(Daniel Patrick Moynihan)所说:“我们开始全面改革税
法……怀着最好的意图却使事情越来越糟。在我们投票决定炼油厂的折旧寿命
定为 5 年的那天,有些东西告诉我们,我们不朽的灵魂正处于危险之中”
(Moynihan 1986)。税改似乎已死。

　　但实际并非如此。在参议员比尔·布拉德利(Bill Bradley,新泽西州的民主
党代表)有关改革的实质性论点、俄勒冈州内部的严重连任困难,以及超低的
27％的最高所得税率吸引力的某种组合下[3],1986 年 4 月,帕克伍德的态度发生
了 180 度转变,他宣布了一个激进的计划,意图通过取消大多数细目扣除以换取
大幅降低的税率。这是经济学家长期以来的梦想:扩大基础,降低税率。但这次
它有了真正的政治力量支持,而不仅仅是一群没有政治影响力的书呆子倡导。
在游说者有效地守卫城墙之前,帕克伍德成功地将一项非常干净的改革法案推

进了他的委员会,该法案以惊人的97比3的票数在参议院通过。

此时,国会手头有两个截然不同的法案:一个充满漏洞的众议院法案和一个相对干净的参议院法案。折中两者之间的诸多差异看起来是一项困难而微妙的政治任务。但参议院的行动已经极大地改变了政治动态。罗斯滕科斯基聪明地意识到了这一点,他出人意料地与帕克伍德联手。两位主席随后制定了一个妥协方案,轻松通过了两院,并由里根总统签署成为法律。在参众两院会议上,一位委员会工作人员看到两位主席否决一个又一个提议的修正案,感到十分讶异,于是他写了以下这首打油诗:

> 这是税收改革会议,
> 低利率和高度戏剧性的故乡
> 罗斯蒂仅与帕克伍德交谈
> 而帕克伍德则只与镜头对话。
> (Birnbaum and Murray 1987,281)

1986年《税收改革法案》(TRA86)得以通过的政治博弈本身就是一个有趣的故事。[4]但本书集中讨论的是经济学而非政治,尤其是宏观经济学。从宏观经济层面上来说,该行为并不具有重大意义。仅简单地对预计收入的增益与损失进行计算,然后求出净收益值过于简单化。就GDP影响而言,更不用说分配效应,每一美元的税款并不相同。尽管如此,税改对预算的净效应是一个合理的起点。里根希望改革能够实现财政收支平衡,国会大致实现了这一目标(CBO 1998b,25,table 10)。

然而,配置效应是完全不同的问题。最明显的是,几十年来一直在房地产和石油天然气领域享有主要优势的避税行业遭到了重创。"毫无疑问,自TRA86法案颁布以来,避税投资几乎消失了。"一位税务专家在十年后写道(Samwick 1996,194)。资源从租赁住房和其他税收优惠的投资活动中流出。相对于原状,改革更倾向于股权融资而非债务融资,更倾向于分红而不是留存(产生资本利得），更倾向于 S 公司(按所有者个人税率征税)而非传统的 C 公司，等等。税收变化虽然繁琐，但总体上没有对总需求产生重大影响。

大缓和时期的货币政策

在货币政策方面，沃尔克主导的联邦储备委员会已在 1982 年的最后几个月开始放松货币政策，正如之前所述，利率开始下降。尽管偶尔会由于美联储的政策变动、商业周期或两者的影响而增加，但实际利率和名义利率的下降将成为大缓和时期及之后的主要现象。以下的说法有些夸张，但并没有违背事实：自 1981 年秋季以来，10 年期国库券收益率基本上一直在下降（当时它的峰值略低于16％），这已经持续了 40 年。

许多因素支撑着这一惊人的发展。名义利率下降的最明显原因当然是预期通胀下降。但实际利率也下降了，这种发展显然可以追溯到全球储蓄和投资平衡的变化。一个明显的因素是储蓄率极高的中国的崛起。另一个原因可能是新技术比旧技术需要的投资更少，可以对比脸书（Facebook）与中央铁路（Grand Central Railroad）。综上所述，目前还没有一个完整的答案，那么经济学家将在未来几年思考：利率为什么下降这么多以及维持了这么长时间。

然而，在这几十年里，也有几次利率上升的情况，其中一次具有重要意义。如图 9.2 所示，10 年期国债利率从 1981 年 9 月的峰值稳步跌至 1983 年春季的10％左右。但随后，随着经济迅速复苏（1983 年第一季度至 1984 年第二季度这段时间里，平均增长率惊人地高达 7.8％），利率开始攀升。到 1984 年 5—6 月，10 年期利率又回升到近 14％。

这些大幅加息是自然的，并且绝不是美联储有意收紧政策的产物。事实上，更合理的是将此归功于里根扩张性的财政政策，而不是沃尔克领导下的联邦储备委员会所做的任何事情。但 1984 年 7 月的失业率仍然很高（7.5％），里根政府主要考虑到 11 月的大选，不希望利率上升。

图 9.2 1979—1987 年 10 年期国债收益率

资料来源:联邦储备系统理事会。

那年夏日的一天,沃尔克应邀赴白宫会晤总统。到达后,便发现里根和其难以对付的幕僚长詹姆斯·贝克(James Baker)坐在一起,给人留下了有些不安的印象(Volcker 2018,118—119)。当里根保持沉默时,贝克传达了一个简单而直接的信息:"总统命令你在选举前不要提高利率。"注意这里的动词——命令。当然,这大大削弱了总统的权威。沃尔克表示自己当时"震惊了",他不是一个听从命令的人。但是他本来也没有计划加息。所以他只是"一句话也没说就走了出去"(119),这一定让贝克感到困惑不解。不管怎样,在 1984 年大选期间,货币政策基本上没有变化。

在沃尔克第二任期剩下的大部分时间里,美联储更关注一系列银行业危机和接近危机的问题上,包括下面讨论的储蓄和贷款(S&L)危机,以及拉丁美洲债务危机和广场协议等国际问题,而非传统的货币政策。在此期间,基金利率从未大幅高于 8%,也从未大幅低于 6%。[5] 你可能会说,这都是"大缓和"的一部分。

然而,在美联储内部,沃尔克不得不平息他所说的"未遂政变",该政变是由里根任命的副主席普雷斯顿·马丁和理事曼努埃尔·约翰逊、韦恩·安吉尔和玛莎·西格尔所发起的。在 1986 年 2 月 24 日星期一的联邦储备委员会例行会议上,"马丁提出了一个出乎意料的提议,即降低美联储的贴现率"(Volcker

2018，142），该提案以 4 比 3 的"党派路线"投票通过。沃尔克感觉受到了伏击，并威胁要辞职。安吉尔和马丁提议沃尔克进行第二次投票，这次主席赢得了表决。如果政变成功，股市可能当天就会崩盘。而实际上，股市直到 1987 年 10 月 19 日才崩盘。

如第 8 章所述，1984 年至 1987 年期间，美元的价值也成为美国政府、美联储和其他国家的主要问题。1985 年 9 月签署的《广场协议》帮助美元从令人眩晕的高位下跌，随后 1987 年 2 月，《卢浮宫协议》试图（不太成功）阻止美元下跌。但随着沃尔克第二个四年任期（1987 年 8 月）临近，汇率问题仍然悬而未决。美国国内外货币政策领域最大的问题是里根是否会再次任命沃尔克，以及沃尔克是否会接受下一个四年任期。因为当时，沃尔克已经获得了足够的地位和声望，但对里根的态度不太顺从。

如果以上问题是由金融市场决定，毫无疑问，沃尔克将会被一致推选，不得不继续为美联储服务。但最终决策归属于里根和沃尔克。沃尔克在某种程度上受到妻子身体欠佳的影响，多年来一直在考虑（并与妻子讨论）离开的问题。他在个人义务与公共服务之间左右为难。里根的高级助手，包括当时担任财政部长的詹姆斯·贝克，据称想让沃尔克下台（Woodward 2000，19—21）。但里根本人的态度并不分明，既不支持也不反对。

沃尔克回忆称，在 1987 年 5 月底的一次会议上，贝克"告诉我，实际上，留下来是我的责任"。然而，"我的总体印象是，他对我离开的决定并不会感到非常遗憾"（Volcker 2018，149—150）。当沃尔克 6 月 1 日通知里根他不想继续留任时，"吉姆·贝克很高兴，他告诉一个纽约的朋友'我们打败了那个混蛋'"。因此，我们可以得出对于"他是自愿离职还是被迫离开？"这个经典问题的答案可能是两者都有。

无论如何，里根——或许是贝克——均已备好接班人：艾伦·格林斯潘。格林斯潘后来成了与沃尔克齐名的货币之神。然而，在 1987 年夏天，格林斯潘还仅仅只是一个没有经受过考验的美联储新成员，被认为是极具政治色彩的可疑人物。毕竟，他曾与被罢免的理查德·尼克松关系密切，后者在 1974 年 8 月辞职前不久任命他为经济顾问委员会主席。

储贷危机

"大缓和"必须经受住一系列危险考验才能长时间持续。其中一个就是储贷危机。该事件有时也被称为储蓄贷款危机,但"危机"一词似乎有点不恰当,因为它花了数年时间来发展,然后又花了数年时间来解决。这更像是一场慢动作的火车失事,之后是一项令人痛苦的缓慢修复工作。

虽然细节很复杂,但这场灾难的基本根源很简单:储蓄贷款机构,或者更普遍的储蓄机构,被设计成为长贷短借。这听起来像是银行和其他金融中介机构例行执行的正常期限转换。但在数量上有一个重要的区别:储贷机构专注于非常长期的贷款,例如长达30年期固定利率抵押贷款,并通过存款融资,这些存款可以迅速周转。当期限错配达到极端程度时,上升的利率会将储蓄机构资产(主要是抵押贷款)的市场价值压低到其负债(主要是定期存款,保持平价)的市场价值以下,从而导致经济(而非监管)破产。如果利率上升幅度足够大,它们甚至可以推动存款利息支付的现金流出(调整相对较快)超过固定利率抵押贷款的现金流入(没有调整),从而造成经营亏损,并可能导致严重的流动性不足。

1979年美联储在沃尔克的货币政策下大幅提高利率时,这两件令人担忧的事件都发生了(见图9.3)。1977年夏天,30年期抵押贷款利率接近9%,3个月定期存单利率略高于6%,储贷的净息差相当可观。到1980年初,这一差额已经消失或变成负数,导致相当多的储蓄机构在按市值计价的基础上资不抵债或走向破产。1978年,亏损的机构仅持有1.4%的储蓄贷款,这说明这个行业是健康的。到了1980年,这一数字上升至30%,标志着行业已经病入膏肓;到1981年下半年,这一数字超过了90%,这是一个行业已经接近死亡的迹象(White 1991, 70,table 5.3)。

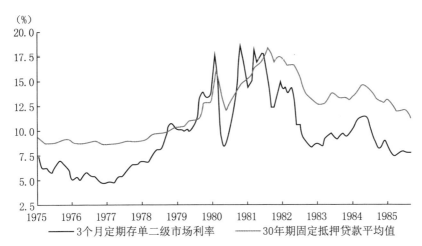

图 9.3　1975—1985 年 30 年期固定利率抵押贷款和 3 个月定期存单的利率

资料来源：联邦储备系统理事会。

但这些僵尸储蓄机构却被允许经营多年。由于储贷机构不是按市值计价，它们在技术上仍然能够符合公认会计原则和监管要求，即使在经济上已经无力偿还。监管资本与真实经济资本之间的巨大差距（前者看似正常，后者在很多情况下已经消失）使得监管机构和国会得以维持这些机构的运营，而不是关闭它们。关闭机构需要偿还被保险存款人，这是立法者不情愿做的事。

然而，生存就意味着继续放贷，许多储蓄机构通过发放风险越来越高的贷款来寻求赎回机会。因此，该行业在 1983 年至 1985 年期间迅速发展，尽管它正处于垂死挣扎之中，这是一则落后的资本主义案例。然而，1985 年之后，房地产价值的下跌，尤其是在得克萨斯州，使储蓄机构的运作受到了重创，而 1986 年的税收法案对房地产税收避税计划造成了毁灭性的打击。因此，大多数进行赎回押注的储贷机构都输掉了赌博。除此之外，还有大量可耻的欺诈行为，以查尔斯·基廷（Charles Keating）和臭名昭著的基廷五人组为代表，但不限于此。[6]

国会和里根政府也进行了一场赌博，但这是一种不同的赌博：他们认为可以在 1988 年大选之前控制住这个问题。这场赌局成功了，尽管它需要一些手段，如不负责任的放松管制（例如，允许扩大贷款权力）、监管宽容，甚至允许或鼓励会计欺诈,当然也要关闭一些最糟糕的储蓄机构来避免影响存款保险基金。[7] 通过这样的花招,"波将金村"* 在潜在问题恶化的情况下仍然屹立不倒。但是公众的愤怒却随着银行的损失而加剧。人们对银行业感到愤怒,对未能阻止银行业崩溃的监管机构感到愤怒,对"救助"行为不良的银行的政客感到愤怒。

这项工作留给了 1988 年 11 月新当选的布什政府,于 1989 年 8 月通过的《金融机构改革、恢复和执行法》完成了此项工作。该法案加强了对储贷公司的监管,对存款保险基金进行了资本重组(尽管不足),提高了储蓄和银行的保险费以增加基金收入,并成立了清算信托公司(RTC)来处置从破产储蓄中获得的资产,这是一项耗时数年的任务。

最终,全国 3 000 家储蓄贷款机构中约有三分之一倒闭。预算的计算结果令人不快。接管一家净值为负的机构会留下一个财务漏洞,RTC(也就是纳税人)不得不填补这个漏洞。据些微夸大的早期估计,弥补这些漏洞成本高达 5 000 亿美元[8],超过当时 GDP 的 8%,这是一个令人生畏的数字。然而,最终,清理工作本身加上强劲的经济帮助提高了房地产价值,相应地,纳税人的账单"仅"减少到 1 300 亿美元左右,约为 GDP 的 2%(GAO 1996)。

这里有一个重要而明显的教训。但不知何故,国会议员们却忽视了这一点,致使多年后的 2008 年,他们拒绝支持问题资产救助计划。如果政府介入大规模购买不良资产,无论是直接还是间接,这些资产的价格都会上涨,从而减少清理费用。尽管如此,储蓄贷款公司清理带来的巨额账单还是导致了持续的巨额联邦预算赤字和政治上的痛苦。

1987 年的股市崩盘

1987 年的股市崩盘给"大缓和"带来了第二个潜在危险。这也是艾伦·格林

---

* 波将金村,出自俄罗斯历史的一个典故。18 世纪俄国女皇叶卡捷琳娜二世到访克里米亚时,大臣波将金为营造繁荣假象,沿途搭建虚假村落。——译者注

斯潘作为美联储主席经受的"烈火洗礼"。格林斯潘上任的第一天是 1987 年 8 月 11 日。5 年来几乎不间断攀升的股市在当月开始低迷,到了 10 月份情况变得更糟。然后在 1987 年 10 月 19 日黑色星期一这个可怕的日子,道琼斯工业平均指数下跌了近 23%,几乎与 1929 年 10 月 29 日黑色星期二的跌幅相当。市场参与者和里根政府都感到震惊,且两者都向美联储求助。似乎很少有人考虑过使用财政政策来缓冲总需求将受到的冲击。[9]

幸运的是,格林斯潘原定当天前往达拉斯,在美国银行家协会发表演讲。他和他的同事们认为,取消演讲会显得过于惊慌失措。于是,格林斯潘当天上午登上了从华盛顿飞往达拉斯的飞机,飞行时长为 3 小时,当时道琼斯指数已经下跌了大约 200 点(大约下跌了 9%)。尽管那时候飞机上还没有电话,但这位新任美联储主席必定在飞行中非常紧张。降落后,他立即向达拉斯联邦储备银行的迎接人员询问股市的收盘价。乍一听,这个答案似乎是令人放心的:"下跌 508 点。"格林斯潘以为这只是道琼斯指数下跌了 5.08 点罢了,因而松了一口气:"太好了,多么棒的反弹。"但他同事脸上的痛苦表情似乎暗示着这不是解脱。事实上,道琼斯指数下跌了惊人的 508 点。[10] 按照 2021 年的股票价格,相当于道琼斯指数在一天内下跌超过 8 000 点。

是什么导致了 1987 年股市的大崩盘? 尽管有大量的研究,我们仍然不知道[11],可能永远都不会知道。在黑色星期一之前的星期六,当时的一些评论指责詹姆斯·贝克毫不掩饰地威胁美元贬值。但这个解释在我看来总是很难站住脚的。其他人则指责"投资组合保险",这是一种新的自动化交易方式,在这种情况下,导致大量的计算机化销售市场开始不断下跌。最后,罗伯特·席勒基于调查的研究可能提供了最好的解释:当天推动抛售的主要"新闻"是其他人在抛售的报道(Shiller 1989,379—402)。恐慌的抛售进一步加剧,而投资组合保险加速了这一过程。

当一个国家的股市崩溃时,央行可能会有两种反应,每种反应都有许多变体:

错误的决定——你可以尽全力支撑股市,以防止进一步的损失,甚至可能恢复一些损失的财富。在 1987 年,这意味着在经济强劲的情况下降息。

正确的决定——你可以通过发言和行动清楚地表明,你支持着金融体系,尤其是银行,以及将作为必要的最后贷款人,来限制损失。

联邦储备委员会主席格林斯潘做出了正确的决定。第二天,美联储发布了简短而切中要害的声明:"作为全国性央行,美联储承担起其指责,确认了今天它将作为支持经济和金融体系的流动性来源。"简单地说,或者至少正如美联储当时愿意表达的通俗易懂的语言,如今贴现窗口对任何银行,甚至可能对任何证券公司都敞开大门。那些令人安心的话奏效了。几乎没有银行为贷款而来,美联储谨慎地应对了对超额储备的短暂需求激增,并且大规模金融恐慌的威胁也消散得比较快。股市甚至在几天内就弥补了黑色星期一跌幅的一半以上(记住,它几乎下跌了23%!)并在两年内完全涨回到原有水平。

对这次崩盘的反应并不需要经过深思熟虑,但格林斯潘显然做了正确的事情。他在压力下沉着冷静,证明了他可以像沃尔克一样处理金融危机。当时没有人谈论股票价值下的"格林斯潘看跌期权";这个我们后面会进行探讨。相反,每个人似乎都对这位新的美联储主席的出色表现感到高兴和欣慰。格林斯潘的传奇拉开序幕。

风暴后的货币政策:近乎完美的软着陆

对宏观经济历史最重要的是,1987年10月的股市崩盘对强劲的复苏没有任何影响。表9.1显示了1987年至1988年八个季度实际国内生产总值的年化增长率。不仅没有出现经济衰退,而且在这些数字中,甚至无法察觉1987年4季度初发生的经济崩溃的影响。

表9.1 1987—1988年季度实际国内生产总值年增长率

	Q1	Q2	Q3	Q4
1987 年	3.00%	4.40%	3.50%	7.00%
1988 年	2.10%	5.40%	2.40%	5.40%

资料来源:经济分析局。

　　联邦公开市场委员会也无法实时观察数据的发展。崩溃后,委员会立即向银行系统提供了更多的储备金,而此时管理着非常广泛范围的基金利率(崩溃前为 5%—9%,崩溃后为 4%—8%)下降了约 100 个基点。在那之后的几个月里,如图 9.4 所示,基金利率没有太大变化。

图 9.4　1987—1991 年有效联邦基金利率(周)

资料来源:美国联邦储备委员会。

　　然而,随着 1988 年的进展,美联储松了一口气,取而代之的是对潜在过热和随之而来的通货膨胀上升的担忧。请记住,央行行长们依然铭记着高通胀以及沃尔克主导采取结束高通胀的措施所带来的痛苦。从 1987 年初到 1988 年初,失业率从 6.6% 逐渐下降到 5.7%,这个数字等于或低于当时大多数经济学家对自然失业率的估计。通货膨胀的表现支持了这种对自然失业率的看法:核心消费者价格指数通胀率从 1986 年 12 月的 3.8% 攀升至 1988 年 3 月的 4.4%。尽管不多,但美联储不想“落后于曲线”。因此,联邦公开市场委员会在 1988 年 3 月的会议上决定“略微增加对储备头寸的压力”。这些话就暗示着将要加息 25 个基点,但当时联邦公开市场委员会并没有公开表态。美国神秘的中央银行坚持使用暗语,即使是内部沟通!

　　1988—1989 年的经济紧缩持续了大约一年,在此期间,美联储将基金利率提高了大约 3.25 个百分点,然后重要的是停止了利率上调(见图 9.4)。1989 年平均实际 GDP 增长相较于 1988 年的 3.8％缓慢地下降到 2.8％,这一下降幅度是适度的。与此相一致的是,通货膨胀率于 1987 年和 1988 年上半年缓慢上升,但在1988 年下半年和 1989 年全年基本持平,维持在 4.5％左右。这一事件原本是达到稳定通胀和就业率的好机会,但随后的石油冲击使事情变得复杂。

　　这次油价飙升并非来自石油输出国组织,而是来自萨达姆·侯赛因,他的军队于 1990 年 8 月 2 日入侵了石油资源丰富的科威特。原油(西得克萨斯中质原油)的价格从 7 月的每桶 16 美元左右飙升至 10 月的 40 美元以上。虽然 1990 年的石油冲击很短暂(到 1991 年 2 月已经结束),但它的损害并不小。油价的剧烈飙升足以推动美国陷入 1990—1991 年的短暂衰退,并摧毁美联储软着陆的希望。1990 年上半年的 GDP 增长平均增长率约为 3％(这是实现软着陆不错的速度),而在接下来的三个季度暴跌至平均－1.7％。国家经济研究局将商业周期低谷定为 1991 年 3 月,但失业率直到 1992 年中期才停止上升,这导致记者称1991—1992 年时期为"失业复苏期"。20 世纪 80 年代的长期扩张已经结束了。

　　在价格方面,核心消费者价格指数通胀率从 1989 年秋季的 4.3％低点上升到 1991 年初 5.6％的高点。当然,由于油价的上涨,整体通胀率的上涨幅度更大,在 1990 年的最后四个月里超过了 6％。联邦公开市场委员会大幅提高联邦基金利率以应对通胀上升(100 个基点),但只持续了短暂的时间(1991 年 1 月约一个月),尽管当时正处于经济衰退期(详见图 9.4)。在那之后,联邦公开市场委员会再次采用之前的政策,将基金利率下调以帮助经济复苏。在 1991 年的最后一次会议上,即 12 月 20 日的电话会议上,(美联储)理事会将贴现率大幅下调了100 个基点,联邦公开市场委员会则在当天痛苦地投票决定允许"贴现率的部分下调反映在联邦基金利率中"。到了年底,基金利率约为 4.25％,通货膨胀率为 3％。

　　美国经济和乔治·H.W.布什总统的好运终于告罄。起初,在 1991 年 2 月的盖洛普民意调查中,对波斯湾战争(1990—1991 年)的军事反应使他的总统支持率飙升至 89％。但随后,对石油冲击的经济反应使得这一数据在 1991 年 10 月回落至 61％,最终在 1992 年 7 月降至 29％。布什将自己在选举中的失败归咎于格林斯潘的货币政策,他认为这一政策扩张力度不够(*Wall Street Journal*,1998)。尽管总统的话不无道理,但更应该为此负责的其实是萨达姆·侯赛因。

艾伦·格林斯潘(1926—)
联储之神

生活中充满了讽刺。艾伦·格林斯潘是一名彻底的保守主义者,他在联邦储备委员会任职时长排名第二[12],坚决否认政策制定者有能力微调国民经济。然而他却做到了这一点,并且取得了持续了 18 年的惊人成就。但在 2008—2009 年美国次贷危机时,格林斯潘的声誉因忽视美联储的监管职责而受到损害。然而,作为一名货币政策制定者,他的记录仍然难以超越。

格林斯潘出生在纽约市,父母离异,由母亲抚养长大,直至母亲去世仍与其保持亲密的关系。作为一名有智力天赋和音乐天赋的学生,曾就读于纽约茉莉亚音乐学院,但最终因对经济学的热爱放弃了音乐事业。格林斯潘在纽约大学获得了经济学学士学位(1948 年)、硕士学位(1950 年)和博士学位(1977 年)。请注意他获得博士学位的日期,这是在他在商业和政府中立足很久之后才取得的。

格林斯潘的第一份工作是担任商业经济学家,领导自己的小公司格林斯潘经济咨询公司。1974 年至 1977 年,他中断了这一工作,担任杰拉尔德·福特总统的经济顾问委员会主席,但随后回到了他的公司。1987 年,里根总统任命格林斯潘接替保罗·沃尔克。

当格林斯潘接手美联储领导工作之时,美国的通货膨胀已经结束,大缓和时期已经开始,尽管当时没有人知道这一点。然而,公平地说,格林斯潘的货币政策有助于这种温和的经济模式。特别是,正如本章所述,美联储在 1989 年几乎实现了一次美国经济"完美的软着陆",然后在 1994—1995 年实际上成功地执行了这一计划(见第 11 章)。[13]此后不久,格林斯潘做出了他所谓"伟大决断"(Meyer 2004),他在几乎所有人之前就意识到,20世纪90年代末生产率快速增长将使经济在不引发通胀的情况下更快地增长。[14]

在格林斯潘长期而成功的任期中,他成了一位全国性的经济领域专家。然而,金融监管是他的盲点,他对自由放任主义的深信不疑导致他过度信任金融市场评估和处理风险能力。美联储在2004—2006年期间的监管忽视给格林斯潘的整体业绩留下了一个污点。但他在货币政策方面非常出色。

本章总结

有人可能会说,到1984年,美国的货币政策已经做得很好了。通胀已被消除,经济正从可怕的衰退中复苏,而大缓和才刚刚开始。如果美联储不是被迫应对这两场灾难——1987年股市崩盘和1990—1991年油价飙升——艾伦·格林斯潘及其团队可能会过上十年平静的生活。但事实并非如此。

幸运的是,1987年的经济崩盘基本上没有给宏观经济留下任何痕迹。但1990—1991年的石油冲击又引发了一轮滞胀,尽管其规模比两次石油危机要小,时间也更短。当然,美联储在1990年就很清楚,它无法同时对抗"停滞"和"通货膨胀"这两个滞胀的因素。它的妥协策略导致了通货膨胀的短暂飙升和温和的经济衰退。在许多人看来,这似乎是一个合理的选择。

在应对以上危机时,财政政策发挥作用了吗?除了1986年的税收改革(这是微观政策而不是宏观政策),几乎没有出现过。或者,更确切地说,它完全专注于预算赤字,这是我们下一章的主题。

注释

1. 参见 Kilborn(1987a)。

2. 这个词似乎是由詹姆斯·斯托克和马克·沃森(James Stock and Mark Watson 2003)创造的,但也是由于美联储主席本·伯南克(Ben Bernanke 2004)流行起来的。

3. 这一最高利率随后被提高到 28%,以获得更多的收入。

4. 在许多地方,Birnbaum 和 Murray(1987)都讲述了这一点。

5. 在那些日子里,联邦基金的利率目标区间约为 400 个基点(例如 8%—12%),联邦公开市场委员会认真对待其目标区间。

6. 在基廷和其他储贷公司骗子的众多来源中,详见 Mayer(1990)。

7. 在那些日子里,储贷公司有自己的保险基金,由联邦储蓄和贷款保险公司运营,该公司后来被合并为联邦存款保险公司。

8. 例如,参见 Thomas(2000),他写道:"直到纳税人获得大约 5 000 亿美元的救助节俭行业的法案,公众才意识到国会制造的怪物。"

9. 国会预算办公室关于预算赤字/盈余占国内生产总值份额的时间序列显示,从 1987 财年到 1988 财年,几乎没有变化。

10. 这个故事在很多地方都有讲述。我的消息来源是 Greenspan(2007, 105)。

11. 例如,见多卷本《布雷迪报告》(1988 年总统市场机制工作队)。

12. 马丁以几个月的优势超越了格林斯潘。

13. 全面披露:当时我是副主席。

14. 格林斯潘在数据显示之前就预见到了这一点。更多披露:我是众多怀疑者之一,见第 11 章。

第 10 章
1982 年至 1998 年的赤字挤出财政政策

> 三十年来,已经有六位总统曾先后警告过赤字对我们国家造成的损害。而今晚,我站在这里宣布,联邦财政赤字,曾经规模之巨难以想象,竟然将接近零。

> ——比尔·克林顿,国情咨文,1998 年 1 月

正如上一章结尾所指出的那样,一旦里根的巨额预算赤字站稳脚跟,所有将财政政策作为稳定工具的想法,在政治中都消失殆尽。相反,关于联邦支出和税收的讨论几乎完全只集中在如何减少巨大的预算赤字。这种对赤字削减的执着导致货币政策在稳定宏观经济方面成了实质上"唯一的游戏"。

两党一致的政治共识是减少联邦赤字,至少在口头上是这样。但两党的一致协议也就仅限于此了。民主党与共和党在长达 15 年的时间里就预算优先事项争论不休,民主党主张降低国防开支,抵制削减平民预算;而共和党则希望削减社会支出并保卫国防部门。

为了说明里根执政后财政规范的变化,图 10.1 显示了 1982 年之前 32 年的数据。面板(a)显示了联邦赤字占国内生产总值(GDP)的比例。赤字明显超过盈余,但这一时期的平均赤字仅占 GDP 的 1.1%,赤字仅在 1975 财年和 1976 财年的严重衰退期间才超过 GDP 的 3%。[1] 如面板(b)所示,在那个时代,债务与GDP 的比率大多在下降。简言之,里根担任总统之前的预算标准显然是赤字,但赤字小到足以使债务与 GDP 之比下降。

（a）联邦预算赤字（－）或盈余（＋）占 GDP 的百分比

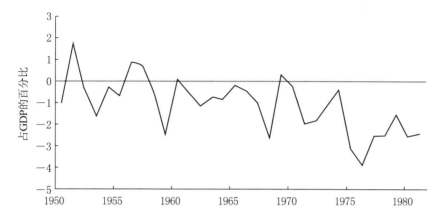

（b）国债占 GDP 的百分比

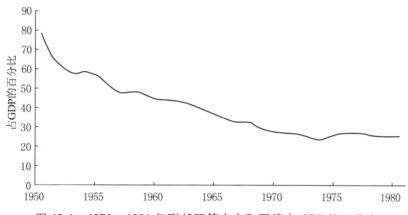

图 10.1　1950—1981 年联邦预算赤字和国债占 GDP 的百分比

资料来源：国会预算办公室。

图 10.2 显示了本章重点关注的 1982 年至 1998 年间关于赤字的党派争论的同类数据。差异非常明显。特别是，在 1982 年至 1993 年的 12 个财政年度中，赤字平均占 GDP 的 4.1％，仅在一个经济繁荣的年份（1989 财政年度）下降到 GDP 的 3％以下。在那些年里，债务与 GDP 的比率自然上升，政治界对赤字的关注也是如此。

(a) 联邦预算赤字(—)或盈余(+)占 GDP 的百分比

(b) 国债占 GDP 的百分比

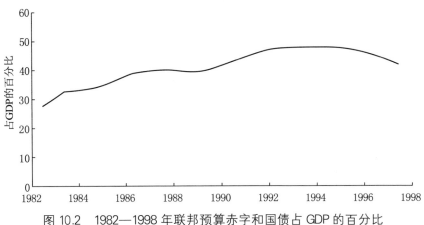

图 10.2　1982—1998 年联邦预算赤字和国债占 GDP 的百分比

资料来源:国会预算办公室。

　　20 世纪 80 年代初至 90 年代初的十年中,经济学家、社论作家和政治家一直在抨击大规模的联邦预算赤字。赤字将成为我们子孙后代的负担(这是一种不成熟的说法)。赤字威胁着国家破产(一种愚蠢说法)。赤字可能会挤出商业投资(一种真正的可能性)。但这一切都无济于事。并不是说美国有人认为赤字占 GDP 的 4%、5% 和 6% 是符合良好的公共政策的,而是政治似乎阻碍了任何减少赤字的途径。传统观点认为,削减赤字,即通过增税、减少支出,或者两者兼而有之，这种做法在政治上不受欢迎。供给学派祖德·万尼斯基称之为"根管经济学"[2]。

政治逻辑很简单且很有说服力。赤字削减带来的痛苦是显而易见且立竿见影的。选民不希望看到他们的税收增加或他们最喜欢的政府支出项目削减，政治家也明白这一点。除此之外，选举官员还能得到什么好处呢？根据传统的经济思维，较低的赤字将降低实际利率，从而促进更多的商业投资，并最终通过提高生产率实现更高的实际工资。这一推理链对政治来说有点微妙，其效益会在较长的时间内逐渐累积。但这些不太可能在下次选举中显现出来。

在未来几年以微不可察甚至未被察觉的益处为出发点的政策很难成为政治成功的秘诀。多年来，民意调查一直显示，公众原则上希望降低赤字，但实际上反对任何可能在实践中降低赤字的措施，如提高税收或削减支出计划。例如，"1981 年哈里斯调查发现，在任何情况下，大多数受访者愿意减少任何国内项目的支出，而不是使联邦预算失衡"（Blinder and Holtz Eakin，1984）。罗纳德·里根似乎已经找到了一个获胜的政治公式：立即向选民提供税收减免的好处，而将预算赤字的后果留待日后担忧。相反的做法可能会招致直接的政治痛苦，以换取遥远、抽象和不确定的收益。

很长一段时间以来，里根的评估看起来完全正确，但问题逐渐恶化。里根减税后的前五个财政年度，联邦预算赤字激增至平均约占 GDP 的 5%，1992 年仍占 GDP 的 4.7%，并未取得任何进展。经济学家和其他主张财政审慎的人绝望地认为不会有任何变化。尽管曾经有许多"错误"的开始，但都无济于事。

对未来赤字严重担忧的第一个表现是前述《税收公平和财政责任法》，总统里根可能是不情愿地于 1982 年 9 月签署了该法案。该法案基本上废除了 1981 年狂热的企业减税政策。其目的显然是为了减轻 1981 年税收法案对预算造成的巨大破坏。为此，总统还要求国会承诺，每增加一美元的税收，就要削减三美元的开支。然而，这一承诺并没有兑现，里根没有废除的减税政策（约占总减税政策的四分之三）和 1981—1982 年的严重衰退相结合，使 1983 财年的赤字激增至 GDP 的近 6%。到 1985 财年，尽管经济从衰退中强劲复苏，赤字仍高达

GDP 的 5%。

"错误"的开始:《平衡预算和紧急赤字控制法案》

在那些日子里,政界人士,尤其是保守派政客对如此庞大的预算赤字感到震惊,而里根团队曾承诺这不会发生。在因里根政府财政赤字而不得不频繁提高国家债务上限的背景下,参议员菲尔·格拉姆(R-TX)、沃伦·拉德曼(R-NH)和欧内斯特·霍林斯(D-SC)联手,在参议院汇集了跨党派的多数通过了 1985 年的《平衡预算和紧急赤字控制法案》,后来被称为"格拉姆—拉德曼—霍林斯法案"(GRH),也称为"格拉姆—拉德曼法案"。该法案也在众议院获得通过,于 1985 年 12 月由里根总统签署成为法律。

GRH 背后的中心思想很简单,或者说太简单了。该法律为未来五个财政年度的联邦预算赤字制定了一系列据称具有约束力的年度目标。这些目标列出了一系列不断下降的赤字,如果遵循这些目标,将于 1991 财年实现预算平衡。如果国会未能达成 GRH 赤字目标,一系列全面的支出削减(称为自动预算削减)将自动生效,以等比例减少大多数支出类别。至少法律是这样规定的。然而,其存在三组巨大的问题。

经济学家很快就意识到了最大的问题,最终国会议员也明白了这一点。GRH 为内生变量预算赤字设立了年度目标,这一点国会无法控制,就像克努特国王无法控制潮汐一样。国会可以控制的是年度拨款计划中可支配开支的数量(预算的一小部分),管理福利项目资格和慷慨程度的规则,以及税率和税法的其他条款。明智的是,这正是 1990 年《预算执行法》最终将引起国会关注的三个焦点。但那是几年后的事了。

还要注意的是,如果真的遵循了 GRH 法律的条文,它不仅会使自动的稳定失效,还会将它们反向设置为自动的失稳。较弱的经济体会导致更大的赤字,主要是通过减少税收收入,同时也通过增加各种应有的计划上的支出来实现,其中失业保险就是最明显的例子。我们称其为自动的稳定是因为财政政策在不需要国会采取任何行动的情况下自动变得更加扩张。但如果国会真的坚持固定的赤字目标，议员们将不得不在经济衰退时削减政府支出。这是自动的不稳定：在错误的时候实行财政紧缩。

拉德曼本人将 GRH 称为"其时已到的坏主意"（Romano 1986，C2）。此后不久，我写道，"只有头脑简单才能与这个想法相匹配"（Blinder 1987a，102）。许多其他人也有同感。尽管如此，"不知何故，共和党和民主党组成的邪恶联盟将毫无道理的事情视为真理"（Blinder 1987a，103）。GRH 在众议院以 272 票对154 票通过，在参议院以 61 票对 31 票的压倒性优势通过。

GRH 的第二组问题是政治问题：该法案忽视了关于美国政府的两个众所周知的事实，也许是关于任何民选政府的事实。首先，没有一届国会能够约束下一届国会。事实上，未来的国会未能采取必要的行动来实现 1985 年 GRH 的目标，尽管他们的成员大多相同。其次，当时和现在一样，大多数参议员和众议员喜欢宣扬财政纪律而不实践。因此，当事态发展到紧要关头时，众议院和参议院要么搁置 GRH 目标，要么推迟实施。

第三组问题是法律问题。1986 年，美国最高法院（在鲍舍诉西纳尔一案中）裁定 GRH 的财政自动调节机制是违宪的，因为该机制为了执行预算削减，将行政权力授予了国会的一个机构，即总审计局（GAO），从而违反了国家三权分立原则。为了解决这个问题，国会于 1987 年通过了 GRH Ⅱ（正式名称为《平衡预算和紧急赤字控制重申法案》）。这个版本通过修改，通过白宫管理和预算办公室（OMB）而不是总审计局来执行扣押程序以便通过宪法审查。GRH Ⅱ还提出了修订后的不那么严格的赤字目标，并将预算平衡的目标日期推迟到 1993 年。

虽然法律上的改变使法院感到满意，但其他两个问题仍然存在。克努特国王还没有学会如何控制潮汐，国会也没有遵守自己的规则。因此，1987—1989 财政年度的预算赤字徘徊在 1 500 亿美元左右，然后上升至超过 2 000 亿美元。这些数字远高于年度 GRH 目标，GRH 失败了。

第一个里程碑：1990 年预算协议

　　1988 年的选举将里根的副总统乔治·H.W.布什升任为总统。1980 年竞选共和党总统候选人时,布什曾嘲笑供给侧经济学是"巫术经济学",但作为总统,他比里根更重视赤字问题。然而,布什受到了两方面的限制:一是 GRH 规定的潜在的严格支出限制(尽管它们通常被忽视),二是他著名的(在共和党圈子里臭名昭著的)竞选承诺:"我说话算数,绝对不会加税。"

　　也许更重要的是,尽管布什在 1988 年以压倒性优势击败了民主党人迈克尔·杜卡基斯成为总统,但民主党在 1988 年的众议院和参议院中仍然保持多数席位。白宫和国会之间的艰苦谈判是不可避免的,而且在布什入主白宫的第一年没有取得成功。经过多次失败的尝试后,到了 1990 年夏天,因为根据 GRH 进行的自动减赤将大幅减少 1991 财政年度的支出(非国防支出减少 35%,国防支出减少 31%),布什越来越迫切地想快刀斩乱麻。考虑到海湾战争刚刚开始,这是不能容忍的。

　　在此背景下,1990 年 9 月布什同意在当时的安德鲁斯空军基地(现在的安德鲁斯联合基地)与两党国会领导人举行预算峰会。当时的目的是让每个人都离开国会山并重新开始。由于发生在安德鲁斯联合基地中的一切都被视为可能,即使是共和党人深恶痛绝的增税这件事也不例外。国会参众两院在谈判中给了民主党一个重要的优势,但是布什总统有他的否决权。

　　怀疑论者认为这次峰会是徒劳的。他们认为,就像之前的许多预算谈判一样,安德鲁斯预算峰会将以失败和尖锐的批评告终。[3]然而,怀疑论者错了,两党达成了一致。1990 年的预算协议自然包括了各种各样的开支削减,包括一些对医疗保险的削减。然而,从政治方面看来,最突出的方面是布什同意增加一些税收,这违反了他 1988 年著名的竞选承诺。所谓布什增税有很多组成部分,包括将最高税率从 28% 提高到 31%(尽管资本收益率上限为 28%),限制高收入纳税人的分项扣除,逐步取消对更高收入纳税人的个人免税,等等。总而言之,安德鲁斯预算峰会同意的增税额约占 GDP 的 0.5%,不算太多。

尽管如此,这种明显背离"不加税"的承诺激怒了许多共和党人。据《纽约时报》1990 年 10 月 2 日报道,"共和党内部爆发了内战,数十名众议院议员坚持认为白宫的游说不会阻止他们试图阻挠周日方案"(Berke 1990)。其中一名反叛分子是来自乔治亚州的煽动性国会议员纽特·金里奇。大约两年后,卡托研究所的斯蒂芬·摩尔将"安德鲁斯协议"称为"世纪之罪"(Moore 1992)。(也许有点激进?)他表示,正如许多其他观察家所说的一样,这可能会让布什总统在 1992 年选举中落败。

无论你当时或现在的看法如何,1990 年的增税所吸引的媒体注意力无疑超过了该预算协议的其他任何方面。国会预算办公室(CBO)在 1990 年 12 月估计,税收上涨占安德鲁斯方案(CBO 1990)赤字削减总额的三分之一。但从报纸的版面大小的角度衡量,它至少占了 95%。

然而,在经济层面上,安德鲁斯峰会最重要的成果不是增税,而是 1990 年的《预算执行法》。在这项法案中,国会放弃了试图立法制定总体赤字目标(如 GRH)的徒劳之举,而是立法确定了可支配支出的上限。预算上限不包括收入和福利支出,这两个明显的内生变量对经济状况很敏感。相反,《预算执行法》制定了一项现收现付(pay-as-you-go)的规则来涵盖这两个类别。这意味着,在实践中,任何减少税收或提高福利支出的建议都必须与弥补收入损失或支付增加的支出的建议相匹配。简而言之,税收或福利的任何变化都必须保持预期预算赤字不变或减少。PAYGO,即现收现付,并未公布任何削减赤字的目标路径,这样的路径国会无论如何也是无法实现的。相反,它创造了一个主要的程序上的不对称:政策行动可以减少赤字,却无法增加赤字。

早期对"现收现付"的判断是消极的,然而这显然是错误的。正如珍妮特·耶伦和我多年后所写的那样:

　　1990 年的预算协议在当时备受争议,且成为布什总统政治生涯的累赘。

尽管有负面报道,但这份协议标志着联邦政府迈向财政预算大幅盈余的第一步。不幸的是,当时的观察家并没有这样看。相反,他们看到的是预算赤字在上升,尽管有所谓赤字削减计划。这个简单的算术结果使 1990 年的预算协议遭受污名化,它过早受到了不公平的责备和评判。(Blinder and Yellen 2011,5)

评论者犯了两个主要错误。首先,值得赞扬的是,布什政府最终决定咬紧牙关,承担起上一章讨论的储蓄和贷款混乱局面所带来的不可避免的代价。仅这一决定就使 1990 和 1991 财政年度的预算赤字增加了约 600 亿美元。其次,经济衰退于 1990 年 7 月开始,一直持续到 1991 年 3 月。尽管这是一次轻微的衰退,但国会预算局估计在 1991 至 1993 财政年度期间增加了约 1 600 亿美元赤字。这些事件协力增加了赤字,尽管在安德鲁斯谈判期间达成了每年减少赤字约 1 000 亿美元的协议。这种明显反常的预算行为加上对增税的敌意,使得 1990 年的预算协议声誉受损。

但这是一个错误的观点。特别是关于现收现付的说法,它被证明是《预算执行法》中的一项重要举措。虽然很多人都忽略了这一点,也有人嘲笑这是一种毫无意义的举措,但这种新方法还是奏效了。我甚至在《商业周刊》杂志上写了一篇专栏文章,对国会是否会坚持"这迈向理性的一大步"表示怀疑(Blinder 1990,29)。右翼媒体的批评则更为严厉。例如,美国传统基金会经济学家丹尼尔·米切尔(Darman Mitchell)后来在《华尔街日报》上说,达曼先生(布什的预算主任)要么不懂预算法,要么就是故意欺骗(Mitchell 1992,A16)。

然而,与 GRH Ⅰ 和 GRH Ⅱ 创造的令人不舒服和政治上不可能的预算束缚不同,《预算执行法》建立起规则,国会能够遵守并确实遵守了这些规则。只要现收现付制一直实行,覆盖布什一世的剩余任期以及克林顿的全部八年,国会一般会遵循它在 1990 年制定的规则并保持赤字下降的趋势。事实上,1998—2001 财年中,政府预算出现盈余。然后,当国会废除了现收现付制,为布什第二次减税铺平道路时,赤字在 2002 财政年度及其后迅速膨胀。巧合吗? 我不这么认为。

考虑到这本书的主题,值得注意的是,当时几乎没有任何突出的声音建议采取财政刺激来改善甚至结束 1990—1991 年的经济衰退。相反"众所周知,许多总统的经济学家以及经济学界都担心任何形式的经济刺激都可能有害无益"(Passell 1991)。有害吗? 即便当时凯恩斯主义的思想还没有死,它们肯定也是奄奄一息的,取而代之的是一大群当时被称为"债券市场的守夜人"的狂言,他们在最轻微的财政赤字迹象下便会推高利率。[4]

1990—1991 年的经济衰退也许是美国财政稳定政策的最低点。美联储奋力对抗经济衰退,却仍在孤军奋战(见下一章)。在知识界,令人惊讶的是,1986 年美国国家经济研究局的一本大型会议出版物名为《美国经济周期:连续性和变化》(Gordon 1986)居然没有一章讨论反周期财政政策。取而代之的是罗伯特·巴罗(Robert Barro 1986)的一篇长文,题为《美国赤字的行为》,重点阐述了他的税收平滑假设(Barro 1979)。这真是不可思议:一本关于商业周期的厚厚书册,完全没有提及财政稳定政策。沃尔特·赫勒绝对想不到。

有趣的是,尽管 20 世纪 80 年代和 90 年代的预算之争更多的是关于政治而不是经济,但它们仍然反映在当时的学术思想和写作中。大量的论文涉及政府预算赤字的影响(或缺乏影响)以及可持续性(或缺乏可持续性)。然而,有一项实证研究没有得到应有的重视:证明在较大的赤字与较高的利率之间找到可靠的计量联系异常困难。[5]然而,这个想法的种子被播下了,即政府运行高赤字而不会使利率飙升。但在 20 世纪 80 年代和 90 年代的敌对气氛中,这些种子没有发芽。

第二个里程碑:1993 年克林顿预算案

比尔·克林顿通过将大规模的长期预算赤字转变为盈余,在美国财政政策上留下了伟大的功绩,尽管这些盈余并未延续到他的总统任期结束。因此,人们很容易忘记,候选人克林顿在 1992 年并没有以彻底削减赤字为竞选纲领。相反,克林顿的竞选口号"以人为本"代表了一个详尽的经济计划,其中包括各种新的支出提议(他喜欢称之为投资)和中产阶层减税(Clinton 1992)。尽管如此,克林顿经济学最终将一个日益增长的财政赤字变成了相当可观的预算盈余。

在克林顿担任总统之前,包括 1992 年竞选期间,人们通常不会把财政节俭与民主党联系起来。相反,财政审慎和反对预算赤字的恶习一直是当时共和党根深蒂固的传统。(还记得德怀特·艾森豪威尔吗?)罗纳德·里根破坏预算的政策改变了这一切。但在里根之前,民主党人被认为是挥金如土的人。他们的传统座右铭可以一直追溯到哈里·霍普金斯在"新政"中提出的,那就是"增税、花钱、选举"。克林顿的总统任期突然剧烈地扭转了这种形象。为什么?发生了什么事?有几个原因。

第一,也许最重要的是,1992 年那位扰乱议案的第三党候选人、亿万富翁罗斯·佩罗(Ross Perot)出乎意料的选举成功发人深省,对于像克林顿这样敏锐的政治家来说,是有启发性的。佩罗竞选时只关注一个问题,即迫切需要平衡预算并开始还清国债。虽然这位初出茅庐的政治家没有赢得任何一个州的竞选,但他的普选票数令人印象深刻:

克林顿:43.0%;

布什:37.4%;

佩罗:18.9%。

可以肯定的是,克林顿大幅战胜了布什。但佩罗 19% 的得票份额是自 1912 年西奥多·罗斯福以来第三党候选人的最佳表现。值得注意的是,佩罗获得的选票相当于布什的一半!此外,在 1992 年夏天的几个月里,佩罗实际上在民调中领先克林顿和布什。对克林顿而言,政治信息一定是清晰并发人深省的:基层对削减赤字的支持比他和其他政治"专家"想象的要多。

其次,在 1992—1993 年的过渡时期,克林顿显然被他的经济顾问说服了,认为减少赤字是国家的当务之急,不能等待,这让他的政治顾问有些沮丧。加上惊人的佩罗的投票结果,克林顿可能已经得出结论:尽管选民对增税和削减开支都有着众所周知的厌恶,但他应该也可以把好的政策变成好的政治。[6]他知道这很冒险——我是告诉他这一点的人之一——但他决定冒险一试。

克林顿最初的经济团队实际上是由罗伯特·鲁宾(Robert Rubin)领导,他曾辞去在华尔街的要职(高盛公司的联合主席)担任克林顿创立的国家经济委员会的第一任主任。[7]我曾是团队成员,身为克林顿第一届经济委员会一员,历历在目的是鲁宾多次提到,如果联邦政府不限制借贷,金融市场可能会发生可怕的后果。鲁宾总是很小心地措辞,他表达的方式比佩罗的高调咆哮要稳健得多,但带有鲁宾"我在华尔街 26 年"的权威性。也就是说,这一警告在实质上与佩罗所声称的相似:如果赤字不减少,金融市场可能会发生可怕的事情。鲁宾总是很小心,不去预测世界末日,也不去详细说明世界末日会是什么样子。但他毫不隐讳地暗示危险是显而易见的。毕竟"债券市场的守夜人"在布什一世时期经常展示他们的力量。

克林顿选择了利昂·帕内塔(Leon Panetta)担任行政管理和预算局局长,他是来自北加州的一位和蔼可亲(也很有趣)的职业政治家,曾担任众议院预算委员会主席。帕内塔从实质上和政治上对预算了如指掌,他和他的副手艾丽斯·里夫林(Alice Rivlin)都自称是赤字鹰派。我和帕内塔很熟,我开始相信他将财政赤字的缩减至少部分看作是道德问题。国会没有尽其庄严职责,任由赤字急剧增长。与此形成鲜明对比的是,克林顿的政治团队可以被描述为不急于追求"根管经济学"的赤字鸽派。他们把帕内塔和里夫林视为对手,争夺新当选总统的思想和灵魂。[8]

克林顿经济团队中的最高经济官员,至少在法律上是财政部长劳埃德·本特森(Lloyd Bentsen),他是一位机智老练的得克萨斯人,曾担任参议院财政委员会主席。我们这些被排除在政府最核心圈子之外的人(比如我)后来从鲍勃·伍德沃德的《议程》(1994)中了解到,本特森与他的老朋友、美联储主席艾伦·格林斯潘秘密保持联络,格林斯潘极力主张采取严格的赤字削减措施。甚至在就职日之前,本特森就已经通知格林斯潘,克林顿及其经济团队支持削减赤字。"作为赤字鹰派中的第一位，美联储主席对这一消息笑了"，但没有就利率达成协议（Woodward 1994，98）。然而，格林斯潘以本特森为渠道，远程参与制定财政计划。这是一种奇怪的货币政策和财政政策之间的协调形式。

尽管格林斯潘没有做出任何承诺，但他的参与远超纯粹道义支持。新总统要求他的经济团队在仅有的四周的时间内一行一行地重新编写整个联邦预算。为了使这项艰巨的任务易于管理，我们决定专注于1997财政年度。其他年份可以用电子表格填写。即将离任的布什政府留给我们的预算数字表明，如果继续当前的政策，1997财政年度赤字将高达3 460亿美元，约占国内生产总值的4%。在克林顿积极参与每项决策的情况下，经过多次内部辩论，我们最终确定了一个雄心勃勃但可以实现的目标：削减1 400亿美元。

为什么是1 400亿美元？对我和其他人来说，有一天在我们没完没了的一系列预算会议上，这个特定的数字突然冒了出来。在那一天之前，一场关于1997年目标应该是什么的争论一直在进行中，这场争论考虑了实现任何特定目标所必要的具体削减措施，具有深刻的内涵与广泛的信息。然而突然之间，争论结束了，目标是1 400亿美元。后来我们从伍德沃德的书中了解到，这个神奇的数字并不是莫名其妙出现的，而是通过本特森从格林斯潘那传达而来的。

在高层经济职位上，除了少数鸽派声音外，很少有人持不同意见。正如前文所述，政治群体[詹姆斯·卡维尔（James Carville）、保罗·贝加拉（Paul Begala）、乔治·斯特凡诺普洛斯（George Stephanopoulos）等]一直不愿提出具有政治风险的削减支出和增税措施。卡维尔有一句著名的俏皮话，"以前我一直认为，如果有轮回，我想投胎成为总统或教皇，或者是击中率达0.400的棒球选手。但现在我想投胎成为债券市场。你可以威胁所有人"（Wessel and Vogel 1993，A1）。

克林顿的老朋友、曾任劳工部长的罗伯特·赖克（Robert Reich）公开表达了担忧，认为我们在过度推动某些事情的同时，威胁了克林顿发起的许多以人为本的倡议。赖克并不反对削减赤字，只是主张减少赤字的力度不要那么大。他经常在国家经济委员会会议和其他场合与鲁宾进行辩论。但赖克在一英里半之外的劳工部工作，几乎没有在这个与椭圆形办公室仅隔几英尺的聪明的华尔街人士手中赢得过胜利。距离很重要。

　　作为即将上任的经济顾问委员会宏观委员的工作之一,我在小石城的一次过渡期简报中传达了一个基础信息:更加紧缩的财政政策会降低总需求,因此可能减缓甚至破坏增长。在即将上任的经济顾问委员会主席劳拉·泰森(Laura Tyson)的支持下,我展示了一些数字估计,显示过多的赤字削减可能会导致类似于布什政府时期的萧条的经济衰退。正如伍德沃德所报道的那样,这对克林顿的影响是电光石火般的,而不是令人高兴的(Woodward 1994,95)。这位当选总统非常清楚 1990—1991 年的经济衰退对布什总统的支持率造成了什么影响。

　　然而,我在简报中赶紧补充说,无论是美联储还是债券市场,都可以通过将利率压到足够低的水平来避免这种危险。这个想法让克林顿的脸上出现了怒容。他说:“你的意思是说,这个项目的成功和我的连任取决于美联储和一群混蛋的债券交易员?”(Woodward 1994,84)桌旁的每个人都点头表示同意。如今我们知道,债券交易员的表现非常出色。但在 1993 年 1 月,没有人知道这一点。

　　然而,从总体上看,克林顿经济团队内部的分歧是微不足道的。赤字鹰派如帕内塔和赤字鸽派如赖克之间的区别,大致是在四年后将赤字减少 1 400 亿美元或 1 200 亿美元。四年 200 亿? 从宏观经济角度来看,这甚至算不上舍入误差。最后,总统选择了更大的数字,令许多人感到意外。克林顿于 1993 年 2 月 17 日在其就任总统后的首次重要演说中,公布了他的新款预算计划。顺便提及,该日期的选择相当有趣。里根的首个预算计划于 1981 年 2 月 18 日公布。我们提前了一天!

　　经受了多年的非可信数字和花招重重的虚假计划的困扰,1993 年 2 月,克林顿提出的预算使得老练的债券市场守望者也兴奋不已。这些数字被认为是高度可信的(稍后将详细介绍),当时的基准是 30 年期国债收益率,从克林顿就职当天的 7.3％下降到 1993 年 9 月初的略低于 5.9％。这次债券市场的显著反弹对经济和货币政策都有重大影响,我将在下一章讨论。现在,让我们继续讨论财政政策。

　　克林顿的经济顾问和这位年轻的总统一样,认为 1990—1991 年的经济衰退和随之而来的"失业复苏"可能导致了布什在竞选中落败(当然,布什自己也是这么认为[9])。我们不想重蹈覆辙。此外,1993年初的美国经济并不像几年后那样强劲。失业率于1992年6月达到峰值,为7.8%,而1993年1月仍为7.3%,进展不大。1993年第一季度GDP增长率跌至0.7%,但由于数据滞后,当时没有人知道这一点。最终,克林顿的经济学家,一群凯恩斯主义者,担心通过削减开支和提高税收会抑制总需求。

这个宏观问题以两个主要方面影响了预算计划。首先,最初的1993年2月预算提案将两年内约300亿美元的短期财政刺激计划附加到五年内近5 000亿美元的大幅赤字削减计划中。然而,这种后退一步,前进五步的策略被证明过于狡猾,使得刺激部分很快被国会否决。相反,国会随后通过了一项比克林顿最初提议略大一点的赤字削减方案,这项议案仅以微弱优势通过,且没有获得任何一个共和党的投票支持。[10]由此可见,克林顿经济学的最初阶段是没有财政保险的财政审慎。只是简单地减少赤字,没有其他的了。

某种程度上是这样。当考虑到具体细节时,五年赤字削减计划被大量搁置,以缓解总需求减少带来的预期经济痛苦,同时也能减缓通过国会的计划所面临的政治困境。具体而言,1994—1998财政年度的五年赤字削减目标是:

　　　1994年:—390亿美元

　　　1995年:—540亿美元

　　　1996年:—920亿美元

　　　1997年:—1 400亿美元

　　　1998年:—1 480亿美元

即使在比现在小得多的1993年经济中,390亿美元也不算太多——约占名义GDP的0.5%。

推销克林顿预算案

然而,让我们回到信誉问题上。在 20 世纪 80 年代和 90 年代初,债券交易员已经见识过、推敲过,并将一个又一个削减赤字计划拒之门外,认为这些计划都不严肃。他们开始相信,白宫的宏观经济预测是在"乐观的情景"下产生的。我们在克林顿团队的成员决心不让历史重演。因此,这项预算计划的特定功能旨在让其极具可信度。

首先,或许也是最重要的,克林顿的第一份预算案对一些方面"杀鸡儆猴"。其中最突出的是,通过对一些收入较高(尽管并非富人)的个体征收税款,削减了社会保障福利。谁会想到一个民主党人会提倡这点呢?[11]这真是一个令人瞠目结舌的事件。

其次,赤字削减计划包括从富人处征得更高的所得税,以及从能源税中获得大量新收入,旨在在增加收入的同时减少碳排放。后者是副总统阿尔·戈尔(Al Gore)钟爱的政策,但很快就被国会取消了。前者幸存了下来,尽管它的提出可能导致整个计划将不会获得共和党的投票支持。然而,这两项税收提议都向债券市场表明,新政府愿意承受政治打击以降低赤字。那些在 1990 年布什政府增税时政治上得到好处的团体对该政策表示支持。

再次,克林顿最初的为期五年的预算计划,其中没有市场所预期且深恶痛绝的噱头和会计伎俩,而这些手段在里根和布什时期的预算计划中经常出现。没有欲盖弥彰,我们制作的计划看起来是(而且的确是)稳健而认真的。

最后,克林顿亲自下令的一项"噱头"(从而结束了团队内部的激烈争论)实际上损害了他自身的利益。新总统并未采用乐观的预测方案,相反他让行政管理和预算局以国会预算办公室更为悲观的经济预测为准,对预算提议进行评分。[12]未来不那么强劲的经济自然意味着需要更严格的政策来达到 1 400 亿美元的赤字削减目标。克林顿虽然明白这一点,但他仍坚持使用国会预算办公室的预测。

向卡维尔所担心的债券市场推销削减赤字是一回事,而要说服公众——进而说服那些克林顿需要其投票支持的政客们——则是另外一回事。多年来,许多美国人都有一种不安的感觉,感到联邦预算赤字过大了。但鲜有人了解减少赤字可以带来的好处。

在 1993 年及之前和以后,大多数主流经济学家会讲述这样一个故事:联邦赤字越小,实际利率就应该越低,这反过来会刺激更大的私人投资支出。由于更高的投资所产生的更大的资本存量是生产率的主要动力之一,而生产率又是提高实际工资的主要来源,因此缩小预算赤字是提高实际工资和生活水平的间接途径。这不是清教徒传统,而是寻求降低赤字的主要原因。克林顿的经济学家们正是这样告诉他的。

但这并不是总统向美国公众推销削减赤字的方式。对克林顿来说,削减赤字就像其他事情一样,是一个就业计划,是兑现他在四年内创造 800 万个新工作岗位的竞选承诺的工具。这个信息让大多数经济学家感到不安。当然,降低赤字可能会降低利率,刺激经济活动。但在当时,这似乎是一个长期的赌注。[13] 为了在保持承诺的同时不破坏我们的诚信,克林顿的经济顾问委员会(当时由劳拉·泰森和我组成)坚持宣称,经济将伴随着我们的赤字削减计划而创造 800 万个就业岗位,这些就业岗位并不是因为我们的削减赤字计划而创造的。这虽是事实,尽管也许并非全部的事实。

然而,克林顿的看法不同,且具有更高的政治敏锐性。1993 年初的当务之急并非实际工资,而是就业。美国近两年一直处于艰难的"失业复苏"中,公众希望新总统能采取行动。从较低的赤字到较高的实际工资的争论,尽管逻辑上很整齐,却很抽象,难以理解,并且与当时人们最想要的东西脱节:更多的就业岗位。如果我们试图以这些理由推销削减赤字,这一努力可能会失败。

政治大师比尔·克林顿深谙此道。他坚持认为,我们应该把削减赤字作为创造就业的一种方式,而不是提高实际工资的一种方式。(他曾警告我们:"绝对不要说我们的计划可能会在短期内减少就业机会"[Woodward 1994,124])。历史将在两方面记录他的所为。赤字削减计划勉强在国会通过。利率急剧下降,这有助于推动经济并使伟大的美国就业机器高速运转。克林顿的洞察力和冒险精神得到了充分的回报。布什执政的四年里创造的就业数量只有 260 万,而克林顿的第一任期就创造了超过 1 160 万个就业机会,大大超过了他承诺的 800 万个工作岗位。

凭借这一良好记录,克林顿在 1996 年的选举中击败了共和党人鲍勃·多尔(Bob Dole),以 379 票对 159 票的选举人团票大胜。克林顿总统在任期间,尽管遭遇了莫妮卡·莱温斯基丑闻,但他的工作满意度调查结果一直保持在高位,这在很大程度上要归功于经济上的成功。在克林顿的第二个任期内,美国人民又获得了 1 160 万个新的就业机会。失业率降到一个时代的最低水平。

那么,克林顿把削减赤字作为创造就业机会的手段是错误的吗? 如果他试图将削减赤字作为获得更多投资和更高实际工资的途径(经济学家的回答),且该方案在国会失败了,是否有人会受益? 显然不是。在这种情况下,无论是从经济还是政治标准来评价,一些具有争论的误导性言论产生了显著的实质性结果。

财政政策的修正主义思考

然而,它确实造成了一些伤害。克林顿时期的繁荣开始于国会通过赤字削减计划之后,这引发了一些修正主义者的思考——其中一些是认真的,但更多的是混乱的——甚至是财政政策乘数的标志。在政治家和媒体中,增加税收或削减开支,或两者兼而有之可以扩张(而不是缩小)经济的观点迅速且无批判地获得认同,似乎很少有人考虑这种假设应该通过何种机制实现的。

还没等你说出"罗伯特·鲁宾",减少预算赤字是促进经济增长的想法——甚至在短期内——在华盛顿、媒体甚至金融市场(许多人都拥有经济学学位)的思维中成为主导。这种想法显然是极其反对凯恩斯主义的,也许并不能称为真正的思想。但几年后,当巴拉克·奥巴马总统试图在 2009 年通过一项大规模的财政刺激法案时,此思想在国会仍有强大的追随者(第 15 章对此有更多介绍)。

这种想法怎么可能是对的呢？提高税收或削减支出如何能增加产出和创造就业岗位呢？除非有负的财政乘数。在克林顿执政的早期和此后的一段时间里，我一直在思考这个问题。鲁宾和其他赤字鹰派提出的论点是，如果不采取任何措施来遏制赤字，可能会发生一些可怕的事情。如果减少赤字可以降低潜在灾难的可能性，并且这场灾难可能会导致很多就业岗位消失，那么你可以认为，从概率意义上讲，减少赤字是一个(净)创造就业措施。克林顿、鲁宾等人正是这样做的。

但令人担忧的灾难是什么？在一些国家，可能是一场货币危机，资本外逃，汇率暴跌，利率飙升，一切都急转直下。这种情况确实在很多地方发生过很多次。但对于1993年或现在的美利坚合众国来说，这似乎是一种难以置信的情况。另一方面，"这"可能意味着投资者开始认为政府可能会拖欠巨额债务，利率会飙升，国家会陷入衰退。美国财政部违约？以美元计价的债务？这怎么会发生？我想，一个较弱的版本可能不是预见到债务违约，而是随着外国投资组合中的国债饱和、利率飙升和经济衰退，投资者大规模远离美国政府债务。但即使是这种较弱版本似乎也并不是一个强有力的理由。

有更好的论据吗？在学术界，斯蒂芬·托诺维斯基和马库斯·米勒(Stephen Turnovsky and Marcus Miller 1984)以及奥利维尔·布兰查德(Oliver Blanchard 1984)的一些早期理论被重新提出，以解释可信的未来预算赤字减少如何增加现在的总需求。他们的基本理念是通过向投资者表明未来国债将会更低，以致能够降低长期利率，进而激发当前需求。然而，他们的模型并没有表明当前预算赤字的减少会对今天的扩张有利，也就是说，财政乘数是负的。尽管如此，托诺维斯基—米勒—布兰查德的分析为克林顿时期的繁荣提供了一个理论上连贯的解释，显然优于许多不连贯的解释。

在克林顿经济学取得巨大成功后，很少有人停下来思考那些辉煌岁月的教训是否具有普遍意义。但有个例外是珍妮特·耶伦和我在几年后出版的一本小书。我们的结论是，"这不是一个可以随意重复的公式"(Blinder and Yellen 2001，23)。为什么不是呢？一个明显的原因是，只有像1993年那样债券收益率开始很高的时候,财政公告才会引发重大的债券市场反弹。另外,财政政策必须给债券市场带来巨大的刺激。这种情况一般需要之前一段时间的消极财政政策,然后进行选举,引入新的领导层,就像 1993 年发生的那样。最后,正如前面所强调的那样,拟议的财政改革必须具有高度可信性。那可能再次发生吗? 当然。但我们不应该期望它经常发生。

本章总结

修复 1981 年联邦预算受损的漫长道路始于 1982 年,当时里根的一些减税政策被废除,但随后的进展停滞了十多年。20 世纪 80 年代,三位参议员(格拉姆、拉德曼和霍林斯)曾两次试图通过立法制定解决方案,并且威胁国会,如果赤字目标得不到实现,就要扣押拨款,从而实现预算平衡。然而,国会每次都不为所动,两次尝试均告失败。

1990 年,在乔治・H.W.布什总统的领导下,成功实现了赤字削减的第一个步骤。尽管经济衰退,但他与国会民主党多数派议员达成共识,同意提高税收并削减开支。根据传统定义,这种做法是反常的,会破坏财政政策的稳定性。但 1990 年预算协议中所采取的最重要的一步是就是实行"现收现付"要求,平衡预算的同时实现减税或增加福利的收支平衡。直到 2020 年,"现收现付"政策被废除,使得乔治・W.布什总统再次打破预算,证明了反对者的错误。因此,具有讽刺意味的是,父亲的一次善举被儿子推翻了。

比尔・克林顿上任时,"现收现付"政策已经生效,并且他通过一项相当大的五年赤字削减计划来支持这一计划,其中包括增税、可自由支配的支出和一些福利的削减。用克林顿那句令人难忘的话来说,民主党人变成了"艾森豪威尔共和党人",债券市场的大幅反弹使一切顺利——实际上非常出色。在 20 世纪 90 年代末克林顿经济繁荣的帮助下,联邦预算以惊人的速度从长期的巨额赤字变成了盈余。就连克林顿关于削减赤字可以创造就业机会的反凯恩斯主义预言似乎也实现了。

这些发展对美国经济来说是个好消息,但对凯恩斯主义财政政策的信徒来说却是个坏消息。在乔治·H.W.布什的领导下,政府在经济衰退期间选择了财政紧缩。在比尔·克林顿执政期间,财政紧缩似乎促成了经济繁荣。财政乘数实际上是负数吗? 并不是。但包括许多国会议员在内的相当多的美国人都认为是负的。

思想会产生后果。对于下次美国经济需要从财政政策获得提振的时候会发生什么,这个想法让许多经济学家感到不安。他们并未等待太久。

注释

1. 在那些年里,联邦政府的财政年度从 7 月 1 日到 6 月 30 日。因此,1975 财政年度从 1974 年 7 月 1 日到 1975 年 6 月 30 日。
2. 除其他可能的来源外,见 Safire(1984)。
3. 例如,参见 Yang(1990)中的讽刺语气。
4. 必须根据前面讨论的利率长期下降趋势来评估"更高"的利率。
5. 可以引用许多参考文献。其中两位是 Evans(1987)和 Kliesen(2002)。
6. 可以肯定的是,民意调查通常会支持减少政府支出。但当被要求削减特定项目时,受访者几乎全部拒绝了。
7. 前几任总统都有类似于国家经济委员会的机构。但克林顿的明确意图是将经济提升到与国家安全同等的地位,因此命名为国家经济委员会,使其与国家安全委员会平起平坐。
8. 这是 Woodward(1994)的一个主要主题。
9. 几年后,布什在一次电视采访中哀叹道,"我再次任命了他,他让我失望了"(Greenspan 2007, 122)。
10. 副总统阿尔·戈尔(Al Gore)不得不打破参议院 50 比 50 的平局。
11. 坦白:我和克林顿团队的另一位经济学家打赌,总统不会接受这一建议。我输了。
12. 另一个坦白:我负责政府的五年预测,虽然比国会预算办公室更乐观,但事实证明过于悲观。经济表现比我们想象的要好得多。但从来没有人因为糟糕的预测而批评过我!
13. 在克林顿计划辩论和实施期间,长期利率暴跌希望渺茫。

第 11 章
20 世纪 90 年代的长期繁荣

经济顾问委员会主席查尔斯·舒尔茨:我们不能微调经济,我们也不打算尝试微调经济。

国会议员亨利·罗伊斯:好吧,我认为需要对经济进行微调,并且应该尝试一下。

——联合经济委员会证词,1979 年

从宏观经济角度来看,20 世纪 90 年代被认为是从 1991 年一直延续到 2001 年的很长的一段繁荣时期。但这十年的开端并不顺利。根据美国国家经济研究局(NBER)的数据,一场短暂而轻微的衰退始于 1990 年 7 月,结束于 1991 年 3 月。在此期间,实际国内生产总值仅在两个季度(1990 年第四季度和 1991 年第一季度)有所下降,总计仅下降了 1.4%。随后当经济衰退结束时,这个国家开始了一场注定的要持续十年的扩张。在当时,那是美国历史上扩张时间最长的一次(2009 年至 2020 年的扩张将使这一纪录黯然失色)。这一段繁荣时期通常被称为"克林顿热潮",因为比尔·克林顿在这十年中担任了八年的总统。

布什时期的经济衰退?

公平地说,这一切都始于乔治·H.W.布什总统时期。具有讽刺意味的是,

"公平""布什"和"商业周期"这三个词并不容易结合在一起,因为商业周期显然对总统老布什不公平。如第9章所述,1990—1991年的经济衰退更准确地来说应该归咎于萨达姆·侯赛因,以及他在1990年8月入侵科威特造成的短暂但剧烈的石油冲击。这当然不能归咎于布什在1990年11月勉强同意的增税计划,因为增税计划直到1991年1月才生效。到那时,经济衰退几乎已经结束了。

尽管如此,比尔·克林顿和民主党人在1992年的竞选中抨击了现任总统任期内疲软的经济,尽管1992年前三季度的实际GDP平均增长率为4.5%。然而,当选民们在1992年11月去投票时,他们对这一切并不了解,因为认知总是落后于现实的。例如,直到1992年9月,大约80%的受访者在接受盖洛普民意调查时表示,他们认为经济正在衰退(CNN/Knight Ridder 1992)。

布什的施政方略究竟犯了哪些错误?事实上,他犯了不少错误,部分是由于政治因素导致的。当他在承诺不加税后又同意加税时,便引起了本党内许多成员的反对。正如《纽约时报》当时报道的那样:"今天共和党人爆发了内战,数十名众议院议员坚持认为白宫的游说不会阻止他们寻求阻挠预算方案的意图。"其中的一位领头羊是来自乔治亚州的纽特·金里奇(Newt Gingrich)。他在1995年1月共和党掌控众议院时成为众议院议长。根据金里奇的说法,安德鲁斯协议"将扼杀就业机会,削弱经济",以及"增税将适得其反"(Berke 1990)。

此外,美国通常会在12年甚至8年后就对一党统治感到厌倦。因此,共和党执政持续三个"里根时期"可能已经足够了,选民们想要改变一下。最后,这位年轻的阿肯色州州长被证明是一位令人敬畏的竞选者,一位引人注目的政治家和辩论家,他可以切身感受到"贵族总统"布什所不能感受到的民众的困扰。一个著名的事件深刻地彰显了这种差异。1992年10月,在一场市政厅式的辩论中,电视摄像机拍到布什渴望地看着手表,似乎希望苦难快点结束,而克林顿流露出同情之情,热情地走进人群。

布什选举的另一方面问题是宏观经济问题。从1990年至1991年的经济衰退中复苏,起初整体社会环境是"失业"的。从1989年1月布什就职到1990年7

月 NBER 认定的商业周期高峰,全国失业率一直徘徊在 5.5% 左右,到 1991 年 3 月,也就是 NBER 认定的商业周期低谷的月份,失业率上升到 6.8%。这并不是一个巨大的增长。但在"复苏"期间,失业率不断攀升,1992 年 6 月达到 7.8% 的高点。在选举月,这一比例仍然是 7.4%。对许多美国人来说,这根本不像是一场复苏。

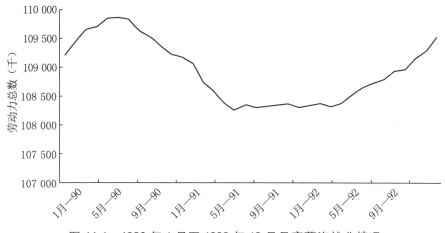

图 11.1　1990 年 1 月至 1992 年 12 月月度薪资就业情况

资料来源:劳工统计局。

如图 11.1 所示,整个选举期间内就业增长缓慢。在经济衰退期间,约有 160 万个工作岗位消失。随后,在经济复苏的早期阶段,工作岗位以蜗牛般的速度慢慢回升,直到 1992 年初,平均每月净新增工作岗位基本为零,从 1991 年 6 月到 1992 年 11 月的 18 个月里,每月新增工作岗位只有 56 000 个。这种恢复就业的行为与之前相比在本质上并没有不同,只是程度上有所不同。失业率的回升滞后于 GDP 的复苏是正常的。对乔治·布什的运气不利而对比尔·克林顿的运气有利的是,选举结束后创造就业机会的速度迅速加快,在接下来的 12 个月里,每月创造 22.6 万个就业机会。商业周期的不利因素是克林顿在 1992 年大选中轻松击败布什的一个重要原因。

白宫与美联储开战

布什将选举失败归咎于艾伦·格林斯潘的货币政策,布什本人、他的财政部长、他的经济顾问委员会主席和其他政府人士都声称当时货币政策过于紧缩。[1]事实上,这种指责早在经济衰退之前就开始了。理查德·达曼(Richard Darman),这位才华横溢但行事鲁莽的贝克的门生,曾任布什的预算主管,他带头攻击了美联储。1989年9月,他在《会见新闻界》节目中(注意这个早期的时间点),认为美联储"可能有点太紧了",并表示"如果我们真的陷入衰退",那将是美联储的错(Woodward 2000,62)。那天早上,格林斯潘在电视上观看这档节目,正如他所说,"我差点把咖啡洒了……听了他的论点,我觉得这在经济上毫无意义……这是政治辞令"(Greenspan 2007,119)。然而,达曼并没有手软。随后,他向格林斯潘发送了备忘录和传真,但这些都没有使得这位傲慢的预算主管让内敛的美联储主席对他的印象有所改观。当经济衰退最终到来时,达曼指责了格林斯潘(Woodward 2000,89)。

财政部长尼古拉斯·布雷迪(Nicholas Brady)是布什在耶鲁大学的密友,他跟随达曼敦促格林斯潘更积极地降息。布雷迪在私下和面对媒体时都这么做了。听完他的发言后,愤怒的格林斯潘一度要求布雷迪给联邦公开市场委员会(FOMC)的成员打电话,看看他是否能说服他们。(事实上,布雷迪给联邦公开市场委员会的几个成员打了电话,但都无济于事[Woodward 2000,90]。)到1992年3月,情况变得如此紧张,以至于布雷迪取消了与格林斯潘的每周早餐会议。之后,用美联储主席的话来说,"'格林斯潘账户'正如他们在白宫所说的那样,转移到了经济顾问委员会主席迈克·博斯金(Mike Boskin)和总统本人身上"(Greenspan 2007,121)。

布什依旧保持他一贯的友善和谦逊,但格林斯潘认为美国总统有权对中央银行的决定做出解释。但在1992年6月接受《纽约时报》采访时,布什表示

"我希望看到利率再次下降"（Woodward 2000，91）。他的观点十分明确。但距离大选只有几个月的时间了，货币政策通常的滞后意味着 1992 年 6 月于政治上而言已经太迟了。如果早些时候实施宽松的货币政策可能会导致 1992 年更快的增长，这将有助于现任总统竞选连任。然而，其中至少包含三个重要的"但是"。

首先，1992 年的主要宏观经济问题并不是 GDP 增长的滞后。如前所述，实际 GDP 增长良好。问题是，即使是强劲的产出增长也没有创造出许多新的就业机会，其中的原因尚不清楚。但货币政策影响 GDP 的增长率的方式与 GDP 增长转化为就业的方式并不相同。如果布雷迪以某种方式说服格林斯潘，美联储应该提高每十亿美元 GDP 的就业人数，那么格林斯潘和他的同事们或许本可以做些什么来实现这一点。

其次，格林斯潘在 1990 年至 1992 年期间确实没有在经济问题上玩弄政治。毫无疑问，这位长期担任美联储主席且高度政治化的共和党人支持布什，而不是克林顿。克林顿是一位民主党人，他还不一定会在 1996 年再次提名格林斯潘连任。然而，从表面上看，美联储主席直言不讳。从 1988 年初到 1989 年春天，由于担心经济过热，联邦公开市场委员会将联邦基金利率提高了约 300 个基点（见图 11.2）。随着经济增长的放缓，利率开始下降。在经济衰退开始之前就开始削减利率，然后在经济衰退期间更进一步地削减利率，甚至在衰退结束后仍然进一步削减利率。从 1989 年 4 月到 1992 年 11 月大选，联邦公开市场委员会总共将基金利率下调了近 700 个基点，最后几次下调完全是为了"失业复苏"。这看起来肯定不像是紧缩的货币政策使得布什输掉了竞选。

最后，如果你对美联储的表现进行评级，应该记住，正如第 9 章所提到的，格林斯潘时期的美联储在 1989 年至 1990 年几乎实现了完美的软着陆。事实上，如果萨达姆·侯赛因没有在行动中耍花招，它可能已经实现了这个难以达到的目标。因此，从某种意义上说，布什和格林斯潘都是海湾战争的受害者，但有一个重要的区别：只有布什必须靠竞选连任。

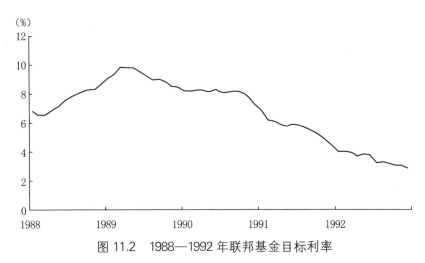

图 11.2　1988—1992 年联邦基金目标利率

资料来源：美国联邦储备系统理事会。

1993 年的预算大战

比尔·克林顿于 1993 年 1 月就任总统,大约四周后,他首次提交的预算引发了一场持续六个月的史诗般的政治斗争。假定当时民主党控制了白宫和国会两院,克林顿带着一个长期的议程来到华盛顿,通过立法的大门似乎敞开着。但是民主党人是一个出了名的不团结的群体,很容易形成内斗。正如威尔·罗杰斯(Will Rogers)在近 60 年前敏锐地观察到的那样,"我不是任何有组织政党的成员——我是民主者"(O'Brien 1935,162)。显然,(这一信条)在此期间没有什么变化。国会的民主党人并不打算听从这位来自阿肯色州的年轻新人的意见。

尽管克林顿 1993 年的预算深受金融市场和许多经济学家的喜爱,但他做了几件看起来"错误"的事情。从政治角度来看。最令共和党人憎恨的是,它将上层纳税人的所得税税率从乔治·H.W.布什时期确立的 31％的最高税率一直提高到 39.6％。尽管德怀特·艾森豪威尔领导下的最高税率高达 92％。对于后里根时代的共和党来说,提高边际税率是一种致命的罪过,正如布什从中吸取的教训。许多共和党人勇敢或愚蠢地（取决于读者的选择）预测，如果提高税收，将会出现经济衰退。

他们还对克林顿提出的几项他喜欢称之为"投资"的支出计划表示不满。例如，金里奇在 1993 年 2 月 2 日（克林顿政府上任不到两周）宣布，"民主党政府中有太多人在谈论更大的政府、更大的官僚机构、更多的计划和更高的税收。我相信这实际上会扼杀当前的复苏，并使我们重新陷入衰退"（U.S. Congress 1993，1642）。

民主党方面，大多数议员对所得税上调不太担心，但很快就团结起来反对克林顿提出的能源税。这个想法最初被推翻，但保留了很多例外（是什么？让铝变得更贵？还是煤？还是肥料？），最终只剩下了联邦汽油税每加仑增加 4.3 美分。就连克林顿的"投资"也得到了国会民主党人的肯定。削减旧项目为新项目腾出空间的政治游戏遇到了一个经典的政治障碍：旧项目有各种根深蒂固的利益，游说者排着队保护它们；而新项目没有。最重要的是，国会中的一些民主党人是真正的赤字鹰派，他们坚持要削减比克林顿所提议的更多的赤字。这种态度给新项目留下的空间很小。

1993 年 1 月第 103 届国会开幕时，民主党在参议院和众议院分别以 57 比 43 票和 258 票对 176 票占据看似稳固的多数。这在纸面上看起来不错，但简单的人数统计没有考虑到参议院对大多数法案的通过（尽管不是预算）需要 60 票，也没有考虑到威尔·罗杰斯的旧党缺乏纪律。随着预算辩论的拖延，共和党人对一切都说不，民主党人要求白宫做出一个又一个改变，两院民主党党团内部乱成一团。一个又一个成员拒绝承诺他们的投票，除非他们得到 X*。当然，不同的成员对 X 有不同的选择。相当多的成员似乎愿意将整个预算案置于他们自己的想法之下。

最终，克林顿的预算案勉强在众议院通过。作为一名新当选的议员，来自宾夕法尼亚州的玛乔丽·马戈利斯-梅兹文斯基（Marjorie Margoliès-Mezvinsky，

---

*　X 代表议员们个人感兴趣的或要求的事项。——译者注

宾夕法尼亚州民主党人)在一个传统上属于共和党的选区中获胜,并振步走向讲台进行表决,预算案以 218 比 216 的优势通过。共和党人高呼着:"再见,玛乔丽!"并且她在 1994 年的选举中被打败了。在参议院,经过全场施压,说服了特立独行的参议员鲍勃·克里(Bob Kerrey,内布拉斯加州民主党人)投下第 50 票通过,从而使副总统阿尔·戈尔能够投下打破平局的一票。请记住,当时有 57 名民主党参议员。尽管克林顿有着高超的政治技巧,但他还是使尽浑身解数才让其中的 50 人投票支持他。总之,1993 年减少赤字在原则上非常受欢迎,但实际上却远没有那么受欢迎。

新总统于 1993 年 8 月 10 日签署了 1993 年《综合预算协调法》,使之成为法律。随着经济活动的开展,事实证明财政上的"收缩"在经济上并不是收缩性的。相反,经济蓬勃发展。然而,在 1993 年 8 月,尽管债券市场已经开始强劲反弹,但没有人知道这一点。所有关注克林顿经济团队的目光都转向了美联储。格林斯潘会通过降息或至少通过暂缓加息来帮助刚刚起步的政府摆脱困境吗?

白宫—美联储战争结束

要记住,当克林顿于 1993 年 1 月就任总统时,美国民众普遍认为最近的经济表现不佳,而且只有三件事至关重要:工作、工作和工作。事实上,这成了新政府的口头禅。每一项政策都是根据其创造(或者摧毁)就业机会的潜力来评估的。我想起了当时出现在《纽约客》上的一幅搞笑漫画。它描绘了克里斯托弗·哥伦布恳求国王斐迪南和王后伊莎贝拉为他的航行提供资金,并承诺"这不仅将开辟一条通往东方香料的新路线,还将创造 3 000 多个新的就业机会"。虽然这本书不是关于贸易政策的,但也值得记住的是,前总统候选人罗斯·佩罗(Ross Perot)曾谴责《北美自由贸易协定》,理由是随着美国就业机会向南部墨西哥边境地区转移,这对美国来说是非常不利的。

与就业的重要性形成鲜明对比的是,大多数选民根本没有关注美联储,更不用说理解它的作用了。1994 年 6 月,当我加入美联储委员会担任副主席时,一位现任州长对我开玩笑说,大多数美国人认为美联储是一片国家森林! 是的,斯摩基熊比艾伦·格林斯潘更出名,后者在当时还没有被奉为能够处理所有经济问题的大师。

克林顿及其顾问等美联储的密切观察者当然熟悉沃尔克的货币政策使布什在 1992 年的选举中失败的指控。而且他们不想重蹈覆辙。克林顿团队牢记詹姆斯·卡维尔(James Carville)著名的竞选格言"笨蛋,关键是经济",他们仔细而又谨慎地观察着格林斯潘。

上一章讨论了美联储主席和即将上任的财政部长劳埃德·本特森之间关于赤字削减目标的私下讨论。格林斯潘对克林顿即将发布的削减赤字举措报以善意,但他没有承诺将降息作为奖励,就像他在 1990 年对布什没有做出这样的承诺一样。

我相信克林顿经济团队的大多数人,包括克林顿本人都认为自己任由美联储和债券市场摆布。该团队公认的领导者罗伯特·鲁宾来自一家成功的债券交易公司(高盛),他不止一次地观察到债券市场的反应是关键因素。毕竟,由于联邦基金利率已经很低,实际利率接近为零,联邦公开市场委员会似乎不太可能大幅降息。这将取决于债券市场的反应——如前所述,它有力地阻止了赤字削减的收缩。

与布什及他之前的许多总统不同的是,克林顿理解、吸收并接受了他的经济团队告诉他的一些事情:与美联储开战是一件冒险的事情,这可能是一场双输的游戏。最好寻求一种"华盛顿式和平"*。为此,克林顿巧妙地邀请格林斯潘坐在众议院走廊的前排座位上,听他发表 1993 年 2 月 17 日在国会联席会议上的精彩演讲,介绍他的经济计划。格林斯潘坐在第一夫人希拉里·克林顿和第二夫人蒂珀·戈尔之间,这是一个很好的镜头,国家电视台的数百万观众观看到这一镜

---

　　* 由"罗马式和平""美国式和平"派生而来。——译者注

头。对许多金融市场参与者来说,这表明格林斯潘支持克林顿的预算计划。无论事实是否如此,这种想法都让克林顿感到高兴。

格林斯潘后来表示,他对"出于政治目的而被推向前台"感到不满。他原本希望成为"后座议员"(Greenspan 2007,142)。考虑到格林斯潘敏锐的政治嗅觉和他众所周知的喜欢处于漩涡中心的嗜好,我对他的这种说法感到怀疑。(他很少错过华盛顿的高级派对。)但无论如何,在与布什政府多年的战争之后,白宫和美联储之间达成了值得注意的停战协定。这对货币政策和财政政策都很重要。

不到一年后,停战协定几乎破裂。克林顿在国会为他的巨额赤字削减方案进行斗争,经过多次修改、妥协和大量政治牺牲,方案最终于1993年8月通过。总统将这场胜利视为政治和经济上的一个里程碑式的成就。当他看到债券市场对他压低长期利率的做法表现出积极的反应时,他松了一口气。但在1994年2月4日,联邦公开市场委员会投票决定五年来首次加息。虽然加息幅度仅为25个基点,但令市场感到意外,债券收益率大幅上升,股市在几个小时内下跌了约2.5%。在美联储不断加息的几个月内,30年期国债收益率从2月4日的水平上升了约120个基点。

我们后来了解到,格林斯潘阻止了一个更为强硬的联邦公开市场委员会提案,委员会当天希望进一步加息。在听取了委员会大多数成员表示更倾向于上涨50个基点,而不是25个基点后,他插话道:"好吧,我已经观察了很长时间的市场表现,我要告诉你,如果我们今天上涨50个基准点,我们很有可能对市场造成严重打击……我认为在这一时间点上加息超过25个基点将是一个严重的错误"(FOMC 1994b,53)。在晚些时候,会议进入了一个非常不寻常的流程,美联储主席呼吁联邦公开市场委员会进行近乎强制的投票:"如果可以的话,我会要求我们一致采取行动。如果我们站在一起,这将会给与我们打交道的各个团体传递出一个非常有力的信息。如果我们在投票中出现分歧,我认为这将给我们带来问题,我不知道会如何发展"(57)。在这一请求之后,联邦公开市场委员会一致投票支持25个基点。

　　由于这是美联储五年来的首次加息,格林斯潘也采取了前所未有的(于当时而言)措施,以自己的名义发表了一份新闻声明,解释说:"决定在货币政策上采取不那么宽松的立场,以维持和加强经济扩张"(FOMC 1994a)。是的,你没看错,格林斯潘宣布美联储正在收紧货币政策以促进经济增长! 这是美联储非同寻常的言论,这种情绪在随后的声明中继续存在。

　　但 2 月 4 日的声明中最引人注目的方面是它的存在。在那之前,甚至在那之后,格林斯潘都以守口如瓶和难以捉摸而闻名,就像他之前的美联储主席保罗·沃尔克一样。美联储的潜台词似乎是"少说并且隐晦地说"。尽管格林斯潘当时可能还没有意识到这一点,但这简短的首次声明,正如谚语所言,将成为"帐篷里的骆驼鼻子"——最终引向美联储透明度大幅提升的开端。但这一发展还需要几年的时间。

　　在白宫,克林顿认为加息 25 个基点既不是一种进步,也不是友好的姿态。他脸色铁青,当然只是私下里。当时的知情人士(我也是其中之一)目睹了他的愤怒:他的脸真的红了。在总统看来,他做了格林斯潘想要做的事情,包括具体的赤字削减数额(1 400 亿美元),而且面临着相当大的政治风险。然而,美联储却在背后捅了他一刀。

　　在鲁宾的领导下,他的经济团队用两个主要论点说服克林顿平息了他的愤怒。失败的论点来自纯粹的经济学。我们指出,近一年半以来,实际联邦基金利率一直为零,这是一个不可持续的低水平。因此,如果利率稍微上升一点,也没那么可怕;事实上,这是不可避免的。

　　成功的论点更多地来自政治经济学领域:如果总统在公开场合斥责美联储,他的言论可能会受到美联储的反对,并促使美联储通过进一步加息来展示其独立性,就像布什总统时期可能做的那样。此外,白宫和美联储之间再次爆发战争将使市场感到恐慌。债券和股票交易员更喜欢和平;如果战争爆发,股票价格可能会下跌,利率可能会上升。克林顿接受了这一论点。最重要的是,他巧妙地将对美联储的不满隐藏在白宫之内。

　　收音机的安静在此时无声胜有声。除了鲁宾经常重复的"我们不评论美联储",市场几乎没有听到政府任何关于美联储的消息。克林顿经济团队中的所有人都学会了在睡梦中重复这个新口号,特别是在与媒体交谈时。措辞非常关键,如果我们在一些决定之后赞扬美联储,而在其他情况下没有,那么后者将被解读为含蓄的批评。所以,总是"我们不评论美联储"。我们没有评论。[2] 在备受争议的布什时期之后,格林斯潘肯定欣喜若狂。

罗伯特·鲁宾(1938—)
华尔街和华盛顿的双赢

华尔街的成功高管来到华盛顿,却只能做一个失败的财政部长,这个传统由来已久。这两份工作需要不一样的技能和完全不同的心境。但有一些人成功了,罗伯特·鲁宾无疑就是其中之一。毫无疑问,他对比尔·克林顿总统的思想有着巨大的影响。当鲁宾在 1999 年卸任时,他被与亚历山大·汉密尔顿*相提并论。这是一种极高的评价。

鲁宾 1938 年出生于纽约市,成长于佛罗里达州的迈阿密海滩。之后,他从哈佛大学以优异的成绩毕业,接着就读于耶鲁法学院。在刚获得法律学位后,他于 1964 年加入了纽约一家顶级律师事务所,但并没有在那里待太久。华尔街也在向他招手。1966 年,他加入了高盛集团,从那里开始了他的职业生涯。鲁宾后来管理着高盛的股票和债券交易部门,并在 1990 年(与斯蒂芬·弗里德曼)成为联合主席。

在高盛任职期间,鲁宾开始积极参与民主党的政治活动,尤其是 1992 年阿肯色州州长比尔·克林顿的竞选活动。一旦克林顿当选总统,鲁宾自然会是国家经济委员会首任主席的第一人选——这是克林顿所创立的职位——并因此成为经济团队的隐性领袖。在这种立场下,鲁宾敦促克林顿减少赤字,然后帮助国会通过最终的和解法案。

---

* 美国第一任财政部长,美国开国元勋之一,美国制宪会议代表及《美国宪法》起草人和签署人之一,美国政党制度创建者。——译者注

当劳埃德·本特森于 1995 年 1 月离开财政部的职位时,鲁宾自然而然地再次成为财政部长的人选。几个月内,他领导了一件几乎前所未有的行动:在国际社会共同努力下,利用言辞和对外汇市场的干预来提振疲软的美元。"强势美元更符合国家利益。"他坚持这样说。提振美元的努力取得了巨大的成功,鲁宾也因此获得了"交易员鲍勃"的绰号。他还与国际货币基金组织及其他机构合作,以解决墨西哥、其他拉美国家、俄罗斯和东南亚的金融危机。

克林顿政府的经济成功很大程度上应归功于鲁宾,尽管这种成功在一定程度上也要归功于美联储的格林斯潘。鲁宾的完美记录中最大的污点很可能是他拒绝对衍生品进行监管——同样是与格林斯潘合作的。

当然,广大公众并没有意识到"无可奉告"的政策是多么不同寻常。正如我们在前面几章中所看到的,美国总统约翰·肯尼迪、林登·约翰逊、理查德·尼克松、罗纳德·里根和乔治·H.W.布什要么试图"协调"美联储的货币政策与他们的财政政策,要么斥责美联储的不配合。克林顿戏剧性地改变了这一点。这种对美联储独立性的尊重将一直持续到唐纳德·特朗普成为总统。

完美的软着陆

随着经济的增长,联邦公开市场委员会(FOMC)继续提高利率:1994 年 3 月和 4 月各提高 25 个基点,5 月为 50 个基点,经过短暂的停顿后,8 月又提高了 50 个基点。[3] 在 1994 年 8 月 16 日会议后的新闻稿中,FOMC 表示,其最近上调 50 个基点"预计至少在一段时间内足以实现持续、非通货膨胀增长的目标"。"至少在一段时间内"这句话可能听起来没什么,但出自当时守口如瓶的 FOMC,这是一个至关重要的信号。这是该委员会第一次给出我们现在所说的"前瞻性指导"的概念。因为打破了一个长期以来的禁忌,这短短一小句话震颤了金融市场。[4]大家关于"至少在一段时间内"的猜测立刻拉开序幕。

结果证明这段时间是三个月。到了 11 月,随着(毫无根据的)对通胀担忧的蔓延,美联储将基金利率又提高了 75 个基点,这是整个格林斯潘时代规模最大的一次调整。随后,FOMC 在 1995 年 2 月又以提高 50 个基点结束了 1994—1995 年的紧缩周期。上一次加息是在墨西哥金融危机期间,这一事实并没有影响到 FOMC。珍妮特·耶伦(时任美联储理事)和我(我当时是副主席)都担心美联储可能做过头了,但我们的担忧声音并没有表达出来,也没有提出正式的异议。提出异议对联邦储备委员会成员的门槛太高,而对副主席门槛更高(事实上,历史上并没有哪个副主席有过异议)。我们不希望与格林斯潘的矛盾升级。

随着美联储逐步上调基金利率,长期利率得到了支持,在首次加息后,一系列活动和市场波动开始了。1994 年 5 月,30 年期美国国债收益率(根据当时的基准)一度回到了 1992 年选举日的水平。然后在 11 月美联储疯狂加息 75 个基点,国债收益率继续上升。在那时,市场对 FOMC 将达到的高点的预期相对于委员会内部的预期显然被夸大了。[5]而这种夸大对债券价格没有任何好处。

当美联储的加息周期尘埃落定时,联邦基金利率已经在一年内从 3％提高到了 6％。在此期间,通货膨胀率几乎保持不变,实际的联邦基金利率也上升了约 300 个基点,从约 0％上升到约 3％。这时,格林斯潘和 FOMC 的组合终于停手。顺便一提,30 年期债券利率在此期间净上升了约 150 个基点。

为了达到 6％的基金利率,货币政策委员会在每次加息以及几次决定维持现状时都进行了激烈的辩论和痛苦的抉择。一次接着一次的会议都在讨论,"我们今天做 50 个基点,25 个基点,还是 0?"如果这都不算是微调,我不知道什么才算微调。如此行事的效果很好。当 1995 年 2 月结束时,失业率下降到 5.4％,接近当时对自然利率的估计,消费者价格指数通货膨胀率(在过去 12 个月内)为 2.9％。格林斯潘和美联储可能会乐于接受这样的数字,并希望永远如此。而他们确实几乎做到了。

1995 年经济衰退,上半年增长率仅为 1.3％时,美联储进行了更多的微调。

美联储会以每次 25 个基点的微调将联邦基金利率缓慢下调至 5.25％,最后于 1996 年 1 月结束。然后,除了 1997 年 3 月的一次小幅加息外,委员会将利率保持在这一水平超过一年的时间。因此,当由著名对冲基金长期资本管理公司的急剧崩盘和俄罗斯主权债务违约而引发金融危机时,联邦基金利率仍处于 5.5％。

美联储在 1998 年 9 月 29 日通过降低联邦基金利率 25 个基点来应对出现的金融混乱。值得注意的是,这个戏剧性的紧急行动不是因为美国经济需要提振; 1998 年前三个季度的实际 GDP 增长平均达到了强劲的 4.3％。这次降息显然不是传统意义上的稳定政策,至少不是国内稳定政策。相反,它旨在帮助平息动荡的世界金融市场,这方面它表现得非常出色。

在一篇极其夸张的新闻报道中,媒体将这称为"挽救世界的 25 个基点"。《时代》杂志(O'Neill 1999)后来在 1999 年 2 月 15 日的封面上刊登了格林斯潘、鲁宾和劳伦斯·萨默斯(Lawrence Sunmers,当时是鲁宾的副手)"拯救世界的委员会"的报道。显然,如果你是神奇的格林斯潘,在 1998 年 9 月 29 日至 11 月 17 日期间只需要降息 75 个基点(美联储当时实行的总降息量),就能够做到这一点。这就是当时人们对细致微调和对格林斯潘的信仰。

彼此独立的和平

在财政政策方面,和平终于到来,但不是在经历了另一轮财政瘫痪之后。由于 1993 年的历史性的预算之争和 1994 年的医疗保健计划失败,克林顿和民主党在 1994 年 11 月的选举中遭受了惨痛的失败。虽然克林顿本人没有参加选举,但许多民主党人参选,几乎全部落败。民主党的参议员、众议员和州长都纷纷下台。当时的众议院议长汤姆·弗利(Tom Foley,民主党议员)甚至也失去了席位,这是自 1862 年以来的首次!

当国会在 1995 年 1 月召开会议时,参议院和众议院都由共和党占据多数席位,对于众议院来说,这是 40 年来的第一次。众议院共和党迅速选出了来自乔治亚州的极具煽动性的议员纽特·金里奇(Newt Gingrich)担任议长,他曾带领共和党赢得了选举胜利。金里奇本质上是一位政治斗士,他与远不如他好斗的参议院多数党领袖鲍勃·多尔(共和党议员)合作,推出了新的"只说不"战略:对于一切都说"不"。

1995 年预算季(针对 1996 财政年度)按照惯例开展,战斗部署已准备就绪。金里奇领导的共和党人要求大幅削减医疗保险、医疗补助和其他民用支出。克林顿和民主党人拒绝了这个要求。金里奇威胁不允许提高国家债务上限。一旦实施,美国财政部就会陷入技术性违约债务。

这种充满恶意的"辩论"(如果你愿意给它冠以"辩论"之名的话)最终提出了一项持续决议,以确保政府运转至 11 月 13 日(请记住,新的财年已经从 10 月 1 日就开始了)。但是,预算之争最终化为尖锐的争执,导致两次部分政府部门关门:一次为期 6 天,发生在 11 月,另一次则长达 22 天,包括圣诞节和 1996 年新年。从政治角度来看,关门事件对共和党人来说不利,金里奇和同事最终同意了白宫的一个七年计划,通过削减开支和增加税收来平衡预算。

1997 年针对 1998 财年预算的谈判进展顺利。克林顿轻松获得连任,妥协成为当时的主旋律。在预算优先事项问题上,双方仍存在重大分歧。共和党人希望在民用支出方面缩减开支,而民主党希望增加开支。民主党则倾向于削减国防支出,而共和党则非常反感这种想法。但是,由于较高的税率、繁荣的经济和蓬勃发展的股票市场带来了丰厚的资本收益,财政收入正在大量流入国库。[6]此外,克林顿当时也可能已经相信,赤字的减少伴随着有利的债券市场反应,可以创造就业机会,再次形成负的财政乘数效应。这样,两党的妥协似乎成了可能,并最终在 1997 年 8 月达成了一致。

1997 年的平衡预算法案在政治上在当时被吹嘘为一项重大成就。它建立了新的支出限制(然而,这些限制随后被违反了),恢复了 1990 年预算协议中的"现收现付"(PAYGO)条款,并在医疗保险上进行了一些削减,这被视为认真对待问题的信号。然而,从经济上来看,这并不是一个大问题。实际上,当你仔细研究

1997 年协议的细节时,它实际上在头几个财政年度增加了预算赤字(Blinder and Yellen 2001,74—76)。尽管如此,蓬勃发展的经济带来的财政收入,迅速减少了赤字,并推动预算进入了盈余状态。

表 11.1 显示了在平衡预算法案通过之前 1997 年 1 月预测的赤字和该法案通过后一年预测的赤字,以及随后几年实际记录的赤字。显然,对于致力于减少赤字的人们来说,这是一个令人愉悦的巨大惊喜。

但更重要的政策观点是:尽管 1990 年和 1993 年的预算协议是通往更健康的财政状况道路上的重要里程碑,但与之相比,1997 年的协议取得的成就不值一提,尽管当时该协议获得很多的赞誉。根据国会预算办公室 1997 年 12 月的报告,它在五年内仅减少了 1 270 亿美元的赤字。(1993 年的预算协议更接近 5 000 亿美元。)正如表 11.1 所示,在 1997 年的协议生效之前,到 1997 财政年度,预算已经接近平衡。

生产率的飞跃和格林斯潘的"伟大决断"

如前所述,经济的繁荣快速地帮助联邦预算实现了盈余。比较表 11.1 所显示的 1997 年 1 月和 1998 年 1 月国会预算办公室对 2002 财政年度赤字的预测,请记住假定的目标是在五年内平衡预算。2002 财年的预算展望在一年内改善了 2 570 亿美元。而国会预算办公室估计,这几乎并不是由于 1997 年预算协定的政策变化所导致的(CBO 1997,1998a)。当谈判人员仍在谈判时,预算其实已经达到了平衡。

20 世纪 90 年代末的繁荣也创造了数以百万计的新岗位,并推动失业率降至 3.8%,这是自 1970 年 1 月以来失业率首次低于 4%。表 11.2 提供了 20 世纪 90 年代末宏观经济表现的部分写照。在过去的五年里,实际 GDP 平均每年增长 4.3%,失业率降至 30 年来的低点。同时,平均通胀率仅为 2.6%,打破了市场紧张将引发通胀的预测。

表 11.1　1997—2002 年实际和预计预算赤字(单位:十亿美元)

财政年度	1997 年 1 月预计赤字	1998 年 1 月预计赤字	当前赤字(一)或盈余(十)
1997	−124	−22	−22
1998	−120	−5	69
1999	−147	−2	126
2000	−171	−3	236
2001	−167	14	128
2002	−188	69	−158

资料来源:美国国会预算局。

表 11.2　20 世纪 90 年代末的宏观经济指标(%)

年份	实际 GDP 增长(Q4—Q4)	失业率(12 月)	通货膨胀率(12 月)	生产力增长率(Q4—Q4)*
1996	4.4	5.4	3.4	2.1
1997	4.5	4.7	1.7	2.7
1998	4.9	4.4	1.6	3.3
1999	4.8	4.1	2.7	4.2
2000	3	3.9	3.4	3
1996—2000	4.3	4.5	2.6	3.1

＊ 非农业商业部门的劳动生产率。
资料来源:美国劳动统计局和经济分析局。

　　我在前文中提到,美联储专家的微调在这次巨大成功中发挥了作用。但这一次的成功也得到了来自其他方面的强力支撑。最后一列显示了(劳动力)生产率的显著增长,从 1973—1995 年期间平均仅为 1.4%(没有在表中显示)加速到 1996—2000 年五年期间惊人的 3.1%,据推测主要是由于信息和通信技术的快速进步。生产率增长率提高 1.7 个百分点是相当可观的,这给了经济额外的运行空间。

几乎没有人预料到,实际上,艾伦·格林斯潘不知何故预见到了这一点。灵活的货币政策和快速的生产率增长相互作用,产生了前联邦储备委员会委员劳伦斯·迈耶所称的格林斯潘的"伟大决断"(Meyer 2004,chap.6)。在其开始时,5.5%左右的失业率被认为是非加速的失业通货膨胀率(Nonaccelerating Inflation Rate of Unemployment,NAIRU)的审慎估计。例如,国会预算办公室在这个时期的 NAIRU 估计值为 5.4%(CBO 2021;NROU data)。远超这个水平的劳动力市场让通胀鹰派甚至一些鸽派感到不安。请记住,FOMC 在 1995 年 2 月基于 NAIRU 在 5.5%—6%范围内的菲利普斯曲线来缩紧货币政策,以避免通货膨胀。我们认为已经成功实现了充分就业的完美软着陆。

但随后经济增长加速,失业率进一步下降。并且所谓通胀鹰派格林斯潘没有通过加息来做出反应。正如后来我和珍妮特·耶伦所描述的那样,自 1996 年初至 1999 年夏季,描绘美联储货币政策的最佳一词是"忍耐"(Blinder and Yellen 2001,35)。美联储在观察和等待通货膨胀上升,但这种上升从未发生。FOMC 的耐心是显著的,并且当你记得格林斯潘在 1994 年被财经新闻媒体称赞为采取了先发制人的措施来对抗通胀时,这一点更为显著。然而,在 1996 年至 1999 年间,由格林斯潘明确领导,FOMC 放弃了预先采取行动的策略,转而采取宽松政策。随着 GDP 的快速增长和失业率的下降,即使像拉里·迈耶(Larry Meyer)和珍妮特·耶伦这样的温和派联邦储备委员会成员也变得越来越紧张(当时我已经离开了美联储)。美联储已经滞后了吗? 它是不是正坐在一座即将爆发的通货膨胀火山上?

在 1996 年 9 月 24 日 FOMC 会议前不久(注意这个早期的日期),梅耶和耶伦到格林斯潘的办公室表达了对美联储继续维持利率水平,以及资源利用紧张的情况下所带来通货膨胀风险的担忧。他们告诉主席,是时候开始提高利率了,哪怕是温和地。然后在 FOMC 会议上,他们两位都明确表示,如果主席提议,他们准备支持将利率上调 25 个基点。[7]然而,主席并没有提议,资金利率仍保持在 5.25%。两年后的 1998 年 9 月,尽管失业率降至 4.6%,基金利率仍为 5.25%。

格林斯潘的克制来自他相信生产率正在加速增长,在官方数据出现之前,他就持有这种信念。表 11.2 的最后一列数字表明,格林斯潘的直觉是正确的。但在 1996 年或 1997 年时,没有人知道这一点。其实这是一种有根据的猜测,因为格林斯潘关注数据和轶事。在与商界人士交谈时,他仔细研究了那些远远超出标准宏观经济总量的数据,至少在这种情况下,他看到了其他人没有看到的东西。

更快的生产率增长将使经济能够以更快的速度安全地增长,也就是说,不会出现更高的通货膨胀率。这个想法在格林斯潘的脑海中已经酝酿了一段时间。公众多年来都没有听到他对这个主题的猜测。相反,他巧妙地扮演着一个反通货膨胀鹰派的角色。但我们内部的人听到了他几次在 FOMC 会议上关于"新经济"奇迹的思考。在 1995 年 12 月的会议上,他在漫长的发言中将所有这些内容整合在了一起,提出了一个"关于经济长期发展方向的广泛假设"。用他自己的话说,"我的想法是,随着世界吸收信息技术并学会将其应用于工作中,我们进入了一个将被证明是较长时期的低通胀率、低利率、上升的生产率和充分就业的时期"(Greenspan 2007,166—167)。

格林斯潘后来写道,"这一切都是基于推测的,特别是对于 FOMC 的工作会议来说……大多数委员似乎都松了一口气,回到了熟悉的领域,决定是否将联邦基金利率降低 0.25%"(他们确实这样做了)。但当投票的时候,我稍微调侃了一下他,"我希望你能允许我同意你降低利率的理由,而不签署你的'新经济'奇迹方案,我还没有做好接受的准备"(Greenspan 2007,167)。在他的回忆录中,格林斯潘称这个说这个俏皮话的人为"我们最有思想的成员之一"。谢谢你的夸奖,艾伦。事实证明我错了。

回想起来,当时我应该立即签署颇具魄力的"新经济"奇迹的方案。然而,1995 年 12 月的数据并没有显示出什么"奇迹",甚至与此相去甚远。1996 年和 1997 年的数据也一样。与格林斯潘不同,我不喜欢基于直觉做决定。像拉里·迈耶和珍妮特·耶伦一样,我们三位学术经济学家想要在数据中看到结果。

图 11.3 描绘了来自布林德和耶伦(Blinder and Yellen 2001,61)的数据,展示了我们这些数据专家需要等待多长时间。下面的线是传统的产出和工时方程

中劳动生产率上升趋势的点估计,每个方程都以不同季度结束。这些估计值有点波动,但在整个 20 世纪 90 年代末期都称它们为"大约 1⅗"不会对估计值造成太大的影响。更有趣的是上面显示的 t 统计量(用于判断趋势断点的统计显著性)。使用 t＞2 的传统基准,经济计量学家要到 1998 年第三季度才会准备宣布趋势生产率的增长。而格林斯潘早在几年前就考虑到了,这就是为什么迈耶称之为格林斯潘的"伟大决断"。由于这一决策,数百万美国人在 20 世纪 90 年代末期找到了工作。

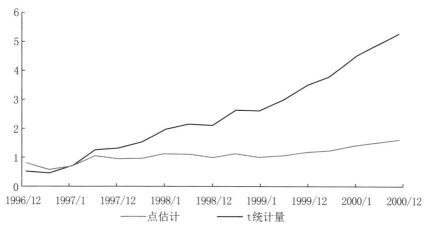

图 11.3　估计生产力趋势的突破及其 t 统计量(以季度结束的回归表示)

资料来源:布林德和耶伦(Blinder and Yellen 2001)。

不过,在格林斯潘的分析中至少还有一个未解决的问题。更快的生产率增长本身会提高经济的速度极限,即经济在资源不过度紧张的情况下可以维持的长期增长率。大致上,长期增长率是劳动力增长和生产率增长的总和。然而,当经济以这种速度增长时,失业率应该保持稳定,而这与 20 世纪 90 年代末发生的情况远不一样。相反,失业率持续下降,表明资源利用正在加紧。然而,并没有发生通货膨胀,正如格林斯潘在 1995 年 12 月的 FOMC 会议上所猜测的那样。

中央银行独立性的崛起

除了长期的经济繁荣外,20 世纪 90 年代还见证了一场几乎全球性的重要变革,即关于中央银行和选举政治家在货币政策制定中各自角色的思考方式的变革。正是在这十年中,中央银行的独立性成了主导思想和实践。

当然,美国在 20 世纪 90 年代之前就已经拥有了独立的中央银行。但承认中央银行的独立性在美国有着悠久而光荣的历史被认为是一种谬论。同时,它也没有在美国宪法中得到确立。一些国家中央银行的独立性受到宪法保护,但美国不是其中之一。相反,宪法赋予国会"铸造货币"和"调节其价值"的权力(第一条第八款)。在 1913 年的《联邦储备法》及其以后的多次修订中,国会将这一权力委托给了美联储,使其拥有事实上的独立性。但这些只是国会可以随时修改的普通法规,被委托的权力可以被收回。

本书前文(尤其是第 1 章)就已经看到,在 20 世纪 60 年代和 70 年代,联邦储备系统的独立性并没有被普遍接受。詹姆斯·托宾和米尔顿·弗里德曼等观点不同的经济学家一起反对它。甚至美联储长期的领导人威廉·麦克切斯尼·马丁也将美联储视为经济"团队"的一部分。然而,重要的是,货币政策决策实际上是由 FOMC 中非政治的技术官僚制定的。1966 年,马丁不顾林登·约翰逊总统的反对,建立了事实上的一定程度的独立性。

在美国,20 世纪 70 年代可能是中央银行独立性的最低谷。正如我们在第 4 章中看到的那样,尼克松总统在 1970 年 2 月任命他的好友阿瑟·伯恩斯担任美联储主席。与马丁不同,伯恩斯与共和党政治家,特别是尼克松,有着长期的关系。他似乎将货币政策置于尼克松的政治需要之下,这与独立的原则背道而驰。

1978 年至 1979 年短暂的米勒时期后,坚韧的保罗·沃尔克接任美联储,并迅速重新确立了中央银行的独立性。请注意,法律并没有发生变化,甚至总统也没有更换。吉米·卡特首先任命米勒,然后任命沃尔克。但是,这位美联储主席的性格和勇气,以及他对打击通胀和维护中央银行独立性的奉献精神使整个态势发生了巨大变化。如第 8 章所述,可以这么说,再次任命沃尔克的里根总统和他的得力助手詹姆斯·贝克都对沃尔克的独立的行事风格非常不满。人们觉得,他们认为更有政治风范的艾伦·格林斯潘会更加顺从。

如果是这样的话,他们可能会感到失望。正如本章所述,布什政府和格林斯潘的联邦储备银行经常发生争执。因此,尽管美联储在布什政府期间采取了独立行动,但白宫对美联储的独立性感到愤怒,并试图用言辞来破坏美联储的独立性。

美国央行独立性的下一个分水岭是在克林顿政府初期,正如本章所观察到的,当格林斯潘领导的美联储于 1994 年 2 月开始提高利率时,比尔·克林顿保持了沉默——或者可能是咬牙切齿地。在他的八年总统任期中,克林顿很少偏离"我们不评论美联储"的口头禅。即使来自阿肯色州的民主党政治家与来自曼哈顿的强硬共和党美联储主席之间不太可能走得很近,克林顿在 1996 年和 2000 年仍然再次提名格林斯潘。此时,格林斯潘已经成为一个大人物。多年以后的 2007 年 10 月,即将在 2008 年成为共和党总统候选人的参议员约翰·麦凯恩(共和党人)开玩笑地形容格林斯潘的不可或缺:"无论他是活着还是死了,都没关系。如果他死了,就把他扶起来,戴上一副墨镜,就像电影《老板度假去》(*Weekend at Bernie's*)一样"(*Boston Herald* 2007)。

如果你观察过 20 世纪 80 年代末的世界,美联储、德意志联邦银行和瑞士国家银行几乎是世界上绝无仅有的独立央行(新西兰很快也会效仿)。在其他主要国家,货币政策要么是由政府制定(如英国),要么是严重受到总统或首相办公室的影响(如日本)。但这种安排在 20 世纪 90 年代发生了迅速而具有决定性的变化。到这十年结束时,世界上所有发达工业国家和许多新兴市场国家都使其央行保持独立。

这种经济治理的重大变革背后的原因有很多。也许最重要的是 20 世纪 70 年代和 80 年代的高通货膨胀率。各地的政治机构及其民选官员对高通货膨胀率感到不满,发现这对他们没有好处(例如,就业没有长期增长),并寻求解决办法。他们看到了德国和瑞士(可能也有美国)的例子,发现通货膨胀率降低了,但失业率没有增加。一些政治家甚至可能熟悉学术研究,证明了这种统计上的关系。[8]

地缘政治事件也起到了重要作用。1991 年苏联解体时,苏联的卫星国家突然发现自己没有任何"货币政策",因为这项工作以前是由莫斯科处理的。这些新国家需要解决货币和金融政策的问题,而建立独立的中央银行似乎是一个有吸引力的选择。有意思的是,这些国家中也包括东德,而它旁边就有央行独立的典范——西德。

一年后,欧盟的 12 个成员国签署了《马斯特里赫特条约》,其中一项内容是使它们走向共同货币的道路,当然,也走向单一的中央银行。建立一个独立的国家中央银行是《马斯特里赫特条约》的要求之一。(德国央行显然是一个典范。)法国 1993 年央行独立,接着 1994 年是西班牙,其他国家也纷纷效仿。

英国在 1992 年退出了构建欧元区和欧洲中央银行的进程。但是,英国政府在 1997 年工党惊人的选举胜利后立即放手了英格兰银行,使其独立制定货币政策。[9]"独立但负有责任"是英国的口号。日本银行紧随其后。因此,到 1998 年底几乎所有主要国家都有独立的中央银行。

当时的学术潮流也可能在央行走向独立的剧变中发挥了作用。对货币的政治控制导致了通货膨胀过高的观点并非新鲜事物;几个世纪以来,主权国家一直在"削减货币",无论是字面意义上的还是比喻意义上的。如果你进一步遵循政治经济学的逻辑,就会产生这样一种想法:让技术官僚制定货币政策比让政客制定货币政策可能更好(在帕累托最优的意义上)。

芬恩·基德兰(Finn Kydland)和爱德华·普雷斯科特(Edward Prescott)在 1977 年用新的合理预期的观点来解释这个旧论点。他们关于货币政策"时间不一致性"的著名论文(Kydland and Prescott 1977),即中央银行官员可能以长期通胀率上升的代价追求短期就业增长的想法,在学术界引起了巨大的关注,这二位因此获得了诺贝尔奖。但所有这些大事小事让一些学者将基德兰—普雷斯科特的分析过分归功于央行独立的趋势。例如,他们忘记了美国的沃尔克式通胀和英国的撒切尔式通胀都是完全自由裁量的,而不是完全基于规则的。后者甚至是由一位民选的政治家完成的,因为当时的英格兰银行屈从于唐宁街 10 号 *。

----

* 唐宁街 10 号是英国首相官邸。——译者注

基德兰和普雷斯科特的时间不一致性分析是最鲜明的例子之一,它席卷了学术界,但在现实的政策制定世界中几乎没有产生涟漪。

不管原因是什么,或者更准确地说,不管这些事件如何影响了央行独立,虽然中央银行的独立在 1990 年是罕见的,但到 1998 年已经成为常态。在像中央银行这样的世界中,变化通常是极其缓慢的,但这次速度惊人。

本章总结

20 世纪 90 年代始于经济衰退,但以美国自 1969 年以来就业机会丰富的劳动力市场结束。

公众没有意识到经济衰退在 1991 年初就结束了。这种误解,由于经济复苏一开始是"失业的"而加剧,导致布什在 1992 年 11 月的选举中被比尔·克林顿击败。然而,布什指责格林斯潘和美联储降低利率的速度太慢。在布什总统任期的最后两年里,政府官员不断在公开场合抨击美联储。

在克林顿担任总统期间,白宫和美联储之间的关系迅速升温。克林顿 1993 年大胆的赤字削减目标实际上是格林斯潘提出的。金融市场喜欢这个计划,债券利率下降。但国会的共和党人"只说不",并且民主党人也对克林顿的预算提案进行了抨击。特别是,他们拒绝了克林顿提出的用小规模短期财政刺激来保护经济的想法。凯恩斯主义的财政政策在当时已完全过时。即使没有刺激计划,克林顿的第一份预算在没有共和党人投票的情况下也勉强通过了国会。然而,它却大获成功。预算赤字消失了,经济强劲增长。

1994 年 2 月,当美联储开始提高利率时,克林顿非常愤怒。但与布什不同的是,他保持沉默:我们不评论美联储。在一年的时间里,联邦公开市场委员会将联邦基金利率提高了 300 个基点,这被证明是完全正确的,形成了完美的软着陆,通货膨胀率约为 3%,失业率约为 5.5%。当时的经济学家认为这已经是最好的结果了。但后来情况变得更好。

20世纪90年代末期,经济增长高于趋势水平,失业率下降,通货膨胀稳定。这一成功的关键之一是1995年后生产率的急剧加速,这可能是信息技术革命和格林斯潘早在数据显示之前就相信这种加速的结果。在此期间,以自由裁量的货币政策引导经济达到了惊人的高度。

虽然艾伦·格林斯潘在美国的地位可能是独一无二的,但在20世纪90年代,一个又一个国家让它们的中央银行独立,没有一个国家再回到政治控制货币的时代。与之形成鲜明对比的是,使用自由裁量财政政策管理总需求的想法仍然不被考虑。相反,许多华盛顿官员开始相信(并且开始说)减少赤字是"增长经济"的途径。美国经济的那些美好时光是凯恩斯主义的黑暗岁月。

后来乔治·布什当选总统,一切都变了。

注释

1. 参见格林斯潘(Greenspan 2007),特别是第5章。
2. 1994年6月,我离开克林顿政府,加入美联储。
3. 全面披露:在此期间,我一直担任美联储副主席。
4. 更多信息披露:我在联邦公开市场委员会的声明中起到了重要作用。格林斯潘当时感谢了我,但我不确定他后来是否感谢了我,因为市场解读了——有时是误解了——联邦公开市场委员会的话。
5. 这一点我很确定,因为我当时在场。
6. 仅举一个戏剧性的例子,1994年,美国联邦税务局从资本利得税中获得了360亿美元。到1998年,这一数字上升到890亿美元,2000年达到1 270亿美元的峰值。见税收政策中心(Tax Policy Center 2017)。
7. 这个故事在迈耶的书(Meyer 2004)中讲述。
8. 阿莱西纳和萨默斯(Alesina and Summers 1993)可能是当时最有名的。但其他一些人,如巴德和帕金(Bade and Parkin 1988)和格里利等人(Grilli et al. 1991)早前就发现,更独立的央行与较低的通胀有关。
9. 作为获得货币政策独立性的回报,英国央行放弃了其在银行监管方面的传统权威。

第 12 章
21 世纪头 10 年：失业复苏与泡沫

我第一次当选时采取的政策,亦是我职业生涯的基石,是为所有纳税人减税。

——拉里·库德洛对乔治·W.布什的采访,2010 年

上一章所讨论的生产率激增和股市的互联网泡沫,是 20 世纪 90 年代末宏观经济表现出色的主要动力。生产力奠定的坚实基础所产生的效益一直持续到 21 世纪头 10 年。[1]你可以从数据中可以观察到这一点,尽管如前所述,艾伦·格林斯潘早在表象显露之前就已经有所察觉了。而互联网的商业化在生产率激增中所发挥的重要作用是毋庸置疑的。[2]

互联网的繁荣与萧条

1998 年至 2000 年间,股市抓住了互联网泡沫的时机大肆上涨。即便是当时,许多观察者也认为股票交易员关注的已经不再是基本面价值。当时很多没有盈利、经营前景堪忧的公司,市场估值都飙升到了难以置信的高度。而许多没生意可做的普通人开始做起了短线交易员。泡沫正在膨胀这一点几乎是尽人皆知的,问题是它究竟何时破裂,破裂又会造成何种程度的影响。勇敢(或者说愚蠢)的投资者决定尽可能长时间地在这次泡沫中获取收益。可想而知,身处狂热

中,总是有很多"投资者"认为他们可以做第一波逃离漩涡的人。[3]

图 12.1 通过比较 1995—2005 年 10 年间纳斯达克指数(大多数新科技股的交易场所)和道琼斯工业平均指数(蓝筹股中最稳定的)的表现,展示了虽不瞩目但极具戏剧性的股市泡沫。你几乎看不出道琼斯指数实际上存在多大的泡沫,从 1995 年初的 3 800 点上升到 2000 年 1 月的 11 500 点左右的峰值(也就是五年内翻了两倍),2002 年 10 月下跌了 34%,至 7 500 点左右(接近 1997 年 11 月的值)。[4]

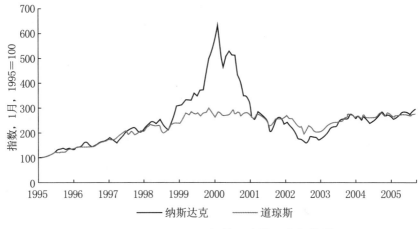

图 12.1　1995—2005 年的两个股票市场指数

资料来源:标普道琼斯指数和纳斯达克 OMX 集团。

但与纳斯达克指数相比,道琼斯指数的涨跌便相形见绌了。纳斯达克指数从 1995 年初的约 750 点飙升至 1998 年 7 月的 1 900 点以上,在短短三年半的时间里上涨比例超过 150%。然而,这还仅仅是个开始。1998 年底互联网泡沫开始膨胀,纳斯达克指数随即在 2000 年 3 月 10 日被推涨至 5 000 点以上,在不到两年的时间里额外增长了 157%。算算吧,在短短五年多一点的时间里,纳斯达克指数的涨幅达到了不可思议的 567%。当然,纳斯达克指数这种几近疯狂的估值是不可能也没法持续下去的。到 2001 年 9 月,纳斯达克指数回落至约 1 600 点,正好是 1998 年初的水平。但它并没有停留在这一水平上,而是继续下跌,在 2002 年 10 月降至谷值 1 242 点,与峰值相比跌幅约达 75%! 直到 2016 年夏天,纳斯达克指数才重新回到 5 000 点区间。

纳斯达克指数是许多股票的平均值。实际上,个别互联网公司股价的涨跌幅更为剧烈。普利斯林公司(Priceline)是这场泡沫的幸存者之一,该公司于 1999 年 3 月上市,股价在一个月内翻了一番,超过 900 美元。要知道当时该公司主营业务仅仅是打折机票的销售。《纽约时报》当时报道称,"普利斯林去年销售价值 3 500 万美元的机票,损失了 1.14 亿美元,如今公司价值超过联合航空公司、大陆航空公司和西北航空公司的总和"(Hansell 1999)。可能股价被高估了? 到 2000 年 12 月底,普利斯林的股价暴跌至 6.75 美元,跌幅超过 99%。然而,这家公司幸存了下来,并以 Booking.com 的名称继续经营至今。

许多其他互联网公司就没有这样幸运了。一个众所周知的例子是威普旺,该公司成立于 1996 年,其经营理念并不新颖:将食品杂货送到客户家中。这个理念本身当然是好的,但百货送货上门已经有一个世纪左右的历史了(Muller 2015)。网上订购真的比电话订购优越吗? 显然不是。威普旺于 1999 年 6 月开始在旧金山湾区送货,斥巨资投入仓储、运输和宣传方面,试图"快速壮大"(著名的亚马逊模式)。1999 年 11 月威普旺首次公开募股时,累计销售额为 40 万美元(是的,是 40 万美元,不是 4 亿美元)。然而,首次公开募股(IPO)对该公司的估值却超过 48 亿美元。2001 年 6 月,威普旺申请破产。

股市像 2000—2001 年那样严重崩盘,致使经济衰退的结局应该不难预想——事实也确实如此。但 2001 年的衰退持续时间短(只有 8 个月)、程度也比较轻微,轻微到如果你只看年度数据甚至是根本无法观察到:2001 年的实际 GDP 比 2000 年高 1%。你必须仔细观察季度数据才能发现两个略微为负的季度,2001 年 1 季度(季节性调整后的年率为 -1.1%)和 2001 年 3 季度(-1.7%)。这两个季度甚至都不是连续的(图 12.2)。但美国国家经济研究局的商业周期测定委员会通过考察大量的其他数据,最终还是决定称其为经济衰退。而我一直认为它应称作"微型经济衰退"。

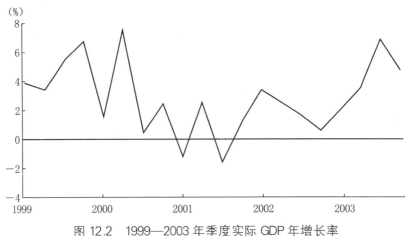

图 12.2　1999—2003 年季度实际 GDP 年增长率

资料来源:美国经济分析局。

2000 年大选和减税

　　2000 年总统竞选时的经济大背景主要表现为飙升的股市、迅速增长的联邦预算盈余和蓬勃发展的经济,最终选举以副总统戈尔和得克萨斯州州长乔治·W.布什势均力敌结尾。[5] 繁荣的经济有利于在任者,与 1998 年老布什的处境相同,戈尔作为比尔·克林顿的副总统可以视作是在任者。大概是因为莫妮卡·莱温斯基丑闻落下的污点,戈尔对克林顿避之不及。然而由于当时克林顿备受欢迎,这一政治错误让戈尔付出了一定代价。[6]

　　不过,戈尔还是承认了克林顿政府的标志性成果的,也就是他所说的"平衡预算"。奇怪的是,克林顿、戈尔和当时其他的政治家更热衷于谈论预算平衡,而非预算盈余。也许是因为负数在政界言论中有些过于复杂,或者只是"平衡预算"听起来更有巧辩的意味。抛开政治信息不谈,2000 年的官方预算预测显示,财政预算大多数情况下都是盈余状态。例如,国会预算办公室在 2000 年 7 月发布的十年预测中认为预算盈余不仅会持续,而且会在 2010 财年拥有更大的规模

（CBO 2000）。如何处理这些盈余成为竞选中的一个重要主题。

戈尔的竞选纲领包括到 2012 年偿清全部国家债务的计划。当然我们知道随后发生的事，导致这听起来未免有些可笑。但当时许多严肃的人士都在思考着：要是国债偿清可能会出现什么问题。艾伦·格林斯潘（Greenspan 2007，217—218）正是众多思考者之一。众多新颖的问题中有一个是"美联储在一个没有国债的情形下将如何实施货币政策"。作为"最终消除国家债务"这一目标的首付款，戈尔承诺将为医疗保险、医疗补助和社会保障设立某种"锁匣"来留出资金，这个比喻显然是引起政治上的嘲笑的原因。撇开不雅的信息不谈，戈尔在竞选中显然展现了他在财政上保守派的身份。正如克林顿所观察到的那样，民主党已经变成了艾森豪威尔式的共和党人的政党。

与之形成鲜明对比的是，布什和 2000 年的共和党人并非艾森豪威尔式的继承人。和 20 年前的罗纳德·里根一样，乔治·布什在竞选中主张大规模减税，认为政府不应该从人们那里收取超出政府支出的额外税收。正如他在 2000 年 8 月共和党全国代表大会上发表的接受提名演讲中所说的那样，"盈余部分并不属于政府，而是人民的财富"（Bush 2000）。也因此（他认为）应该将这些钱还给人民。

作为总统候选人的布什似乎在暗示，他提出的减税计划将会（几乎？）在经济飞速发展的背景下做到自给自足，对上一代供给学派做出的错误断言予以回应（Krugman 2001）。当戈尔抨击减税提案是一个"冒险之举"时，布什反驳说戈尔所用的不过是"模糊数学"。总而言之，乔治·W.布什和他的前任里根一样，在经济强劲、不需要刺激的情况下仍选择了高度扩张性的财政计划。他们应该被归为林登·约翰逊式共和党人。

布什和戈尔在财政政策上鲜明的党派分歧在竞选活动中占据了重要地位，在选举日以双方打成平局而告终。起初媒体宣布布什获胜，但由于佛罗里达州的投票存在争议，这一消息很快被撤销。在苦苦煎熬了 36 天后，这场混乱的斗争才算结束。终于最高法院在 2000 年 12 月 13 日下令停止佛罗里达州进行的重新计票。在佛罗里达的 580 多万选票中，布什最终以 537 票的优势获胜。尽管戈尔在全国普选时赢得了大约 54 万票,但布什的微弱的优势足以让他获得 271 张选举人票,并在选举团中取得胜利。

从选举到 2001 年 1 月的就职典礼的那段日子,政局动荡不安,充满了巨大的政治不确定性,许多民主党人都觉得戈尔被剥夺了当选的权利。这种动荡可能导致 2001 年第一季度实际 GDP 的小幅下降(年率为 -1.1%)。[7] 然而,我们对此无从验证。但一场短暂的轻度衰退从 2001 年 3 月开始了,尽管 NBER 直到同年 11 月衰退都快结束时才对此进行了正式宣告。

2001 年初疲软的宏观经济表现为布什总统和他的团队提供了进行大规模减税的新依据:该举措能为低迷的经济提供"凯恩斯主义"的刺激(尽管他们最后在公开时并没有加上这个形容词)。不要在意凯恩斯主义与供给学派经济学之间的对立关系。"一位白宫高级顾问说过,在经济萎靡的情况下,政府不过是因为相信凯恩斯主义的减税理论最有可能赢得公众的支持"(Leonhardt 2001)。

布什在 2001 年 6 月签署的税收法案内容很全面。它降低了所得税等级税率(例如,最高边际税率从克林顿时期的 39.6% 降至 35%),子女税收抵免增加了一倍,逐步废除遗产税,并降低了所谓"婚姻税负"等。国会预算办公室评定认为布什最初的减税想法将在未来十年内减少 1.6 万亿美元的收入,几乎是 GDP 的 1.5%。

然而,从会计方法上创新使得这个数字很快被削减到 9 年 1.35 万亿美元。为了避免减税提案受到参议院的阻挠,共和党人将税收法案并入了国会预算决议;但这要求它包含日落条款*。当时(和现在一样)的预算窗口是 10 年,因此立法减税将在 9 年后失效,这大大降低了国会预算办公室的支持度,并没有将收入损失延续到随后的十年。当然,布什和国会共和党人都不打算彻底取消减税政策,这将为之后的预算之争埋下隐患。政府也没有提供任何补偿;所有的财政收入损失都直接变成了预算赤字。

---

* 日落条款是法令、法规或其他法律中的一种措施,规定该法律在特定日期后停止生效,除非采取进一步的立法措施来延长它。——译者注

2001 年税收辩论中更有趣的一大亮点是美联储主席艾伦·格林斯潘在其中的积极角色。正如我们所看到的,格林斯潘与比尔·克林顿之前相处非常融洽。但格林斯潘骨子里是布什的共和党人。在乔治·W.布什就职不久的国会证词中,美联储主席几乎公开表示支持新总统的减税提议。其中部分原因是一旦政府还清国债,持续的预算盈余将迫使政府购买私人资产,而这正是格林斯潘所厌恶的。

格林斯潘真的天真到相信 21 世纪的国会会像 19 世纪那样,允许庞大的预算盈余持续数年吗? 国会的研究者难以置信地翻着白眼,而我们知道格林斯潘一向来都有着敏锐的政治感知(Woodward 2000)。反对减税的民主党人对美联储主席表现出的明显偏袒感到愤怒。强调货币政策与财政政策需分离的经济学家因国会可能通过干预货币政策来获利的想法而不安。格林斯潘本人后来承认,他在国会支持减税的证词"在政治上有着爆炸性的影响",尽管(他声称)"政治并非我的意图……如果阿尔·戈尔是总统,我也会给出同样的证词"(Greenspan 2007,220,222)。我们戈尔团队的许多成员都对这种说法感到疑惑。

无论如何,公开支持财政决策对美联储主席来说是罕见的。在克林顿担任总统之前,美联储主席已经习惯于抵御财政当局干涉美联储货币政策的行为。他们不喜欢白宫的干预,尽管被干涉是预料之中的。如今,作为国家的经济上师,格林斯潘充分利用其崇高地位,似乎在财政政策领域和激烈的党派问题上挖空心思。许多货币政策观察人士认为此举并不明智。[8]然而布什总统却对此感到欣喜:"格林斯潘先生的话让我很开心。我认为这些话是深思熟虑且中肯的"(Berry 2001)。

奇怪的是,这位美联储主席回避了 2001 年时可能基于凯恩斯主义理论的减税举措,尽管当时美国经济正在走弱,而美联储正通过降低利率提振需求。2001 年 1 月 3 日,联邦公开市场委员会开始一系列降息,将基金利率从 6.5% 降至 6%。随后,美联储在全年继续大幅降息,2002 年再次降息,2003 年最后一次降息,最终在 2003 年 6 月将联邦基金利率一路压低至 1%。

在此期间,政府也没有采取消极的财政政策。虽然从反周期的角度来看,2001 年的减税是极其精准的,但总统似乎对其效果并不满意,因此在 2003 年又进行了新一轮减税。按照 2001 年法案的计划,原定分阶段实行的税率等级下调和折旧津贴措施被加速实施。资本利得和"合格"股息(涵盖了大部分股息)的税率降低了。2003 年法案造成的税收损失要小于 2001 年。但和 2001 年相同的是,布什政府仍然没有提出任何相应的配套政策。但好在由于现收现付法案于 2002 年到期,布什政府的这一做法并没有受到太多阻挠。

"9·11"袭击和失业复苏

恐怖分子袭击纽约世贸中心和五角大楼时,乔治·W.布什担任总统还不到 8 个月。2001 年 9 月 11 日有近 3 000 人丧生,老实说,当时整个国家都受到了沉痛的打击。毕竟自 1812 年的战争以后,人们便从未再目睹过这种对美国本土进行的全面攻击。美国公民已然习惯了派遣士兵到海外作战,但他们不习惯保卫祖国。当时人们都说"9·11"事件改变了一切。在很多方面确实如此。自那以后,美国不再是原来的美国,"9·11"至今仍是一个痛苦的记忆。

但从狭义的宏观经济学角度来看,"9·11"事件并没有带来太大变化。图 12.2 显示了 1999 年至 2003 年实际国内生产总值的季度增长率。2001 年两个季度的负增长尤为突出:第二次(2001 年 3 季度)就是"9·11"时期。但恐怖袭击发生在第三季度末,因此对第三季度的数据来不及造成太大影响。到第四季度,即使是大家预计的"9·11"事件影响最大的时候,经济增长仍能勉强维持增长。到 2002 年经济就开始明显好转了。从全局来看,2001 年 3 季度之前的十个季度的 GDP 平均增长率为 3.25%。2001 年 3 月以后的 10 个季度,平均增长率为 2.9%。尽管降幅不大,但也不能说明是经济趋势实现了逆转。

另外,"9·11"事件也没有对财政或货币政策造成太大影响。如前所述,美联储在"9·11"之前大幅降低利率,此后也继续如此。在"9·11"事件之后,布什政府并没有改变之前推行的减税政策,并在 2003 年成功实施了更多的减税政策。在"9·11"之后的两年里,国防实际开支增长了大约 15%。但这主要归功于随后的阿富汗战争（对恐怖袭击的直接回应），更重要的是伊拉克战争（这是对什么的回应呢？）。不过总体而言，乔治·W.布什任内财政政策的最大变化还是在税收方面。国会预算办公室估计，如果没有自动稳定器的影响（自动稳定器控制了周期性影响），税收收入占 GDP 的比例从 2000 年的 19.7％ 下降到 2004 年的 15.8％。支出方面的变化与这个数字相比似乎就显得微不足道了，在同样的四年里，支出变动仅占 GDP 的 0.6％。

　　总之，无论是货币政策还是财政政策，在"9·11"前后都没有产生什么巨变。不过在那之后美国劳动力市场的确发生了变化，但这可能并非由于"9·11"。正如我们在前一章看到的，在 1991—1992 年的"失业复苏"困扰着乔治·H.W.布什总统，这很可能严重影响到了他的连任。他的儿子乔治·W.布什总统的工作表现则更糟。2001 年经济衰退之后，美国经济经历了一段最初是以失业为代价的复苏。虽然经济产出增长了，但就业率却下降了。每小时产量反而增长了。

　　图 12.3 显示了 1990 年至 2005 年的美国月度工资就业数据。从 1991 年 3 月（NBER 经济低谷）到 1992 年 3 月，就业净增长基本上为零。随后，就业市场

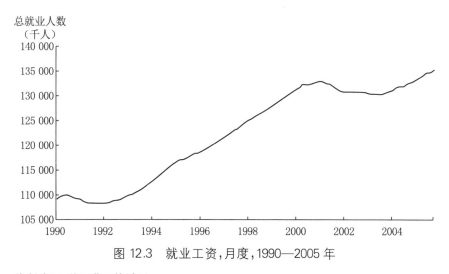

图 12.3　就业工资，月度，1990—2005 年

资料来源：美国劳工统计局。

迅速恢复生机,经济在接下来的一年里净增加了约160万个新工作岗位。然而在2001年的小规模经济衰退之后的两年时间里,美国就业机会持续下降,不过速度趋缓。直到2005年1月,就业率才最终恢复到2001年3月的水平。这种巨大的不确定性导致企业不愿增加员工人数。这理应归咎于"9·11"事件,再是后来的2003年伊拉克战争。

布什执政时期的财政混乱

当时乔治·W.布什的财政政策后来被证明是美国历史上最挥霍无度的政策之一。他先前在2001年和2003年不为减税"买单"的先例很快又演变为不为阿富汗和伊拉克战争"买单",甚至还有处方药纳入医疗保险的举措。医疗保险D部分最初由比尔·克林顿于1999年提出,但当时被国会共和党人否决。随着药品价格的急剧上涨,布什在2002年和2003年重新提出了这个想法,并得到了共和党控制的国会的强烈反响。医疗保险D部分于2003年11月成功入法,并于2006年1月1日生效。

从财政政策的角度来看,D部分的独特之处在于,与医疗保险的其他部分和大多数其他福利项目不同,该法律并未提供任何资金来源。新药物福利的成本只会增加到预算赤字中。国会预算办公室最初公布的成本估计是2004—2013年十个财政年度4 000亿美元(CBO 2004a),但这是一个极具误导性的数字,因为药物福利直到2006财年第二季度才正式开始。如果国会预算办公室在2007财年开始计算,预计10年的成本将超过6 000亿美元。(作为参考,当时每年600亿美元相当于GDP的0.4%左右。)当然,D部分的账单将会随着时间的推移而不断增长(CBO 2014)。[9]

当你把布什所有的财政政策放在一起,去掉自动稳定器的影响,国会预算办公室估计,预算盈余从2000年占GDP的1.1%,到2008年(雷曼兄弟破产后几天结束的财政年度)增长到了占GDP的2.8%。当然,布什和他的顾问们在2001

年或 2004 年不可能知道会需要在 2008—2010 年进行大规模的财政刺激，以对抗自 20 世纪 30 年代以来最严重的衰退。尽管如此，2000 年至 2007 年赤字激增的时机并不恰当，原因是阿尔·戈尔在总统竞选中强调的：人口众多的婴儿潮一代将在 2010 年底开始年满 65 岁，这将对医疗保险和社会保障提出巨大的要求。没有什么比这更容易预测的了：1945 加 65 就是 2010 年。然而，这一不可阻挡的人口统计数据却被布什和他的政府的财政政策制定者忽视了。

货币政策与房价泡沫

在货币政策方面，经济衰退后就业岗位未能恢复。这可能是导致联邦公开市场委员会在 2002 年和 2003 年继续下调联邦基金利率（尽管只是小幅下调），然后至 2004 年 6 月保持在 1% 超低水平的主要原因。在此期间，消费者价格指数平均通胀率约为 2.5%，实际联邦基金利率为负值。

在 2003 年和 2004 年房价泡沫膨胀时，美联储因在利率调整方面行动迟缓而受到严厉批评。然而，美联储这么做是有理由的：经济没有创造就业机会。[10]仅举一个例子，在 2004 年 1 月的联邦公开市场委员会会议上，委员会再次保持利率稳定，副主席罗杰·弗格森（Roger Ferguson）指出，"（总需求方面）实际上，我们需要认识到这并非纯粹的好消息，因为企业创造就业机会的速度远不及我们的预期"（FOMC 2004，158）。即使在 2004 年晚些时候，净新增就业岗位终于开始出现时，就业增长率（年化）也只有 1.6%。

此外，早在 2004 年 6 月 30 日正式公布消息之前，联邦公开市场委员会就利用前瞻性指引向市场参与者暗示即将加息。2003 年 3 月 19 日，美军向伊拉克发动了"震慑行动"。2003 年 5 月 6 日，忧心忡忡的联邦公开市场委员会将其当前对风险的评估改为"在可预见的未来倾向于疲软"。但在 12 月 9 日的会议上，风险评估再次趋于平衡。这已经是一个微妙的暗示，一旦战争的迷雾消散，利率可能会上升，类似的信号一直持续到 2004 年 6 月 30 日联邦公开市场委员会真的提高了利率,声明"委员会相信政策调整可以用一种渐进的步伐进行"。

最后,后见之明远比预见清晰。正如我们今天看到的,或者是人们在 2008 年或 2009 年看到这些数据,由不可靠的抵押贷款推动的房地产泡沫在 2000 年左右开始。但最终的大泡沫在起初只有很小的苗头,而且泡沫很难被实时鉴别出来——尤其是在基本面改善使得价格上涨变得合理的时候。

在撰写关于金融危机的《当音乐停止之后》(Blinder 2013)一书时,我查阅了学术著作和媒体报道,寻找有关房价泡沫的早期警报。但在 2002 年只发现了微弱的证据,而在此之前几乎不存在任何痕迹。就连泡沫发现者,耶鲁大学的罗伯特·希勒(Robert Shiller)教授,在 2003 年秋天也并不相信美国正在经历房地产泡沫(Case and Shiller 2003)。泡沫警告直到 2004 年,也就是美联储开始加息的那一年才被广泛接受。正如我在 2013 年的书中所写的:

> 不难理解为什么包括我在内的大多数人错过了房地产泡沫的早期阶段。美国在其历史上也经历过类似的价格上涨。抵押贷款利率已经下降,从最传统的基本面原因分析,房价上涨是合情合理的。
>
> 因此,即便拥有后见之明的卓越智慧,2002 年或 2003 年的泡沫也并不明显。可想而知,若要实时地分辨出这种情况该有多难呢?
>
> 直到 2005 年 10 月,连本·伯南克这样敏锐的观察者(当时是布什总统经济顾问委员会主席)也宣称,尽管"过去两年房价上涨了近 25%……但这些价格上涨主要反映的是强劲的经济基本面"。虽说伯南克的判断并不正确,但他不是唯一持这种观点的人。(Blinder 2013,33—35)

因此,我并不想将错误归因于美联储在 2002 年和 2003 年没有提高利率上。(它与其他机构共同犯下的不可原谅的监管失误完全是另一回事。)后来中央银行开始提高利率,这一提就是两年。在 2004 年 6 月底结束了从 1% 基金利率开始的上调过程。到年底,利率上升到 2.25%。到 2005 年底,利率达到了 4.25%,并在 2006 年 6 月达到顶峰,为 5.25%。联邦公开市场委员会在两年内共计将利率提高了 425 个基点。这个程度够了吗？这样的调整又是不是亡羊补牢？美联储在 2001—2003 年的宽松货币政策又是不是泡沫的根本原因之一？

在接下来的几年间，人们对这些问题争论不休。约翰·泰勒和其他人对这一时期美联储的"宽松货币"政策持高度批评态度（Taylor 2009a）。我的观点是：美联储在货币政策方面的罪责或许可以免去，但在监管方面它难辞其咎。这样的观点主要基于以下四个无可争辩的事实和一个主张。

第一，最重要的事实前面已经提到过了：尽管财政刺激有一定效果，但 2001 年经济衰退的复苏在之后的 2002 年和 2003 年经济中并没有创造出足够多的就业机会。因此，具有双重使命的美联储有充分理由保持低利率。第二，早在美联储将利率降至最低之前，房地产泡沫就已经开始膨胀了。这让人不禁怀疑超低利率对泡沫的推动作用究竟有多大，当然它们在其中发挥了一定作用是可以肯定的。第三，美联储开始加息至少两年后，泡沫仍在继续膨胀。所以，提前一些（比如一年）提高利率难道真的能够阻止泡沫吗？第四，其他国家如英国的房地产泡沫与我们的相比是有过之而无不及，尽管他们的央行利率更高。因此，有关提前采取更紧缩的货币政策（比如在 2002 年或 2003 年）是否会遏制美国房地产泡沫的这一问题，我们无法得到确切的答案。

我主张的观点是：在房价通胀预期年增长 10％—20％的情况下[11]，即使将抵押贷款利率提高 1 个或 2 个百分点的货币紧缩措施也不足以停止泡沫继续膨胀。因此为了达成该目标，我们需要更高的利率，而高紧缩的货币政策可能会反过来扼杀经济。然而事实是，实际 GDP 在 2005 年、2006 年和 2007 年持续增长。如图 12.4 中的数据所示，美联储在 2004—2006 年的利率调整措施（存在滞后效应）可能已经适度地减缓了经济增长，但这些措施对泡沫的影响存疑。那么，美联储是否应该采用更为紧缩的货币政策，进而让经济陷入衰退呢？我的答案是否定的。

无论您如何看待美联储在房地产泡沫中的罪责，美联储的应对措施（或缺乏应对）重新引发了一场在科技股泡沫期间以及之后几年的激烈辩论：中央银行是否应该通过提高利率打击资产价格泡沫？

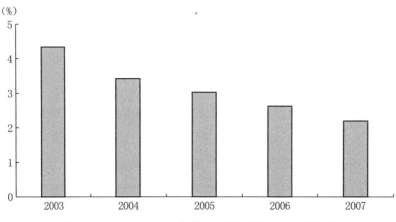

图 12.4　2003—2007 年第四季度实际 GDP 增长率

资料来源：美国经济分析局。

对于对以上观点持肯定态度的一方而言，有两个无可争辩的论点。首先，泡沫最终肯定会破裂。历史与这一观点是相吻合的，尽管它也告诉我们永远无法预测泡沫究竟何时破裂。其次，当泡沫破裂时，它会对家庭、投资者、养老基金、房主（如果是房地产泡沫），以及（如果规模足够大）整个经济造成实质性的危害。因此，如果中央银行能及时识别泡沫，并拥有在不损害经济的情况下消除泡沫的武器，就应该使用它。

然而，这两个都是非常大的前提。正如我们刚才看到的美国 2000—2006 年的房价泡沫直到 2005 年才被大范围地接受。那时已经太晚了。或者回想一下互联网泡沫。股票价格何时变得过度泡沫化？1998 年？可能不是。1999 年的某个时候吗？如果是这样，那是什么时候呢？2000 年初？那时已经太晚了。顺便问一句，非科技股票又是否存在过严重的泡沫呢？

最后一问突显出第二个前提的重要性。通常情况下，即使央行认为它知道应该针对哪些特别泡沫化的资产，它也并不拥有可以使用的针对性工具。1999年股市上涨就是一个生动的例子。假设联邦公开市场委员会成员在 1999 年某个时候确信科技股票价格存在泡沫，而非科技股票价格则不存在泡沫（这对他们而言可信度较高）。政策制定者能做什么？答案是无计可施。我们再以 21 世纪房地产泡沫为例。提高基金利率无疑会推高抵押贷款利率。但能推高到什么程度以及能持续多久？货币政策的大幅收紧是否会在房价泡沫破裂之前就严重损害经济的基本面？

如果今天有任何关于泡沫破裂的共识，那么它应该是这样的：当股权融资的泡沫破裂时，会有大量财富蒸发。但其影响可能仅仅局限在股市中，影响的主要是那些能够经受住冲击的高收入家庭。[12] 尽管有 1929 年的经济危机的前例，但即使股市发生严重崩盘，也不一定会导致严重衰退。正如我们在第 9 章中所看到的，1987 年股市崩盘（对股价来说是毁灭性的）也并没有减缓经济前进的动力。[13] 2000 年股市大崩盘可能一定程度上导致了 2001 年的经济衰退，但如前文所述，那次衰退是历史上最温和的衰退之一。

另一种更危险的泡沫类型是债务融资泡沫，涉及大量杠杆。2005—2007 年迅速膨胀的就是债务融资泡沫。当基于债务的泡沫破裂时，各种类型的债权人都会受到侵害，随即出现一连串的违约和破产问题。这种基于债务的泡沫原则上可能在任何地方发生，但在房地产领域会更加常见，这是因为在该行业中高杠杆是一种普遍现象（Turner 2016）。房地产价值下跌导致抵押贷款逾期和违约，从而导致持有这些抵押贷款的银行和抵押贷款相关证券持有者遭受损失。

此外，当 2007—2008 年债务泡沫猛烈破裂时（参见下一章），我们都了解到，一座复杂且高度杠杆化的衍生品大山已经压在了这些抵押贷款相关证券之上，从而大幅度增加了损失。这些可怕的事件以 1987 年和 2000—2001 年股市崩盘时从未出现过的一种方式危及了银行和其他金融机构。因此，与债务融资泡沫的对抗会比股权融资泡沫要重要得多。无论如何，这需要使用的是监管或宏观审慎工具，而不是提高利率，毕竟这种笨拙的手段只会带来不必要的伤害。

本章总结

从 21 世纪初到 2008 年，使用财政政策作为反周期措施的想法基本上被回避了,就像 20 世纪 90 年代一样。然而,与克林顿年代形成鲜明对比的是,当时的重点是削减赤字,将长期预算赤字转变为盈余,而小布什执政期间盈余迅速消失,大规模赤字再度重现。这种转变的部分原因是经济增长放缓,资本收益大幅下跌;这两者都会导致税收削减。但财政状况恶化的很大一部分可以追溯到小布什第一个任期内做出的一系列决策,包括税收大幅削减,预算支出激增。相关的一个小指标是:2001 年 1 月,小布什上任时,国会预算办公室预测 2008 年的盈余为 6 350 亿美元(CBO 2001)。三年后的 2004 年 1 月,2008 年的预测赤字为 2 780 亿美元(CBO 2004b)。财政状况确实发生了巨大变化。

相比之下,在货币政策方面,21 世纪头 10 年的主旋律是连续性。直至 2006 年 1 月,艾伦·格林斯潘一直担任美联储主席,并继续在实际行动中进行微调,尽管言辞上可能有所不同。例如,在格林斯潘担任主席的最后十四次会议上,联邦基金利率每次都提高了恰好 25 个点。你可以称之为小步走。在那段时间里,联邦基金利率没有进行过一次 50 个基点的调整,亦没有过零调整。

当本·伯南克于 2006 年 2 月 1 日接替了一位中央银行传奇人物担任主席时,他是一位没有经验的经济学教授。因此,伯南克很自然地保持了与格林斯潘时代的"连续性"。在他主持的前三次联邦公开市场委员会会议上,联邦基金利率分别上调了 25 个基点。然而,到了 2007 年,美联储的事情开始发生戏剧性变化,但这是下一章的故事。

注释

1. 关于生产率快速增长时期的终点至今仍存在争议。我更倾向于是 2010 年;其他人更倾向于更早的终点日期,比如 2004 年。
2. 在许多可以引用的资料中,参见 Oliner 和 Sichel(2002)。
3. 有关更早期历史例子,请参阅 Kindleberger(1978)。
4. 本段及下一段的股市数据是月均值。
5. 公开披露:我是阿尔·戈尔总统竞选活动的首席经济顾问。

6. 根据盖洛普民意调查,在竞选期间克林顿的支持率一直徘徊在 60％左右。参见盖洛普组织(2001)。

7. 前后季度的增长率分别为 2.5％和 2.4％。

8. 例如,参见 Sperling(2001)。

9. 话虽如此,随着预测在随后的几年变成实际支出数字,D 部分支出比预期低。参见 CBO(2014)。

10. 举个例子,参见 Taylor(2009a)。

11. 举几个例子,参见 Blinder(2013,36—37)。

12. 公平地说,另一类受害者是养老基金,它们被大量用于投资股票。

13. 是 1929 年股市崩盘导致了大萧条的说法有些过于夸张了。如果没有其他因素的参与,股市崩盘可能最多只会导致经济的衰退。

第 13 章
金融危机与大衰退

当音乐停下时……事情会变得复杂。但只要音乐还在继续,我们就得起舞。

——花旗集团首席执行官查克·普林斯,2007 年 7 月

2006 年 2 月,当本·伯南克接替传奇人物艾伦·格林斯潘成为美联储主席时,金融界正在进行一场非常奇怪的舞会。"事情"在那个时候开始变得"复杂",但我可以公平地说,几乎没有人能预料到从 2007 年 8 月开始的大崩溃。[1]

格林斯潘是安·兰德(Ayn Rand)的自由主义信徒。他对当时金融过度行为的态度与引文中查克·普林斯(Chuck Prince)的观点相似。美联储主席认为,精明的金融家不太可能会冒着自己和公司的风险去承担他们甚至无法理解的疯狂风险。他相信,现代风险管理技术是预防这种失误的高科技保障。正如他在 2008 年 10 月对众议院监管和政府改革委员会的证言中所说:"我们这些指望贷款机构出于自身利益来保护股东权益的人,包括我在内,都处于震惊和怀疑状态"(Andrews 2008)。

这种睁一只眼闭一只眼的态度导致美联储和其他金融监管机构对当时的金融过度行为和欺诈行为视而不见。[2]像所有中央银行一样,美联储对维护金融稳定负有默示责任。但这一责任并非其思考的核心,这是一个代价高昂的错误——伯南克继承了这一观点,至少起初没有采取任何纠正措施。公平地说[3],伯南克接替了一位传奇人物的位置,有人认为他可能是历史上最伟大的央行行

长。[4]对于一位没有金融市场经验的前教授在接任美联储领导职位时，要求他宣布与格林斯潘政策的重大偏离实在是过于苛求。这些改变在后来才出现。

两个泡沫的破裂

人们常常提到的房价泡沫在 2006 年破裂，事实确实如此。但同时也出现了一个巨大且多层面的债券市场泡沫，更准确地说是固定收益泡沫，随后分阶段破裂了。实际上，后者才是真正摧毁金融系统的元凶，其中包括大量建立在抵押贷款相关证券之上的衍生品。尽管这两个泡沫是相互交织的，但我们还是依次来看。

图 13.1 提供了 2000 年至 2009 年间美国房价繁荣与衰败的两种替代描述。两个版本在时间上显示出类似（尽管不完全相同）的规律，但在幅度上差异极大。凯斯—席勒指数显示出一个更为戏剧性的泡沫，其最初由韦尔斯利学院的查尔斯·"奇普"·凯斯（Charles "Chip" Case）教授和耶鲁大学的罗伯特·席勒教授创建，现由标准普尔商业维护。它在 2000 年 1 月至 2006 年 1 月间惊人地上涨了

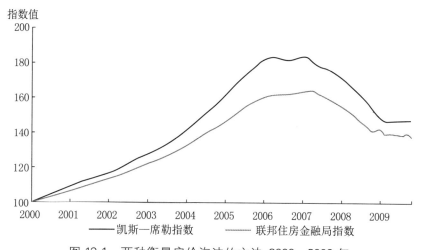

图 13.1　两种衡量房价泡沫的方法，2000—2009 年

资料来源：标普道琼斯指数和联邦住房金融局。

81%,然后崩溃了。在同一时期,联邦住房金融局官方指数只上涨了60%,之后自然下降的泡沫要小得多。

无论您选择哪个指数,房价泡沫确实存在,而且已经破裂。有趣的是,从2000年1月的起点到2009年的净变化在这两个指数中几乎相同。差异主要在于中间过程中泡沫的大小。回答哪个指数更准确并不容易,因为这两种衡量方法在许多方面存在差异。[5]这是为什么图13.1展示了两者的原因。不论哪种衡量方法,都表明房价从2006年到2009年有大幅下跌。

房价下跌,当然会削弱支撑住房抵押贷款的抵押品。更糟糕的是,繁荣时期不负责任的抵押贷款放贷行为——包括宽松的信贷审查标准、低至零的首付款,以及其他怪诞做法——加剧了这个不可避免的问题。图13.2显示了2000年至2012年间银行在住房抵押贷款上的损失率。2008—2010年间的波动是巨大的。

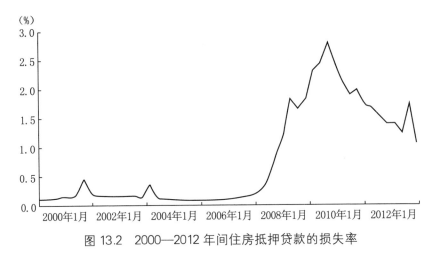

图 13.2　2000—2012 年间住房抵押贷款的损失率

资料来源:美联储理事会。

这种波动并未显示出这样的事实:许多这些损失是在2004—2007年的繁荣年间所发放的较新的抵押贷款所产生的。在那些泡沫年代,看似没有什么事情可能出错,购房者和投机者贷款买房,这些贷款只有在房价继续快速上升的情况下才能得到偿还,但事实并非如此。当泡沫开始破裂时,许多鲁莽的抵押贷款

（以及一些谨慎的贷款）都发生了违约，即抵押贷款债务超过了作为抵押品的房屋的市场价值。

如果住房和金融资产一样，那些发现自己资产为负的房主们就会放弃房子，让银行接手。但是房屋并不像股票和债券，大多数发现自己资产为负的房主都竭尽全力想要保住自己的房子。最后，在 2007—2010 年间，报告的房屋被收回数量不到 750 万套，全国被收回的住宅比例也从未超过 2.25％（每年）。[6] 这些数字确实很糟糕。为了对比，繁荣年代末期的房屋查封率接近每年 0.5％。但是从房地产抵押贷款支持证券的基本估值来看，抵押查封从未达到足够糟糕的程度，以证明贷款支持证券的大规模抛售是必要的。后来，低价买入、高价卖出抵押担保证券（MBS）的勇敢的投资者赚了很多钱。

提到 MBS 不可避免地会谈到固定收益泡沫。然而，这里没有简单的图表像图 13.1 和 13.2 那样用一两张图片来描述整个过程。固定收益证券（简称"债券"）的市场众多、形式多样，在某些情况下极其复杂，将其全部加起来后，规模确实庞大——比如，远远超过房产市场，甚至超过普通股票市场。在 21 世纪头 10 年的泡沫时期，投资股票的企业都共同面临一种风险：与国债相比，风险溢价缩小到了荒谬的低水平。似乎投资者认为放贷的风险已经不复存在了。然而，它们并没有消失，只是被当时的繁荣景象掩盖罢了。

让我们从 MBS 开始，这是与房地产泡沫联系最紧密的金融资产。华尔街的金融工程师们将直接的"普通"MBS——类似于住房抵押贷款的共同基金——分成不同风险程度的部分。通过分级的魔力，他们使许多 MBS 投资者免于风险——至少他们声称如此。然而，事实并非如此。风险可以转移和调整，但真正的风险无法通过重新包装金融资产来消除。在这种特殊情况下，基础资产——主要是次级抵押贷款，即信用评级较低的借款人的债务——明显是有风险的，除非房价持续上涨。在易受骗的投资者眼中，这些新型金融工具看起来很安全。毫无疑问，这种错觉主要是由评级机构的"无能"大力支持的。

一个不切实际的简单示例将说明该过程的工作原理。首先，有一个大量房屋抵押贷款的池子。然后，不像股票共同基金那样按比例分割池子，而是按风险排序创建不同等级。最低层级的部分通常被形象化地称为"有毒垃圾",将吸收整个池中前8%的损失。接下来是一个"夹层"债券(或更有可能是几个),将承担接下来2%的损失。如果你想象一个住房抵押贷款池的损失永远不会超过10%,就像当时的投资银行家和投资者所想的那样,那么最高级别的部分本质上是零风险的。购买最高级别部分的买家认为他们得到的是相当于替代国债的债券,其收益率高于真正的国债。毕竟,这些最高级别部分通常会被合规的评级机构赋予固若金汤的AAA信用评级。

我们可以把这一切,从最低级的部分到最高级的部分,称为债务抵押债券(CDO)。关键的营销理念不是把整个CDO出售给任何一个投资者(这将集中所有的风险一起),而是把各个部分作为独立的证券出售。初级债券出售给愿意承担风险以获得更高预期回报的投资者,高级债券出售给寻求安全的投资者,中级债券出售给介于两者之间的投资者。顺便说一句,这个小例子要简单得多,真正的CDO通常有八个或者更多个层级,有时还会把非抵押贷款也纳入其中。

然而,复杂性还不止于此。聪明的金融工程师很快就发现,你可以从不同的CDO中收集一堆有毒的废物,将它们组合成一种新的、更复杂的证券,称为CDO^2,然后像上一个例子中一样对CDO^2进行分级。通过这种神奇的做法,绝大部分的CDO^2被转化为超级高级证券,请记住,这些证券都来自次级抵押贷款的有毒垃圾部分。而这些证券会被无能的(或更糟的)评级机构赋予最崇高的AAA评级;对你的祖母来说也足够安全。此外还有更多,比如CDO和CDO^2的衍生品;信用违约互换(CDS),即对这些组合中的一个是否会违约押注;以及一系列其他方式,用来对抵押贷款市场的各个方面进行下注。

事实上,CDO,尤其是CDO^2,风险远高于国债。但是与国债证券相比,市场利差表明附加的风险很小。贝尔斯登公司的基金经理拉尔夫·乔菲(Ralph Cioffi)被指控证券欺诈但被宣判无罪。他向金融危机调查委员会表示,"我们的基金(由MBS和CDO组成)背后的理论是,结构化信贷市场提供的收益率高于其信用评级所建议的水平"(FCIC 2011, 135)。委婉地说,评级机构的评级被夸大了。如果评级更低(它们本应如此),风险溢价将会更高。

　　垃圾债券,即投资级别以下的公司所发行的可交易债务工具,尽管它们从未获得过评级机构赋予它们的 AA 或 AAA 信用评级的好处,但它们仍参与其中。2007年春天,十年期国库券和 CCC 评级(或更低)公司债券的收益率在一段时间内一度跌破 4.5 个百分点。相比之下,1997 年至 2005 年的平均值为 12.8 个百分点。[7]

　　此情况与以下国家发行的主权债务工具的情况类似,它们的信用评级可能(大方地)被称为"低于投资级别"。而且你不必到新兴市场才能发现到它们。我最喜欢的例子是希腊国债,2007 年上半年,该债券的收益率比德国国债高出约25 个基点,这意味着从违约中预期年度损失仅为 0.25％。四百分之一的违约几率?众所周知,这种 400 比 1 的可能性在 2012 年成为现实。这应该是意料之中的事。莱因哈特和罗戈夫早些时候曾记录过,希腊自 1829 年获得独立以来,其主权债务大约有一半的时间处于违约状态(Reinhart and Rogoff 2009,30,table 7)。

　　总而言之,在 2006 年和 2007 年初任何固定收益市场中,投资者似乎都愿意在低利率环境下为了追求收益而忽视风险。那么会出现什么问题呢? 事实证明,出现了很多问题。

世界金融危机开始

　　当房价在 2006 年停止上涨时,纸牌屋开始坍塌。请记住,许多次级抵押贷款的可行性是建立在不断上涨的房价之上的。如果房价停止上涨,许多抵押贷款实际上"被设计时就是违约的"[8]。并且房价的确停止了上涨。全国关于房价泡沫的猜测很快让步于两个新问题:房价下跌的速度会有多快? 幅度会有多大?

　　乐观主义者预计房价将趋于平稳,或者可能只是小幅下跌。毕竟,虽然多年来房地产泡沫在当地市场频繁膨胀并破裂,但几十年来美国的房价从未出现过全国性的下跌。辉煌的金融市场据称聚集了成千上万交易者的集体智慧并量化了风险,然而该市场在 2006 年 9 月初预计房价下跌仅达 6.4％。[9]悲观主义者对市场的"天才预测"表示怀疑。一些人认为房价可能会下跌 20％ 或 30％,这一结果似乎是灾难性的。但事实证明这才更接近真相。

房价和抵押贷款相关证券的市场价值是两回事,因为市场价值反映的是许多此类证券中不良的信贷质量和过度的杠杆作用(包括直接和间接的衍生品)。我们的国家住房金融体系在 2007 年出现裂痕,首先是几个非银行抵押贷款机构的破产,接着是突然觉醒的评级机构对 MBS 和 CDOs 大规模降级。当然,这些降级降低了证券价格。固定收益泡沫开始破裂。

2007 年 7 月,美国第五大经纪交易商、次贷热潮的主要参与者贝尔斯登(Bear Stearns)告诉投资者,由于抵押贷款相关资产的巨大损失,其一只高杠杆基金"实际上已经没有价值了"。舞会已经结束了,但气氛还没有热烈起来。

气氛于 2007 年 8 月 9 日开始真正热烈起来,当时的巨头法国巴黎银行(BNP Paribas)停止了对三个次级抵押贷款基金的提现。理由是什么呢?"在美国证券化市场的某些细分市场中,流动性完全消失,已经无法公正地估值某些资产"(FCIC 2011,250—251)。这些基金和类似资产的投资者将这份声明(正确地)理解为:你损失了钱,我们不知道损失了多少,而且你无论如何都无法获得这笔钱,因为我们已经关闭了退出的大门。即使是对 19 世纪美国银行业恐慌历史稍有了解的人,都能想象出在实际或预期停止货币兑换,即银行停止为其纸币提供黄金或白银后出现的挤兑场景。无论你是法国投资者还是美国投资者,信号都很明确:是时候恐慌了。这正是全球市场参与者所经历的。

导致恐慌的事件,当然还有恐慌本身,都让人们开始怀疑贝尔斯登和巴黎银行等一流金融机构在内的许多金融机构的流动性甚至其偿付能力。你能肯定你的交易对手会付清吗?我们知道,由于银行间拆借利率飙升,人们对主要交易对手的信心也在那天开始减弱。当时众所瞩目的风向标是伦敦银行间同业拆借利率(LIBOR),该利率表示一家大银行向另一家提供短期贷款时所收取的利率。LIBOR 市场仅限于最大的参与者:花旗银行、摩根大通、巴克莱银行、汇丰银行等。在那时,这些具有威望的金融巨头中是否真的存在未能偿还隔夜贷款的风险呢?反映在 LIBOR 上的风险溢价给出了肯定答案。与美国国债的利差在短短三个工作日内就跃升了 30 个基点。在极其安全的 LIBOR 世界里,30 个基点引起了大家的关注。恐惧正在战胜贪婪。

一旦怀疑的种子撒下，便引发了一场重大的流动性争夺。金融市场基本建立在信任之上，这种信任指的是相信对方会按时全额偿还所欠的款项。随着信任的消失，大规模的"趋向优质资产"出现了。那些带有一点风险的市场发现买家正在消失，市场开始陷入僵局。因此，固定收益泡沫在 2007 年 8 月 9 日之后轰然破灭，而非悄悄消散。

然而，美联储和其他央行尚未将正在发生的事件视为宏观经济灾难的前兆。这种缺乏远见是致命的。巧合的是，联邦公开市场委员会两天前召开了一次会议，会议于 8 月 7 日声明："尽管经济增长的下行风险略有增加，但委员会主要关注的政策风险仍然是通胀未能如预期般得到缓解。"他们主要担心的是当时2.5％左右的通货膨胀，而不是经济崩溃。许多美联储观察人士难以置信。我就是其中之一。

在巴黎银行事件后的第二天，联邦公开市场委员会匆忙安排了另一次会议，这次是电话会议。其 8 月 10 日的声明向金融界保证，美联储正在"提供流动性以促进金融市场的有序运行"，正如其应该做的那样。这句话可以意译为：来吧，想借多少就借多少。但委员会将联邦基金利率维持自 2006 年 6 月以来的水平——5.25％。那么，通胀是否仍然是美联储的"主要政策关注点"？

六天后另一次电话会议上给出了答案。委员会于 8 月 16 日的声明中指出，"增长的下行风险有所增加"，从而削弱了通胀作为主要风险的地位。这是走向平等的重要一步，但委员会仍然拒绝降息。在金融系统危机四伏的当下，削减利率甚至还带着争议，实在令人难以理解。就连当时许多美联储的批评者也这样认为。

但联邦公开市场委员会直到 2007 年 9 月 18 日的下一次定期会议，也就是巴黎银行事件整整 40 天后，才调整了基金利率。40 个昼夜会发生很多事情，也确实发生了很多。委员会终于从沉睡中醒来，大幅度降低 50 个基点的资金利率，并指出"信贷紧缩有可能加剧房地产市场的调整，更普遍地制约经济增长"。美联储态度的转变至关重要。一年后，雷曼兄弟的灾难性破产才消除了所有疑虑。在 2007 年秋天，关于金融危机的原因有两种相互矛盾的说法。

从狭义的技术角度来看,金融世界正在经历一场流动性危机,尽管很严重,但仍然是一场流动性危机。惊慌的投资者和机构争相获取大量现金,原因在于交易对手风险上升,部分原因是所谓安全资产不再安全,以及银行和投资基金担心客户可能有一天会出现在门口要求巨额提款。沃尔特·白芝浩(Walter Bage-hot)曾于1873年教导央行行长如何应对类似情况:以优质抵押品为抵押,以惩罚性利率自由借贷。2007年的央行行长理解了"白芝浩原则",并坚持遵循。但这是为了提供流动性以避免金融不稳定,而非支持经济的货币政策。

更为悲观的观点需要采取不同的行动。它将2007年发生的事情定义为经济信贷授予机制严重受损的开端。从更广泛的角度来看,流动性不足只是冰山一角。真正的问题隐藏在大规模去杠杆化、主要机构可能破产、巨额财富损失,以及对金融体系(包括美联储和世界各地其他央行监管的银行)的严重损害中。如果这些情况都发生了(请记住,到2007年9月这一切还没有发生),整个经济将陷入困境。缺乏信贷的经济体会陷入衰退甚至更糟的境地。企业会衰落并破产。工人会失去工作。

本·伯南克在他的学术生涯中曾是研究大萧条的知名学者。他最早获得声誉的学术论文之一是关于信贷市场崩溃如何"将1929年至1930年期间的严重但并非史无前例的经济衰退转化为长期的经济萧条"[10]。但美联储还没有认真思考过金融稳定性及其维护稳定性的责任。与其他银行监管机构一样,美联储允许其监管的银行变得过于杠杆化(有时是通过表外实体),并且过于容忍薄弱的承销标准。这些安全和稳健型问题随着金融稳定性担忧的上升,最终成为主要问题。不过在2007年9月,持鹰派立场的联邦公开市场委员会更关注通胀问题,还没有准备好采取行动支持经济。

美联储全力以赴

尽管如此,历史记录表明,美联储的货币政策反应比欧洲央行(ECB)等其他机构要快得多。然而,这并不意味着他们能迅速采取行动。2007 年秋天,联邦公开市场委员会成员仍然不知道他们在应对什么问题。许多人对于放宽货币政策存在疑虑。效仿白芝浩式(Bagehot)的方式,提供大量流动性是否足够? 在 9 月 18 日降息 50 个基点后,美联储又等了六周,直到下次例会才再次降息。到那时,许多抵押贷款公司都已经破产,花旗集团和其他主要银行和经纪公司已经宣布对次级抵押贷款进行大规模减记。但美联储在 10 月 31 日再次加息 25 个基点,这个举措仅仅是小幅度的前进,且在 12 月 11 日的下一次定期会议上重复了这个行为。他们显然没有紧迫感。联邦公开市场委员会仍然行动缓慢,没有迅速行动。

然而,在此之后,联邦储备委员会加快了步伐。隔天,该委员会宣布了推出两项新措施以提供流动性支持。第一项是与寻求联邦储备委员会援助的外国央行签订的货币互换协议,以解决他们自己的银行系统严重缺乏美元流动性的问题。第二项是定期拍卖工具(TAF),旨在向银行提供白芝浩式的贷款,但贷款期限通常较长,最长可达四周。

美联储早些时候向银行放贷的尝试因美国银行家传统上担心被污名化而受阻。在标准的(美国)银行业实践中,来到央行的贴现窗口是一件应该刻意避免的事情,因为这将表明你是一家实力较弱的银行。定期拍卖工具试图通过两种方式解决这种污名化问题。首先,它被设置为邀请所有银行参加的拍卖会。银行不需要表明自己的困境,只需要竞标可用的资金即可。其次,定期拍卖工具推迟了美联储向银行支付的款项,借款银行需要等待几天才能收到现金。这是贴现窗口实践中一个设计巧妙的调整,因为一笔延迟几天的贷款并不能拯救一家濒临破产的银行。定期拍卖工具取得了巨大的成功。在 2009 年 3 月的使用巅峰期,该工具的未偿贷款为 4 930 亿美元。一年后,它完全关闭了。它不再被需要了。

但美联储只是在热身。在圣诞节和新年假期期间,伯南克肯定一直在琢磨美联储在 20 世纪 30 年代的被动状态。这些并不是美好的回忆。2008 年 1 月 9 日,他通过电话召开了联邦公开市场委员会会议,表面上是回顾最近的事态发展,但可能是为了推动委员会的积极性。该会议的纪要指出,"自去年 12 月联邦公开市场委员会会议以来,经济增长的下行风险已显著增加",但委员会尚未准备再次降息。伯南克毫不气馁,12 天后再次与他们通了电话。会议纪要(1 月 21 日)指出:"经济活动的前景正在减弱。"事实上,情况确实如此,委员会现在已准备采取果断行动。

在只有一人反对的情况下,委员会成员同意在次日清晨宣布将联邦基金利率下调 75 个基点,这几乎是前所未有的。在格林斯潘领导的整整十八年半时间里,联邦公开市场委员会只有一次将基金利率上调了 75 个基点的情况,而这次是降息。此外,这一举措将在定期会议之间实施,而美联储很少这样做。倘若这些还不足以引起市场的注意,联邦基金利率的公告时间也会不同于过去的下午 2 点 15 分,而是改为上午 8 点 30 分,这是当时的规定。美联储想要在 2008 年 1 月 22 日引起关注,而它的确做到了。在 8 天后举行的定期会议上,委员会再次将基金利率下调 50 个基点,至 3%,使联邦基金利率比 9 天前下降 125 个基点。此时,美联储处于一级防御状态。

发生了什么变化? 至 2008 年 1 月,联邦公开市场委员会清晰地看到自己正在应对一场双线作战,并且正在两个战线上准备战斗。当然,正如白芝浩在 1873 年已经阐述过的原因,它需要提供大量的流动性。但委员会也在应对一场即将到来的衰退,这可能导致许多企业破产,因此需要大幅降息,原因众所周知,凯恩斯在 1936 年就阐述过。如前所述,伯南克主席非常清楚地意识到美联储在 1930 年的失败,并决心不再重蹈覆辙。

紧接着又一次降息 100 个基点,然后在 2008 年 3 月,美联储向金融市场投放了另一种救生工具:定期证券借贷设施(TSLF)。其旨在缓解所谓主要交易商(一群在国债市场上提供流动性的大型银行和经纪商)经历的严重流动性短缺问题。当时,这些公司持有流动性较低的证券,但缺乏作为大额美元交易交换媒介的国库券。因此,美联储通过交换大量持有的国债来帮助一级交易商摆脱困境,以获取一些流动性较低的证券。请注意,定期证券借贷设施的操作并没有改变美联储资产负债表的规模,只是改变了它的构成。这并非当时所理解的货币政策:它没有增加银行储备,也没有降低联邦基金利率。

定期证券借贷设施于 3 月 27 日开始营业,但对华尔街巨头中规模最小、可以说是最好斗的贝尔斯登而言,恐怕已经为时过晚。然而,值得一提的是,贝尔斯登是当时被认为是羚羊群中速度最慢的羚羊。像其他金融公司一样,贝尔斯登已经习惯了靠隔夜贷款(主要是回购)赚钱。但在 3 月 10 日开始的那周,续借这些贷款逐渐变得更加艰难。华尔街老手、时任财政部长亨利·"汉克"·保尔森(Henry "Hank" Paulson)指出,信心一旦丧失事情就会变得一发不可收拾。而贝尔斯登公司的情况正如他所言,需要联邦储备委员会和摩根大通的援助才能勉强坚持到周末。贝尔斯登处于濒临破产的边缘,即使它以国债作为抵押品,潜在交易对手仍然回避与其交易。

那个周末,当美联储寻找购买贝尔斯登的买家时,很快就得出结论,唯一可行的候选者是摩根大通,它既有坚实的资产负债表,又有收购贝尔斯登业务的愿望。作为唯一可行的竞标者,摩根大通占据了主导地位。为了达成交易,美联储同意接受近 300 亿美元有争议的与抵押贷款相关的资产,摩根大通强硬的首席执行官杰米·戴蒙(Jamie Dimon)认为这些资产对他的股东来说风险太大。对美联储来说,将这些资产纳入自己的资产负债表是一项重大举措,也是最终成为一系列准财政行动中的第一步,即承担风险,如果这些风险恶化,纳税人将遭受损失。对于受传统束缚的美联储来说,这是在异域冒险。(当时没有人能想象到 2020 年的事件!)

具有讽刺意味的是,就在美联储和摩根大通宣布收购贝尔斯登的同一天(3 月 16 日),美联储理事会创建了一级交易商信贷设施(Primary Dealer Credit Facility),为一级交易商提供更多信贷。贝尔斯登是主要的交易商之一。该公司名誉受损的首席执行官吉米·凯恩(Jimmy Cayne)向金融危机调查委员会透露,一级交易商信贷设施"只晚了 45 分钟",未能及时挽救公司的命运(FCIC 2011,294)。他可能言过其实了。但谁知道呢?

无论如何,联邦公开市场委员会在 3 月 18 日和 4 月 30 日又两次下调联邦基金利率(至 2%),然后暂停观察会发生什么。这些货币刺激足够吗?这艘船现在能恢复正常了吗?

财政刺激：第一轮

当然，美联储并不是唯一注意到经济衰退正在恶化的华盛顿机构。白宫和民主党控制的国会也同样察觉到了，他们迅速达成共识，通过了《2008年经济刺激法案》(请注意这个高度凯恩斯主义的名字)。2008年2月，布什总统签署了该法案。

多维度刺激计划的核心部分是向1.3亿纳税人发放支票(占GDP约1%)：个人600美元，已婚夫妇1200美元。出于公关原因，这些转移支付被称为"退税"，但它们并非过去支付的税金的退款。事实上，"退税"与人们在2007年缴纳的税款或2008年将欠下的税款没有任何关系。也就是说，你必须是纳税人才能收到支票，这一限制将数百万低收入美国人排除在外。[11]

根据标准的经济学思维，一次性的转移支付，如2008年的退税，对消费者支出的影响应该远远小于同等规模的永久性减税(但预算成本也更低)。例如，在纯粹的永久收入假设下，600美元或1200美元应该在每个纳税人剩余的生命中平稳地花掉，这意味着在大多数情况下，2008年的支出很少。但这似乎并没有发生。帕克等(Parker et al. 2013)和布罗达、帕克(Broda and Parker 2014)使用巧妙的方法(基于支票在不同日期寄给不同人的事实)估计，消费者在收到刺激资金后的三个月内将其50%—90%用于消费。这是相当高的边际消费倾向。有趣的是，行为金融学的见解表明，一次性意外之财的边际消费倾向应该更高，而不是更低。[12]

尽管如此，向数百万人发放支票并非一项轻松的行政任务，在支票发放到位时已经是2008年夏末，远远晚于国家经济研究局定义的衰退，该衰退期始于2007年12月。更重要的是，在此期间，金融体系的前景急剧恶化。正如我们刚刚看到的，贝尔斯登必须在2008年3月得到大力救援。到了7月份，房屋融资的两个巨头——房利美(Fannie Mae)和房地美(Freddie Mac)——已经接近破产，国会授权财政部救助它们，实质上(尽管没有公开表述)相当于将它们收归国有。2008年9月7日，保尔森部长感到有必要这样做。当然，真正的滑铁卢始于8天之后,雷曼兄弟公司破产,进入破产法院,这场崩盘开始了。[13]经济几乎立即开始崩溃,而仅占 GDP 的 1‰的财政刺激显然不可能完成这项任务。

大衰退

紧随金融危机而来的严重衰退很快就被命名为"大衰退"。当然,当时没有人预料到 2020 年美国经济(和其他经济体)将发生更深刻(尽管短暂)的经济衰退。当时的自然参照系是"二战"后的十次衰退。与那些相比,2007—2009 年的衰退虽然与随后 2020 年的衰退相比相形见绌,但确实是"巨大的"。

图 13.3 展示了自 1947 年以来美国经济衰退的广阔历史视野,以季度为单位绘制实际 GDP。我的图表截至 2019 年,因为如果包括 2020 年,2020 年 2 月的可怕下跌将使其他所有事情显得微不足道。该数据缺少 NBER 经济衰退的传统阴影,因此得费劲才能看到 2007 年之前的十次经济衰败。除了 1980 年至 1982 年连续两次的经济衰退可能比较容易辨认,其余的衰退你需要眯起眼睛才能看到。但 2007—2009 年的衰退非常明显,比较容易辨认。实际 GDP 下降了 4‰,图给

图 13.3　1947—2019 年实际 GDP

资料来源:经济分析局。

人的印象是我们从未收复失地。然而相反,经济似乎已经恢复了之前的增长速度,但从未回到衰退前的趋势。看起来实际GDP水平被永久性地降低了。

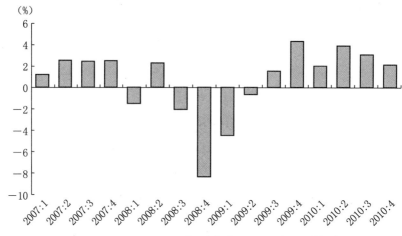

图 13.4　2007—2010 年季度实际 GDP 年化增长率

资料来源:经济分析局。

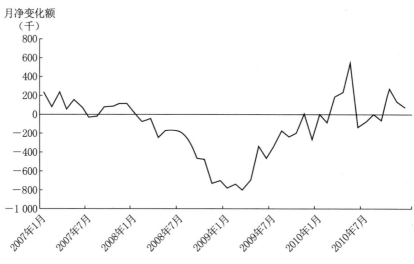

图 13.5　2007—2010 年月就业人数变化

资料来源:劳工统计局。

图 13.4 提供了大衰退之前、期间和之后的详细情况。2008 年第三季度开始

的急剧崩溃是显而易见的。这次崩溃紧随着 9 月雷曼兄弟破产之后,更明显地在图 13.5 中显示了这段时间内每月的就业增减情况。2008 年 9 月中旬,美国经济几乎一落千丈。

我不认为雷曼兄弟的倒闭和随之而来的一连串金融灾难是导致可怕衰退的唯一原因。毕竟,21 世纪初石油价格曾大幅上涨,2008 年 6 月达到顶峰,每桶超过 175 美元(西得克萨斯中间基原油),这是一场石油危机,但旷日持久。尽管如此,经济在 2007 年和 2008 年上半年仍然勉强维持了正增长。随着雷曼兄弟的破产引发的金融危机的诞生,金融系统中各个方面相继失控:

- 保险业巨头美国国际集团(AIG)是一家大型保险公司,冒着巨大的风险为 AAA 级的复杂抵押贷款证券提供保险,实际上已经被美联储收归国有,尽管美联储此前从未监管过 AIG 或任何保险公司。
- 美林证券(Merrill Lynch),美国最著名的股票经纪公司,只是通过匆忙地将自己卖给美国银行,才避免彻底消亡。
- 就连华尔街最蓝筹的投资银行高盛(Goldman Sachs)和摩根士丹利(Morgan Stanley)也显得岌岌可危。当美联储宣布它们为银行控股公司,并证明它们有能力筹集外部资本时,人们对它们的信心才得到了提振。
- 全球历史最悠久的货币市场共同基金跌破 1 美元大关,引发了货币基金的挤兑和商业票据市场的崩溃。
- 美国最大的储蓄机构华盛顿互惠银行(Washington Mutual)和第四大银行瓦乔维亚银行(Wachovia)双双破产。美国联邦存款保险公司(Federal Deposit Insurance Corporation)以极低的价格出售了这些债券。

还有更多例子,没人曾见过这种情况。最后,在似乎一切都要崩溃的情况下,财政部长保尔森和美联储主席伯南克走向国会山,通知国会领导人,如果他们不迅速批准 7 000 亿美元的拨款来购买"问题资产",世界可能会毁灭。

实体经济也被如此惊人的金融动荡所影响。正如刚才所观察到的,就业情况和 GDP 在雷曼兄弟事件之后几乎崩溃。任何认为美国将避免严重衰退的想法很快就被打消了。随着金融体系的崩溃,正常信贷渠道遭受到了损害;随着住房建设的崩溃,以及房地产、股票和债券市场的大规模财富损失,很明显,美国将陷入一场严重的衰退。在某些方面,人们开始猜测"大萧条 2.0"的可能性。

我清楚地记得当时我自己态度的转变。在雷曼兄弟破产之前,相对于普遍的悲观情绪,我比较乐观。尽管经济很明显在困难中艰难地维持着,标准普尔 500 指数自 1 月 1 日以来已经下跌了约 14%,但我并不相信我们正走向严重的经济衰退。毕竟,2007 年实际 GDP 平均增长 2%,而 2008 年前两个季度为零——虽然不好,但也算不上灾难性的。然而,2008 年 9 月 15 日,我变得极度悲观,很多人也是如此。在雷曼兄弟事件到 11 月 20 日这段时间内,标普 500 指数又下跌了 37%。形势非常严峻。显然需要更多的财政和货币刺激。

本章总结

21 世纪头 10 年中期,金融世界陷入疯狂,形成了房价和各种固定收益证券(尤其是但不限于抵押贷款相关证券)不可持续的泡沫。尽管一些批评者试图将责任归咎于美联储在 2002—2004 年的宽松货币政策,但我在前一章中指出,这种指责有失偏颇。然而,人们有理由批评美联储没有足够认真地履行其维护金融稳定的责任。财政政策甚至比货币政策更无可指责,除非你把宽松的监管政策和态度也算在内,而这并不是本书的重点。[14]

尽管美联储在 2004—2006 年逐步提高利率,但大衰退显然不是紧缩货币政策引起的,也不是石油危机引起的,虽然 2007 年 1 月至 2008 年 6 月间发生了一次相当大的石油危机。当然,主要原因是金融体系深远且大规模的崩溃。直到 2008 年 9 月雷曼兄弟申请破产,金融市场冲击的全面程度才显现出来。不过,在

2007 年 8 月法国巴黎银行关闭了一些与抵押贷款相关的基金门户时，已经可以看出有几个国家的经济陷入了麻烦。

美联储一开始反应谨慎，不知道金融系统只是需要更多的流动性，还是实体经济需要严格的货币刺激。然而，到了 2008 年 1 月，美联储处于全面的宏观经济警戒状态，大幅降息，并首次推出了最终将成为"一锅字母汤"*的贷款工具。财政政策很快紧随其后，于 2008 年 2 月推出了一个刺激方案，金额约为 GDP 的 1%，这再次表明白宫和国会在形势需要时能够迅速采取行动。认为财政政策过于缓慢和不可靠，无法发挥作用的旧观念正在消失。

然而，当雷曼兄弟破产时，这些政策举措都不够用。经济陷入了自 20 世纪 30 年代以来最严重的混乱。然而，与 20 世纪 30 年代不同的是，凯恩斯主义的态度在政策制定者的头脑中根深蒂固，至少在一段时间内。财政政策和货币政策都以前所未有的方式付诸行动。

注释

1. 这一章和接下来的两章大量借鉴了我 2013 年出版的《当音乐停止之后》一书，包括散落于全篇的一些节选。这本书开头的题词启发了它的书名。
2. 一些关于抵押贷款市场即将出现问题的警告甚至来自美联储内部，尤其是美联储理事内德·格拉姆利克（Ned Gramlich）。例如，参见 Blinder（2013，58—59）。
3. 完全披露：伯南克和我在普林斯顿大学是多年的同事，现在仍然是私人朋友。
4. 我也是其中之一。参见 Blinder 和 Reis（2005，13）。公平地说，我们研究的只是格林斯潘的货币政策，而不是他的监管政策，我在担任美联储副主席时经常反对他的监管政策。关于后者的一个具体例子，请参阅古德曼（Goodman 2008）。
5. Blinder（2013，18）讨论了这种差异，指出了为什么凯斯—席勒指数可能夸大了价格上涨，而联邦住房金融局指数可能低估了价格上涨的原因。
6. 止赎数字来自各种新闻报道。止赎率来自 Statista（2021）。

---

* 这是一个比喻，形容美联储推出的众多贷款计划，因为这些计划的缩写和名称复杂多样，就像一碗由不同字母组成的汤一样难以辨认和理解。——译者注

7. 圣路易斯联邦储备银行(2022)。

8. 我相信这句话是由加里·戈顿(Gary Gorton 2010)提出的,他是一位学术经济学家,当时是美国国际集团(American International Group)的顾问。

9. 这一数字来自芝加哥商品交易所基于凯斯—席勒指数的期货价格。引用自 Blinder(2013, 88)。

10. 他的《金融危机在大萧条传播中的非货币效应》(Bernanke 1983)获得了大量关注,并发表在可能是世界上最负盛名的经济学杂志《美国经济评论》上。

11. 很讽刺的是 2001 年布什的减税政策将许多低收入美国人从所得税名单中剔除,这一进步举措在当时受到自由派人士的欢迎。但这意味着他们在 2008 年没有获得"回扣"。

12. 举两个例子,见 Agarwal 和 Qian(2014)以及 Fuster, Kaplan 和 Zafar(2021)。

13. 关于保尔森、伯南克和其他人将雷曼兄弟送上破产法庭而不是拯救它的决定,已经有很多报道。有关这方面的更多信息,请参阅下一章。

14. 这是一种延伸,但人们或许可以把房利美和房地美这种半私有半公共的混合状态称为"财政政策"的一部分。这确实构成了问题的一部分,但不是宏观经济稳定政策的一部分,而宏观经济稳定政策是本书的重点。

第 14 章
现在齐心协力：美联储和财政部联手

> 需求与困境总能激发人的潜能。

> ——家喻户晓的谚语。

到 2008 年秋天，因为在伊拉克和阿富汗无休止的战争，布什政府已经基本力竭。在雷曼兄弟破产之前的盖洛普民意调查中，布什的支持率仅为 31％，随后在 2008 年 10 月初跌至 25％的历史低点。布什总统本人似乎漠不关心，几乎将经济管理全权委托给了财政部长汉克·保尔森。随着总统选举即将到来，年轻而充满活力的参议员巴拉克·奥巴马也将与较其更年长的战争英雄参议员约翰·麦凯恩(John McCain)展开角逐。这时施行积极的财政政策可能并不合时宜——除了一个重要而且极不寻常的例外:问题资产救助计划(TARP)。

实施问题资产救助计划

问题资产救助计划是在危机爆发时被即兴定制的。正如保尔森后来所说，"坦白地说,我们别无选择,只能凭感觉行事,边做边编"(Paulson 2010，254)。这一切的动力来自在雷曼兄弟破产后的几天,美国国际集团(AIG)被收归国有。恐慌袭来。曾经的华尔街巨头,保尔森眼看着事态陷入失控,以至于"我们无法继续使用胶带和救生索来维持整个系统的稳定"(254)。美联储主席本·伯南克也认同这一判断，告诉保尔森"我们不能再这样下去了"（Sorkin 2010，431）。伯南克迫切希望国会为金融救援任务拨款，让美联储摆脱困境。

保尔森和伯南克有很多支持实施问题资产救助计划的动机。首先最重要的是，金融危机正在蔓延，而不是在消退。局势越来越像是"大危机"，是时候采取一切必要措施来应对这一危机了。其次，尽管（也可能是因为）在雷曼兄弟破产后，保尔森使用外汇平准基金来稳定货币市场的共同基金，但他感到仍迫切需要一笔由国会明确拨款用于金融救援的资金[1]，因为谁知道接下来会发生什么呢？再次，美联储在拯救贝尔斯登和美国国际集团以及其他方面冒了很大的风险。随着每一个临时紧急救援计划的实施，公共资金都被非政治的、非选举产生的联邦储备系统置于危险之中。出于民主合法性的考虑，伯南克对这一发展感到非常不安。他认为，这些决定应该由当选的政治家做出。最后，所有这些临时决策都让金融市场对规则感到困惑，以至于怀疑，真的有什么规则吗？

在两位金融领袖及其幕僚为问题资产救助计划做准备之际，前经济学教授和前华尔街大亨之间出现了重大的意见分歧。这位学识渊博的美联储主席在纽约联邦储备银行的支持下，倾向于直接向银行注资，以提振它们脆弱的资产负债表。作为经济史的专家，伯南克知道，银行危机过后，政府几乎不可避免地会提供资本——或早或晚。为什么非要等事情变得更糟呢？此外，为银行提供新资本将使政府的资金发挥杠杆作用。由于银行通常以大约 10∶1 的杠杆运作，至少在理论上，每增加 1 美元的银行资本便会产生 10 美元左右的新增贷款。[2]

但这位不太注重理论思考、更注重行动的财政部长从政治和市场的角度否决了伯南克的意见。政治上，任何购买银行股份，从而使政府成为该国最大银行的部分所有者的提议都会被共和党人谴责为社会主义，被民主党人诋毁为送给有钱银行家的礼物。所以从政治上讲，这在国会是行不通的。从市场角度来看，即使是银行的部分国有化也会吓跑私人投资者，也就是那些财政部和美联储所希望购买银行股权的人（银行股价格非常低迷）。出于这些合理的原因，保尔森不想直接向银行注资；他甚至不想让任何人谈论这件事，以免购买银行股票的想法泄露出去。

　　当涉及政治事务,特别是在与国会打交道时,美联储主席通常会听从财政部长的话,后者毕竟代表着总统,具有隐含的政治合法性。此外,保尔森对政治环境的解读可能相当中肯。因此,当这两人前往国会山请求国会帮助时,他们的请求是支持保尔森的想法(购买不良资产),而不是伯南克的想法(向银行注资)。

　　这场政治大戏在 2008 年 9 月 18 日(周四)晚的一次重要会议上正式开始,当时雷曼兄弟刚刚破产 3 天。美联储主席和财政部长首先与乔治·布什总统进行了磋商,然后与国会两党领导人一起被匆忙召集到众议院议长南希·佩洛西的会议室里。当他们鱼贯而入时,国会议员们心中对市场的期望与愿景远不及伯南克和保尔森那样黯淡。议员们仍然认为这场灾难是华尔街的问题,而不是普通民众的问题。他们还发自内心地反对银行救助。对贝尔斯登的救助和对美国国际集团的救助都非常不受选民支持。说得委婉点,参议员和众议员都很谨慎,不愿拿大量纳税人的钱冒险去抚平银行自己造成的创伤。在他们看来,这无异于政治自杀。

　　与之形成鲜明对比的是,对于那些了解美联储能力的少数政客来说,利用美联储宽裕的资产负债表是相当有吸引力的。通过美联储,资金可以流向其所在地区的银行,而无需国会拨款一分钱,如果出现任何问题,伯南克将承担责任,国会议员随后可以痛斥美联储越权或任何他们不喜欢的事情。这一点——美联储面临严重的政治风险——也当然正是伯南克试图尽量减少的。

　　根据所有人的说法——很多国会议员都进行了讨论,所以有很多目击者的描述——9 月 18 日的会议非常紧张。民主党人认为保尔森是在恳求救助那些有钱的利益集团。正如他早些时候向伯南克透露的那样,"他们会杀了我的,我会被晾在一边"(Wessel 2009,203)。事实上,在当晚财政部长前往国会之前,他的幕僚长曾警告过他:"只有你把他们吓出屎来,才会奏效"(Sorkin 2010,445)。虽然说得很粗俗,但这可能是合理的建议。保尔森接受了。

　　保尔森和伯南克显然不仅仅是概述了如果国会不迅速采取行动,美国将面临的金融末日的场面。据出席会议的一些国会议员说,这两人描述的情景更遥远,他们实际上描绘了一个社会秩序崩溃,街头发生骚乱的场景。显然,在那张大红木桌子周围,人们感受到了不安。正如保尔森后来写道的,伯南克对经济可能发生的事情的毁灭性评估"足以让国会议员脸色苍白"(Paulson 2010,259)。伯南克自己后来说,"我有点吓到他们了,我甚至吓到了我自己"(Wessel 2009,204)。

有人推测,在会议中争论较少的时刻,保尔森概述了他想在第二天上午介绍的计划。财政部将从银行购买问题资产,从而提高这些资产的市场价值,并将它们从问题银行的账簿中剥离出来。购买国债将使银行更加健康,从而帮助经济避免最糟糕的情况发生。不幸的是,这样做需要数千亿美元,并且财政部希望该法案在几天内获得通过。这么快就挪用这么多钱震惊了聚集在一起的立法者,他们习惯于以一种悠闲得多的节奏行事,尤其是在参议院,正如多数党领袖哈里·里德(Harry Reid,内华达州民主党人)所讽刺的那样,"我花了48小时让共和党人同意冲厕所"(Hulse and Herszenhorn 2008)。

但被末日景象惊呆的国会领导层不情愿地同意了。这是一个罕见的两党合作的时刻。仅仅是会议召开的消息就引发了第二天上午股市的强劲反弹。但里德、麦康奈尔(McConnell)、佩洛西和众议院少数党领袖约翰·博纳(John Boehner)很快就会发现,他们的议员根本不准备支持在金融体系上实施保护的问题资产救助计划。

第二天早上,保尔森在新闻发布会上概述了他的计划,为其基本思想辩护——"这些非流动性资产正在扼杀对我们经济至关重要的信贷流动"——并宣称自己"确信这种大胆的做法将使美国家庭付出的代价远远小于另一种选择"(Paulson 2009),后者可能是一场规模堪比20世纪30年代或更糟的巨大金融崩溃。不过,他并没有为问题资产救助计划定价。这并非偶然,因为财政部尚未决定筹集多少资金。就在那天晚上,保尔森和他的一些高级助手为这个问题争论不休。下面是记者安德鲁·罗斯·索尔金(Andrew Ross Sorkin)对对话进行的描述:

卡什卡里说:"1万亿美元呢?"

"我们会完蛋的，"保尔森严肃地说。

"绝对不行，"弗罗默说，对这个数目感到难以置信。

"不会发生的，不可能的。"

"好吧，"卡什卡里说。"7 000 亿美元怎么样?"

当他提出这一数字时，连卡什卡里自己都被这一切的荒谬逗笑了。

(Sorkin 2010，450)

但谁能责怪他们呢？没有人知道多少才够。（事实证明，7 000 亿美元超出了所需。）

事实证明，草案在国会很难通过。保尔森最初提交了一份三页长的草案，请求赋予他几乎无限的权力，甚至排除了司法审查。这份简短而具有爆炸性的文件遭到了嘲笑和警告，当时在两院占多数的国会民主党人开始与政府合作，制定他们自己的版本。在这个过程中发生了许多变化。当然，恢复了司法审查。问题资产救助计划的资金是分批发放的，而不是一次性发放，这样就为下一届政府节省了一些资金，增加了多层监督，包括一个国会监督小组，该小组最终由哈佛大学法学院教授伊丽莎白·沃伦(Elizabeth Warren)领导。事实证明，沃伦既是一个热心的公共钱包守护者，也是第一任财政部长保尔森和后来的财政部长蒂姆·盖特纳(Tim Geithner)的眼中钉。她的高调后来推动她进入美国参议院，甚至在 2020 年竞选总统。

也许最重要的是，在整个法案的多个地方，包括在"问题资产"的基本定义中，都增加了明确的措辞，指示财政部使用问题资产救助计划的部分资金来减少抵押赎回。尽管保尔森没有要求这些措辞。但国会的意图是毋庸置疑的。议员们希望一些救助资金——也许很多——能够拨给陷入困境的房主，而不仅仅是拨给陷入困境的银行。

最终通过的《2008 年紧急经济稳定法案》长达 451 页，其中 261 页涉及问题资产救助计划。但在这 261 页的文件中，你找不到一个字是关于使用问题资产救助计划的资金向银行注资的，这是伯南克最喜欢的想法，但保尔森却没有提到。然而,有一个笼统的说法,根据这个说法,财政部长在与美联储主席"协商"并向国会作出书面解释后[3],可以购买"任何其认为是促进金融市场稳定所必需的金融工具"。如此宽泛的语言几乎允许任何事情发生。

众议院领导层本以为他们有足够的票数在 9 月 29 日通过问题资产救助计划法案,但出乎他们意料的是,普通议员以 205 票对 228 票否决了该法案。共和党人和民主党人都反对,尽管理由截然不同。右派提出了更大的问题;超过三分之二的众议院共和党人投票反对问题资产救助计划。显然,伯南克和保尔森并没有"把他们吓得屁滚尿流"。股市很快就出现了变化,第二天,标准普尔 500 指数下跌了近 9%,一天之内损失了约 1.25 万亿美元的财富——几乎是问题资产救助计划要求的两倍。这种抛售使得足够多的众议院议员信服,从而在四天内以 263 票对 171 票轻松通过了该法案。参议院已经通过了这项法案,于是布什总统于 2008 年 10 月 3 日签署了这项法案。

值得注意的是,随着政治辩论的进行,伯南克主席或多或少地从人们的视野中消失了。他理所当然地认为,挪用资金是一个财政政策问题。这种区别对他(和其他人)至关重要。在问题资产救助计划实施之前,财政部没有能力或不愿意带头,从而迫使通常闭关自守的美联储一再成为公众关注的焦点。尽管根据《联邦储备法》第 13(3)条的授权,其紧急贷款显然是合法的,但美联储的一些行动已经将纳税人的钱置于风险之中。将资金置于风险之中与花钱仅一步之遥,这是国会保留的权力。此外,美联储被推到政治舞台和媒体的聚光灯下,美联储急于摆脱这两者。正如时任美联储副主席的唐·科恩(Don Kohn)所言:"财政部站起来,美联储退居二线"(Wessel 2009,205)。

当这场政治闹剧在国会上演时,另一件可能损害问题资产救助计划形象的事情正在幕后酝酿。保尔森开始相信伯南克一直以来都是正确的:向银行注资比购买问题资产更能缓解金融系统的创伤。财政部的工作显然使保尔森相信,设计一个购买不良资产的计划充满了困难并且是一场长久的计划。[4]而购买银行股权将更简单、更快捷。当财政部长将他的决定告知他的首席新闻官米歇尔·戴维斯(Michelle Davis)时,她的反应是震惊的。"我们甚至还没有让国会通过这项法案。我们要怎么解释呢？我们现在不能这么说"(Wessel 2009，227)。保尔森也确实没有让国会通过这项法案。

因此，美国参众两院议员投票决定向银行注资，而当时他们认为自己投票是为了购买问题资产并减少止赎情况。问题资产救助计划当然不需要更多的政治包袱，但在国会通过新法案仅九天之后，保尔森就宣布了他对计划的彻底改变。这看起来像是一个典型的诱饵和交换的案例。具有讽刺意味的是，在后来的危机中，美联储会介入，做一些非常接近问题资产救助计划最初设计的事情[5]，财政部会投入资金，保护美联储免受任何可能的损失（美联储的行动详见下文）。

保尔森是个实干家。他在 10 月 12 日宣布这一消息后，立即与美国最大的九家银行的首席执行官通了电话，告诉他们，他和美联储主席伯南克将邀请他们第二天在财政部开会。这是一种委婉的说法。当财政部长和美联储主席"邀请"你参加紧急会议时，你不会查看自己的日程表，你只能收拾行李。他们都照做了，然而不知道会发生什么。事实证明，他们将被迫接受崭新的资本购买计划（CPP）的首批注资。CPP 是财政部对重新调整后的问题资产救助计划注资的称呼。

从技术上讲，政府缺乏强制银行参与的法律权力，但保尔森明确表示，他们的答案都是肯定的(Wessel 2009，238)。他说："如果你不接受，你无法在市场上筹集到资金，那么我会给你第二次帮助（资本），你不会喜欢那些条款的"(Sorkin 2010，527)。在生存边缘摇摇欲坠的银行（如花旗）或政治上精明的银行（如高盛）欣然接受。毕竟，财政部设计的条款是有吸引力的，而不是苛刻的。[6]但一些资本充足的银行并不欢迎部分国有化，因为他们担心来自华盛顿的干预。其中呼声最高的是富国银行，该银行已宣布计划私下筹资 250 亿美元。保尔森对富国银行的请求做出了明确的回应："你们的监管者就坐在这里。明天你会接到一个电话，告诉你你的资本金不足"(Suoerjin 2010，528)。自愿接受到此为止。九位银行家都在虚线上签了名。顺便说一句，CPP 一点也没有承诺减少抵押赎回。

为了让大银行心甘情愿地签署协议，保尔森制定了有利于银行家的条款。但他对银行的极度慷慨，加上对房主的吝啬，并对政治呼声充耳不闻，助长了这是一次"银行救助"的说法。是的,财政部得到了它想要的——银行家们广泛而迅速的接受,但 CPP 的设计有两个不利后果,一个是政治上的,另一个是经济上的。在政治上,由于银行家在公众眼中是坏人,该计划的慷慨使得 CPP 和整个问题资产救助计划极不受欢迎。在数百万房主为避免抵押赎回而苦苦挣扎之际,这被视为对不应得的银行家的施舍。从经济上讲,强迫那些不想要或不需要资本的银行接受资本,浪费了国会拨出的 7 000 亿美元中的宝贵份额。如果彼时需要更多的资金——也许是为了更多的救助,或者是为了减少止赎情况,甚至是为了购买问题资产,到时候会怎样?国会还会同意吗?

2008 年大选

当这一切都发生在金融领域时,美国正处于历史性的总统选举的最后阶段,一位异常冷静的人将成为美国第一位黑人总统,而另一位善变的战争英雄将成为(当时)有史以来最年长参选的总统。在雷曼兄弟破产前的几天里,麦凯恩在盖洛普民意调查中领先奥巴马 4—5 个百分点。但在雷曼兄弟破产后,奥巴马的领先优势突然出现,以大约 4 个百分点的优势遥遥领先(图 14.1)。奥巴马从未反复无常,在混乱中,选民们更喜欢冷静而不是善变。

9 月 25 日,当问题资产救助计划的立法还在辩论时,看起来有些惊慌失措的麦凯恩暂停了竞选活动,并建议取消即将举行的总统辩论(奥巴马拒绝了),然后冲回华盛顿,在白宫召开了一个危机会议,这次会议是他而不是布什总统召集的。我猜这位前海军军官希望这次行动看起来像"约翰·麦凯恩的救援行动"。然而,根据大多数参与者的说法,这是在浪费宝贵的时间,甚至更糟。

麦凯恩的表现把人们的注意力集中在他的草率和飘忽不定的名声上,这不是选民在 2008 年"恐慌"期间所希望看到的。冷静、聪明和体贴更像是选民希望看到的。在 9 月 25 日惨败之后,奥巴马的盖洛普民调领先优势立即扩大到 8 个百分点(见图 14.1)。当时没有人知道结局,但无论如何,竞选实际上已经结束了。奥巴马的一名竞选助手后来告诉记者诺姆·谢贝尔(Noam Scheiber),"我相信我们在雷曼兄弟倒闭和第一场辩论之间的十天里赢得了选举。它创造了一种感觉,一个人是坚实的,他的脚在地面上,而另一个人不是"(Scheiber 2012,15)。在 11 月 4 日的普选中,奥巴马以令人信服的 7.2 个百分点的优势获胜,选举人票以 365 票对 173 票的压倒性优势获胜。

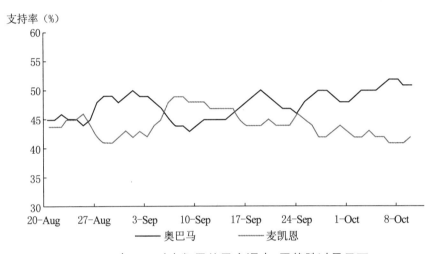

图 14.1　奥巴马对麦凯恩的民意调查:平静胜过暴风雨

资料来源:盖洛普公司。

美国法律规定了政府之间的长期过渡。在这种情况下,这是一个漫长而痛苦的转变。尽管乔治·布什总统似乎已经退出了,但在任何一天,许多美国人都不太清楚他们是由一位总统、两位总统还是根本没有总统掌舵。保尔森看上去也已是强弩之末,不过他又艰难地熬过了两个半月,直到奥巴马总统任命蒂姆·盖特纳接替他担任财政部长。盖特纳在 2009 年 1 月底接管了问题资产救助计划剩余的 3 500 亿美元可用资金,不过他从未动用接近 7 000 亿美元的全部资金(U.S. Department of the Treasury 2021)。

最终,问题资产救助计划被证明是美国历史上最成功但最不为人所理解的经济政策创新之一。多年来,它的名声一直不佳。例如,皮尤在 2012 年 2 月的一项民意调查发现，只有 39％的美国人认为问题资产救助计划在 2008 年"向银行和金融机构提供大量贷款以试图保持市场安全"是"政府做的正确的事情"，而 52％的人认为这是错误的事情。调查还询问了美国人"这项救助计划有多少钱已经归还了"，但当时只有 15％的人给出了正确答案，"全部"或是"大部分"。相比之下，72％的人选择"只有一部分"或"没有"（Pew Research Center 2012）。即使问题资产救助计划通过很多年后，要扼杀国会正在考虑的任何提案，最可靠的方法之一仍旧是给它贴上类似问题资产救助计划的标签。

美联储变得富有创造力

在此期间，货币政策也被频繁运用。常规的部分很简单，也没有争议：联邦公开市场委员会将联邦基金利率降至最低。如前所述，委员会在 2008 年 4 月停止降低基金利率于 2％，当时他们停下来看看接下来会发生什么。10 月 8 日，该委员会再次降息，并带着一种新的紧迫感。随着联邦公开市场委员会临近 2008 年 12 月 16 日的会议，基金利率降至 1％，而且几乎肯定会进一步降低。但就连密切关注美联储的观察人士也没有预料到，这场具有里程碑意义的会议即将召开。

在雷曼兄弟破产后的三个月里，脆弱的美国经济陷入了灾难，美联储采取了许多激进的措施，其中许多都是央行鹰派不喜欢的。在 12 月 16 日的会议之前，市场普遍对美联储还应该能够或将采取哪些措施进行猜测，这其中有三个主要备选方案。

首先是采用更传统的扩张性货币政策。虽然联邦基金利率已经降至 1％的超低水平，但联邦公开市场委员会可能会进一步降息。市场认为降息 50 个基点的可能性最大。其次，委员会可以通过承诺将隔夜利率长期维持在低水平来尝试降低长期利率。一些人称之为"开口政策"：压低收益率曲线。我们通常会从美联储那里得到现在我们称之为"前瞻指引"的政策。然而，在当时，这几乎是一个革命性的想法。最后，联邦公开市场委员会可以继续扩大资产负债表，尽管它已经从雷曼兄弟银行倒闭前一周的 9 240 亿美元飙升至 12 月 11 日的 22 620 亿美元。（后来被称为 QE1 的行动已于 11 月启动。）美联储会选择哪一种？结果令人震惊——"全都使用"，它表明联邦公开市场委员会已经没有任何鹰派了。按照委员会的措辞，它决定使用"所有可用的工具"来对抗经济衰退。所有可用的工具？事实上，伯南克领导下的美联储是在不断创新工具的。首先，联邦基金利率从 1% 降至 0—25 个基点的区间，这是 26 年来最大的降息幅度，超出了市场的预期。在接下来的一年中，有效的联邦基金利率平均为 16 个基点，有时会降至 8—9 个基点。

结果证明，联邦公开市场委员会最终维持了这个 0—25 个基点的区间长达七年之久。但它坚定地拒绝降至零息，更不用说进入负利率领域——即使在多年之后，当世界上许多其他中央银行都将隔夜利率推至负值时。联邦公开市场委员会为什么不这样做呢？

在那几年里，我是负利率的主要支持者之一，曾敦促包括伯南克主席在内的几位联邦公开市场委员会政策制定者"采用负利率"[7]。美联储的反驳，（似乎主要来自纽约银行）在我和其他人看来根本站不住脚。他们认为负利率不是万能药。当然，从来没有人声称负利率是万能药。美联储的经济学家还争辩说，负联邦基金利率会严重损害货币市场互惠基金。我和其他支持者回应说："没错，但那又怎样？"这些公司又不会销毁它们的计算机程序或法律文件。当利率变为正值时，它们会立即恢复业务。然而，这些论点从未说服过联邦公开市场委员会的大多数人。事实上，即使在多年之后，当经济在 2020 年因新冠疫情而崩溃时，联邦公开市场委员会也没有任何想要实行负利率的想法。

美联储在 2008 年 12 月 16 日那个决定性的会议上的第二个重大决定是在其会后声明中添加了坚定的承诺："薄弱的经济状况可能需要将联邦基金利率在一段时间维持在极低水平。"简单来说，美联储表示："我们将在 0—25 个基点的范围内维持联邦基金利率相当长的一段时间。"两次会议后，联邦公开市场委员会将"一段时间"改为"长期"，这种措辞一直持续到 2011 年 8 月，当时它开始提到可能的结束日期（例如，"至少到 2013 年中期"）。这种不断演变的前瞻性指引的明确目的是拉平收益率曲线。根据著名的利率期限结构的预期理论,降低预期的未来短期利率将会降低当前的长期利率。[8]联邦公开市场委员会试图通过管理预期来拉低收益率曲线。

在未来几年中,美联储将继续尝试各种形式的前瞻性指引。值得注意的是,在 2012 年 1 月,它开始向市场参与者提供其现在著名的"点阵图",该图显示联邦公开市场委员会成员预期(或者说是希望)在未来几年中联邦基金利率将达到哪个水平。在 2012 年 12 月,联邦公开市场委员会声明将未来何时开始加息的指标从日期转变为经济条件,这出自芝加哥联邦储备银行行长查尔斯·埃文斯(Charles Evans)早些时候提出的建议。

然而到 2014 年 1 月的会议上,即珍妮特·耶伦担任主席的第一次会议上,联邦公开市场委员会对这种方法也感到不满意。相反,它采用了纯质性的前瞻性指引,宣布"在资产购买计划结束后,维持当前的联邦基金利率目标区间可能是恰当且可维持相当长时间的"。那结束时间是什么时候?没有人知道。事实证明,QE3 于 2014 年 10 月结束,"零"利率政策一直持续到 2015 年 12 月。

2008 年 12 月 16 日的第三次重大转变是联邦公开市场委员会承诺在几个方面进一步扩大其资产负债表。它将"扩大其购买机构债务和抵押支持证券(QE1)",并且"评估购买更长期的国债的潜在好处"。那是典型的美联储用语,有经验的美联储观察者知道这些话意味着联邦公开市场委员会肯定会很快购买国库券和债券。最后,联邦公开市场委员会还将在"明年初(2009)"开始向那些在其新的定期资产抵押证券贷款工具(Term Asset-Backed Securities Loan Facility,简称 TALF)下购买私人资产的实体,进行无追索权贷款。实际上,TALF贷款业务于 2009 年 3 月 3 日开始。(稍后将更详细地讨论 TALF。在这里仅需说明,这些不良资产从未被"推"给美联储。)

市场为美联储的积极三连击欢呼雀跃。当天,标普 500 指数飙升了 5%。好消息是,擅长研究大萧条的伯南克和联邦公开市场委员会中的鸽派现在牢牢掌控着货币政策。美联储的鹰派勉强同意了这一决定,因为严峻的前景已经支撑不起他们通常会坚持的保守主义。[9]

美联储的代号语言

　　尽管联邦公开市场委员会不会将资金利率推低到 0—25 个基点以下，但扩张性货币政策并未止步于此。在危机结束之前，中央银行将创建并在多个案例中慷慨地资助一系列被称为"代号语言"的新贷款工具，旨在提供流动性，防止市场崩溃，最终达到支持资产价格的目的。其中三个工具已经提到：提供向银行贷款的期限拍卖工具，缓解一级经销商流动性紧张的期限证券借贷工具，以及向同一经销商提供信贷的一级经销商信贷工具。但是这三个设施只是预演，在雷曼兄弟倒闭后，美联储才真正开始行动。

　　一系列活动始于"资产支撑商业票据货币市场基金流动性便利"（Asset-Backed Commercial Paper Money Market Mutual Fund Liquidity Facility，简称 AMLF，这个名字相当拗口）。当 AMLF 于 9 月 22 日开始运营时，它是非常及时且必要的。在雷曼兄弟于 9 月 15 日破产后不久，市场得知全球最古老的货币市场互助基金——留声机基金（Reserve Primary Fund）曾大量投资于雷曼兄弟的商业票据，这些票据现在一文不值。因此，该基金被迫"破发"，即以 97 美分的价格赎回股份，而不是面值 1 美元。相比当时发生的其他资产市场灾难，3％的损失听起来并不算多，但通常人们认为货币基金是百分百安全的。因此留声机基金的"破发"引发了恐慌，多米诺骨牌开始倒下。

　　其他货币市场互助基金是第一批倒下的"硕大"多米诺骨牌，我的意思是这些货币市场互助基金规模是真的巨大。在 2008 年 9 月，这些基金持有 3.4 万亿美元的资产，大约相当于所有由联邦存款保险公司担保的银行存款的一半。此外，投资者认为货币市场互助基金股份是无风险的，就像银行存款一样。因此，看到留声机基金的股份降至 97 美分，就像在你的支票账户里亏钱，但没有任何存款保险来补回丢失的 3 美分。接着就出现了货币基金的挤兑，一周内投资者提取了约 3 500 亿美元。这场挤兑又迫使基金经理清算相等数量的商业票据、国债或其他资产。但在留声机基金因雷曼兄弟银行的商业票据公开亏损后,没有多少买家渴望收购商业票据。这种曾经被认为极其安全的证券的价格急剧下跌,新发行量也急剧下降。

大多数普通公民从未听说过商业票据,但对于金融爱好者来说,这一发展趋势打击了金融系统的核心。美国许多规模较大的公司依靠商业票据进行短期借款,以应对常规的收支差距,例如支付日的大额流出。[10]有报道称,即使像通用电气和IBM这样的蓝筹股公司也可能无法支付工资。当本·伯南克回忆起"我们非常接近全面金融崩溃"(FCIC 2011,358)时,他可能想起了那些令人恐惧的记忆。

财政部和美联储都迅速对即将发生的灾难做出了反应。正如前面提到的,财政部干预了外汇平准基金,理由很牵强,即一些胆怯的货币基金投资者是外国人,"货币基金行业的崩溃很容易导致美元遭到挤兑"(Paulson 2010,253)。美联储成立了上述的AMLF,向那些愿意从货币基金购买高质量商业票据的银行提供低息非追索贷款。到10月8日,AMLF的未偿贷款金额已接近1 500亿美元。财政部的担保计划和美联储的AMLF成功地阻止了投资者对货币市场基金的挤兑。

然而拯救货币基金和商业票据市场的斗争并没有就此结束。10月7日,美联储董事会援引《联邦储备法》第13(3)条——紧急贷款条款,正当地创建了商业票据融资工具(CPFF)。美联储称,其目的是"为美国商业票据发行人提供流动性支持"(Federal Reserve System,Board of Governors 2008)。仅两周后,又宣布建立货币市场投资人融通机制,以促进次级市场上货币市场工具的销售,但这种额外的资金机制后来被证明是不需要的。

商业票据融资工具的出现标志着美联储思想和行动上的一个重要转折点。提供"流动性支持"和"促进"二级市场销售听起来相当无害,但美联储现在准备通过为此目的而创建的实体直接购买商业票据。这样做,中央银行就会越界,即实质上购买私人市场回避的企业债务工具,甚至包括通用汽车和通用电气等非金融公司发行的票据。

事实证明，美联储做出了正确的抉择，其购买商业票据的利润超过了 50 亿美元。但盈利并不是目标，美联储的初衷是止住出血，而它做到了，商业票据市场稳定了下来，并重新开始运作。之前那些拒绝与即使是最可靠的交易对手打交道的投资者回到了商业票据市场，因为他们得到了美联储的支持。CPFF 的贷款余额最终达到了 3 500 亿美元的峰值。但到了 2010 年 2 月，当市场不再需要援助，CPFF 的贷款下降到了不到 90 亿美元。

当时很少有人意识到，将商业票据恢复运转的成功，标志着美联储在概念和操作上的关键转折点。在 CPFF 之前，美联储的政策重点是——出于必要——拯救（或不拯救）特定的机构：贝尔斯登（拯救），雷曼兄弟（不拯救），美国国际集团（拯救），等等。每次干预都是临时的，市场很难辨别任何模式或指导原则。例如，为什么要拯救贝尔斯登而不是雷曼兄弟？这个问题甚至今天仍然存在。但是，通过 CPFF，美联储转而拯救市场。商业票据是第一个测试案例，而且成功了，那么资产支持证券（ABS）将是下一个。

在 2008 年的恐慌中，资产支持证券市场几乎关闭。11 月 25 日，美联储宣布其有意成立定期资产支持证券贷款工具（TALF），以支持由学生贷款、汽车贷款、信用卡贷款和小企业管理局担保的贷款抵押的 ABS 发行。此时，问题资产救助计划已经开始运作，因此财政部提供了 200 亿美元的问题资产救助计划资金，来保障这个 2 000 亿美元的美联储计划所遭受的任何损失。[11] 如果将定期资产支持证券贷款工具（TALF）归类为货币政策，那么货币政策和财政政策之间的界限将变得模糊。

在同一天，回归货币政策的范畴，美联储宣布了其第一个量化宽松（QE）计划：大规模购买政府支持实体，主要是房利美和房地美支持的债务和抵押贷款支持证券。对于长期以来一直将公开市场操作限制于国债的中央银行而言，QE1 是一次冒险的尝试，中央银行进入了虽然仍然相当安全但不能被称为 100% 无风险的证券市场。由于美联储将直接购买这些证券，而不是提供贷款来帮助其他人购买它们，因此亏损——尽管非常不太可能——是可能的。当天美联储发布的新闻稿预计最终购买规模为 6 000 亿美元，但历史记录表明，在几轮后续的 QE

之后,美联储对抵押支持证券(MBS)的持有量在 2015 年达到了约 1.75 万亿美元的峰值。

重要的是,美联储和市场参与者都认为,新计划是拯救濒临死亡的抵押支持证券市场或者说是让它复苏的重要举措,因为几乎没有私营部门的买家。因此,美联储通过定期资产支持证券贷款工具和抵押支持证券购买所做的事情与保尔森和伯南克决定不使用问题资产救助计划资金购买"有问题的资产"非常接近。[12]QE1 显然旨在减少抵押支持证券与国债的利率差,而它的效果非常好。抵押支持证券的利率差从 2008 年金融危机后的高点(约 175 个基点)暴跌,到 2009 年 5 月份低于危机前的高点(图 14.2)。这让我们看到一个财力雄厚的买家能够对一个萧条市场做什么,这令人大开眼界。房屋抵押贷款的利率也自然下降了。

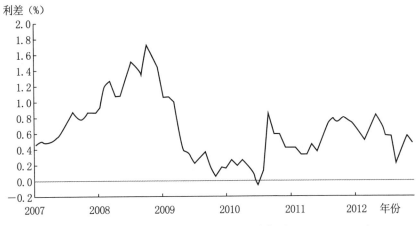

图 14.2 抵押支持证券与国债之间的利率差,2007—2012 年
(相应国债的期权调整利差)

资料来源:彭博巴克莱美国抵押支持证券指数。

当美联储在 2010 年底推出 QE2 时,其大规模资产购买仅限于中长期国债证券。明显的意图是推低长期国债收益率,并随之推低其他长期利率,即压平收益率曲线。有趣的是,尽管 QE2 没有涉及任何私人资产,但它却成为所有 QE 计划中最具政治争议的一个。伯南克和美联储受到了来自各方面的攻击,包括著名货币政策专家、2008 年约翰·麦凯恩的竞选搭档萨拉·佩林(Sarah Palin)和得克萨斯州州长里克·佩里(Rick Perry),以及本应更加理解他们的德国财政部长沃尔夫冈·朔伊布尔(Wolfgang Schauble)。

当我在《华尔街日报》的专栏中为伯南克和美联储辩护时,我自己也受到了佩林的攻击。她认为"是时候'拒绝'这个危险的,用毫无依据的印刷出来的6 000 亿美元来神奇地解决经济问题的实验了"(Blinder 2010,A17;Palin 2010)。这就好像佩林和其他人刚刚发现中央银行有权创造货币,并决定他们不喜欢它一样。

QE2 引起的争议使美联储的政策制定者感到惊讶和困惑。这项政策明显比QE1 不那么激进,毕竟,中央银行一直以来都在购买(和出售)政府债券。这项政策提前进行了很完善的预告,所以当它被宣布时,市场几乎没有动荡。然而,政治上的争议声音却愈演愈烈。一些观察家甚至认为,这将使得美联储在考虑进一步进行量化宽松时更加胆怯。这个想法得到了支持,因为美联储接下来的资产购买计划,即被称为"扭曲行动"的计划,涉及购买长期债券,但以相等的数量卖出短期债券,因此不会扩大美联储的资产负债表。无论出于什么理由,当联邦公开市场委员会在 2012 年 9 月宣布 QE3 时,它将自己局限于购买抵押支持证券。

本·伯南克(1953— ）
恰逢其时的正确人选

本·伯南克是一位聪明却谦逊的人,他的学术背景使他成为美联储主席的完美人选,而他也成功地防止了美国陷入"大萧条 2.0"。但在 2006 年 2 月 1 日他上任时,他自己也不知道这一点。

伯南克在南卡罗来纳州小镇迪龙长大,他的父亲、叔叔和母亲经营着一家药店。伯南克是一位早熟的孩子,在一年级只上了两周后,老师就让他跳级到了二年级。11 岁时,他赢得了州级拼字比赛,但在全国拼字比赛中因为不知道

"雪绒花"(edelweiss)这个单词而失利(来自南卡罗来纳州小镇的孩子从未看过《音乐之声》)。这可能是他在 19 年的学校生涯中唯一的失利。年轻的伯南克自学了微积分,取得了该州最高的 SAT 成绩,以高中年级第一的成绩毕业,并前往哈佛大学,哈佛大学在地理和文化上都离迪龙很远。

伯南克在哈佛大学的出色表现轻松地为他赢得了世界上最好的麻省理工学院博士项目。在那里,他再次表现出色,从保罗·萨缪尔森、罗伯特·索洛和斯坦利·费希尔等人那里学习了凯恩斯主义经济学和其他知识。费希尔实际上推动伯南克阅读了弗里德曼和施瓦茨的《美国货币史》,伯南克就此着迷。作为 1979 年的卓越博士研究生,他可以选择众多的学术职位,但最终选择了斯坦福大学商学院,然后于 1985 年进入普林斯顿大学。在接下来的 17 年中,伯南克成了学术界的超级明星,担任经济学系主席,并成为新泽西州蒙哥马利学校董事会的成员。后者显然在乔治·W.布什总统考虑任命他为联邦储备委员会委员时起到了决定性的作用(Bernanke 2015, 50)。

伯南克于 2002 年离开普林斯顿大学,接受了美联储系统的一个理事职位。在那里工作了约三年后,他短暂地调任到了白宫,担任布什总统的经济顾问委员会主席。作为布什的幕僚,伯南克在格林斯潘的任期于 2006 年到期时接任是一个自然而然的结果。

伯南克在美联储的八年主席任期是动荡、创新和有争议的。在他的领导下,中央银行将利率降至(几乎)为零,建立了多个新的贷款机构,拓展了美联储的范围和能力,并大幅提高了透明度(包括召开新闻发布会),并正式采用了 2% 的通胀目标。最重要的是,伯南克和他的同事在财政当局的帮助下,避免了"大萧条 2.0"的发生。总的来说,这是一个相当具有影响力的主席。

到 2012 年底,美联储已经成立了 TAF、TSLS、PDCF、AMLF、CPFF、MMIFF、TALF、QE1、QE2 和 QE3(这个列表省略了一些小的项目)。总的来说,这是中央银行实力的惊人展示,也显示了美联储使用这些工具的意愿。

轮船赌博

许多经济学家,包括笔者在内,认为金融危机和大衰退的结束归功于三项重要的政策举措。其中之一是问题资产救助计划。另一项是 2009 年的财政刺激计划,在下一章中将进行讨论。三项举措的第三项是银行压力测试。与其他两项不同的是,它既没有破坏联邦预算,也没有让纳税人的钱处于风险之中。

压力测试计划始于 2009 年 2 月 10 日,这一天恰好是奥巴马政府上任的第 20 天,起步并不顺利。当时,财政部长蒂姆·盖特纳发表了一个后来被称为"像被车灯照到的鹿一样"* 的演讲。盖特纳是一个多才多艺的人,但演讲并不是他的长项。演讲前一晚,奥巴马总统在全国电视新闻发布会上不经意间宣布,他的财政部长将在第二天提供政府新银行计划的细节。当时的盖特纳一定心想,"什么?"他知道这个计划还没有准备好。

第二天面对媒体,这位新财政部长一定感觉自己像是被扔到狮群中的基督徒。他不得不出于各种考虑而忽略了很多细节,并且表现得似乎有些不稳定,甚至有些困惑。(在那种情况下,谁不会这样呢?)盖特纳的演讲遭到了广泛的批评。当天,股市下跌了 5%,并非因为有任何坏消息,而是因为交易员没有听到足够的消息。更糟糕的是,在那之后的一个月里,股价持续下跌,跌幅高达惊人的 22%,直到最终触底。欢迎来到华盛顿,盖特纳先生!

关于盖特纳备受诟病的 2 月 10 日演讲的最大讽刺之处在于,他实际上宣布了(当然没有详细说明)在结束金融危机最严重阶段方面起决定性作用的一个步骤:对 19 家主要金融机构进行压力测试[13],这是由联邦储备委员会领导的四个银行监管机构的联合行动。一旦压力测试完成并公开宣布结果,对于金融系统来说,事情基本上就朝着好的方向发展了。

---

* 形容人因为恐惧、惊讶或困惑而暂时无法作出反应的状态。——译者注

在 2 月 10 日宣布压力测试想法时,盖特纳说:"首先,我们将要求银行机构通过精心设计的全面压力测试,用医学术语来说。我们希望他们的资产负债表更加干净,更加强健。我们将通过为那些需要资金支持的机构提供新的资金支持计划来辅助这一过程"(U.S. Department of the Treasury 2009)。这些话确实有些含糊不清。但最后一句话,"我们将通过为那些需要资金支持的机构提供新的资金支持计划来辅助这一过程",既是一种承诺,又是一种威胁。这两个方面都非常重要。如果一家银行未通过压力测试,无法自行筹集足够的新资金,它将从财政部获得问题资产救助计划资金的注资,但附带着许多令人不愉快的条件。

以下是压力测试的工作原理。监管机构设计了一个为期两年的不利假设情景,然后告诉银行在这种紧张的宏观经济条件下应该承担什么样的贷款损失率。银行被允许将这些预测的贷款损失净额与在两年期间预计的利润相抵消。其净结果是每家银行资本的增加或减少的估计值。监管机构进而判断每家银行现有的资本是否足以帮它度过高压力情境。美国政府凭借最后贷款人的承诺,坚定地支持这 19 家机构,毕竟这些机构都大而不能倒。压力测试计划安抚了市场,而道德风险的发生也可以等到更平静的时候再考虑。

在 2009 年 2 月很少有人能想象到压力测试会变得如此重要,但许多观察者也认识到了这场赌博的高风险性质。如果压力测试所估算的资本需求看起来低得可疑,就会像后来欧洲最初的压力测试一样,导致市场得出一个结论,即政府正在掩盖更深层次的问题,或者更糟的是,政府已失去对现实的掌控,而这将引发一场恐慌。另一方面,如果压力测试产生的资金需求超出了银行筹集新资金的能力,市场可能会得出另一个结论,即银行体系要么走向崩溃,要么走向国有化,这也将引发恐慌。为了缓解市场焦虑,压力测试的数字必须像"金发姑娘与三只熊"的故事中一样恰到好处。

奥巴马政府对这些风险进行了激烈的讨论,国家经济委员会主任拉里·萨默斯特别关注此事,而盖特纳部长及其副手李·萨克斯则在推动此事继续进行(Scheiber 2012,124—129)。结果证明,政府和联邦储备委员会在这场"赌博"中取胜。当压力测试结果于 2009 年 5 月 7 日公布时,19 家银行中有 9 家被发现根本不需要任何额外资金。在另外 10 家银行中，估计的资金缺口小到足以落在银行的能力范围内。在所有 19 家机构中，总资金缺口仅约为 750 亿美元，当与 1 800 亿美元的美国国际集团救助、7 000 亿美元的问题资产救助计划和 7 870 亿美元的刺激法案相比时，这个数字看起来并不大。其中约 340 亿美元属于同一家银行，即美国银行。政府通过压力测试得出的结论很清楚：现在可以信任美国大型银行且可以毫无恐惧地与它们打交道。

然而，与底线资金数字同样重要的是压力测试报告中的细节，包括测试的具体方式，以及每家银行的财务状况中令人惊讶的详细信息。在压力测试之前，每家银行的监管数据就像核机密一样处于保密状态，因此这些银行的详细信息让银行业爱好者大开眼界。银行逐行分析的详细信息创造了一个全新的透明度水平，这种透明度极大地增加了整个操作的可信度。正因如此，监管机构做到了恰到好处的压力测试，市场信心开始回升。

在当时很少有人意识到，成功的压力测试是一个重要的转折点。它们减轻了很多压力，同时也标志着金融危机最严重阶段的结束，以及回归正常的开始，尽管这只是一个开始。大多数银行的股票在测试结果公布后上涨，不久后所有人都不再担心美国最大银行的生存问题。"货币政策"扩大了其影响范围和掌握力。

本章总结

在 2008 年 9 月雷曼兄弟破产之后的几周里，美国经济和金融系统的方方面面都出现了问题。正是在这个时候，财政和货币当局真正认真起来，不情愿地采取了所有可能的措施。三个规模巨大、富有创意且极其成功的举措位列榜首。

第一个举措，开始于乔治·W.布什总统时期，完成于巴拉克·奥巴马总统时期，名为问题资产救助计划，旨在将有问题的与抵押贷款相关的资产从受损的金融机构的账面上清除。当时,预算达到 7 000 亿美元的这一计划令人震惊。媒体称之为"拯救"银行,被视为政治上的毒药。国会起初犹豫不决,但在股市暴跌后,迅速通过了问题资产救助计划法案。随后不久,财政部长汉克·保尔森宣布,问题资产救助计划资金将不会用于购买"有问题的资产",而是用于购买银行股票。结果证明,这是一次真正的银行救助行动。

本书中一个有趣的问题是,问题资产救助计划是财政政策还是货币政策。从传统意义上来看,它既不是财政政策,也不是货币政策。问题资产救助计划不是关于减税、支出或降低利率的。相反,它是通过购买可能会贬值的资产(如银行的优先股)来增加纳税人的风险。该计划还是由财政部和联邦储备委员会共同设计的。那么,它是货币政策吗?不是的,尽管其目标直指金融系统。相反,问题资产救助计划是一种混合体,最后被认为是金融稳定政策,而金融稳定政策自大萧条之后美国政府一直没有使用过(在 2020 年再次使用)。

第二个重要举措是银行压力测试,它于 2009 年 2 月公布,同年 5 月完成。同样的,这个计划既不是财政政策(尽管如果财政部的支付被测试出来是必要的,它可能具有财政影响),也不是货币政策,而是金融稳定政策。同样的,压力测试是财政部宣布的,由联邦储备委员会(以及其他银行监管机构)执行的联合产品。重要的是,压力测试的透明度使市场相信,美国银行系统的资金缺口是可管理的,从而恢复了信心。

这两个重大的金融稳定举措涉及财政部和联邦储备委员会之间的广泛合作,有助于恢复金融系统的健康。加上下一章将要讨论的数千亿美元的财政刺激措施,这三个积极的政策干预帮助美国经济在 2009 年 6 月开始重振雄风。经济衰退的规模和持续时间比悲观主义者所预期的要小得多,而从 2009 年 6 月份开始的扩张,虽然起步缓慢,但最终打破了之前所有扩张持续时间的记录。当然,这些非传统的政策也在美国联邦储备委员会和财政部之间留下了持久的印记。

注释

1. 外汇平准基金成立于 1934 年，旨在稳定美元汇率，而汇率稳定并不是当时的问题。

2. 在当时一些人中，包括我自己在内，都认为这种信念是天真的。为什么银行会如此冒险呢？它们难道不会用新资本来加强它们疲软的资产负债表，而不是从事更高风险的贷款吗？有关这个问题的进一步讨论，请参见 Blinder(2013，chap.7)。

3. 注意，该法律并不要求他的批准，只要求进行咨询。

4. 虽然技术问题需要思考，但它们并非无法解决。Swagel(2009，55)报道称："大约在 2008 年 10 月底，我们已经准备好了反向拍卖购买抵押支持证券的机制，包括定价机制。"

5. "非常接近"这个词的含义是，联邦储备委员会没有直接购买有问题的资产，而是提供贷款，使其他实体可以购买这些资产。在《联邦储备法》下，这种法律区分非常重要，但在经济上的区分则远没有那么清晰。

6. 两个例子：对高管薪酬的限制很少，政府优先股的股息率只有 5%，是沃伦·巴菲特刚刚向高盛收取费用的一半。

7. 这些场合之一是在 2012 年 11 月 20 日纽约经济俱乐部的一个庞大观众群体面前(Bernanke 2012a，24—26)。还有许多其他场合，既有公开的，也有私下的。

8. 这个理论非常著名，即使几乎每一个实证测试都否定了它，它仍经常被视为福音！例如，参见坎贝尔和席勒(Campbell and Shiller，1991)。许多其他实证研究得出了相同的结论。

9. David Wessel(2009，257—258)报道称，达拉斯联邦储备银行行长理查德·费希尔最初提出了反对意见，但后来撤回了。因此，与报道的投票结果是一致的。

10. Sorkin(2010，420)报道了一次与通用电气公司(GE)首席执行官杰弗里·伊梅尔特的谈话，表达了这种观点。

11. 如果没有问题资产救助计划，财政部拒绝担保商业票据融资工具。

12. 当然，这些都是"有问题的资产"中最不受问题困扰的资产之一。房利美和房地美抵押支持证券的风险远远低于私人品牌的抵押支持证券。此外，如上所述，在定期资产抵押证券贷款工具中，美国联邦储备委员会只是针对有问题的资产提供贷款，而不是购买它们。

13. 这些并不全是银行。名单包括通用汽车金融服务公司、大都会人寿、高盛和摩根士丹利。大都会人寿在 2001 年收购了新泽西州的一家银行后成为银行控股公司。而另外三家则在 2008 年为了躲避金融风暴而匆忙成为银行控股公司。

第 15 章
余波和反弹

我们拯救了经济,但好像这么做却失去了公众的信任。

——蒂姆·盖特纳 2010 年接受约翰·卡西迪采访

蒂姆·盖特纳所担任的职位非常利于他了解情况。他从担任纽约联邦储备银行行长时就开始应对 2007 年到 2008 年的金融危机,在 2009 年 1 月,他调任到巴拉克·奥巴马总统政府担任首任财政部长,继续应对财政之战。因此,盖特纳会选择《压力测试》作为描述这段自身经历的著作名也就不足为奇了(Geithner 2014)。这段经历在他身上施加的压力比在银行上持续得更久,始于 2008 年到 2009 年总统过渡期间并一直延续到奥巴马的第一任期。

2008 年 11 月至 2009 年 1 月的两届总统的过渡期间,美国经济急剧恶化。就业岗位数量犹如大出血般地极速流失着:11 月净流失 72.7 万个,12 月净流失 70.6 万个,第二年 1 月再净流失 78.4 万个。直到 2008 年 2 月,国会通过了适度的财政刺激措施,失业状况才有所缓解,其中问题资产救助计划起了较大作用。联邦储备系统已经尽可能地投入了所有资源应对经济衰退,可惜显然它们的努力不过是杯水车薪。货币政策需要更多财政政策协助,现在还远远不够。但由于乔治·W.布什总统几乎已经消失在公众视野中,国会不得不接住这个烫手山芋,担起领导的责任。因此,在过渡期间想要有进一步的财政刺激简直是痴人说梦,大家只能等新总统上任。

奥巴马政府摩拳擦掌着,想要采取与前任布什政府截然不同的态度。正如竞选团队的首席经济顾问在 2008 年 11 月的一次采访中所说的，"我们绝不踌躇不决，一定会当机立断且一鸣惊人"（Goolsbee 2008）。果然，新政府忠于承诺，首先出台的举措之一便是一项巨大的财政刺激计划：《美国再投资和恢复法案》（ARRA）。尽管当时面临着重重困难，《美国再投资和恢复法案》还是在奥巴马政府成立的第一个月迅速立法。作为华盛顿的新人总统[1]，奥巴马天真地认为共和党人将与他一起努力挽救国家、提振经济，这将他的不谙世事暴露无遗。幸好他很快便意识到事实并非如此。

关于财政刺激的激烈争论

在过渡的几个月里，新闻媒体报道称，总统当选人将出台一项约为 7 000 亿至 8 000 亿美元的财政刺激计划，约占 GDP 的 5%。共和党人认为这个数字过于庞大，因此坚决反对该法案中除减税外的所有内容。对于凯恩斯主义者来说，反对财政刺激计划很奇怪。财政刺激的需求巨大，但他们却迟迟不愿采取行动。众议院少数党领袖约翰·博纳甚至将刺激法案支出部分称为"扼杀就业的政府支出"。这个国家迫切需要大规模货币和财政刺激，然而许多共和党人却宣称财政乘数是负数！

"扼杀就业的政府支出。"试着解析一下这些词。当然，你可以以浪费、定位错误、公共资金使用不当等原因，反对任何特定的政府支出计划。但减少就业？这怎么可能呢？毕竟，更多的政府支出意味着要么从私营企业购买物品，要么向个人或企业开支票，然后由他们购买物品。尽管如此，发出此类抨击言论的群体仍对政策实行造成了一定冲击。2009 年夏天，相关部门对奥巴马医改展开激烈辩论期间，一位南卡罗来纳州人警告他的国会议员："别把你的'政府之手'伸向我的医保！"[2]试着解读这句话！

如果说财政刺激计划的规模在政治上是有争议的，那么其具体组成就更是如此。政府提出的方案中，相当大一部分都是减税。共和党人喜欢减税，但奥巴马的税收提议比共和党人喜欢的减税更具进步性。例如,总统想要(并得到了)一个"工资税"信贷,它是"可返还的",也就是说,即使对于工资不足以支付所得税的工人,如果他们确实缴纳了所得税,也可以获得税收信贷。共和党人将这个想法称为"福利"。总统计划的另一部分是加强基建的支出。同样的,共和党人并不喜欢这个做法;该做法更多的是增加政府支出,而不是减税。第三部分是通过援助的方式使州和地方政府不必大幅削减员工人数和增加税收。共和党人也反对这一点,声称该做法不能刺激经济。

对新总统来说,幸运的是,当时民主党在国会两院中均占据多数席位。在聪明的新议长南希·佩洛西的带领下,众议院大力支持奥巴马的提议,在新政府成立的第八天就轻松通过了最终的刺激法案。还有人说财政政策实施缓慢,无法成为有效的逆周期工具吗?这种老旧的观念正在消失。然而值得注意的是,没有任何一位共和党人投票支持《美国再投资和恢复法案》,这不由得让人觉得心寒。相反,那时所有的共和党人都对一切形式的政府支出表示谴责,即使在深度衰退期间,他们也认为这些支出的目的是可疑的,是一种资源的浪费。

在参议院,这场斗争就更显艰难了。共和党利用阻挠议事的方式(需要 60 票才能通过)威胁奥巴马和民主党作出巨大让步,包括施行多种商业减税。然而这与总统的意愿并不相符,他认为如此刺激支出的做法只是徒劳。[3]作为回报,"合作"的共和党人最终投了三票。虽然不多,但正是这关键的三票使得法案以 60 比 38 的结果恰好打破了参议院的阻挠。起初《美国再投资和恢复法案》的预算为 7 870 亿美元,约占 GDP 的 5.5％,分几年实行。后续国会预算办公室又对法案内容进行了调整,将成本上调至约 8 300 亿美元。

继而发生的争议一直延续至今,即考虑到当时经济衰退的严重程度,奥巴马刺激计划的规模是否太小了?像保罗·克鲁格曼(Paul Krugman,公开)和经济顾问委员会主席克里斯蒂娜·罗默(Christina Romer,私下)这样的自由派经济学家将传统的财政政策乘数应用于估计的 GDP 缺口上,并认为 7 870 亿美元不足以完成这一艰巨任务。其他更偏向实用主义的顾问和评论家则认为,这已经是他们能够在国会通过的最大规模了。双方观点都有可能是正确的:虽然该规模在政治上已然足够,但在经济上仍然可能微不足道。

　　奥巴马第一任期初,财政部长盖特纳向他的新上司保证说:"你的标志性成就将是防止大萧条的再次发生。"而奥巴马回答道,"这对我来说还不够"(Scheiber 2012,15—16)。但是奥巴马没有征询共和党人的意见。在《美国再投资和恢复法案》上的油墨尚且未干之时,共和党就已攻击它,认为它是错误的、无用的,充斥着援助私利,没有效率的,甚至是朝社会主义迈出的一步。在法案通过后,共和党立马开始了象征性但是无用的反对运动,认为这个刺激计划早在其可能发挥作用之前就已经失败了。虽然共和党没有废止法案所需的选票,但他们的反对行动成功使刺激计划受到大众的诟病。或许这正是他们的意图。

蒂姆·盖特纳(1961—　　)
不屈不挠的金融消防员

　　蒂莫西·盖特纳出生在纽约市。但由于他的父亲长期为美国国际开发署和福特基金会工作,所以盖特纳大部分时间都在津巴布韦、赞比亚、印度和泰国长大,直到高中毕业。然后,他跟随父亲和祖父的脚步进入达特茅斯学院,于 1983 年毕业。两年后,盖特纳在约翰斯·霍普金斯大学获得了国际经济学和东亚研究的硕士学位。

　　以上经历似乎是为了胜任国际经济外交工作进行的完美历练。事实上,当盖特纳首次加入美国财政部时,他被派驻到美国驻东京大使馆担任随员。当比尔·克林顿当选总统时,盖特纳进入了政治领域,并在一系列国际经济职位中迅速攀升,最终在 1998 年成为负责国际事务的财政部副部长。在克林顿政府财政部任职期间,盖特纳磨炼了他的金融危机处理能力,应对了墨西哥、巴西和多个东亚国家的危机。

　　当克林顿政府任期结束时,盖特纳在国际货币基金组织任职了一段时间,后于 2003 年被任命为纽约联邦储备银行行长。该任职帮助他成为联邦公开市场委员会副主席,实质上也是美联储首席运营官。作为纽约联邦储备银行行长,盖特纳批评了不规范的金融衍生品交易规则,但他也表示支持巴塞尔协议Ⅱ,批评人士认为这降低了银行资本抵御风险的能力。

纽约联邦储备银行行长一职使盖特纳成了 2008 年针对贝尔斯登、雷曼兄弟、美国国际集团和其他机构的应急响应行动中的中心人物,同时他还参与了美联储的一系列新型贷款政策的建立,这些政策在前一章中提到过。在这两种情况下,他经常强调需要在飞机可能坠毁的地方"铺一层泡沫"。

2009 年 1 月,当奥巴马总统任命他为财政部长时,盖特纳应了那句谚语"刚出油锅又入火坑"。担任财政部长时,盖特纳经常重复的座右铭是"计划胜于没有计划"。他也确实制定了许多计划。他仍与本·伯南克(但不再与汉克·保尔森)保持合作,监督了问题资产救助计划(TARP)、2009 年财政刺激计划、多个抵押贷款修改计划、银行压力测试、2013 年的财政悬崖谈判(在下一章中讨论),等等。当他于 2013 年 1 月离开财政部时,他一定感到很疲惫。这相当于一次巨大的压力测试。

接下来的反政府抵触情绪推动成立了极右翼的"茶党"运动,这改变了美国的政治格局。2009 年 2 月,在奥巴马公布了相对简化的"实现住房保障"计划来限制赎回的第二天,美国消费者新闻与商业频道(CNBC)记者和评论员里克·桑特利(Rick Santelli)在芝加哥商品交易所的交易大厅公开谴责该计划。以下摘录了很快为人所知的"里克·桑特利怒骂":

> 你知道吗,政府在助长不良行为!
>
> 你们怎么不建立一个网站,让人们在网上投票,看看我们是否真的想要资助那些失败者的抵押贷款?
>
> 这可是美国!有多少人真的愿意为邻居的房贷买单?请举手!他们不仅有多余的浴室,还根本付不起账单!
>
> [背景中的交易员嘘声]
>
> 奥巴马总统,你听到了吗?

［背景中的一位交易员："不如我们都不付房贷了，怎么样？这是一种道德风险。"］

我们正在考虑七月份在芝加哥举行"茶党"活动。所有想要前往密歇根湖的资本家们，我将开始组织活动。［欢呼声］(Blinder 2013, 339)[4]

商品交易员严格意义上并不能算是美国社会中的随机一员。他们本质上是赌徒，收入比平均水平高得多，而且不太可能为失去自己的房子感到担心。与很快成为的一种城市神话相反，桑特利和他的快乐伙伴们那天并没有代表美国公众舆论发声。事实上，几天后的盖洛普民意调查发现，美国人以惊人的 64％ 对 33％ 的比例赞成"向濒临因房屋查封而失去家园的业主提供（联邦）援助"(Newport 2009)。

尽管如此，"桑特利的怒骂"仍然开始病毒似的蔓延，误导人们认为美国人在救助陷入困境的房主时并不比救助陷入困境的银行家高兴多少。但事实并非如此。如前所述，盖洛普民意调查发现，调查对象以决定性的 59％ 对 39％ 的比例反对向"濒临破产的美国银行和金融公司"提供联邦援助。然而，桑特利握着它的喇叭响亮地大喊着许多保守派想要听到的话：救助那些面临丧失抵押品赎回的这些业主是不负责任的，他们不值得给予帮助。桑特利似乎没有责怪批出这些不负责任的贷款的银行家们。

财政刺激计划的实施是否有效呢？有详细证据证明是有效的。图 13.5 显示了 2007 年 1 月至 2010 年 12 月的月度就业增减变化，为了方便起见，在图 15.1 中重复显示此图。其中描绘了自雷曼兄弟破产以来，到 2009 年第一季度的美国经济状况自由落体式的下落。失业率上升的速度达到骇人听闻的地步。之后的 2009 年 2 月美国政府通过了一项大规模的财政刺激法案，就业损失随即大幅减少，从 2009 年 1 月至 3 月的每月 780 000 人减少到 2010 年 1 月至 2 月的每月不到 40 000 人。该图让人脑内不禁浮现出巴拉克·奥巴马骑着白马救民众于水火的景象。几项学术研究也支持了这种看法。[5]

每月净变化（千）

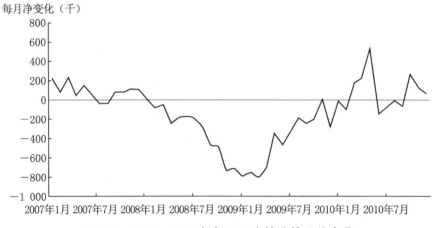

图 15.1　2007—2010 年每月工资就业情况的变化

资料来源:劳工统计局。

但公众却不这样认为。正如前面提到的,经济在 2009 年 6 月跌至谷底,而复苏进程却并不强劲。在 2009 年的后两个季度中,平均增长率仅为 3%,在经济复苏的前六个季度中为 2.7%,在其前十个季度中仅为 2.3%。并且直到 2010 年 3 月,月度薪资就业报告才从净就业岗位损失转变为净就业岗位增加。而即便如此,从 2010 年 6 月到 9 月还是出现了连续四个月失业率上升的现象。全国失业率持续攀高,直到 2010 年 4 月达到 9.9% 的峰值,到 2011 年底仍维持在较高的 8.5% 的水平。

因此,美国民众看到的是:2008 年 11 月当选的新总统对未来形势转变的承诺,但是事实失业率却仍不断上升着。尽管国家经济研究局在 2009 年 6 月就正式宣布了衰退的结束,但它似乎仍在持续着,几乎没有迹象显示经济有任何起色。时局艰难,薪资和收入停滞不前,就业机会少之又少,许多家庭还失去了住房。这不是美国人原先所追求的"转变",几乎没有人认为那时的经济是令人满意的,能意识到就业会比 GDP 恢复得更慢的人就更少了。

图 15.2 描述了这对奥巴马总统的支持率造成的毁灭性影响,在他上任后支持率几乎立即开始下跌,并持续下降至 2010 年。虽然奥巴马本人不在 2010 年

的选票上,但当年整个众议院和 37 位参议员都在竞选名单中。而这个结果对民主党人来说是灾难性的。选举开始前众议院有 256 名民主党人,而选举后,只剩下 193 名。这是自 1938 年以来两党席位变动最为剧烈的一次,让众议院成了自 1946 年来共和党议员最多的一届。参议院的变化并没有那么夸张,但共和党人仍然获得了六个席位。许多州的州长和州立法机构也转向了共和党。

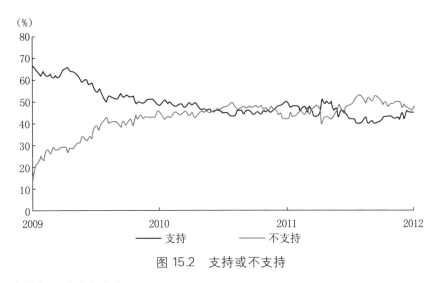

图 15.2　支持或不支持

资料来源:盖洛普公司。

这种悖论着实令人震惊。尽管奥巴马和他的党派为整顿经济付出了极大的努力,但从选民中收获的只有极大的反对声音,他们看到的只是选举日的 9.4％ 的失业率,因此认为美国经济仍处于衰退状态。[6]作为一名机敏的政治观察家,前总统比尔·克林顿写道,"(关于 2010 年的选举)我最感兴趣的一件事是如何轻松地说服这么多美国人……加入到批判政府的队伍中去"(Clinton 2011,7)。历史记录显示,"茶党"运动在这场批判中扮演了重要角色。

对于民主党人来说,选举惨败产生了诸多后果。其中之一是在 2011 年至 2013 年这几年间,当经济需要更多的财政支持时,没有一位政治人物敢于说出"刺激"的字眼,这个词已经变成了一种忌讳。这对凯恩斯主义经济学来说是个坏消息,美联储主席本·伯南克也有同感,因为他当时几乎算是在求国会采取行动来提高总需求了。然而事与愿违,尽管人们对预算赤字的关注在布什时期好像"蛰居"了,但却在此时以更猛烈的势头重现。

大规模的财政刺激,加上为了应对金融危机而采取问题资产救助计划和其他措施所产生的超额支出,以及在经济衰退中税收收入的正常损失,使得联邦预算赤字达到了非同寻常的高度,从 2007 年仅占 GDP 的 1.2%,到 2009 年上升到 GDP 的 10%,实在令人瞠目结舌。GDP 的 10%?不说与 GDP 的相对概念,光是换算成 1.4 万亿美元的数字就足够令人震惊了。美国自第二次世界大战以来,预算赤字占 GDP 的比例还未达到过如此高的水平。前一次高峰出现在 1983年,预算赤字仅占 GDP 的 6%,当时在任的总统是罗纳德·里根。也因此,债务占 GDP 的比率从 2007 年底的约 30% 飙升到 2011 年底的约 55%,仅仅四年时间就上涨到如此地步,连一些赤字鸽派都感到惊讶了。

共和党人开始加入批评的行列。曾经在乔治·布什总统任内漠视赤字的一些国会议员和参议员突然认识到,即使不考虑产生的道德印象,赤字对美国的繁荣也会构成明显威胁。当然,财政刺激会使经济收缩的观点与凯恩斯主义完全是背道而驰的。但由于反对奥巴马需要坚定地反对凯恩斯主义经济学,共和党人充满热情地这样做了。正如 2011 年 4 月《经济学人》中所说,"如果有一种意识形态能够团结当今的共和党人,那就是凯恩斯主义,他们决心根除凯恩斯主义的恶劣影响"(*The Economist* 2011)。实际上,一些保守派开始认为,增加经济增长的最佳方法是减少政府支出。[7]对于凯恩斯主义者来说,这听起来就像是奥威尔式的:对的就是错的,战争就是和平,向上就是向下。

来自学术界的声音部分附和了这种政治狂热,部分证明了这一观点。例如,斯坦福大学的约翰·泰勒(John Taylor)和他的合著者在一系列文章中认为,尽管刺激计划花费了 8 000 多亿美元,实际上没有对总需求产生任何影响(Taylor 2011a)。[8]泰勒还补充说,"这个结论并非意料之外的"(Taylor 2011b)。真的吗?凯恩斯勋爵肯定会感到震惊。

我和其他现代凯恩斯主义者也同样感到震惊。例如,马克·赞迪(Mark

Zandi)和我估计,如果没有所有的刺激援救行动(财政、货币和金融),2011 年的实际 GDP 就不会比原本预计的情况高出 1.8 万亿美元(Blinder and Zandi 2010)。根据我们的估计,多余的产出相当于增加了 980 万个就业机会和降低了 6.5 个百分点的失业率。这些都是巨大的影响,将可能是绝对灾难的情况转变为只是有点糟糕的情形。即使驳回得出这些估计值所用的凯恩斯主义模型,这里仍需面对的一个问题是:在没有创造大量就业机会的情况下,即使是大肆铺张浪费,怎么可能花掉这样一笔巨款呢?

2010 年 2 月,奥巴马总统通过创设两党合作的国家财政责任和改革委员会,对预算赤字风波予以回应。该机构由 18 名成员组成,共和党人艾伦·辛普森(Alan Simpson)和民主党人厄斯金·鲍尔斯(Erskine Bowles)联合出任主席,成员中包括政治家和非政治家。委员会于 2010 年 12 月提交的建议受到了全国各地的社论作家和其他专家的高度赞扬——但共和党和民主党的政治家却对此视若无睹。最终,两个政党在某些问题上达成了跨党派协议!

具有讽刺意味的是,2010 年和 2011 年使得华盛顿陷入僵局的政党之争可能比采取财政行动更好。[9] 毕竟,民主党人想要废除布什对高收入群体的所得税减免政策,而共和党人想要废除奥巴马对工人的工资税减免政策。这一系列的措施,无论是左派还是右派的方案,其包含的核心——增税,是当时的宏观经济最不需要的。由于无法达成一致,两个政党只得以不作为的形式相互妥协。而 2010 年 12 月、2011 年 12 月和 2012 年 2 月达成的一系列临时预算协议只是"明日复明日",选择将问题一拖再拖(并没有真正解决),从而将美国推向了 2013 年 1 月出现的所谓"财政悬崖"(详情参见下一章)。

总体而言,尽管 2011 年到 2013 年的三年中,财政政策显著收紧,三年的失业率分别达到了 8.9%、8.1% 和 7.4%。在这 12 个季度中,国会预算办公室(CBO)的预算赤字(忽略自动稳定器的影响)从 GDP 的 6.5% 降至低于平均 1.9% 的水平,该政策使得赤字连续三年以每年约占 GDP 的 1.5% 的速度发生改变。

美联储主席伯南克对这种反常的财政政策转变恨得咬牙切齿。正如他后来观察到的那样，"在 2009 年 2 月奥巴马总统颁布刺激计划之后，国会转向了紧缩模式……这股逆风绝不是微风……紧缩的财政政策使得我们货币政策的大部分作用都被抵消了"（Bernanke 2015，504）。货币政策已然成为唯一的主旋律，它正和财政政策产生对抗，而不是与之合作。

针对美联储的强烈政治抵制

由于紧急稳定政策卓有成效，政治抵制不仅限于奥巴马政府和国会，部分还针对美联储。借贷机构的各种缩略词，尤其是美联储参与"纾困行动"——无论是真实的还是虚构的——触发了对央行的强烈抗议。其中有一些是实时发生的，比如上一章所提到的针对第二轮量化宽松（QE2）的抗议；一些则是在事后产生的。一部分来自政治左派：太多的银行家得到了救助；一些来自政治右派：美联储是一个不负责任、拥有过多权力的机构。这些抗议声滔滔不绝、此起彼伏。

其中暗含的悖论是巨大的。金融危机应归因于私营企业和个人一系列严重错误、误判，甚至欺诈，而这些行为受到了诸如乔治·W.布什和艾伦·格林斯潘等领导人的支持和纵容。这些领导人过于热爱自由放任主义，发自内心地认为市场无所不能。2005 年至 2008 年期间的美国经济所陷入的困境显然是由于缺乏监管，而美联储在其中理应承担很大一部分的责任。直到 2008 年 9 月的大爆发之后，曾经被动的政府才在绝望中变成了干预主义者。而这样的做法起了作用，避免了最坏的情况发生，金融市场恢复到接近正常状态的速度要比预期快得多，第二次大萧条也没有发生。

你可能会认为，这样一场迅猛而又迟来的表现本应恢复公众对政府的信心，并击垮自由放任主义的倡导者。但是并没有。在命运的残酷反转中，可怕的经济衰退与多种政策干预在时间上的巧合给了反政府的人群一个抨击和指责政府的机会，他们急忙抓住机会，并最终达到了毁灭性的效果。

也许如果没有广泛的政策干预，情况本来会更糟糕，这种反事实的观念对政治来说可能太微妙了。正如马萨诸塞州民主党众议员巴尼·弗兰克（Barney Frank）在之后的一次电视辩论中所说的，"用'要不是我，情况会更糟'并不是一个好的政治口号。你不可能凭借这样的话赢得竞选"（Ryan，2011）。这种口号从未被选民接受。相反，批评者能在全国范围内煽动对美联储、奥巴马政府和国会的强烈反对。毕竟，在政策杠杆在华盛顿各地被拉动的情况下，经济还是崩溃了，不是吗？

不，这样的说法是错误的。这样的逻辑就好比说消防员会引发火灾，佛罗里达州的人们衰老得更快。银行监管机构（包括美联储）真正的错误是未能及早介入以停止疯狂的事态，并恢复一定程度的"安全和稳健"。但是，逻辑很少主导政治领域，相反意识形态通常占据上风。比如"茶党"候选人在 2010 年的选举中获胜，这种反击也引发了一波对美联储的批评，认为美联储逾越职权，实施了"准财政"政策，甚至违反了《联邦储备法案》。（后者显然是错误的。美联储拥有谨慎务实的律师团队。）

国会于 2010 年 7 月通过了《多德—弗兰克金融改革法案》，它通过对《联邦储备法案》中现在著名的 13（3）条款进行修订，限制了美联储的紧急贷款权力。此后，美联储不能向个体机构提供紧急贷款，只能向"具有广泛资格的项目或机构"提供紧急贷款。除此之外，美联储还需要得到财政部长的批准才能这么做。彼时许多专家担心这些规定会在下一次危机时束缚住美联储的手脚。但是在 2020 年，财政部长史蒂文·姆努钦（Steven Mnuchin）非常乐意批准美联储愿意和可能做的任何贷款，并为美联储提供后备资金，以便进一步行动。当然了，13（3）条款的未来使用情况谁也说不准。

货币主义的最后一口气？

最后还有一个货币政策问题值得讨论。米尔顿·弗里德曼曾宣称，通货膨胀"无论何时何地"都是一种货币现象。如果它的正确性不言而喻，那么意味着货币供应量的大幅增加(以某种方式定义)一定会导致价格大幅上涨。或许其中存在一定的滞后,但这样的结果是必然的。

美联储的众多贷款政策,特别是在金融危机期间和之后进行的多轮量化宽松政策,导致了美联储资产负债表的资产一段的大幅扩张。从雷曼兄弟破产日到 2008 年 11 月,资产共增长约 140%,到 2014 年底翻了近五倍。当然,负债方面也同步增长,其中超过一半表现为银行储备的大幅增加。任何读过弗里德曼和施瓦茨的《货币史》的读者自然会认为,货币供应量一定是以同样快的速度增加,才埋下了高通胀的种子。是这样吗?

简而言之,答案是否定的。图 15.3 展示了从 2008 年到 2014 年三个关键货币变量的变化情况:美联储资产、银行储备和 M2 货币供应。(由于量级的不同,图形实际上只绘制了 M2 的六分之一;另外两个变量则以自然单位呈现。)显然,美联储的资产和银行储备在雷曼兄弟破产后迅速飙升。具体来说,资产翻了一倍以上,银行储备急剧增长了 27 倍。(是的,你没有看错。)然而,货币供应量的增长要逊色得多。从 2008 年 9 月到 11 月 M2 几乎没有增加,整个六年时间内仅增长不到 50%。

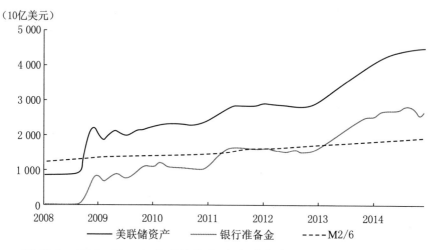

图 15.3　2008—2014 年美联储资产、银行准备金和 M2(M2 规模调整)

资料来源:美国联邦储备系统理事会。

这种巨大差异产生的明显影响如图 15.4 所示：货币乘数，此处定义为 M2 与货币基础的比率，从 2008 年 8 月的 9.2 降至三个月后的仅 5.4，并最终降至不到3.0。这是怎么回事？银行决定将美联储创造的大量储备保留在其资产负债表上，从而缩短了经典的货币乘数过程。是什么让银行愿意去持有如此多的储备？要知道在雷曼兄弟破产之前，银行储备数量几乎为零。

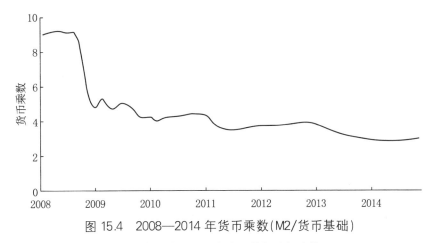

图 15.4　2008—2014 年货币乘数（M2/货币基础）

资料来源：作者根据美国联邦储备系统理事会的数据进行计算。

这其中有好几个原因。最有可能的原因是《紧急援助法案》中的一个"小"条款，该条款允许美联储向银行储备支付利息。这个"小"变化用银行储备替代了国债，在很大程度上方便了银行行长，也因此比以前更具吸引力了。也许更重要的是，这个规定消灭了银行储备和货币之间的传统联系。现在美联储通过向银行储备支付利息，可以在货币供应量不同步扩大的情况下大规模扩张其资产负债表了。

此外，在图 15.4 所示的最初几年，由于金融问题仍然困扰着银行，它们担心进一步的灾难，因此急于储备流动性而不是放贷。而图 15.4 所涵盖的后期，由于新的监管要求需要更高的流动性缓冲，银行储备的需求进一步提高了。尽管如此，让人惊讶的是，到 2015 年时，银行仍然持有数万亿美元的超额准备金。

通货膨胀呢？与大规模收缩不同的是，美联储不允许因货币乘数崩溃影响货币供应。在这 6 年里,M2 的复合年增长率约为 7%。因此,伯南克领导的美联储实现了几年前对米尔顿·弗里德曼和安娜·施瓦茨的承诺。也就是说,但凡体内流淌着一点货币主义者的血液,你可能会预期 7% 的货币增长率,将导致远高于实际观察到的约 1.75% 的通货膨胀率。实际上,联邦公开市场委员会(FOMC)的一些成员似乎也在担心最终的通货膨胀问题,尽管他们没有用陈旧的货币主义术语表达他们的担忧。

最著名的批评者是当时堪萨斯州联邦储备银行行长托马斯·赫尼格,他对 2010 年联邦公开市场委员会的每一个决定都持鹰派立场。以下是 2010 年 4 月联邦公开市场委员会声明中如何描述他对委员会鸽派前瞻指导的反对立场:"托马斯·M.赫尼格……认为继续传递联邦基金利率将在长时间内维持在异常低水平预期是没有必要的,因为这可能会加剧未来失衡的可能性,并增加长期宏观经济和金融稳定的风险,同时限制委员会适度加息的灵活性"(FOMC 2010b)。提高利率? 在 2010 年?

也许是因为货币和银行储备的强劲增长,赫尼格并不是唯一一个担心联邦公开市场委员会货币政策保持得过于宽松又时间过长的人。在 2011—2013 年举行的 24 次美联储议息会议中,伯南克主席总共收到了 25 张反对票,其中 21 张是由于他鹰派的立场。甚至在赫尼格开始反对之前就已经存在来自外界的批判声了,比如斯坦福大学的约翰·泰勒和卡内基梅隆大学的艾伦·梅尔泽等人士。[10]但曾经 M2 增长和事后通胀之间的紧密联系早在几年前就消失了。

2015 年 12 月 16 日,美联储终于开始谨慎地加息。而彼时接近零的联邦基金利率已经持续了 7 年。

本章总结

美国的财政政策制定者急剧转向凯恩斯主义,尽管在这一点上菲言厚行——在奥巴马政府执政初期,通过了一项超过占 GDP 的 5% 的财政刺激法案。

然而,《美国复苏与再投资法案》是一个党派性事件,尽管经济崩溃、失业率飙升,但只有三名共和党参议员投票支持,而众议院没有任何共和党成员赞成。一些自由派认为,法案的刺激力度太小,尽管我相信历史会判断它是否考虑到了国会当时可能接受的限度。作为支持这一判决的证据,奥巴马总统发现,在之后几年里国会很难通过任何进一步的刺激举措。

来自问题资产救助计划和 2009 年《美国复苏与再投资法案》的支出[11],和伴随经济衰退而来的不利预算波动,导致 2009 财年年度联邦预算赤字膨胀到占GDP 的近 10％,这是美国在和平时期里闻所未闻的。这个令人担忧的数字迅速唤醒了赤字鹰派。这些鹰派人士中的许多人都是在布什总统期间对巨额赤字毫不关心的共和党人,这似乎并非巧合。难道赤字是由民主党政府管理时它才是令人担忧的,而在共和党政府时期就不是了吗? 没有经济原因可以解释为什么会这样,但从政治角度出发有一个直观的解释。

也许这一时期最大的讽刺是对奥巴马总统、国会的民主党人和美联储(更不用说对凯恩斯了)强烈的、多方面的政治反对。虽然他们的反衰退行动肯定不是完美的,但对金融危机和大衰退的强有力的财政、货币和金融政策的确缓解了经济活动的衰减,几乎可以肯定地说在一定程度上缩短了经济衰退的过程。然而,奥巴马和民主党人因随后出现的巨额预算赤字而受到诋毁,美联储被指控越权,财政部和美联储都因救助银行而受到批评。

一个有趣的历史问题是,如果(a)有更多的金融罪犯被指控、审判并被送进监狱,而(b)向陷入困境的房主而不是陷入困境的银行提供更多帮助的话,这种政治反击是否就不会来得如此猛烈。我个人猜测这两方面都是有用的。但这两点都未曾发生,强烈的政治反击导致了 2010 年"茶党"的崛起。更有推测认为,这种挥之不去的愤怒可能最终导致了 2015—2016 年"牢骚候选人"唐纳德·特朗普难以置信的崛起。

尽管美联储的资产负债表大规模扩张,银行储备以令人晕眩的速度增长,货币供应也大幅增加,但通胀在 2008 年后仍持续着。实际上,美联储将在接下来十年时间里花大量精力推动通胀上升,而不是下降。在知识层面,这些发展似乎在货币主义的棺材上钉上了最后的钉子。

好吧,也许这不是最后一颗。在 2020 年和 2021 年的几个季度里,也出现过对货币创造会推动通胀的类似担忧,因为当时美联储提供了更大规模的流动性、信贷和资金来应对新冠肺炎(COVID-19)大流行带来的更大规模的危机。而这一次,通货膨胀是确确实实地急剧上升了。

注释

1. 奥巴马在当选总统时是一名参议员,而他担任这份工作不到两年,其中大部分时间都花在了竞选活动上。
2. 这句话在许多地方都有报道,其中一个例子是 Rucker(2009)。
3. 一个尤其令人震惊的例子是将净营运亏损的"回溯"期延长。怎么能通过减少过去的税收来刺激未来的投资呢?
4. 奇怪的是,美国消费者新闻与商业频道没有关于该言论的文字记录,尽管这可能是那时网络上最著名的一段话。一个互联网搜索出现了大量所谓"转录",但它们都不准确。我是在创作《当音乐停止之后》(2013)时自己从视频剪辑中编写了这个。
5. 例如,参见乔多罗-赖克(Chodorow-Reich et al. 2012)、费雷尔和萨塞尔多特(Feyrer and Sacerdote 2011)和威尔逊(Wilson 2012)。
6. 2010 年一次又一次的民意调查显示了这一点。例如,参见《今日美国》(2010 年)。这项在 2010 年 8 月 27 日至 30 日进行的特别调查显示,关于"你认为经济是否处于衰退中?"82%的受访者回答了"是",只有 16%的人回答了"否"。
7. 参见赫什(Hirsh 2009)。请注意该文的时间(1 月 28 日),当时奥巴马政府执政仅 8 天。
8. 泰勒(Taylor 2011a)的文章中总结了这一成果。
9. 说句公道话,辛普森-鲍尔斯(Simpson-Bowles)委员会关于削减赤字的建议意在为未来提出,而不是为 2011 年初提的。
10. 他们的批评很早就开始了。例如,参见泰勒(Taylor 2009b)和梅尔泽(Meltzer 2009d)。
11. 问题资产救助计划的支出是贷款,而不是开销,这些贷款大多以利润偿还给财政部。但美国的预算传统将被批准的贷款数额视为赤字的增加。

第 16 章
21 世纪 10 年代创纪录的扩张

心跳继续。

——桑尼和谢尔,1967

很少有经济事件以十年为周期进行循环。繁荣的"60 年代"实际上真正始于 1964 年肯尼迪—约翰逊的减税政策。1973 年秋季,随着第一次石油输出国组织(OPEC)的冲击,"70 年代"的通货膨胀发生了。类似的事件还有很多,但 21 世纪 10 年代创纪录的扩张却是这一规律的例外。根据美国国家经济研究局的日期测定,这一扩张始于 2009 年 6 月的所谓大衰退触底,因新冠疫情对全球经济的摧残于 2020 年 2 月戛然而止。也就是说,此次扩张跨越了整个十年。

尽管如此,2009 年 6 月美国经济并没有一飞冲天,因为衰退已然造成太大的伤害了。正如前一章所述,2009 年下半年的实际 GDP 平均增长率仅为 3%,而在 2010 年的四个季度仅为 2.6%。就业净增长直到 2010 年 3 月才出现,却也没能维持下去。直到 10 月份,才开始有了一连串创纪录的就业增长。总而言之,美国民众以为他们仍生活在衰退中的想法是正常的——因为他们确实是。

然而事实证明,当时的美国人正在经历美国历史上最长的商业扩张,如果不是 2020 年的疫情使其突然结束,这一扩张可能会持续更久。从 2009 年第三季度到 2019 年第四季度的 42 个季度里,实际 GDP 平均每年增长 2.3%;就业人数连续增长 113 个月,创下了新纪录,总共新增 2 130 万个就业岗位;失业率逐渐稳步地从 9.9% 下降到 3.5%,为 1969 年以来的最低水平。

但而后的大部分讨论似乎都遗忘了一个事实。那就是,美国经济是如何在年增长率仅为 2.3% 的情况下将失业率降到如此之低的。这背后的"秘密"其实根本不是秘密,而是一个简单的算术问题,一个非常消极的算术问题:劳动生产率的表现十分糟糕。2009 年,相较于减少产出,恐慌的企业选择更大程度地减少劳动时间,从 2010 年第一季度到 2019 年最后一个季度,劳动生产率以每年 1% 的速度缓慢增长,之后疫情肆虐甚至中断了生产率的增长趋势。[1] 从历史上做比较,先前表现最差的生产率发生在 1973—1995 年间,虽然这是广为人知的事实,但人们对其背后的道理知之甚少:当时每小时产量仅以 1.5% 的年增长率增长。因此,美国经济经历了一段虽然就业率高涨但 GDP 表现平平的时期。

2012 年选举

由于 2012 年经济依然疲软,从经济角度来看,联邦预算中任何有关整顿财政的讨论显然都为时过早。但那是总统选举之年(我喜欢称之为愚蠢的时期),反赤字情绪已经达到或接近顶峰。因此,尽管 2012 年失业率平均值为 8.1%,但 2012 年选举活动中广泛讨论了摆脱当时巨额预算赤字中的财政"退出"策略。

奥巴马总统的对手是前马萨诸塞州州长米特·罗姆尼(Mitt Romney),他在私募股权业务中积累了巨额财富。共和党人可能认为他们可以把一个成功的商人推选为修复低迷经济的合适人选。毕竟,在 2012 年政治敏感的第二和第三季度,实际 GDP 平均增长率仅略超过 1%,而选举日的失业率仍为 7.7%。这些经济数据不利于现任总统竞选,罗姆尼认为奥巴马应该对此承担责任。顺便说一下,有点不协调的是,他还反对了奥巴马标志性的立法成就(共和党人戏称为"奥巴马医保"),尽管这个计划很大程度上是根据马萨诸塞州的"罗姆尼医保"模式设立的。

历史记录表明,共和党的宣传语没有奏效。奥巴马在普选中以大约 4 个百分点的优势击败了罗姆尼,并在选举团中以 332 比 206 的优势轻松获胜。但奥巴马的影响力有限,因为民主党在国会的胜利相对微弱。尽管民主党的席位在参议院获得了微弱多数,但远远低于阻止共和党阻挠议事所需的 60 票。在众议院,民主党获得了几个席位,但共和党仍然保持着多数派地位。因此,奥巴马总统仍需应对众议院议长约翰·博纳(John Boehner)的拖延战术,博纳受到众议院"茶党"派系的支持,这个派系不断将博纳拉至右派立场。因此,2013 年 1 月,白宫和国会的配置正是为党派之争和持续的僵局所量身定制的。

财政悬崖

大选结束后不久,奥巴马总统和国会面临了"财政悬崖",这一术语是由美联储主席本·伯南克提出并广泛传播的,他对此表示担忧并试图引起人们对它的关注。财政悬崖非常陡峭,如果美国经济"掉入其中",很可能会发生经济衰退。

2012—2013 年的财政悬崖是人为造成的,尽管可能是偶然的。巧合的是,前几年达成的各种预算协议使得奥巴马的工资税削减计划和布什的所得税削减计划都将于 2013 年 1 月到期。此外,长期失业救济金即将被大幅度削减,作为 2011 年 8 月预算协议所制定的激进公式化支出削减措施也将被触发(虽然当时并没有打算执行)。总的来说,除非采取行动来避免,否则美国将面临大规模的财政紧缩——约占 GDP 的 4%。

伯南克一再警告:美联储"无法抵消财政悬崖的全部影响,这太大了。考虑到我们可用的工具和我们的政策工具箱的局限性"(Bernanke 2012b,12)。但党派之间的不妥协似乎注定要将经济推向悬崖边缘,直到 2013 年元旦最后一刻才达成一项协议,这实际上是美国政府走向财政悬崖的第二天(幸运的是,1 月 1 日是假期,所以什么也没发生)。该协议将自动减支计划推迟了两个月,延长了布什的部分减税政策,虽然工资税削减计划失效,但同时也为低收入家庭增加了一些税收抵免措施,延长了联邦失业救济金,等等。

然而,华盛顿的财政斗争还远未结束。在 2013 年的夏秋之际,国会的共和党人试图推迟为奥巴马总统的标志性政策成就《平价医疗法案》提供资金。奥巴马和国会民主党人拒绝接受延期。这次僵局导致了政治上再度充满争议的政府停摆,因为国会支出权限在2013财年的最后一天(即2013年9月30日)到期。再次提高国家债务上限成为政治上的棘手问题。实际上,人们担心美国政府可能会违约,不是因为该国无法支付账款,而是因为国会陷入僵局。

经过16天的艰苦努力,参议院最终仓促达成一项终止停摆的协议,该协议获得了众议院通过,并很快由奥巴马总统签署。2013年的政府停摆无论从时期长短还是影响程度而言,都是一次具有重要意义的事件。大约80万联邦雇员被迫休假,国家公园被关闭,许多政府服务受到严重干扰。与1995年和1996年的政府部门停摆类似,关闭联邦政府的大部分地区并没有给共和党带来政治利益。民众的情感更倾向于奥巴马和民主党。

撇开戏剧性不谈(尽管有非常多这样的情况)。失业率平均分别达到8.9%、8.1%和7.4%,但2011年、2012年和2013年的财政政策仍然明显紧缩。如前一章所述,国会预算办公室从自动稳定器中提取的预算赤字指标,在这12个季度里,从占GDP的6.5%大幅下降到仅占GDP的1.9%,在总需求仍然疲软的经济体中,这一政策转变每年约占GDP的1.5%。面对这一情况,凯恩斯大概会在坟墓里打滚。而仍然活着的本·伯南克则会面露难色。

正是在2013—2014年,劳伦斯·萨默斯(Lawrence Summers 2014)重新提出了一个古老的概念:长期停滞,该概念最初源于阿尔文·汉森(Alvin Hansen 1939)。即美国经济面临着长期的(不仅仅是周期性的)总需求短缺。奇怪的是,萨默斯并没有把近年来的紧缩性财政政策作为导致停滞的可能原因之一(但却很容易转变的)而提出。相反,他关注的是均衡利率的下降。

最佳选择

财政政策可能已经放弃了其作为宏观经济稳定器的作用。但正如货币政策刚获得的"最佳选择"的称号一样,它并没有与财政政策一样偃旗息鼓。到 2011 年,美联储的大量特殊贷款工具已经基本关闭,原因很简单:人们不再需要它们了。在排除了负利率的可能性后,美联储不能进一步压低联邦基金利率或准备金利率。自 2008 年底以来,美联储一直依赖两种主要的货币政策工具,每个工具都有多个变体:量化宽松政策(QE)和前瞻性指导。美联储在伯南克任期结束后,一直沿用这两个工具直到耶伦的任期。(顺便提一句,这两个工具在 2020 年又回归了。)

是否使用量化宽松政策在更早的时候被讨论过。其背后的双重理念是降低利率的风险溢价(例如,通过购买抵押贷款支持证券而不是国债)和降低利率的期限溢价(例如,通过购买长期国债而不是短期国债)。美联储更愿意称之为三波"大规模资产购买"的行动分别于 2008 年 11 月(QE1)、2010 年 11 月(QE2)和 2012 年 9 月(QE3)宣布。另外还有介于 QE2 和 QE3 之间的长短期利率操作。正如之前章节中所述,量化宽松的第一阶段取得了最巨大的成就:美联储成功地恢复了衰退的抵押贷款证券(MBS)市场。但第二轮量化宽松在政治上却备受争议,尽管美联储只购买了美国国债。

第三次量化宽松事件标志着美联储决策的一次重大转变,不同于以往,它没有预先确定购买国债的最高限额,而是让 QE3 保持开放。总的来说,美联储的资产负债表增加了 17 250 亿美元,其中大部分是 QE1 的机构房贷担保债券和 QE2 的 6 000 亿美元(全部为国债)。然而,在设计 QE3 时,联邦公开市场委员会(FOMC)决定每月购买 400 亿美元的机构抵押贷款支持证券,以及另外每月购买 450 亿美元的长期国债。目前还没有公布截止日期,因此也没有公布累计金额。

2013 年 5 月 22 日,伯南克主席在国会发言时首次暗示 QE3 购买即将结束。他在回答一个问题时指出,"如果我们看到情况持续改善,并且有信心这种情况会持续下去,那么我们可以在接下来的几次会议上……放慢购买步伐"(Reuters 2019)。你可能会认为,这是一种温和的说法。美联储认为这表明放缓脚步的意图。此外,"在接下来的几次会议上"可能意味着购买还需要几个月才能结束。尽管如此,市场最终的反应依旧强烈。债券收益率飙升,并在一个月后,10 年期美国国债收益率比伯南克发表声明前高出了约 50 个基点。股市的反应也很糟糕。这一情况很快就被贴上了"缩减恐慌"的标签。市场显然不喜欢他们所支持的政策被取消,甚至是被"缩减",所以用实际行动使美联储知晓。中央银行对市场的强劲反应感到惊讶,当它在 2021 年开始考虑再次缩减债券规模时,还很清楚地记得这一事件。于是多次提前通知市场,并且最终在第二次缩减时进展顺利,没有引发恐慌。

事实证明,直到 2013 年 12 月,美联储才真正开始缩减 QE3 的资产购买规模,并于 2014 年 10 月完全结束。到那时,美联储已经在第三轮量化宽松(QE3)下获得了超过 1.6 万亿美元的净新资产,使三次量化宽松的总额接近 4 万亿美元。扣除赎回和到期资产后,美联储的资产负债表从危机开始时的不到 1 万亿美元,在 2014 年达到了约 4.5 万亿美元的峰值。

这些不同的量化宽松计划是否实现了美联储的目标?对国债收益率的看法表明他们成功了:在量化宽松期间,利率基本得到下降(图 16.1)。但是,在量化宽松之前,利率已经下降了近 30 年,而在量化宽松时期的下降趋势看起来并不是特别明显。计量经济学研究要更为复杂,而其中的共识是量化宽松政策确实起了作用:MBS 的利率息差收窄,并且美国国债收益率曲线趋平。[2]

图 16.1　1981—2021 年间十年期国债利率

资料来源:联邦储备系统理事会。

　　然而,很少提到的是,对利率的最大影响似乎来自 QE1,这一轮量化宽松看起来更像是缓解金融危机的紧急措施,而不是"一般的"通过降低风险或期限溢价来提振总需求的货币政策(Krishnamurthy and Vissing-Jorgensen 2011)。图 16.2 显示了 2008—2015 年间十年期国债利率和三月期票据利率之间的利差。在 QE1 期间(2008 年 11 月)出现了显著的降低。然而在 QE2(2010 年 11 月)和 QE3(2012 年 9 月)期间并没有出现类似的大幅下降。[3]

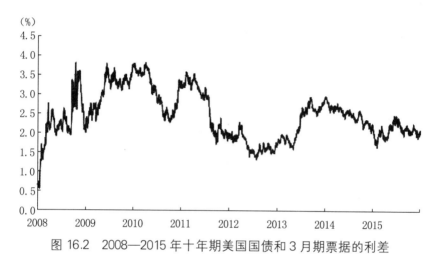

图 16.2　2008—2015 年十年期美国国债和 3 月期票据的利差

资料来源:联邦储备系统理事会。

　　联储公开市场委员会的另一个大型的"新式武器"是前瞻性指引,在 2008 年 12 月的重要会议上,委员会开始更强烈地依赖这些指引,尽管是以一种特别的方式。当时的表述是:"委员会预计,疲弱的经济状况可能需要联邦基金利率维持在异常低的水平一段时间。""异常低"很容易解释,这意味着刚刚确定的基金利率区间为 0—25 个基点,这是美联储愿意接受的最接近零的水平。但"一段时间"这个词却很神秘,是几个月? 还是几年?[4] 在 2009 年 3 月的声明中,联邦公开市场委员会将这些词修改为"较长一段时间",市场(正确地)解读为"比我们在 2008 年 12 月说的要长"。在 2011 年 8 月的美联储议息会议之前,对于接近零的基金利率的模糊承诺仍然保持不变。

在这一点上,联邦公开市场委员会试图加强其前瞻性指引,开始了一系列最终被判断为不理想的实验。最初的几次尝试涉及确定具体日期。2011 年 8 月的联邦公开市场委员会声明:"委员会目前预计经济状况……至少一直到 2013 年中期之前需将联邦基金利率维持在异常低水平"(FOMC 2011)。尽管"至少"这个词提供了明确的免责条款,但在美联储历史上守口如瓶的标准中,这个时间框架的具体程度仍然令人震惊。但随着时间来到 2012 年,"2013 年中期"这个日期慢慢接近,令人感到不安。我们需要知道的是,前瞻性指引背后的主要指导思想是保持中长期的低利率。因此,联邦公开市场委员会在 2012 年 1 月再次修改了其"零"利率承诺,将其延长至"至少到 2014 年底"(FOMC 2012a)。

美联储透明度的其他几项重大变化也在 2012 年 1 月美联储议息会议上提及,包括官方采用数字目标通货膨胀(2%)和非加速通货膨胀失业率目标(5.2%和 6%之间),并首次公布了联邦公开市场委员会成员的"点图",显示他们认为(或者说是希望)未来几年资金利率的走向。如果还有任何疑虑,那就是现在是本·伯南克领导的透明的联邦储备委员会,而不是艾伦·格林斯潘领导的不透明的联邦储备委员会。[5]

与此同时,芝加哥联邦储备银行行长查尔斯·埃文斯认为,有关利率的远期指导应该与经济状况挂钩,而不是与任何特定日期挂钩。他的论点很有道理,截至 2012 年 12 月,联邦公开市场委员会采纳了这些观点:"委员会认为……只要失业率保持在 6.5%以上,未来一到两年的通胀预计不超过委员会长期目标 2%的半个百分点,并且长期通胀预期仍然稳定的情况下,联邦基金利率保持在异常低的水平是恰当的"(FOMC 2012b)。这是一条复杂的信息,因此,市场参与者通常会聚焦于数值化的失业率目标,6.5%很快成了市场的目标。

2013 年,失业率持续下降,从 1 月份的 8%下降到 12 月份的 6.7%。由于联邦公开市场委员会还远没有准备好加息,而本·伯南克掌舵的 8 年时间即将结束,有些事不得不有所让步。但 2013 年 12 月的声明只是补充说,"委员会目前预计……在失业率降至 6.5%之后的很长时期内,维持联邦基金利率目前的目标区间可能是合适的"(FOMC 2013)。"很长时期"这个描述让交易员们感到疑惑,难道 6.5％的失业率不是能引发加息的阈值吗?

权杖交接:珍妮特·耶伦领导下的货币政策

对于渴望延续稳定,同时又对美联储 2013 年底传递的复杂信号感到困惑的市场来说,很难想象有比珍妮特·耶伦更好的人选接替本·伯南克了。而奥巴马总统选择珍妮特·耶伦显然是一种连续性而不是改变。首先,没人能在伯南克和耶伦之间看到多少智力上的差异。两位都是来自精英大学(分别是普林斯顿大学和加州大学伯克利分校)杰出的宏观经济学家。且两人都是凯恩斯主义者,尽管当时伯南克是共和党人,耶伦是民主党人。更重要的是,在耶伦被任命接替伯南克前,她在伯南克领导下担任美联储副主席。

历史上没有哪位美联储主席像珍妮特·耶伦这样担任过如此多职务。她的联邦储备简历始于 1994 年 8 月[6],当时比尔·克林顿总统任命她为联邦储备委员会委员。大约两年半后,克林顿总统要求她转至白宫担任他的经济顾问委员会主席,她在此职位上任职了大约两年半,然后回到伯克利担任教授。然而,美联储很快再次召唤她。2004 年 6 月,耶伦被任命为旧金山联邦储备银行行长,而后在 2010 年 10 月,她被巴拉克·奥巴马总统提任为联邦储备委员会副主席。当时,许多美联储观察家推测(尽管推测结果不能保证准确):她将在伯南克的任期于 2014 年 1 月结束时成为下一任主席。[7]否则,她为什么要离开旧金山银行?

轮到耶伦上任的时候,她已经基本上取得了重要的成就。她曾担任美联储理事、联邦储备银行行长和美联储副主席,并且她已经与本伯南克并肩工作了多年。最重要的是,奥巴马总统肯定会抓住这次机会任命历史上第一位女性美联储主席。结局会是这样吗? 是这样,但是是在一场暴风雨发生之后。

劳伦斯·拉里·萨默斯,美国前财政部长、哈佛大学前校长、奥巴马政府国家经济委员会前主任,也许是因为奥巴马向他抛出的橄榄枝,也同样参加了竞选。[8]在奥巴马政府任职的头两年里,萨默斯看起来很有资格获得这一职位,萨默斯也想要担任美联储主席一职。几乎所有奥巴马政府里的高级经济官员在 2013 年都是萨默斯的支持者或秘密支持者。这个支持团队甚至可能包括奥巴马本人。

然而,萨默斯的名字一经公开,媒体风暴立即爆发。他的过去阴影从各个角落涌现。妇女团体记得他有关妇女无法在科学和数学高层竞争中胜出的不当言论。劳工联盟和民主党参议员则记得他在财政问题上相对保守的观点。例如,许多人都记得且不喜欢他在 2000 年对衍生品监管的自由放任态度(或更糟),以及他在 2009—2010 年期间不热衷于对使用问题资产采用救助计划的资金来缓解抵押品赎回问题。萨默斯被视为比起普通民众更像华尔街的朋友。

尽管如此,奥巴马还是被萨默斯显而易见的智慧和丰富的经验所吸引。然而,奥巴马也被警告称,一场潜在的令人讨厌的美联储主席职位确认战可能会以参议院银行委员会拒绝对萨默斯提名而告终,因为以参议员杰夫·默克利(俄勒冈州民主党人)为首的几名成员对萨默斯怀有敌意。因此,奥巴马回归了选择耶伦的安全之路。耶伦于 2014 年 1 月 6 日在参议院以 56 票对 26 票轻松获得确认,并于 2 月 1 日如期就职。

耶伦接手完成了伯南克经常讨论但几乎未付诸实践的货币政策退出计划:减少第三次量化宽松下的资产购买并修改美联储的前瞻性指引。由于伯南克任期末期在失业率 6.5% 问题上的混淆,前瞻性指引成为一个更紧迫的问题。与市场进行沟通的任务看起来很困难,因为人们普遍认为,一旦失业率达到 6.5% 这个神奇的数字,美联储就准备开始加息,即使这个数字略低于 2014 年 3 月的失业率(6.7%)。然而事实上,联邦公开市场委员会并没有做好加息的准备。

耶伦很快就证明了自己是一位语言艺术大师。她在 2014 年 3 月发表了担任主席以来关于利率的第一个声明,即联邦公开市场委员会发表的声明里逐字逐句地重复了伯南克的警告,"在资产购买计划结束后,在相当长的一段时间内仍旧维持联邦基金利率的当前目标范围可能是合适的"(FOMC 2014),而这个结束时间在某种程度上仍然是不确定的。但随后声明指出,"随着失业率接近 6.5%,委员会已更新其前瞻性指引。委员会指导意见的变化并不表明委员会会在最近的声明中规定的政策意图有任何变化"。美联储更新了指引意见,但政策意图却没有改变？弄清楚这一点不容易，但事实上，金融市场几乎没有发生任何异常波动就接受了美联储最新的措辞。耶伦主席以优异的成绩通过了她的第一次测试。

到了2014年4月的联邦公开市场委员会会议，声明中所有有关6.5％失业率的痕迹都消失了，且没有再出现。第三次量化宽松资产购买也接近尾声。然而，该声明仍然坚持了之前的前瞻性指引意见："在资产购买计划结束后的相当长时间内，维持联邦基金利率的当前目标范围可能是合适的。"那会持续到什么时候呢？QE3终于在10月结束了，此时失业率降至5.7％。但是委员会仍然认为加息不会立即发生。然而，联邦公开市场委员会鸽派的共识正在瓦解。在2014年12月的会议上，耶伦遭受了三次异议，这类似于共识驱动的联邦公开市场委员会中的集体反叛。

当时正在争论的核心问题并不陌生，尤其是对于耶伦来说，1996—1997年她曾担任美联储理事，当时格林斯潘对失业率能降到何种程度而不导致通胀的讨论，几乎都是他自己在讨论而已。格林斯潘领导下的联储在耶伦于1997年离开加入克林顿政府以后将失业率下降到2000年末的3.9％，却没有造成通货膨胀。请注意图16.3的(a)，这不仅仅是一个长时间的延迟问题，正如米尔顿·弗里德曼可能建议的那样。超级低的失业率带来的通货膨胀后果从未到来。那么21世纪10年代会是一样的情况吗？

2015年12月16日，加息的时间终于到了，当时联邦公开市场委员会一致决定将目标范围提高25个基点。这样小幅度的增量并不奇怪，因为作为美联储七年来的首次加息，必然引起广泛关注和评论。之后，失业率已降至5.1％，这个数字已经低到足以让联邦公开市场委员会的鹰派感到害怕，甚至让一些鸽派感到担心，其中当然包括主席耶伦。尽管人们普遍预期这次美联储的加息将是一系列加息中的第一次，但2015年12月的25个基点证明这只是一次性的行动。基金利率提高，随后保持了一整年。没有人可以指责耶伦对虚无缥缈的通胀危机展开了一场"讨伐"行动。耶伦和她的同事们想看到一个"活生生的敌人"，但他们并没有看到。

在耶伦担任主席的四年里，美联储总共只进行了五次加息，每次加息25个

(a) 1995—2002 年通货膨胀率和失业率

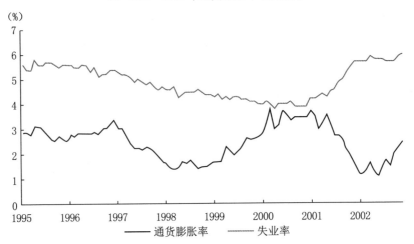

(b) 2014—2018 年通货膨胀率和失业率

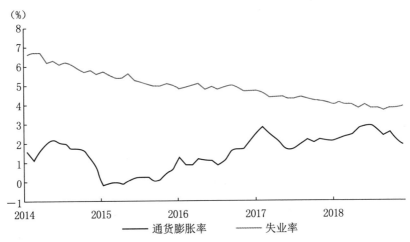

图 16.3　1995—2002 年和 2014—2018 年通货膨胀率和失业率

资料来源:劳工统计局。

基点,这并不多。同时耶伦也在开始缩减美联储庞大的资产负债表,尽管幅度不大。在此期间,联邦公开市场委员会观察到失业率从 6.6％下降到 4.1％,且核心消费者价格指数(CPI)通胀率从 1.6％上升到 2.3％(见图 16.3b)。[9]这些都是美国总统唐纳德·特朗普拒绝重新任命耶伦(民主党人),并于 2018 年 2 月将权力交给杰罗姆·鲍威尔(共和党人)的"初始条件"。

耶伦与鲍威尔的交接：连续性仍在继续

鲍威尔在2020年疫情中的英勇行动使他成为一名历史性人物,我们很容易忘记他的主席任期最初是在伯南克—耶伦12年的延续中平稳进行的。起初,一些美联储观察人士对鲍威尔是自威廉·米勒以来首位没有经济学博士学位的美联储主席这一事实感到惊讶。由格林斯潘、伯南克和耶伦建立起来的模式是:自沃尔克、伯恩斯和马丁退休以来,除米勒的短暂在位时期,美联储一直是由经济学家领导的。

珍妮特·耶伦(1946—)
突破天花板的人

珍妮特·耶伦是一位杰出的经济学家,在撰写本文时,她正担任美国财政部长。[10] 在1994年的某一天,这是一个决定性的日子,当她从伯克利前往耶鲁大学的途中在机场停留时,突然接到白宫的电话,要求她改变航线前往华盛顿特区,因为总统想当天宣布提名她为联邦储备委员会的成员。自此,她非凡的职业生涯从成功的学者踏上了重要的政策制定者之路。

当天晚些时候,耶伦到达白宫时,她的脑子里一片混乱。(我知道,我在那里见过她。)但是,没有人能够预料到在未来的几年将发生的惊人成功故事。珍妮特·耶伦是有史以来唯一一位领导过所有三个关键经济机构的人:经济顾问委员会、美联储和美国财政部。更值得注意的是,她是第一位担任联邦储备委员会主席的女性(2014—2018年),也是第一位女性财政部长。对于耶伦来说,已经没有什么天花板需要打破了。

珍妮特·耶伦在纽约的布鲁克林出生和长大。她以优异的成绩从高中毕

业,并在布朗大学取得了学术上的成功,然后进入耶鲁大学攻读博士学位。当她于 1971 年完成耶鲁大学博士学位时,她成为当年唯一一位完成此学业的女性。她已然是一位先驱者。

在哈佛大学任教几年后,耶伦加入了华盛顿的联邦储备委员会。有一天,她在自助餐厅遇到了才华横溢的理论经济学家乔治·阿克洛夫,其后来获得诺贝尔奖。两人于 1978 年结婚,并在 1980 年成为加州大学伯克利分校的教员。在 1994 年那个重要的日子里,她是伯克利分校的教授。

耶伦担任了大约两年半的美联储理事。在此期间,她因为财政政策上的鸽派立场、出色的辩论技巧,以及严谨认真的工作态度而闻名。1997 年 2 月,克林顿总统说服她成为经济顾问委员会的主席。在白宫再度工作两年半后,她于 1999 年回到伯克利。

然而珍妮特·耶伦深深迷上了政策制定,特别是在联邦储备委员会的领域。因此,当旧金山联邦储备银行的董事们请她担任银行行长(当然是第一位担任该职位的女性)时,她欣然接受了。

耶伦在旧金山联储银行的工作非常成功,奥巴马总统提名她成为 2010 年的联邦储备委员会的副主席。在这个职位上,她巩固了自己鸽派、有能力和努力工作的声誉。她还帮助本·伯南克主席说服联邦公开市场委员会在 2012 年采用通胀目标。在经历了一场激烈的(虽然大部分在幕后进行的)关于伯南克的继任者争斗后,她成为美联储的下一任领导者。

耶伦在美联储掌舵期间再次表现优异,包括极快的就业增长、稳定的通货膨胀率,以及开始将利率从金融危机的低点"正常化"。据报道,批评耶伦过于政治化的美国总统特朗普曾曾考虑在 2018 年重新任命她,但最终却选择了共和党人杰罗姆·鲍威尔(Jerome Powell)理事。

但耶伦辉煌的公共服务生涯还没有结束。总统乔·拜登出人意料地(可能包括耶伦)在 2021 年任命她为首任财政部长。耶伦的首要工作之一是协助通过被称为"美国救援计划"的大规模疫情救济法案。随后还采取了更多行动,包括一项引人注目的国际税收协议,协议旨在减少企业避税,以及当俄乌冲突爆发时对俄罗斯进行制裁。

珍妮特·耶伦在 1961—2021 年间的美国货币以及财政史上扮演了极为重要的角色,很少有人能与之匹配。

然而,他们不必担心,而且很快他们就不担心了。首先,鲍威尔证明了自己是一位伟大的美联储主席,但这是第 18 章的故事。其次,他是令人放心的,而且他确实在任期早几年遵循了伯南克—耶伦的政策轨迹。具体而言,耶伦时期的美联储在 2017 年已经进行了三次加息,每次加息 25 个基点。鲍威尔领导下的美联储在 2018 年几乎复制了这种操作,四次加息,每次 25 个基点。市场认为这是正确的做法。毕竟,在 2019 年开年通胀率保持平稳,失业率仅为 4%,而联邦基金利率区间仅为 2.25%—2.5%。除了宾夕法尼亚大道 1600 号,其他地方的资金看起来都不紧张。

唐纳德·特朗普总统对每一次加息都大发雷霆,侮辱美联储、对鲍威尔个人进行人身攻击,甚至威胁要罢免他。直到白宫的某些律师告诉他(我猜测),他缺乏这样的法律权限。[11](第一章的读者可能记得林登—约翰逊也收到了同样的建议。)如果说新冠肺炎疫情暴发给鲍威尔的工作带来了实质性困难,特朗普则给他带来了政治上的困难。但鲍威尔勇敢地坚持了下来,他多次指出,美联储是一个独立的机构,不接受总统的命令。撤销美联储主席的职务只能是"有原因的",而非其政策决策不能让总统满意。而且,他有意履行完整的四年任期。除了那个"椭圆形办公室"以外,鲍威尔得到了各方的支持。

本章总结

尽管美联储主席本·伯南克和许多其他经济学家敦促,但 2011 年、2012 年和 2013 年的大多数财政政策变化都减少了预算赤字,这就使得在支持总需求方面,货币政策成了唯一选择。事实上,在 2013 年元旦,这个国家勉强跨越了占 GDP 的 4% 的"财政悬崖"。委婉地说,2008—2009 年对刺激性财政政策的短暂投入显然是摇摆不定的。

2008 年 12 月,联邦基金利率降至零后,联邦公开市场委员会在 21 世纪 10 年代主要依靠几种变体的量化宽松政策,以及对未来利率鸽派前瞻性指引来实行宽松的货币政策。美联储的谈话由此改变了性质。长期以来,沟通被认为是一种补充工具,有助于解释美联储的利率政策,从而减少不确定性并管理预期。2009 年后,它的重要性得到了明显的加强,甚至可能是美联储最重要的工具。

在 21 世纪 10 年代的大部分时间里,财政政策和货币政策背道而驰,经济举步维艰。国内生产总值增长缓慢,但仍在增长。然而,在政治上更为突出的是,就业增长远好于 GDP 增长,因为生产率表现太差了。失业率逐年下降,只有轻微的反弹。

2014 年 2 月,奥巴马总统将美联储的权力从本·伯南克手中移交给珍妮特·耶伦,耶伦在任期间逐步停止量化宽松,并领导联邦公开市场委员会于 2015 年 12 月宣布首次加息。两者都是微妙的过渡,处理巧妙。但耶伦在任期届满前从未将利率提高到很高的水平,也没有对美联储庞大的资产负债表造成太大影响。

伯南克到耶伦的交接非常顺利,耶伦与鲍威尔的交接也是如此。在鲍威尔任职早期,联邦基金利率一直在小幅上升,美联储的资产负债表也缩减了一些。正如耶伦执行伯南克的计划书一样,鲍威尔可以说是在跟随耶伦的策略。

一切顺利进行,直到屋顶塌陷。

注释

1. 数据暗示,非农劳动生产率增长可能在 2019 年恢复正常,当时的年平均增长率为 2.4%。在 2020 年和 2021 年,生产力(和其他许多数据一样)在各季度之间大幅反弹,但平均每年也有 2.4％的强劲增长。

2. 可以举出许多研究案例。例如,见 Krishnamurthy 和 Vissing-Jorgensen(2011)以及 Hamil-
ton 和 Wu(2012)。

3. 然而,2012 年 8 月利差的急剧下降部分原因可能是人们预期有第三轮量化宽松政策的
出台。

4. 事实证明已经过去七年了,但我很确定在当时联邦市场公开委员会成员没有这样认为。

5. 伯南克在 2011 年 4 月的联邦市场公开委员会会议后也开始举行现场新闻发布会。作为
格林斯潘在联邦储备委员会的同事,我可以证明,这种程度的开放是不可想象的。即使是
像我这样的透明超级鹰派也不敢建议。

6. 我在这里并没有把她职业生涯早期曾担任美联储工作人员的经济学家的经历计算在内。

7. 美联储主席没有任期限制。伯南克本可以申请第三个任期,但他没有这样做。

8. 在他的回忆录《应许之地》中,奥巴马承认了长期以来的传言:萨默斯几年前就被许诺担任
美联储主席一职,作为激励他在 2009 年 1 月接受国家经济委员会职位的条件(Obama
2020,506—507)。

9. 提醒读者,美联储 2％的通胀目标是指核心消费支出通胀,而不是核心 CPI 通胀。在此期
间,前者一直低于后者。

10. 写作的真实性要求我透露,珍妮特·耶伦是我超过 25 年的亲密朋友。

11. 特朗普曾一度威胁要将鲍威尔降为普通的美联储理事。这样的威胁从未被 1913 年创建
美联储的设计者们预料到,可能会引发一场法律纠纷。但好在没有发生。

第 17 章
新冠疫情前的特朗普经济学

这个税收计划不仅可以为自己买单，而且还可以偿还债务。

——斯蒂芬·姆努钦，美国财政部部长，2017 年

几乎没有哪个政治专家——这是我最喜欢的自相矛盾的修辞手法之一——预料到了唐纳德·特朗普的到来。2015 年 6 月 16 日，当这位张扬的房地产开发商开始在位于曼哈顿的特朗普大厦乘坐金色电梯开始竞选总统时，很少有人把他的竞选当作一回事。那天迎接他的人群并不多，而且我们后来得知，其中一些人还是被他收买的。特朗普当天的头条新闻是指责墨西哥向美国输送了一群强奸犯。后来才出现了 MAGA 帽子。*

特朗普从未担任过任何公职，甚至没有竞选过，尽管他之前多次公开表态考虑参选总统。然而，他在 2015 年的竞选是认真的。共和党的立场是开放的：与一般的情况不同，根据（共和党的）政治宣言，"共和党人机会平等"，没有选定的继承人。特朗普在宣传方面有着高超的天赋，他多年来一直主持一个广受欢迎的电视节目，并通过声称（没有事实依据）巴拉克·奥巴马不是美国公民这类所谓"出生地质疑"，从而使自己在政治上声名鹊起。特朗普凭借着他的财富、巨大的知名度、精巧的宣传能力，以及对如何操纵媒体的敏锐理解，将自己推到了混

---

* MAGA 帽子是指印有口号"Make America Great Again"（让美国再次伟大）的帽子，这是特朗普在 2016 年竞选总统期间使用的标志性口号之一。这个口号成了他的竞选口号，并在支持者中广泛传播。——译者注

乱的共和党人中的头把交椅上，并在整个初选过程中一直处于领先地位。

在随后进行的 2016 年大选中，他击败了民主党候选人希拉里·克林顿，在选举中获胜，尽管他以约 300 万张选票（约 2 个百分点）输掉了普选。这一结果震惊了全世界。特朗普在宾夕法尼亚州、密歇根州和威斯康星州以约 7 万张选票的微弱优势取胜，这让所有人都大为震惊，甚至可能包括特朗普本人。[1]

"让美国再次伟大"是一个相当模糊的口号，尽管它带有美国之前不再伟大的明确含义。特朗普通过抨击移民（承诺修建一堵由墨西哥支付费用的墙）、贸易协定（如《北美自由贸易协定》和最近谈判的《跨太平洋伙伴关系协定》）、气候变化（他将其称为所谓中国的"骗局"）和奥巴马医改（共和党人自其颁布以来一直试图废除该计划）来充实它。而且很明显，他想减税。

在总统竞选期间，特朗普坚持认为 GDP 增长率太低了。他声称，美国经济可以增长得更快，并暗示他知道如何实现这一目标。例如，在 2016 年 10 月 19 日的总统电视辩论中，他重复了他常说的"我们要把 GDP 增长率从 1％提高到 4％。实际上，我认为我们可以超过 4％。我认为甚至可以达到 5％或 6％"（Politico 2016）。

主流经济学家想知道特朗普如何做到这一点。考虑一些显而易见的算术问题：人口的年增长率不到 1％，年生产率仅为 1％，而资源利用大概接近充分就业，几乎没有任何增长空间。这些残酷的事实使许多宏观经济学家怀疑最近 2.5％的增长率是否能够持续。事实上，美联储在选举前最后一次公布的潜在 GDP 增长率的估计只有 1.8％，这是国会预算办公室（CBO）在 2017 年 1 月对 2018 年的估计。这些对潜在 GDP 增长的适度评估有助于解释为什么在奥巴马总统任期内，尽管 GDP 增长在 2.5％的范围内，但失业率仍然在下降。这种缓慢的速度显然比潜在 GDP 的增长速度快。

然而，这些数字都没有困扰到特朗普和共和党人。他们坚定地支持自罗纳德·里根以来已成为共和党标准的财政态度：无论情况如何，无论预算状况如何，总是提倡减税。然后希望出现供给侧的奇迹。即使没有出现，税收也会比以前低。

2017 年特朗普减税

对于那些还记得 20 世纪 60 年代美国财政政策的观察家们来说,特朗普的减税提议让人联想到 1965 年的情景,当时的总统林登·约翰逊在已经实现充分就业的经济环境中增加了大量的联邦开支。可预见的结果是,事实上这在当时已经被预测到了,由于总需求过多,通货膨胀率迅速上升。然而,在 2017 年,特朗普总统执意要通过他称之为历史上最大的减税计划。(的确很大,但不是最大的。)

除了刚开始的通货膨胀问题(并没有实际出现),联邦预算赤字的中长期前景在当时看起来也很糟糕,尽管没有人能想象到 2020 年将会发生什么。国会预算办公室于 2017 年 6 月公布的十年预算预测显示,赤字将从 2017 财年的约 7 000 亿美元(占 GDP 的 3.6％)膨胀到 2027 年几乎达到 15 000 亿美元(占 GDP 的 5.2％),而且这还是在没有特朗普减税法案的情况下。其中的主要原因在于社会保险、医疗保险、医疗补助支出不断增加,这些项目都是几十年来财政辩论中占据重要地位的项目。在同一时期,公众持有的国债预计将从占 GDP 的 76.7％飙升至到 91.2％(CBO 2017b)。赤字鹰派人士对此感到震惊。[2]而支持大规模减税的共和党国会议员们则不然。

2017 年的《减税和就业法案》是一项复杂的立法,最终成为特朗普政府唯一的重大立法成就。(特朗普总统确实取得了许多其他成就,但主要是通过行政命令和拒绝执行法规来实现的。)该法案的支持者将其吹捧为一项重要的税收"改革",它将改善激励机制,减少对市场经济运行的干扰,并简化税法,从而从供给侧大力推动经济发展。事实上,该法案确实有一些简化税法和革除弊病的内容。但这种所谓税收改革也产生了一些巨大的新弊病(特别是针对透明纳税实体 *

---

  * 透明纳税实体是一种企业结构,其所得税不会在实体级别缴纳,而是会在业务主体的个人或合伙人的个人所得税申报中计算和缴纳。——译者注

的），并给税法增加了新的复杂性。一个公正的评价可能是，正如法规的名称所表述的那样，它更像是减税，而不是税收改革。

《减税和就业法案》中的主要变化包括降低企业和个人税率，取消个人豁免，但增加了标准扣除（这确实进行了简化），限制了州和地方所得税以及财产税的扣除（明显是针对蓝州居民 * 的税收增加措施），并降低了遗产税。其中公司税的减税幅度特别大：基本税率从 35％降至 21％，并且大幅放宽了费用扣除，然而所有这些措施并没有革除弊病以挽回部分失去的税收收入。

凯文·哈西特（Kevin Hassett），特朗普第一任经济顾问委员会主席，他经常反复地说大规模的公司减税将（最终）使家庭收入每年增加约 4 000 美元，这是一个很大的增长。而且这种好处的一部分也立即开始显现（CEA 2017）。这个假设的机制是，减税将导致企业投资激增，这将提高生产力，从而提高实际工资。请注意这条熟悉的逻辑链。多年以来，甚至在比尔·克林顿当选之前，想要减少财政赤字的人就一直主张较低的预算赤字会挤掉较少的商业投资，从而提高生产力和实际工资。财政紧缩和财政扩张会不会产生同样有益的效果？这似乎是不可信的。但是哈西特的论点是不同的。它来自供给侧，而且都是关于税收激励的，而不是关于利率的。

事实证明，实际非住宅固定投资占实际 GDP 的份额从 2016 年和 2017 年的平均 14％（减税政策在 2017 年 12 月通过）上升到 2018 年和 2019 年的平均 14.7％（在新冠病毒来袭之前）。方向是正确的，尽管 0.7 个百分点的增量很难说是激增。这一整套说辞让人联想起查尔斯·舒尔茨（Charles Schultz）老掉牙的玩笑，供给侧经济学本身没有什么问题，只要（把政策力度）除以十就能药到病除。**

值得注意的是，企业减税被立法规定为永久性的，而对个人和透明纳税实体的税率削减则是在一段时间内会逐渐减少。最后一个特点让人联想到 2001 年

---

　* 蓝州居民指的是美国政治上倾向支持民主党的州的居民，因为民主党的党徽颜色是蓝色。这些州通常位于美国东西海岸和一些大城市地区，如加利福尼亚、纽约、伊利诺伊等。——译者注

** 这是对供给侧经济学的讽刺和批评，言外之意是供给侧经济学并没有什么问题，只是需要减少其影响力或程度。——译者注

布什减税措施,以及后来 2021 年乔·拜登总统的"构建更美好未来"提案中用来降低成本的预算花招。这使得参议院能够通过预算和解程序来通过该法案,从而避免了拖延战术。[3] 尽管如此,该法案在参议院仅以 51 票险胜。法案很快在 2017 年 12 月 22 日被特朗普总统签署成为法律。

关于减税的规模,国会预算办公室估计个人和透明纳税实体(合伙企业和 S 类公司*)将在 10 年内获得约 11 250 亿美元的净收益,而公司将获得约 3 200 亿美元净收益。总的来说,包括债务偿还在内,国会预算办公室估计实施《减税和就业法案》将在 10 年内增加约 2.3 万亿美元的国债,或在考虑宏观经济反馈效应的动态评分下约为 1.9 万亿美元。

这些数字使它成为一个巨大的减税措施,大约占 GDP 的 1%。但它在 GDP 中的份额远远小于里根在 20 世纪 80 年代初的减税,那时接近 GDP 的 3%(尽管是按 3 年分阶段进行的)。然而,特朗普政府对这些(和其他)估计的收入损失提出疑问。事实上,总统和他的财政部长斯蒂芬·姆努钦都声称,减税政策将刺激如此之多的经济活动,以至于他们愿意付出更多的代价(见本章的序言)。[4] 这就是拉弗的翻版。[5]

如前所述,在特朗普减税政策颁布之前,债务与 GDP 的比率已经被预计到会大幅上升。减税后,这一比率将上升得更快。国债收益率起初确实有一些上升:10 年期利率从 2017 年 12 月税收法案通过时的约 2.5% 上升到 2018 年 5 月的约 3.1%。但在 11 月利率开始明显下降(见图 17.1)前,它稳定了几个月。总体而言,特朗普政府的大规模财政赤字似乎并没有吓到债券市场。也许交易员们对自己的税负减少感到欣喜若狂。

然而,令人惊讶的是,特朗普的减税政策从未受到广大美国公众的欢迎。就在该法案通过之前,盖洛普进行的民意调查显示,只有 34% 的美国人认为减税将有助于他们家庭的财务状况,而有 57% 的人表示不会。只有几个百分点的人认

---

* S类公司是美国股份有限公司的一种。与标准(或 C 类)公司相比,S 类公司通常对小企业主更具吸引力。——译者注

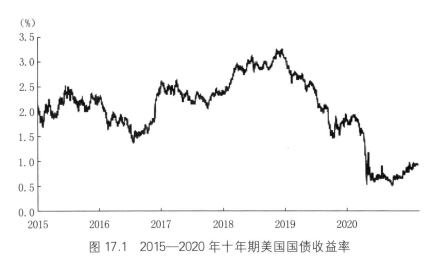

图 17.1　2015—2020 年十年期美国国债收益率

资料来源：联邦储备系统理事会。

为这将有助于国家经济（Gallup Organization 2017）。两年后，该法案仍然不受欢迎，美国人仍然对其条款感到困惑。值得注意的是，只有 14％ 的人认为他们的税收减少了（Brenan 2019）。这背后一个明显的原因，正如该法案的批评者强调的那样，总体而言，减税措施在分配措施上非常不公平，它将利益"洒向"了公司、透明纳税实体和大家族，而许多中产阶层家庭几乎没有受益。

　　在预算支出方面，奥巴马政府时期的党派战争演变成了一系列不那么戏剧性的小规模冲突，导致 2017 年 5 月、2017 年 9 月、2017 年 12 月、2018 年 1 月和 2018 年 2 月的临时支出法案（"连续决议"＊），直到 2018 年 3 月才达成真正的协议。其中最引人注目的协议是 2017 年 9 月主要由特朗普、众议院少数党领袖南希·佩洛西和参议院少数党领袖查克·舒默达成的预算破坏协议，尽管国会共和党人当时在参众两院都占多数，但他们在这个协议中起到的作用不大。该协议避免了债务上限危机，在两年内将可自由支配支出的上限提高了约 3 000 亿美元。后来，这些支出上限被写入了 2018 年 3 月的预算协议，该协议勉强避免了

　　＊　连续决议是指美国国会在正式通过新财政年度预算之前，为避免政府停摆而采取的一种权宜之计。——译者注

政府停摆。

特朗普虽然天生好战,而且可能是美国有史以来党派色彩最浓厚的总统,但对政府停摆或国债上限的边缘政策都表现出极少的兴趣,而这两种手段,自克林顿政府以来,已经成了共和党的标准套路。相反,2017—2018 年两党的预算协议在税收端已经出台的大规模刺激措施的基础上,还在支出端增加了更多刺激措施。几乎没有任何国会共和党人对不断扩大的预算赤字表示担忧。然而,令他们感到失望的是,特朗普在处理支出方面的问题时倾向于同民主党合作,同时,他们也对特朗普没有猛烈攻击福利体系感到失望,这两点是共和党长期以来的愿景。

然而,有一个例外是医疗保健。总统热情地加入了国会共和党人的行列,试图"废除和取代"奥巴马总统的标志性成就:《平价医疗法案》。令人惊讶的是,他们试图废除奥巴马医保法案却并不打算替代它,因为共和党从未提出替代方案。众议院通过了几次废除的尝试,但在参议院以微弱劣势失败。其中最后一次尝试是在 2017 年 7 月 28 日凌晨,当时身体欠佳的共和党总统候选人、亚利桑那州参议员约翰·麦凯恩在参议院会场中直接向下竖起了"反对"的大拇指。约翰·麦凯恩大约一个月后去世。然而,立法废除奥巴马医保法案的努力在那个晚上在参议院彻底失败了。[6]

特朗普和美联储

早在 2015 年,当时还是共和党提名的候选人的特朗普就开始攻击美联储,特别是美联储主席珍妮特·耶伦。他当时的指控是,出于政治目的,她将利率保持得过低,特别是为了支持奥巴马政府的经济,从而帮助民主党候选人,人们普遍认为民主党候选人是希拉里·克林顿。2015 年 10 月,特朗普告诉彭博社,"出于政治原因,珍妮特·耶伦将利率保持在如此之低的水平,以至于下一个接任总统的人可能会遇到大麻烦"(McMahon 2015)。2016 年 9 月,特朗普在作为共和党候选人发表讲话时表示,耶伦应该为自己保持如此低的利率并制造"虚假股市"以帮助克林顿赢得大选而"感到羞耻"(La Monica 2016)。而这些只是众多例子中的两例。特朗普的反美联储、反耶伦的喧嚣声不绝于耳。

当候选人特朗普于 2017 年 1 月成为总统时,这种关系有所改善。但在 2017 年 11 月初,他决定不再让耶伦担任美联储主席,而是选择通过提拔时任美联储理事的杰罗姆·"杰伊"·鲍威尔来取代她。鲍威尔是共和党人,这一点对特朗普来说非常重要,尽管他远非特朗普的嫡系。在特朗普介绍鲍威尔的玫瑰庄园公告中,总统称赞道:"他坚强、坚定、聪慧。我相信杰伊将成为美联储的睿智管家"(Swanson and Applebaum 2017)。多年后,大多数观察家认为特朗普的这些评价是准确的。但特朗普本人却基本上食言了。

新总统对美联储的其他早期的任命基本符合主流,并没有让人们认为白宫与美联储有着巨大的矛盾,白宫也没有用不称职的人来填补美联储的岗位。[7] 相反,兰德尔·夸尔斯(Randal Quarles)于 2017 年 10 月加入美联储担任监管副主席(奥巴马时期空缺的职位),以及理查德·克拉里达(Richard Clarida)于 2018 年 9 月成为美联储副主席,他们都是经验丰富且合格的布什政府的共和党人。事实上,两人都曾在乔治·W.布什的财政部任职。他们分别以 66 比 33 和 69 比 26 的投票结果轻松获得确认。

然而,特朗普与美联储的蜜月是短暂的。鲍威尔于 2018 年 2 月 5 日从耶伦手中接过掌舵人。如前所述,耶伦曾领导联邦公开市场委员会(FOMC)在 2017 年三次加息,每次仅加息 25 个基点。鲍威尔领导下的美联储遵循几乎相同的轨迹,在 2018 年四次推动利率上升,每次加息 25 个基点。然而,即使在这七次加息之后,联邦基金利率的实际利率也才刚刚为正:仅为 2.25％ 至 2.5％,而通货膨胀率约为 1.75％。可以说,货币政策接近中性,但美国总统并不这么看。

不知何故,特朗普在鲍威尔领导下的美联储于 2018 年 3 月首次加息时保持了沉默。然而,当联邦公开市场委员会在 6 月再次加息时,特朗普的个人防线崩溃了。"我不高兴,"他告诉美国消费者新闻与商业频道。"我对此并不满意。"然而,他承认鲍威尔(他自己任命的人)是"一个非常好的人"(Cox 2018)。按照特朗普的标准,这是一个温和的指责,当然没有伴随着任何形式的威胁。

然而,事情从那时开始急转直下。在联邦公开市场委员会于 2018 年 9 月下旬再次加息后,特朗普在竞选集会上表示,"他们(美联储的货币政策)太紧了。我认为美联储已经疯了",几天后他又补充道央行正在"失去理智"。他后来称美联储是美国经济增长的"最大威胁",尽管他承认美联储是"独立的,所以我不和他们说话"。特朗普还表示,他不会解雇鲍威尔,仿佛他有权这样做。在联邦公开市场委员会于 2018 年 12 月 19 日再次将基金利率上调 25 个基点后不久,特朗普在推特上表示,"我们经济上唯一的问题是美联储"(Condon 2019)。

联邦公开市场委员会将基金利率维持在 2018 年 12 月建立的 2.25% 至 2.5% 的范围内,直至 2019 年 7 月。但央行(对上调利率)的长期停滞并没有引起特朗普对货币政策的批评的相应停顿。例如,2019 年 6 月,总统告诉美国消费者新闻与商业报道,美联储"犯了一个大错误,他们加息太快了"(Oprysko 2019)。

2019 年,实际经济增长表现平庸,通胀继续低于目标,但来自总统的言论使得联邦公开市场委员会难以在不被视为屈服于白宫压力的情况下降低利率。尽管如此,联邦公开市场委员会还是这样做了,从 7 月 31 日开始降息 25 个基点。联邦公开市场委员会的声明称,降息是"出于对全球发展对经济前景的影响以及温和的通胀压力的考虑"。两位地区银行行长——堪萨斯城的埃丝特·乔治(Esther George)和波士顿的埃里克·罗森格伦(Eric Rosengren)——反对降息,他们宁愿保持联邦基金利率不变。许多外部观察人士将美联储的举动(以及随后的两次降息)归因于白宫与中国的贸易摩擦对宏观经济的不利影响。

但特朗普远未感到满意。八月份,他在推特上说:"我们唯一的问题是杰伊·鲍威尔和美联储。他就像一个不会推杆、毫无手感的高尔夫球手"(Elliott 2019)。9 月 11 日,总统抨击美联储决策者是"笨蛋",并表示利率应该为零或负。一周后,联邦公开市场委员会将基金利率再次下调 25 个基点,乔治和罗森格伦再次表示反对。然后在 2019 年 10 月 30 日,联邦公开市场委员会在同样的两票反对的情况下进行了 25 个基点的最后一次降息,将联邦基金利率区间设定为 1.5%—1.75%。由于这与当时的通货膨胀率大致相同,因此实际联邦基金利率约为零。

这就够了吗？还不太够。大约两周后，特朗普在纽约经济俱乐部的一次演讲中再次抨击美联储。选择这个场合对中央银行进行抨击有些奇怪：因为这家以华尔街为主导的俱乐部几乎是除了美联储自己之外，你能找到的最亲美联储的群体。几天后，鲍威尔在白宫会见了总统，会议被描述为一次"友好的"会晤。但特朗普继续呼吁降低利率。事实证明，美联储已经停止了降息。但总统并没有停止抱怨利率太高。不过，出于一些原因，白宫和美联储之间的口舌之争在那之后相对平静。很快，全球开始关注疫情的暴发。

崩盘前的特朗普经济

你可能还记得，唐纳德·特朗普承诺大幅加速经济增长，预计是由减税引发的。但他没有兑现这一承诺。从 2017 第一季度到 2019 第四季度（疫情暴发之前），实际国内生产总值（GDP）增长的平均年率保持了多年来的 2.5％不变。然而，也许在政治上更为重要的是，疲软的生产率表现继续将平庸的 GDP 增长转化为强劲的就业增长，就像奥巴马时期一样。特朗普前三年的平均净就业创造略低于奥巴马时期前六年的水平：每年净新增就业岗位 219 万个，而奥巴马的前六年为 244 万。但这仍然是值得注意的。

失业率一直在下降，从 9.9％的峰值（2010 年 3 月和 4 月）下降到奥巴马卸任时（2017 年 1 月）的 4.7％，在 2019 年 9 月达到 3.5％的 50 年低点。在 2017 年 1 月之后，下降趋势减缓了（见图 17.2）。事实上，回归测试发现在那个日期之后曲线出现微小的平缓，这对特朗普的说法来说是一个"错误的迹象"。但基本上，先前存在的下降趋势一直在持续，直到疫情中断了这一趋势。

简而言之，如果你忽略白宫门上的名字＊而只看经济数据，你无法分辨"奥巴

＊ 即忽略总统的更换。——译者注

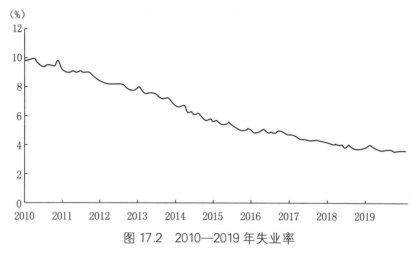

图 17.2　2010—2019 年失业率

资料来源：劳工统计局。

马经济"是何时结束的，"特朗普经济"又是何时开始的。尽管如此，疫情前夕的经济状况非常好：失业率创历史新低，尤其是少数族裔失业率、合理的净就业创造率、国内生产总值的温和增长，以及非常低的通货膨胀。当特朗普为他的 2020 年连任竞选制定计划时，经济看起来像是他的强项。

财政政策将预算赤字从 2017 财年占 GDP 的 3.4% 提高到 2019 财年的 4.6%，但除了少数政策专家之外，没有人关心这一点。事实上，即使在那少部分政策专家中，也开始有一种新的观点：由于利率如此之低，世界对美国国债等安全资产的需求会上升到一个很高的水平，因此有空间将国债的数量水平推高。[8] 关于货币政策，2019 年 12 月的联邦基金利率的目标区间比 2017 年 1 月高出 100 个基点。因此，从字面上看，货币政策和财政政策就像里根第一任期那样发生了冲突，但冲突并不尖锐。总的来说，形式是明朗的，前景亦是如此。

本章总结

唐纳德·特朗普在 2017 年 1 月继承了强劲的经济，而 GDP 增长表现平平。

但由于生产率增长如此疲软,就业岗位的创造速度足够健康,足以使失业率保持下降趋势。(它最终在2019年9月触及3.5%的50年最低点。)然而,特朗普并不满足于这一切(他从不曾满足),他曾在竞选中承诺减税,而共和党主导的国会在2017年12月正是这样做的。他还反对美联储的领导层(当时的珍妮特·耶伦)及美联储的低利率政策。然而,他对后者的态度在2016年选举日发生了巨大变化,从尖锐地批评利率太低到反对保持利率过高。2018年初,特朗普用杰伊·鲍威尔取代耶伦担任美联储主席。

2017年12月高度党派化的特朗普减税政策,加上2018年两党放宽支出上限,为大多数经济学家认为已经接近充分就业的经济提供了重大的财政刺激。然而,通货膨胀并没有像20世纪90年代后期那样上升。事实上,美联储无法将通胀率推高至2%的目标,加上与中国的贸易摩擦将对经济造成影响的担忧,促使美联储从2017年和2018年的缓慢加息转向了2019年的缓慢降息。

财政刺激对实际增长的影响似乎微乎其微。实际GDP增长率在2015年、2016年和2017年平均为2.3%,在2018年和2019年分别上升到2.5%和2.4%。[9]可以说,这小到几乎可以忽略不计,几乎比测量误差还要小。美联储在2019年转向更加扩张性的货币政策的力度也不大,总体上只有75个基点的调整。但是,2020年的疫情在任何人对其影响或失业率能降至多低的判断前就让一切陷入黑暗。很快,财政政策和货币政策都面临更加严峻的局面。

注释

1. 例如,参见Jacobs和House(2016)。
2. 例如,参见CRFB(2017)。
3. 特殊和解程序允许与预算相关的措施以简单的多数投票在参议院通过,而不需要通常需要终止辩论的60票。
4. 例如,参见Davidson(2017)。
5. 锦上添花的一幕:在2019年6月,当特朗普总统授予阿瑟·拉弗总统自由勋章时,大多数经济学家都感到不安。例如,可以参见韦斯曼(Weissmann,2019)的报道。

6. 但并非在司法上。一起威胁要通过司法手段废除奥巴马医改法案的法庭案件于 2018 年 2 月被提起。该案一直打到美国最高法院,在 2021 年 6 月,大法官们以缺乏诉讼资格为由驳回了该诉讼。

7. 这与特朗普后来的大多数人选不同。他试图让赫尔曼·凯恩(Herman Cain)、斯蒂芬·摩尔(Stephen Moore)和朱迪·谢尔顿(Judy Shelton)加入美联储理事会。然而,这些备受争议的选择都未能在参议院通过。特朗普后期的一个主流的候选人克里斯托弗·沃勒(Christopher Waller)却成功获得通过。

8. 例如,参见 Blanchard(2019)。

9. 我按照这种方式划分年份,而不是按照政治管理来划分,因为特朗普的财政刺激计划始于 2017 年的最后几天。

第 18 章
疫情时代的应对

这场危机的规模之大意味着政府这次需要全力以赴。

——杰罗姆·鲍威尔于 2021 年 3 月 19 日《华尔街日报》

新冠肺炎疫情始于 2019 年底，2020 年 1 月蔓延至美国。美国的首例确诊发生于 1 月 20 日，而 2 月 29 日于华盛顿州产生了首个因新冠肺炎死亡的病例。[1] 新冠肺炎传播的速度快得惊人。截至 2020 年 5 月 1 日，美国累计确诊病例约 112 万例，死亡 6.8 万余人。到 2020 年底，确诊与死亡数分别为 2 000 万和 35.2 万。2021 年底时，达到了惊人的 5 600 万确诊和超过 80 万例死亡，并且还在不断攀升。而在全球范围内的数字更是美国的数倍。

首先，这场疫情是一场公共卫生灾难，是自 1918—1920 年西班牙流感大流行以来最严重的一次。与此同时，它还在以不可思议的速度给经济带来巨大灾祸。2020 年的经济衰退是美国自 20 世纪 30 年代以来最严重的一次经济收缩，连 2007—2009 年的大萧条在它面前也相形见绌，也是迄今为止最严重的衰退。为了对比说明，以 2007 年 4 季度到 2009 年 2 季度的六个季度为例，其实际 GDP 从峰值下降至低谷的幅度为 4％；而 2020 年则为 10.1％，并且这一跳跃几乎仅在一个季度内（2020 年 2 季度）就完成了。在那个惊心动魄的季度，疫情反复扰人，实际 GDP 以令人震惊的 31.2％的幅度下跌，使这一全面衡量经济活动的指标跌落到 2015 年 1 季度的水平。[2] 失业率飙升至近 15％。

起初，这种可怕的衰退大部分被归咎于政府强制的封锁措施。但随后各种非常规来源的高频数据很快表明,人们早在禁令发布之前就停止了购物、旅行、外食和看电影等活动。[3]在各国发生的这些状况看似简单却极具破坏性:恐惧肆虐,缺乏经过验证的医疗干预措施,人们就像身处几个世纪前的瘟疫中一样相互疏离。

即使是在电子时代,人与人之间的接触仍是经济活动的重要组成部分,而今人人自危,这种接触也变得令人提心吊胆。个人和企业很快归纳出哪些经济活动适合在线进行,哪些不能。然而可悲的是,在就业方面,这种区分高度偏向高收入和受过良好教育的人群,因为其中许多人本来就在电脑上工作,即使收入有所损失,他们遭受的损失程度也相对较小。而那些受教育程度较低的工人,他们的工作往往在餐厅、酒店、零售店等,损失就会多得多。经济复苏后开始呈现"K形",这意味着高收入群体表现良好,而低收入群体仍身陷衰退之中。

除了惊人的衰退速度外,2020年经济衰退产生的另一不寻常之处集中在消费支出上,尤其是人们在服务方面的开销,不仅大不如前,而且经济复苏后恢复得也十分缓慢,让人忧心忡忡。以往经济周期中的下行时期,消费者支出与商业投资和住房相比通常都表现良好,而服务业支出几乎没有任何下降。然而在2020年,许多我们认为不会随商业周期影响的服务工作突然成批地消失了。

到3月份,毫无疑问,财政政策和货币政策都必须迅速而且大规模地做出应对。两方面都面临着挑战。但毫无疑问,这次财政政策必须挑起大梁,因为货币政策所用的常规武器能施展的空间已经所剩无几。2020年3月1日,美联储对联邦基金利率的目标区间为1.5%—1.75%。而3月15日该目标降至0—0.25%,这已经触及美联储的有效下限了。[4]这意味着是时候启用量化宽松(QE)政策大规模地对资产进行购买,同时还需要通过财政赤字来进行公共支出。此时此刻,预算赤字的"怪兽"不得不再次被关进笼子里了。

冲锋陷阵的"战士":财政政策

当然,联邦支出是国会的职责,美国国会也针对冠状病毒所带来的眼下的危机做出了积极应对。从 3 月 6 日颁布的 2020 财年预算追加拨款 83 亿美元开始，国会颁布了一系列应急法案。当时，新冠病毒对经济的影响似乎并未展露痕迹：直至一两周后才有了第一次强制的停工和居家政策。这可以理解为，第一笔资金主要出于公共卫生目的，包括疫苗的研发。该法案并未引发任何争议就在国会两院获得了几乎一致的支持。当时没有人知道，这 83 亿美元只是巨大冰山的最微小一角。

两周内世界卫生组织宣布新型冠状病毒将会是一场全球疫情，国会通过了更大规模（1 040 亿美元）的《家庭第一冠状病毒应对法案》，再次在众议院（363 比 40）和参议院（90 比 8）获得绝大多数支持。该法律支持雇员以全薪（每日最高 511 美元）带薪病假，规定了带薪家庭假期可获父母平常工资的三分之二，要求医疗保险和私人医疗保险计划覆盖新冠病毒检测，并扩大了失业保险的范围（尽管数量上微不足道）。由于人们认识到这是一次国家范围的紧急情况，这一次大家对于公共支出常有的抵制心态大大减弱了，尽管没有人知道情况究竟会有多么严峻。

但也许是一种预感，国会中所有 48 张"反对"票都是由共和党人投的。尽管如此，140 名众议院共和党人投赞成票的事实表明，在 3 月中旬，华盛顿很少有人站在党派的视角看待事物，也许除了唐纳德·特朗普，他似乎以这种方式看待一切。在他的眼里，民主党人、媒体等正在联合起来，在一种很快就会自行消失的疾病上大做文章。3 月 10 日，他建议美国人，"它会消失，大家保持冷静"（Colvin 2020）。3 月 22 日，在谈到国家下令的封锁时，他宣布，"我们不能让治疗比问题本身更糟糕"（Haberman and Sanger 2020），两天后他说，"我很想让国家开放，希望在复活节前能达成此愿"（Watson 2020），当时距复活节只有两个半星期的时间。

正如他们所说，"希望"并不是一个计划。新冠肺炎像野火一般蔓延。美国每日确诊病例数（基于 7 天的移动平均值）从 3 月 1 日的 13 例增加到 3 月 15 日的 436 例，到 4 月 1 日上升到近 21 000 例。虽然特朗普总统确信这一切在复活节前都会结束，但美国民众和国会仍对此感到惴惴不安。3 月下旬，经过一番党派纷争，国会通过了规模巨大的《冠状病毒援助、救济和经济安全（CARES）法案》，其总金额约为 2.2 万亿美元。截至目前，它仍然是历史上最大的支出法案；

乔·拜登总统在 2021 年 3 月签署的《美国救援计划》(ARP)为 1.9 万亿美元。在表决《冠状病毒援助、救济和经济安全法案》时党派之争被搁置一旁,众议院以口头表决通过,参议院以 96 比 0 通过(有 4 位共和党人未投票)。特朗普总统于 3 月 27 日签署了这项法案。当日有 417 名美国人死于新冠肺炎。到 4 月 15 日,死亡人数则是 2 289。

为了(读者能够)更清晰地感受 CARES 法案的规模,要知道 2.2 万亿美元相当于 GDP 的 10% 以上,几乎是上一财年联邦支出总额的一半。CARES 法案的范围同样令人印象深刻。其一长串主要条款包括以下内容:

- 给"每个"成年人发放金额为 1 200 美元的支票(已婚夫妇为 2 400 美元,每个孩子为 500 美元)。然而,事实上,数百万低收入美国人没有收到任何款项,因为这些支票是作为对 2019 年税务负债的退税支付的,而他们太穷了以至于没有申报纳税表。

- 最初预算为 3 660 亿美元的薪资保护计划(The Paycheck Protection Program,PPP)很快就超额申请,该计划为"小型"企业(有些企业也算不上小型)提供可免还贷款(因此也算是赠款),以确保它们照常支付员工工资。大约四周后,国会通过了薪资保护计划和《医疗保健增强法案》(总额为 4 840 亿美元),向这一备受欢迎的计划注入了大量资金,该法案也得到了两党的支持,没有引起争议。

- 失业保险福利大幅增加(每周 600 美元),并将覆盖范围扩大到许多以前未能享受该福利的工人。对经济学家来说,600 美元的固定金额是一个奇怪的选择,这意味着大约三分之二的美国工人失业后的收入比就业时还要高(Ganong, Noel, and Vavra 2020)。

- 向贫困州和地方政府拨款 1 500 亿美元进行援助。此举成为后续党派争端的一个主要争议点,民主党人希望提供更多(援助),而共和党人坚决反对。可能一些有心人已经注意到,新冠肺炎在早期阶段主要出现在蓝州内。

- 对航空业的大规模救助和对其他运输业的补助,所有这些行业都受到了疫情的严重打击。当然,航空公司以前也经历过破产,但这一次它们能躲过危机。
- 超过 1 800 亿美元的卫生和卫生相关支出。
- 各种营业税减免总额约为 2 800 亿美元。这些条款并不受民主党人的支持。
- 暂停执行止赎和驱逐令,尽管没有针对此的强制执行机制。

总的来说,这是强有力的财政救济措施。向个人进行的转移支付主要是"退税"支票和额外的失业救济金,这造成了前所未有的局面,即尽管收入大幅下降,但可支配收入在 2020 年实际上有所增加。这一令人惊叹的走势支撑住了人们的消费信念,尽管大部分转移支付都被储蓄起来了。当时个人储蓄率达到了美国闻所未闻的高度(见图 18.1),2020 年和 2021 年累积的"超额储蓄"远远超过 2 万亿美元,其中大部分最终进入了银行账户。

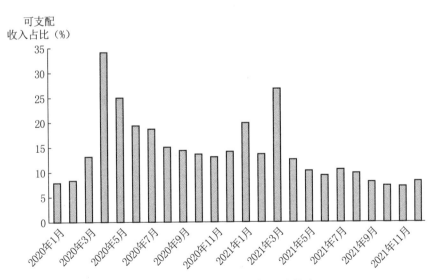

图 18.1　2020—2021 年个人储蓄率

资料来源:美国经济分析局。

到了夏天,CARES法案的几项主要条款已经接近到期,另一部分条款也只能撑到12月。于是民主党人(在众议院占多数,但在参议院占少数)开始鼓动另一项紧急救济法案,但共和党人并不认为这种举措有任何必要,这其中的重要原因就是,经济在6月份开始复苏了。在第三季度(7—9月),实际GDP增长以年增长率33.8%的速度飙升,弥补了第二季度的大幅度下滑。2020年的第三季度实际GDP仅比2019年第四季度的水平低3.3%。此外,预算赤字的水平已经飙升到难以想象的地步,一些共和党人提醒巨额赤字或成一大祸端。

双方在两个问题上僵持了数月。一方面,民主党人给予州和地方政府更多援助;而另一方面,共和党人则对此持反对态度,并不支持将大部分资金输送给受影响程度较大的地区。相反,他们更想为那些必须暴露在人群中工作的人们提供法律保护,而这正是民主党反对的。原本秉承着两党间仅存的合作精神,问题也许能通过折中来解决。然而当时党派间同心协力的意愿早已荡然无存,最终导致该问题后续没有任何进展。

最终,立法者开始注意到几个关键的新冠肺炎救济项目陆续于年底到期,四位国会领导人——众议院议长南希·佩洛西(加州民主党人)、参议院多数党领袖麦康奈尔(肯塔基州共和党人)、参议院少数党领袖舒默(纽约州民主党人)和众议院少数党领袖凯文·麦卡锡(加州共和党人)——最终敲定了一项约9 000亿美元的新冠肺炎救济的协议。该计划包括向大多数美国人(包括儿童)提供600美元支票,每周300美元的联邦失业救济金(持续至2021年3月14日),以及为非常受欢迎(尽管设计不佳)的薪资保护计划(PPP)提供的一笔巨额资金(超2 800亿美元)。

在最后的关键时刻,以胆大著称的特朗普总统宣布这些支票为2 000美元,而非600美元,这一决定有如当头一棒,给谈判造成了巨大的麻烦。许多民主党人——包括当选总统乔·拜登——也对该数字予以支持;但共和党人并不赞成,国会也坚持了之前商定的600美元。尽管特朗普总统为这笔钱的额度之小感到"羞耻",但他还是在圣诞节后就签署了该法案。拜登宣布,一旦他成为总统,一定会下发更多援助。与此同时,特朗普矢口否认在 2020 年大选中落败的事实。不仅如此,他还坚决宣称选举结果是一则"大谎言":(他人通过)各种各样的非法行为偷走了属于他的选票,但没有任何证据能够证明其所言非虚。

讽刺的是,乔治亚州参议员的两次选举定于 1 月 5 日举行,来自民主党的挑战者(两位现任参议员均为共和党人)选择支持特朗普 2 000 美元的救助支票。令人惊讶的是,他们都赢了,使参议院以 50 比 50 持平,而这实际上使得民主党成了多数党,因为如果参议院以 50 比 50 僵持不下,当选副总统卡玛拉·哈里斯的选择就成了决定性的一票。参议院 50 比 50 的"多数"将很快被证明是非常重要的。

对美国人而言,第二天,也就是 2021 年 1 月 6 日,救济支票在突然间不再是唯一的担忧了。当日有 2 000 多名特朗普的支持者冲击并破坏了美国国会大厦,他们要求由副总统迈克·彭斯主持的参议院对选举团的计票结果不予以认证。彭斯和参议院拒绝了这一要求,尽管国会参众两院的许多共和党议员仍在继续散布这一"大谎言"。

首要应对者：货币政策

财政政策的行动确实迅速,但货币政策的反应更快。美联储针对疫情给出的最初的政策回应是:在 3 月 3 日紧急召开的联邦公开市场委员会会议上将已经很低的联邦基金利率又下调了 50 个基点。该委员会当天的声明指出,"冠状病毒对经济活动所构成的威胁正在不断演变"(FOMC 2020a),这种说法在事后看来相当保守了。(但美联储从不想吓唬人们。)而对美联储而言,两个棘手的问题正在凸显。

一是当时央行的隔夜利率起始点为 1.5%—1.75%,在降息周期开始后,其幅度是有明确限制的。以往的经济衰退远没有 2020 年的严重,所以美联储过去通常会降 500 个基点或更多来提振总需求,使经济走出低迷。但这次疫情引发的衰退期间,联邦公开市场委员会将降息幅度限制在 150 个基点,并且在 3 月 15 日,也就是衰退开始后的第 12 天就完成了。

货币政策的第二个大问题是速度,但这个速度并非指决策速度;正如刚刚已经提到过的,这次问题的应对上联邦公开市场委员会行动十分迅速。因此这一速度问题源于大家熟知的利率变动对支出造成的滞后影响。在正常时期,根据计量经济学对这些滞后的估计,在美联储行动后的前几个季度内影响都比较轻微,更大的影响一般在第六季度到第八季度才会显现出来。在 2020 年这场危机的气氛之中,这个速度显然太慢了。在如此绝望的时期,或许扩张性货币政策能快速起效吗?还是说(这看起来也更有可能)由于人们害怕去购物,在新汽车和新住房上的支出对利率的敏感性会减弱呢?

很不幸,美联储所面临的问题并不只是这些。当然,金融市场和实体经济之间存在的传染效应是双向的。金融世界的动荡可能会破坏正常的信贷发放机制,并会因此危及经济活动——正如 2007—2009 年间所发生过的戏剧性一幕。然而另一方面,对实体经济的损害也会祸及金融市场,甚至引发大范围恐慌,好比 2020 年 2 月和 3 月所发生的情况。因此,美联储很快把注意力放在了如何稳定金融市场上。央行无力减少对购物的恐惧,在阻止病毒的传播上更是心有余而力不足,它能做的是将金融恐慌的种子扼杀在摇篮里。

随着交易员开始设法处理未来的经济风险和巨大的不确定性,股价开始暴跌。标准普尔 500 指数从 2 月 19 日开始下跌,起初是逐渐下跌的,但随后在 3 月份急剧下跌(见图 18.2)。3 月 11 日至 3 月 23 日间(后来发现是市场最低点),标普 500 指数在短短 9 个交易日内就下跌了 22.4%,令人瞠目结舌。从 2 月 19 日的最高峰到 3 月 23 日的最低谷来看,总跌幅在一个多月的时间里达到 33.8%。如图 18.2 所示,股市回弹的速度相当之快,到 8 月中旬便收回了所有损失,且后续大幅走高。[5]但在三月,没有人知道接下来的故事,也很少有人敢这样想。美联储通常对股市的波动并不太关注,但股市下跌之快,幅度之大使它不得不注意到这些。

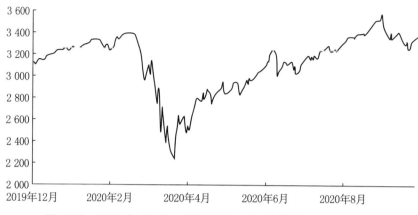

图 18.2　2019 年 12 月—2020 年 9 月标准普尔 500 股票指数

资料来源：标准普尔道琼斯指数。

当时，固收市场也是动荡不已，这引起了美联储更多的关注。举一个极端的例子，图 18.3 显示了垃圾债的利率指数。[6]在同期股市暴跌期间，该指数从不到 4‰飙升至近 11%。再举一个不那么极端的例子，图 18.4 所示的 Baa 评级的公司债和 10 年期国债之间的利差，与同期相比扩大了约 425 个基点。

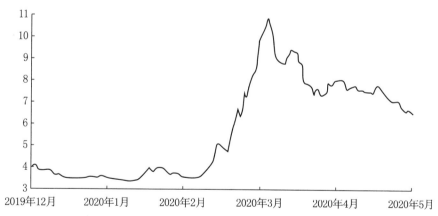

图 18.3　2019 年 12 月—2020 年 5 月垃圾债券的利率和指数
（ICE 美国高收益率指数期权调整价差）

资料来源：ICE 数据指数有限责任公司。

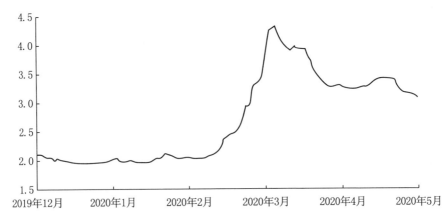

图 18.4 2019 年 12 月—2020 年 5 月,Baa 公司债券与美国国债之间的利差
（穆迪信誉良好的 Baa 公司债券收益率相对于 10 年期美国国债收益率）

资料来源:圣路易斯联邦储备银行。

令人惊讶和不安的是,3 月份美国国债市场甚至出现了严重的波动。由于交易员们竞相寻求流动性,证券交易商却无法提供,国库券的收益率连续几天跌至零以下,实可谓惊心动魄。甚至不仅是国库券,长期国债的利率也在短时间内剧烈波动。美联储这回亲眼看见了自家后院失火,因此立即采取行动来稳定市场情绪——也就是提供流动性以满足市场对现金的需求。另外,美联储最终还建立了一个常设贷款工具,以确保回购市场不会再次崩溃。

首要应对者:贷款工具

仔细观察上面的三张图就会发现,这三个市场都在 2020 年 3 月 23 日触底,然后情况开始迅速缓和,这并非巧合。当日上午 8 点,在另一次临时会议（FOMC 2020b）之后,联邦公开市场委员会宣布:"美联储承诺,在这个充满挑战的危急关头,将会利用其各种工具来支持经济。"具体而言,"联邦公开市场委员会正在采取进一步行动,通过解决美国国债和机构抵押贷款支持证券市场的压力,支持向个人和企业提供流动性"，继续"购买美国国债和机构抵押贷款支持证券，以支持市场平稳运行"，并继续"提供大规模的隔夜和定期回购协议操作"。并且承诺将采取"额外措施来支持向家庭和企业输送信贷流动性"（FOMC 2020b）。总之，美联储这回是全力以赴了。

　　央行几乎无限期地承诺支持大多数的信贷形式，这为当时摇摇欲坠、急需救助的金融市场提供了强有力的刺激。市场的快速反应让人不禁想起 2012 年 7 月欧洲主权债务市场曾发生的故事，当时欧洲央行行长马里奥·德拉吉（Mario Draghi）做出了"不惜一切代价"的承诺（Draghi 2012）。这一承诺和美联储所说的都是振奋人心的，并在初期便迅速止住了金融市场的恐慌。对德拉吉而言，欧洲央行并不需要动用欧元来支持他的言论。而在美联储 3 月 23 日宣布声明之前，市场就已经产生了反应，而当时美联储甚至尚未做出任何资金投入。最终的贷款量，虽然看上去相当可观，但与问题的严重性相比却是微乎其微的。（官方）所说的话是有很大分量的，尤其是当它可信，且有大量资金支持的时候。[7]

　　尽管整个进程开展十分迅速，我们可以将美联储的紧急贷款融通的实施分为两个阶段来思考。首先，央行重启了 2008 年至 2009 年金融危机期间创建的一些工具（这些工具在不再需要的时段被停用了）。这些安排是根据《联邦储备法》第 13(3) 条款（根据 2010 年的《多德—弗兰克法案》进行修订）来进行的，主要集中于稳定货币市场，包括商业票据市场[8]，此外，它们还重启了资产支持证券贷款工具，以支持由学生贷款、汽车贷款、信用卡贷款、小企业管理局贷款等支持的资产支持证券的发行。

　　然而，美联储并没有止步于此。其法律和会计人员一定是加班加点才成功创建了两类新工具来支持公司债市场[9]，一个支持市政债券市场[10]，另外两个帮助银行向"主街"企业（与华尔街公司相对）贷款。[11] 所有这些新的贷款工具，尤其是最后两项，都意味着美联储冒着风险探索它以前从未接触过的领域，它对此几乎没有任何相关经验可供参考。但央行在大约三周的时间内便加强了所有这些工具，这和以往的"央行速度"截然不同。

　　速度是一方面，范围则是另一方面。支持公司债市场，无论是在债券发行最初之时还是后来在二级市场发行,都是美联储在 2008—2009 年金融危机期间从未尝试过的事情。但至少还是在相对熟悉的领域内,处理的是高信用评级的大面额债券。[12]

市政流动性工具(MLF)与前述工具不同。虽然《联邦储备法案》明确允许联邦公开市场委员会对市政债券进行公开市场操作,它将范围限制在"不超过六个月,用于预期征税或预期确保收入的债券"(Federal Reserve Act 1913, sect. 14)。与之相比,MLF 针对的范围更广、期限更长,因此它被定义为基于第 13(3)条规定的紧急贷款工具,而不是公开市场业务。(美联储在 2008 年和 2009 年广泛使用了这种合法的工具。)财政部向为此目的开发的特殊工具提供了 350 亿美元的资金支持,并授权其购买至多 5 000 亿美元的市政债务(广义上的),尽管该权利几乎没有被使用过。资金紧张的伊利诺伊州首先入列,最终贷出了几笔款项,但最终发现资金的总需求是有限的。在 2021 年初的峰值时,MLF 的未偿贷款总额仅为 64 亿美元。显然,从 2020 年 3 月 23 日那一番戏剧性的声明开始,美联储作为后盾已经足以安抚市政债券市场,使实际的 MLF 贷款变得似乎有些多余了。

主街贷款计划(The Main Street Lending Program,MSLP)是美联储的另一离经叛道之举。该计划的理念是(用美联储的话来说)"支持向疫情暴发前财务状况良好的中小型营利性企业和非营利组织提供贷款"(Federal Reserve 2022)。更具体地说,根据第 13(3)条提供的 MSLP 针对的是那些规模不足以发行公司债,但对发行 PPP 来说规模又太大的企业。委婉地说,在金融危机爆发之前,这类业务甚至都不在美联储的"雷达屏幕"上。与大多数央行一样,美联储在向金融企业提供大额贷款方面有丰富的经验,但在向非金融企业提供小额贷款方面几乎没有任何经验。

由于缺乏与此类贷款相关的经验和资源,但在 CARES 法案(2020 年 3 月)强制规定的情况下,美联储只得急于应对。很自然地,它转向商业银行来发放贷款,并坚持要求银行保留每笔贷款的 5%,剩余的 95% 由美联储自行购买。MSLP 的贷款预算总额高达 6 000 亿美元,财政部将提供 750 亿美元为美联储创建的特殊工具进行注资。

坦率地说,MSLP 是失败的,这样的结果也是许多观察者在其首次被提出时就预测到的。美联储最初的协议书(2020 年 4 月)要求银行出售贷款参与份额,范围从 50 万美元到 2 500 万美元不等,这些贷款是向雇佣不超过 1 万名工人或收入不超过 25 亿美元的公司发放的。这些算"主街"企业吗? 50 万美元的贷款下限后来减到 10 万美元。然而效果并不理想。许多银行对保留每笔贷款 5% 的要求并不满意,许多企业认为美联储的条款缺乏吸引力,也没有多少"主街"企业想借 50 万美元。最后 MSLP 在特朗普政府执政的最后几天被财政部终止。当时,未偿还的 MSLP 贷款只有 165 亿美元。MSLP 还有改进的空间吗? 是的,这几乎是可以肯定的,但美联储绝不是实施它的最佳机构。

工资保障计划流动性工具(The Paycheck Protection Program Liquidity Facility, PPPLF)是美联储的另一项新尝试,它的规模更大,持续时间也更长(直到 2021 年 7 月)。PPP 作为国会在 2020 年 3 月底通过的 CARES 法案的重要组成部分,其核心思想是为小企业提供可免除贷款(可认为是变相赠与),以便它们能够在这段困难时期继续支付员工的工资,当时国会认为这场疫情只是暂时的,然而事实恰恰相反。因此,国会进一步扩大了该计划的规模,并多次延长其有效期。

美联储参与 PPP 的原因是法律授权 12 家联邦储备银行向金融机构(主要是银行)提供无追索权贷款,这些金融机构向符合条件的企业提供 PPP 贷款。请注意这两个重要的形容词:向银行客户提供由可免除贷款支持的无追索权贷款。这听起来是一桩亏本买卖。当然,每个人都意识到了这一点,所以为了避免在"白芝浩原则"(在第 13 章中解释过)上搞砸,PPP 贷款被小型企业管理局全额担保,使之成为完美的抵押品。如果贷款损失的记录地点对您很重要(对美联储肯定很重要),那么小型企业管理局的担保将使这些损失不会出现在美联储的账簿上。

与"主街"和市政工具不同,PPP 以及 PPPLF 的实施过程是顺利且迅速的。PPPLF 于 2020 年 4 月 16 日推出,在三周内就借出了近 300 亿美元。且贷款总额不断攀升,甚至到了需要国会多次提高上限的地步。到 2021 年 11 月,已经发放了超过 1 100 万笔贷款,总计近 8 000 亿美元,其中超过 6 000 亿美元已经被免除(见图 18.5)。当然,美联储担保承诺的规模要小得多。2021 年 7 月,也即是 PPPLF 项目结束之时,其规模约为 610 亿美元。即便如此,这也几乎是美联储在 市政和主街贷款工具下提供的所有贷款总额的三倍。

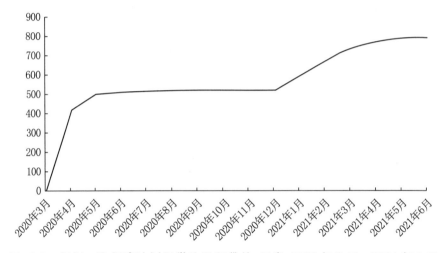

图 18.5　根据工资保障计划提供的累积贷款,月度,2020 年 3 月—2021 年 6 月

资料来源:中小企业管理局,计算由罗伯特·杰克曼提供(Faulkender, Jackman, and Miran 2022)。

为了避免任何人忽略这一点,美联储主席杰罗姆·鲍威尔一再强调,美联储 的这些非常规行动都是"放贷,而非支出"。这已经成了他的口头禅。当然,这些 贷款与为疫情时采取的量化宽松(QE)资产购买相比不过九牛一毛,后者规模最 终超过 4 万亿美元。

当然,这些贷款工具都是暂时性的,旨在应对紧急情况。但鲍威尔并没有就 此止步。2020 年 8 月,他带领联邦公开市场委员会进行了几十年来针对货币政 策最重大的改革。该变革中有四个方面格外引人注目。

首先,面对艰难的情况,美联储改变了其双重使命的权重,明确表示将优先 考虑降低失业率,并在更加宽广的层面解读"强劲劳动力市场任务"的概念,而不 仅限于官方失业率。

其次,美联储明确将就业目标设定为非对称性,与就业率过高的情况相比,联邦公开市场委员会更担心就业过低的问题。

再次,鉴于可靠的菲利普斯曲线已经消失,联邦公开市场委员会表示不会基于预测采取预先行动来对抗通胀,而是选择等通胀上升后再采取行动。

最后,美联储将"灵活的平均通胀目标"取代了其 2% 的通胀目标,也算价格水平目标的另一种说法。这意味着美联储将不再争取每年 2% 的通胀目标,而是寻求"随着时间的推移"保持平均通胀率在 2% 的水平,这种含糊其词的方式没有指明平均周期的长度或起点和终点。令人惊讶的是,尽管 2021 年通胀飙升,很少有美联储观察者对通胀平均期限给予太多关注,而这一期限也从未被具体说明。确实是非常灵活!

杰罗姆·H.鲍威尔(1953—)
"有些人生来伟大"[13]

当杰罗姆·"杰伊"·鲍威尔于 2018 年从珍妮特·耶伦接手美联储时,货币政策这条战线看起来风平浪静。耶伦已经着手将利率从金融危机的低点逐渐正常化,似乎没有充分的理由偏离她的计划。然而疫情的暴发改变了一切,包括货币政策。耶伦的计划变得无用并且没有明显的替代方案。鲍威尔在应对这一局面时凭一己之力在美国历史上争得了一席之地。

鲍威尔出生在华盛顿特区,家中有六个孩子。他的父亲,也叫杰罗姆·鲍威尔(Jerome Powell),是一名律师,这也是他的儿子最初选择的职业道路。年轻的鲍威尔从普林斯顿大学毕业,又去乔治城大学法学院深造。在那里,他是《乔治城法律杂志》的主编。显然,他是一位有前途的年轻律师,但这段时间并不长久。

1984 年,鲍威尔从法律转向投行业,然后在此领域工作了大约 26 年。这段时期包括 1992 年至 1993 年在乔治·H.W.布什手下短暂任职于财政部。在 2010 年至 2012 年期间,鲍威尔担任华盛顿智库"两党政策中心"的访问学者,致力于预测和减少国家债务上限对经济的冲击。

2011 年 12 月,巴拉克·奥巴马总统将杰里米·斯坦与鲍威尔搭档,斯坦是一位哈佛大学教授和民主党人,此举目的在于让两位提名人可以通过拒不合作的参议院进入联邦储备委员会。虽说奥巴马的策略确实奏效了,但在一些人看来,这建立了一个可怕的先例;好像委员会有"民主党"和"共和党"的席位。

在工作中,鲍威尔确保自己在政治上只展现积极的一面。他定期与两党的国会成员交流,他理解联邦储备系统和国会在不同的"路径"(这是他喜欢的一个比喻)上运作,他坚决捍卫了联邦储备系统的独立性。2018 年,当特朗普总统决定不再提名民主党人珍妮特·耶伦为联邦储备系统主席时,他找到了鲍威尔,一名在册的共和党人,虽说并非特朗普一派。特朗普与鲍威尔的关系很快恶化,正如第 17 章所述。当联邦公开市场委员会缓慢上调利率时鲍威尔坚守了他的立场。

接着疫情暴发,要求联邦储备系统从 2020 年 3 月开始采取前所未有的行动。不久后,鲍威尔开始展现出史上最温和的联邦储备系统主席的形象,引领中央银行在其他方面采取了本章讨论的重大运营程序变革。随着事件的发展,联邦储备系统强调改善疲软的劳动力市场的必要性。直到 2021 年 12 月,它经常将通胀的大幅上升称为"短暂的"。总的来说,这段时期并不像是要重演沃尔克时期的一幕。

在 2021 年秋季,拜登总统面临一个艰难的决定。他应该提名鲍威尔主席连任,以表彰他在货币政策方面的出色表现吗?还是应该启用一个对民主党监管议程更持同情态度的民主党人(莱尔·布雷纳德[Lael Brainard]理事是最常被提及的名字)来取代鲍威尔?2021 年 11 月,拜登选择了鲍威尔,并称这个决定是"对鲍威尔主席和联邦储备系统果断行动的证明,他们减缓了疫情对经济的冲击,使美国经济重新走上正轨"(White House 2021)。他们确实起到了缓冲作用。

总统拜登加注

2021 年 1 月 20 日，当约瑟夫·R.拜登宣誓就任美国第 46 任总统时，气氛非常紧张。被击败的唐纳德·特朗普仍在哀叹他的选举成果被窃取了，而他的追随者仅仅在两周前刚刚冲击了国会大厦。作为总统当选人，拜登曾强调，特朗普政府最后几天通过的 9 000 亿美元救助计划还不够，而在他上任初期发生的一系列事件使他能够做得更多。这些事件中最重要的是前面提到的乔治亚州参议院决选中的胜利。这场胜利使拉斐尔·沃诺克（Raphael Warnock）和乔恩·奥索夫（Jon Ossoff）成为两名新的民主党参议员，从而在参议院产生了 50 比 50 的平局。如果有需要，这决定性的一票现在可以来自参议院议长——副总统卡玛拉·哈里斯。

推动拜登上任初期成功的第二个重要因素是参议院神秘的预算"和解"程序，这一程序只被业内人士所熟知，在外界几乎无人知晓。"和解"采用一套特殊的规则，要通过年度预算在参议院只需 51 票，而不是 60 票。简单来说，少数党不得对预算进行阻挠，这在本例中为由民主党投票通过的新冠病毒救助法案打开了大门。

当选总统拜登在就职前六天提出了庞大的 1.9 万亿美元的美国救援计划（American Rescue Plan，ARP），令包括他的支持者在内的众多观察者感到惊讶。ARPs 总金额之大，包括为州和地方政府提供的巨额资金（3 500 亿美元），足以令所有共和党人反对该法案。但拜登显然考虑到即便只有 50 票也能通过该法案，他还加入了几项令共和党人厌恶的条款，例如将联邦最低工资提高到每小时 15 美元（后来取消了），以及大幅增加儿童税收抵免额，包括使其可退还。他还囊括了 1 400 美元的"退税"支票，从而将 2020 年 12 月通过的 600 美元的数额增加到特朗普支持的 2 000 美元（但国会共和党人不支持）。

在一场相对较短的辩论结束时，ARP 以 51 票比 50 票在参议院通过，然后以

220 票比 211 票在众议院通过,每个共和党人都投了反对票。两党对新冠病毒救援计划的联合支持显然已成为过去。众议院少数党领袖凯文·麦卡锡的一番话正反映了共和党人的态度:"这不是一项救助法案。也不是一个救济法案。它是一个列举了在疫情之前就存在的左翼优先事项的清单,这并不能满足美国家庭的需求"(Cochrane,2021)。

然而,该法案的批评者并不是只有那些政治右翼。前财政部长(比尔·克林顿时期)劳伦斯·萨默斯于 2021 年 2 月 4 日在《华盛顿邮报》上发表专栏文章,称在刚刚实施的 0.9 万亿美元基础上增加 1.9 万亿美元的进一步刺激计划可能有些过头。萨默斯说,这可能会导致潜在 GDP 过高,并引发"这一代人没见过的通胀压力"(Summers 2021)。这种批评后来看起来很有预见性,吸引了人们的目光,并为共和党提供了弹药,基本上所有共和党人都反对这项法案。然而,这种批评连一个民主党议员也没能说服。但萨默斯的中心观点仍然值得引起重视:2.8 万亿美元的额外支出比里程碑式的 CARES 法案还多了愈四分之一。尽管许多 ARP 项目的乘数较低,后续仍会有大量刺激计划被纳入考虑范围。

有通胀的危险吗?

2021 年 3 月,即 ARP 通过的那个月,债券市场出现了一些紧张情绪。这并不奇怪,毕竟美联储在大规模的财政刺激措施即将出台的情况下仍在采用接近零利率的利率政策和快速的资产负债表扩张政策。在疫情最严重的金融恐慌期间,十年期国债收益率曾降至仅略高于 50 个基点,直到 2020 年 8 月才开始上升。在 2021 年的前几个月,这一攀升开始加速,从 2021 年 1 月底的约 1% 上升到 3 月底的约 1.7%(之后趋于平稳,甚至略有下降)。然而,即使是 1.7%,这一水平在任何意义上也算不上什么高利率,毕竟美联储曾大张旗鼓且频繁地宣布希望将通胀率恢复到 2%,从这个角度来看,1.7% 的名义债券利率甚至可以算得上是负值。不过上涨的速度还是引起了人们的关注甚至担忧。

债券利率可能会上升的原因并不难想象。随着经济的明显好转,预计 2021 年将出现强劲增长。(事后证明这种预期成了现实。)正如刚才提到的,随着大量的财政刺激陆续上线,它们将与消费者的巨大潜在需求相结合,导致消费者被迫将超过正常比例的收入储蓄起来。最重要的是,美联储正在继续推行其超宽松的货币政策。传统的宏观经济思维一定会得出这样的结论:即正如萨默斯和其他人所担忧的,需求过剩带来的通胀即将到来。

然而,另一方面,许多经济学家记得,正如在第 3 章末尾提到的曾经可靠的菲利普斯曲线显然在 20 年前就神秘地死亡了。就在疫情暴发之前,美国近六个月的失业率接近 3.5%,近两年的失业率低于 4%,没有丝毫通胀上升的迹象。但从现在的情况来看,美国还需要很长一段时间才能将失业率恢复到 3.5% 的水平。即使在 2021 年 3 月底债券市场在为通胀焦虑不安时,国债通胀保护证券(Treasury Inflation-Protected Securities,TIPS)市场隐含的预期通胀率仅约为 2.25%,这几乎达到了与美联储长期通胀目标相符的水平。[14] 在那时,即使非要说通胀警报声已经响起,这声音也并不刺耳。

随后,通胀形势开始发生变化。疫情初期对 2020 年 2 月至 5 月的月度通胀数据产生了影响,导致这些数据进入负值区间。但在 2021 年 2 月至 5 月,由于这些异常值被 2021 年的数据替代,过去 12 个月的平均通胀率不出意料地上升了,尽管上升幅度比预期略大。例如,2021 年 1 月至 5 月期间,消费者价格指数通胀率以年化 7.4% 的速度飙升,相比之下,2020 年 1 月至 5 月期间为 -3.1%。这使得备受关注的 12 个月通胀率上升至 5%,这一现象令一帮危言耸听的人开始谈论经济是否会重返 20 世纪 70 年代和 80 年代初的通胀水平。随着春天过去,夏天,秋天接踵而至,最后进入冬天,通胀率继续攀升。然而,显然这些危言耸听之人并非债券交易员,十年期国债利率和十年期 TIPS 的盈亏平衡率仅略有上升。

当时的主要争议在于这些高通胀率是不是一种短期现象,这一点可以说是(上文提到的)数据迭代与重新开放带来的各种短缺和瓶颈的联合产物。债券市场和联邦公开市场委员会中的大部分人,尤其是主席鲍威尔,坚定地认为通胀只是暂时的。例如,2021 年 6 月发布的联邦公开市场委员会《经济预测摘要》预测

2022年个人消费支出(Personal Consumption Expenditure，PCE)通胀率仅为2.1％。当然,白宫也是这样认为的。但某些联邦公开市场委员会成员对未来通胀的担忧加剧,萨默斯和其他人持续不断地敲着警钟。随着2021年夏季和秋季高通胀数据的积累,通胀担忧加剧。这一切真的是暂时的吗?

2021年11月3日,联邦公开市场委员会宣布要在未来几个月开始逐步缩减资产购买(FOMC 2021)。(请记住,只要美联储继续进行量化宽松购买,它就是在踩油门,而不是刹车。)但这次与2013年不同,市场反应出奇的平静,没有出现所谓紧缩恐慌。毕竟,美联储几乎在发布官方声明之前就宣布了其决定,每个人都可以看到经济正在强劲增长,通胀水平居高不下。到11月底,鲍威尔主席在国会证词中明确表示联邦公开市场委员会将加速缩减资产购买规模。他还放弃了在谈论通胀上升时使用的"短期"一词,表示"现在可能到了放弃这个词(短期)的时机了,并且应该好好解释我们所说的意思"(Timiraos and Omeokwe 2021)。随着2021年接近尾声,市场预计到2022年3月结束缩减资产购买规模,紧随其后的是利率上调。(这两者确实都发生了。)话虽如此,另一种新冠病毒变种——这次被称为"奥密克戎"——仍然给复苏带来了不确定性。感染人数飙升至创纪录的高度,不过经济依然坚挺。

重振美好

与此同时,制定财政政策的两个主体——白宫和国会——再次陷入激烈斗争。除ARP外,拜登总统还提出了美国就业计划和美国家庭计划,两项计划的规模都在10年内达到2万亿美元左右,并且都是主要通过提高税收,特别是提高对富人和企业征税来筹集资金。国会的共和党人对这种巨大扩张感到心惊胆寒,对拜登提出的公共"需求"(除了实体基础设施)清单表露了不予同情的态度,并坚决不同意提高税收。

由于民主党在众议院只占微弱多数,而在参议院则与共和党势均力敌,拜登只有在团结所有民主党参议员并使用和解程序避免阻挠议事的基础上才能推动国会立法。除此之外,参议员乔·曼钦(Joe Manchin,西弗吉尼亚州民主党人)在为 ARP 投出 50 票中的一票后,在此后坚定地寻求两党合作。这种态度实际上把否决权交给了参议院少数党领袖米奇·麦康奈尔,正巧他也非常乐意使用这一权力。

共和党的部分策略是将实体基础设施条款与拜登计划的其他部分分开。实际上,在 2021 年 7 月,两党之间关于实体基础设施勉强达成的协议浮出水面并在参议院通过。然而,众议院将表决推迟到 11 月,希望将基础设施法案与规模更大的社会、教育和气候措施组合在一起,这些措施结合了拜登的美国就业计划和美国家庭计划的要素。众议院在 11 月 19 日严格按党派投票通过了第二份法案,这一法案现在被称为"重振美好"。然而事实证明,参议院是根难啃的硬骨头,随着 2021 年接近尾声,重振美好计划看起来是功亏一篑了(而事实上的确如此)。

本章总结

新冠肺炎疫情严重冲击了美国以及全球其他经济体,导致 2020 年出现了一场恐怖的衰退,尽管时间不长,但过程却十分煎熬。大规模的货币政策和财政政策显然势在必行,但它们的目的各不相同。

财政政策主要通过减税和转移支付,向失业者、收入减少者、面临破产的企业等提供现金救济。特朗普和拜登政府在财政方面所做的努力总计约 6 万亿美元,即使是对规模庞大的美国经济而言也是一笔巨款。

用华盛顿预算术语来说,这几笔资金几乎都没有"来源"。因此,原本就已经相当庞大的联邦预算赤字飙升至自第二次世界大战以来的最高水平。但华盛顿好像没有人在意,债券市场也是;利率仍然在较低水平。在财政扩张的早期阶段,两党合作非常紧密,但后期两党关系开始恶化。

货币政策在危机时期受到了一定限制,因为美联储将起初就很低的联邦基金利率迅速降至接近零的水平。因此,美联储专注于通过安抚性语言和迅速创建大量流动性工具来维护动荡的金融体系。一位记者称之为"进阶版白芝浩"(Timiraos 2022, chap. 10)。

在危机期间,央行独立性虽仍被维护着,却好像被遗忘了。一方面,在央行开始降息而非加息时,特朗普总统停止了对美联储的斥责。而拜登总统使一切恢复了之前的状态,让美联储能够独立决策。然而另一方面,正如 2008 年那样,央行独立性在财政部和美联储共同努力建立多个流动性工具时消失了,财政部通常提供后备资金以防这些工具出现亏损。正如美联储主席鲍威尔喜欢说的,央行在"贷款,而非支出"。

最初,急速的衰退和随之而来的恐慌使通胀率从截至 2020 年 1 月的 12 个月期间内的约 2.5% 下降到截至 2020 年 5 月的 12 个月内仅略高于零的水平。而复苏过程呈 V 形,高通胀成了 2021 年和 2022 年宏观经济的主旋律。从 2021 年 2 月到 2021 年 11 月,12 个月的通胀率从 1.7% 飙升至 6.9%,这是自 20 世纪 80 年代初以来的最高水平。在 2022 年初,通胀率又进一步攀升。

在美联储,鲍威尔和他的团队通过迅速减少量化宽松政策购买规模并预计在 2022 年进行多次加息,放慢了宏观调控的步伐。但无论是货币政策还是财政政策都无法缓解供应链的非常规问题,这些供应链无法跟上对箱装商品日益增长的需求。无论是财政手段还是货币手段都无法解决这个非同寻常的问题。更糟糕的是,2022 年 3 月的俄乌冲突使得问题进一步恶化了。

注释

1. 后来了解到,加利福尼亚州早些时候已经发生了几起新冠肺炎死亡事件。
2. 季度数据遵循日历,但最糟糕的三个月实际上是三月、四月和五月。
3. 例如,参见 Goolsbee 和 Syverson (2021)以及 Gupta, Simon 和 Wing(2020)。

4. 正如 2008 年至 2009 年一样,美联储坚决拒绝将基金利率降至 0—0.25％以下,尽管许多其他央行已将隔夜利率降至负值。

5. 相比之下,标准普尔用了五年多的时间才恢复 2008 年秋季金融危机造成的损失。

6. 该指数由美国银行编制,该银行表示,它"跟踪在美国国内市场公开发行的以低于投资级评级的以美元计价的公司债的表现"。该指数可通过圣路易斯联储银行的 FRED 数据库(Ice Data Indices 2022)查询。

7. 然而,美联储确实开始购买大量美国国债和抵押贷款证券作为量化宽松政策的一部分。

8. 例如,商业票据融资机制、一级交易商信贷机制和货币市场共同基金流动性机制。

9. 一级市场企业信贷安排和二级市场企业贷款安排。

10. 市政流动资金融通。

11. PPPLF 和 MSLP。

12. 好吧,并不是所有的评级都很高。美联储曾一度决定支持二级市场的"堕落天使",即被评级机构降级为高收益率的前投资级债券。

13. 这句话出自莎士比亚的《第十二夜》第二幕第五场。这位吟游诗人大概对货币政策一无所知。

14. 美联储公布了个人消费支出平减指数的目标,而不是消费者价格指数的目标。以个人消费支出平减指数衡量的通货膨胀往往比以消费者价格指数衡量的通胀低 20—40 个基点。

第 19 章
60 年的货币政策和财政政策：发生了什么变化？

> 就像螺旋中的一个圆圈。就像车轮中的车轮。永远不会结束或开始，
> 在永不停止的卷轴上不停地旋转。
>
> ——来自歌曲《你心灵的风车》

在写这本书的时候，我多次被问到"你的核心观点是什么，你的'电梯演讲是什么'？如何用 90 秒的时间概括 60 年的货币和财政历史？"随着工作的推进，答案变得越来越明显：没有核心观点。你无法用简短的话语概括 60 年的精彩历史。显而易见的是，本书核心是一系列关于思想、事件、政治与政策之间复杂的相互作用的分析。然而，这个过程并非按照线性的方式进行，而更像是一堆错综复杂的齿轮在时间和空间中无休止地旋转。也就是说，从历史叙述中提取出一些共性主题，本章作为结论将这些主题进行了总结。我选择了其中四个对现代社会具有启示意义的主题展开叙述。

货币政策与财政政策。当然，本书的书名让人想起了米尔顿·弗里德曼和安娜·施瓦茨 1963 年的经典著作《美国货币史（1867—1960）》。但我在标题中增加了一个至关重要的词——财政，这使得焦点显著扩大了。已经阅读到这里的读者都知道，货币政策与财政政策在知识领域或在实际政策制定领域的盛衰变化是贯穿历史叙事的重要主线。2021 年的经济学家对这两种稳定政策的想法与 1961 年大不相同，政策制定者的行为与 1961 年间也大不相同。在这 60 年间为何以及如何发生了如此多次的变化，或许是本书的主要关注点。加入财政政

策的补充还迫使我更深入地探究政策背后的政治，这方面比弗里德曼和施瓦茨所做的更详尽。

凯恩斯主义经济学。当然，弗里德曼和施瓦茨都是货币主义者，很多人都像他们一样拒绝将凯恩斯主义作为理论和政策。因此，本书的第二个主题是凯恩斯主义的反复崛起和衰落，这个过程伴随并在某种程度上支撑了人们对货币政策和财政政策态度的不断演变的态度。

预算赤字。60 多年来，财政政策的讨论往往围绕着对联邦预算赤字的影响展开，这里的变化既是革命性的，也是重大的。一开始，巨额预算赤字被认为是危险的，即使不是不道德的。到最后，人们将其视为经济的来源。乔治·W.布什、巴拉克·奥巴马、唐纳德·特朗普和乔·拜登的政府都增加了联邦赤字，其数额在德怀特·艾森豪威尔甚至约翰·F.肯尼迪看来都是无法想象的。请注意，2000 年后的预算破坏者名单是无关党派的：其中包括两名民主党人和两名共和党人。真正与过去历史的断裂发生在 1981 年的里根时期。但正如对货币政策与财政政策的看法一样，预算赤字思想的演变远非线性。

中央银行的独立性。本书最后一个主题受到的关注较少：人们对央行独立性的态度。如今，央行的独立性被理所应当地视为最佳货币政策实践的主要和最明显的支柱之一。几乎没有人质疑其中的道理。但 1961 年的情况远非如此，自那以后，人们的态度才发生巨大变化。

谁居于主导地位，财政政策还是货币政策？

谁应该带头制定和执行稳定政策，中央银行还是财政当局？这个选择涉及多种原因，其中一些影响利率、汇率和资产价格。例如，虽然宽松的财政政策通常会提高利率，但宽松的货币政策通常会降低利率。其他考虑因素是具有可配置性的。例如，宽松的货币政策有利于房屋建筑和汽车行业，而所得税削减则促进了一般的消费支出。这两种稳定政策的分配效应也不同。无论是好是坏，货币政策通常对资产持有者影响是最大的。财政政策可以根据政客的意愿而偏向富人或穷人,美国历史上就有这样的例子。

因此,一个国家更依赖财政政策还是更依赖货币政策对于经济有重要影响。1961 年之前,至少在美国,这个问题的答案是明确的:两者都不是。[1]是的,1961 年之前曾发生过财政变革,尽管有时候对总需求产生了深远的影响(例如,战时支出和随后的复员),但那时候的财政政策并非有意旨在加速或减缓经济增长。

同样值得记住的是,美国政府对实现"为那些有能力、有意愿和寻求工作的人提供有用就业的条件"的官方承诺,仅限于 1946 年的《就业法》,而这部具有里程碑意义的法案主要关注财政政策而非货币政策。例如,它在白宫成立了一个新的经济顾问委员会,并要求总统提交年度经济报告。但这项法案并没有以任何方式改变美联储,也没有要求其报告经济情况。时代已然发生了变化。现在的经济观察者关注的是美联储,而不再看总统的经济报告。

1962 年肯尼迪的演讲,以及随后对减税的倡导,1964 年导致减税政策最终通过,这标志着与以前历史不同的重要转变。这是美国首次刻意使用自由裁量的财政政策来推动总需求,肯尼迪不顾预算赤字而提倡这样做。肯尼迪—约翰逊减税政策的成功协助林登·约翰逊在 1964 年取得压倒性胜利,提高了财政政策的地位,并使经济顾问委员会主席沃尔特·赫勒成为全国名人。货币政策由此被置于次要地位。

对肯尼迪—约翰逊减税的赞扬也提高了凯恩斯主义经济学的声望,尽管事实证明这只是昙花一现。凯恩斯主义理论基本上是对称的,鉴于此,赫勒和奥肯领导下的经济顾问委员会敦促约翰逊提高税收(或削减开支),以对抗过度升温的经济。作为一位杰出的政治家,约翰逊自然会抵制这一做法,而国会抵制的时间甚至更长。因此,1968 年的附加税法案姗姗来迟,无法阻止通货膨胀。这次失败造成了两个严重的后果。在思想领域,货币主义通过错误地宣称凯恩斯主义本质上是通胀的而取得了深远的影响。在政策领域,1968 年的附加税法案基本上标志着这是第一次也是最后一次使用可自由支配的财政政策来为美国经济降温。[2]凯恩斯主义在理论上是对称的,但在实践中却是不对称的。

拖延已久的减税政策也将美联储拖入了对抗通胀的中心。这使其主席威廉·麦克切斯尼·马丁与约翰逊总统发生了直接冲突,约翰逊总统曾想过解雇马丁(但没能成功)。随着越南战争的持续,财政政策开始朝着扩张的方向大幅调整,马丁认为美联储有责任应对通胀带来的负面影响。这一事件标志着紧缩货币政策和宽松财政政策之间的首次重大冲突,但不是最后一次。

1970 年,当理查德·尼克松总统任命他的老朋友阿瑟·伯恩斯执掌美联储时,任何此类冲突都消失了。没有人会问稳定政策哪一个占主导地位,因为两种政策是起协同作用的,首先是高度扩张的财政政策和货币政策,旨在使尼克松在 1972 年连任,一旦达到预期的政治效果,随之而来的是一次重要的财政和货币紧缩。人们通常会说财政政策在当年主导了货币政策,但更准确的说法可能是尼克松主导了两者。

此后不久,美国和其他国家陷入了滞胀的窘迫,首先是 1972 年至 1974 年间的粮食和能源冲击,以及后来在 1979 年至 1980 年间的能源冲击。因此,财政政策和货币政策都面临着一个全新的奇怪困境。政策制定者应采取紧缩货币政策以应对通胀上涨,还是宽松政策以缓解失业率上升? 鉴于无人知晓正确答案,因而责任归属问题毫无意义。

事实上,政策变得分裂。杰拉尔德·福特总统于 1974 年首次呼吁增税以对抗通货膨胀,但随后又改弦更张,于 1975 年说服国会减税以对抗严重的经济衰退。美联储在转向扩张以提振经济还是转向收缩以减缓通胀之间摇摆不定。然而,随着 20 世纪 70 年代公众对通货膨胀的反感加剧,货币政策的重点显然从缓解衰退转向了降低通货膨胀。尤其是当保罗·沃尔克成为美联储主席后,货币政策就占据了主导地位。财政政策不仅被置于次要地位,甚至完全没有参与的机会。

然而,在罗纳德·里根总统的领导下,财政政策强势回归。尽管里根政府荒谬的供给侧主张被证明是错误的,但里根减税的标准需求侧的影响既明显又巨大。到 1984 年,美国人民享受着经济快速增长和较低通货膨胀的愉悦组合。认为财政政策可以被忽视的想法,与里根在 1984 年大选中的对手表现得一样糟糕。

然而,在里根执政的八年里,主要的财政问题确实发生了巨大变化——从刺激经济到减少预算赤字。如果要管理总需求,这项工作将由美联储而不是国会负责,因为当时华盛顿认为国会需要集中精力减少赤字。令人高兴的是,沃尔克开始了这项工作,艾伦·格林斯潘将其完成。事实上,如果不是萨达姆·侯赛因和油价暴跌,美联储可能在1990年就实现完美的软着陆。这一时期,一个引人注目的事实是,当权者中没有人提到财政刺激可以作为1990—1991年微型衰退的可能疗法。

财政政策重新回到了舞台中央,但在比尔·克林顿总统的领导下有了不同的发展。出于对财政赤字的担忧,克林顿决定采取通常被经济学家视为紧缩性的财政政策:提高税收和削减开支。当然,克林顿并没有把他的经济计划宣传为减缓经济增长的方法。相反,他大肆宣扬削减赤字的好处,声称这将以某种方式创造就业机会。但这会如何发挥作用,目前不清楚。然而,在一个政治环境中,预算赤字已成为一种固执的追求,减少赤字本应带来好处。

克林顿非常清楚,他的财政赤字削减计划赌局能否成功,取决于艾伦·格林斯潘(共和党人)领导下美联储的行为。也许更可怕的是,它取决于纽约、伦敦和东京的一群债券交易员的反应。

两者都达到了某种程度的成功。美国联邦公开市场委员会在大约一年的时间里,将联邦基金利率保持在3%左右——按实际价值约为零。格林斯潘显示了出色的调控能力。美联储多年来的首次加息是在1994年2月4日,加息幅度只有25个基点,而非大多数联邦公开市场委员会成员希望的50个基点。在格林斯潘长期担任美联储主席期间,一直持续着这种精细的微调。沃尔特·赫勒可能无法微调经济,查尔斯·舒尔茨可能不愿意尝试。但艾伦·格林斯潘都做到了。

在克林顿—格林斯潘宽松货币和紧缩预算的政策组合下,美国经济表现出色。[3]商业投资占GDP的比例上升,通货膨胀率保持在较低水平,并创造了数千万个新的就业机会。最令主流经济学家惊讶的是,大规模的财政紧缩(没有任何货币宽松)似乎根本没有减缓经济。相反,它引发了债券市场的强劲反弹,压倒了财政紧缩。这可是件新鲜事。

　　克林顿时期的经济繁荣受益于格林斯潘随后在货币政策上的冒险，其有效延长了以及强化了这一趋势。随着经济腾飞和失业率降至数十年的最低水平，格林斯潘发现通货膨胀并未上涨。为什么呢？他假设，新经济创新带来的快速增长的生产率，正以超出人们认知的速度推动潜在 GDP 的增长。起初这只是一种预感，但随后的数据证明了他非传统的观点。由于这一"伟大决断"，美联储延续着经济繁荣直至 20 世纪 90 年代末，其通货膨胀率保持在 3% 左右。

　　综合来看，1994—1995 年的完美软着陆、专家级的微调，以及 1996—1999 年的"伟大决断"促使格林斯潘几乎达到神一般的地位。他风头正盛。美联储和货币政策也是如此。谁还需要财政政策啊？

　　这是一个合理的问题。然而，财政政策在 2000 年乔治·W.布什当选后又回来了。布什在竞选时提出了规模庞大的里根式减税政策，随后国会通过了该政策。在 2001 年的国会辩论中，格林斯潘似乎支持布什的减税政策，这使得他镀金般的声誉受到了损害。他毫不掩饰的主张不仅跨越了货币政策和财政政策之间的界限，而且让许多人觉得这对美联储来说过于政治化。民主党人自然感到不快。但格林斯潘对布什减税的支持可能并没有损害他在 2004 年再次被布什任命的机会。

　　2006 年 2 月，本·伯南克接替艾伦·格林斯潘时，美国经济表现良好。但这并没有持续下去。随着全球金融危机在 2007 年浮出水面并不断恶化，联邦公开市场委员会于 2007 年 9 月开始从缓至快地降息。最后，在 2008 年 12 月，伯南克领导的美联储将联邦基金利率范围降至 0—25 个基点，成为有效下限。总的来说，从 2007 年 9 月到 2008 年 12 月，基金利率下降了近 525 个基点。总之，货币政策在抗击衰退（以及金融恐慌）的时机和力度上都处于领先地位。[4]财政政策再次充当配角。但这一次它确实发挥了作用：布什政府设法在国会获得了适度的减税，大约占 GDP 的 1%。

　　巴拉克·奥巴马入主白宫后，财政政策和货币政策的相对角色再次发生了巨大变化。在一个月内，这位新总统（勉强）通过一个顽固的国会推动了一个庞大的财政刺激计划,约占 GDP 的 5%。但财政政策并没有长期占据主导地位。奥巴马政府随后抗击经济衰退的大部分努力都受到了国会的阻碍,尤其是在民主党在 2010 年中期选举中失去对众议院的控制之后。尽管美联储主席伯南克几乎是在乞求国会的帮助,但货币政策再次成为唯一的选择。让经济走出大衰退是一项艰巨的任务,伯南克担心美联储无法独自完成这项工作。

最后一个想法对当时的美联储和许多宏观经济学家来说是相对较新的。在之前的大多数衰退中,其中几次是由紧缩的货币政策引起的,央行认为它可以自己完成全部工作,主要通过降息。财政政策被认为与政治纠缠过多,无法提供太多帮助。但在 2007—2009 年的深度衰退中,美联储发现自己面临着之前日本所遇到的问题:名义利率的"零"下限。即使是一系列非常规货币政策似乎也不足以让经济摆脱困境。伯南克认为,不应该只考虑货币政策或财政政策来刺激需求,兼顾两者才是最佳策略。这是艾伦·格林斯潘和保罗·沃尔克可能从未考虑过的。

然而,财政稳定政策在 2009 年的刺激计划之后差不多就停止了。事实上,在 2011 年、2012 年和 2013 年的大部分时间里,它变成了紧缩政策。部分原因是无法进一步压低利率降低货币政策的效力,另一部分原因是财政政策转向顺周期,因此,自 2009 年 6 月谷底的复苏异常缓慢。直到 2014 年 5 月,雇员付薪数量才恢复到 2008 年 1 月的峰值。

从那时起,宏观经济和货币政策都相对平稳,直到 2020 年初疫情暴发。但财政政策却没有保持相同的状态。尽管经济正在蓬勃发展,没有显示出需要刺激的迹象,特朗普总统仍在 2017 年 12 月大力减免了个人和企业所得税。特朗普的减税让许多经济学家想起了林登·约翰逊的越南事件,为本已火热的经济注入了更多的财政火种。但正如 1965 年一样,2017 年的财政政策是由政治而非经济决定的。

许多经济学家担心需求过剩会导致更高通胀,就像 1965 年之后的那样,但这次却没有发生这种情况。尽管 2019 年 9 月失业率降至 50 年来的最低水平,但通胀率仍大致持平,略低于美联储 2% 的目标。几个月后,新冠肺炎疫情导致经济数据黯然失色,几乎使经济陷入停滞。

随着 2020 年 3 月、4 月和 5 月经济活动的低迷,本·伯南克十年前的观点得到了证明:结束这场恶性衰退需要货币政策和财政政策的最大努力。幸运的是,国会和美联储都做到了。

联邦公开市场委员会先发制人,将利率降至最低水平,并表示利率将保持不变,"直到它确信经济已经度过了最近的事件"(FOMC 2020c),同时宣布了各种紧急贷款和流动性便利,其中许多由财政部支持。这些行动和言论很快平息了动荡的金融局势。

国会于 3 月 27 日通过了大规模的《冠状病毒援助、救济和经济安全(CARES)法案》,随后于 2020 年 12 月推出了另一项大规模的救济计划,并于 2021 年 3 月通过拜登总统的巨额美国救济计划,为总财政支持设定了约 5 万亿美元的上限。令人惊讶的是,尽管经济遭受重创,但个人可支配收入实际上还是有所增长。

当然,2020—2021 将货币政策和财政政策提升至最高警戒级别(DEFCON1)是因为新冠肺炎疫情的压力,而非思想界的新动向。当时没有人担心货币政策和财政政策哪一个应该处于主导地位。许多人也没有担心(至少一开始是这样)超宽松的货币政策或巨额预算赤字可能会产生负面影响。

回顾本书所涵盖的 60 年,众所周知的历史弧线略微偏向于货币政策。与 1961 年相比,2021 年的经济学家和政策制定者更关注美联储,而不是国会。但与那些引人注目的周期和不断滚动的历史潮流相比,这一趋势微不足道。财政政策在 20 世纪 60 年代占据主导地位,理查德·尼克松在 70 年代主导了这两个领域,保罗·沃尔克在 80 年代没有寻求财政帮助来克服通货膨胀。里根和克林顿政府再次将财政政策置于聚光灯下,尽管方式截然不同。里根大幅减税导致赤字膨胀,克林顿通过减少赤字似乎促进了经济增长。在 1984 年至 2008 年的大部分时间里,财政政策都专注于预算赤字,并将稳定经济的任务交由美联储来完成。但当金融危机和疫情衰退超过了央行刺激经济的能力时,这种垄断地位不再可行,需要财政政策的大力协助。

凯恩斯主义经济学的兴衰轮回

这60年来,现实世界中财政政策与货币政策的大部分起伏都是跟随着大事件的推进而来的。不过,其中有些波动则反映了凯恩斯主义思想的起伏,尤其是在财政政策方面。相比之下,货币政策在实际意义一直遵循着凯恩斯主义的原则,即当经济下滑时转向扩张,当通货膨胀上升时转向收缩。[5]从某种意义上说,美联储1979年至1982年的货币主义实验在某种程度上是例外的证明:它的结束是因为经济需要"凯恩斯主义"刺激。

凯恩斯主义在肯尼迪政府时期首次主导华盛顿的思想,并在肯尼迪—约翰逊减税政策中迅速取得重大政策胜利。然而,不久之后,在知识和政策领域都发生了变化。

在知识领域,货币主义的萌芽开始于弗里德曼和施瓦茨(1963)的重要著作。20世纪60年代,由于弗里德曼的说服力和通货膨胀的上升,货币主义继续盛行,并成功地将通胀归咎于凯恩斯主义政策。70年代和80年代初期,美国和其他国家遭受了一系列供应冲击,通货膨胀再次推动了货币主义。讽刺是:通货膨胀实际上因与货币主义无关的原因而飙升,但货币主义者和其他凯恩斯主义的对手成功地再次将责任归咎于凯恩斯主义。

在政策领域,1968年附加税法案迟迟未能通过,以及它显然未能遏制通货膨胀,这产生了两个主要影响。首先,它玷污了凯恩斯主义的光辉。其次,它表明,财政政策可能只适用于刺激需求,而不是抑制需求。对抗通胀的收缩政策将不得不交给美联储处理。

20世纪70年代的滞胀也带来了另一个对凯恩斯主义理论知识挑战:新古典经济学。这种学术方法常被称为"理性期望革命",但这是一种错误的说法。赋予新古典模型惊人的反凯恩斯主义含义的,不是理性预期的假设,而是显然错误的假设,即所有市场都能迅速达到供求平衡。在这个假设的世界里,货币政策只有在撼动经济主体的情况下才能影响产出或就业，这在理性预期下是一个很高的要求。

新古典经济学凭借这种"政策无效"的结果，在 70 和 80 年代在学术界取得了巨大的成功，但它从未在央行行长或为其工作的许多博士经济学家中获得太多追随者。[6]毕竟，新古典经济学的教义指出他们都在浪费时间。在那时的大部分时间里，美联储的两位主席阿瑟·伯恩斯和保罗·沃尔克都不相信货币政策是无效的。更重要的是，世界各地的央行行长都看到了玛格丽特·撒切尔在英国和沃尔克在美国的极度紧缩的货币政策压垮了通胀和实体经济。难道没有真正的影响？

随着凯恩斯主义在知识界的衰落，货币主义在政策界兴起，并在 1979 年美联储号称转向货币主义时达到顶峰。货币主义者觉得自己是正确的。但凯恩斯主义者在吸取了威廉·普尔（William Poole 1970）的教训后退缩了：货币需求的剧烈波动可能会导致货币增长（令货币主义者不快）和利率的剧烈波动（令所有人都不快）。这两种情况都发生了，对货币主义造成了沉重打击。

尽管如此，当罗纳德·里根在现实世界中展示凯恩斯主义减税的力量和吸引力时，凯恩斯主义的思想仍受到学术界的围攻，尽管里根称之为"供给侧"减税措施。具有讽刺意味的是，在相当长的一段时间内，这一事件标志着财政政策在相当长的时间里再也无法成为宏观调控的稳定因素了。相反，里根经济学留下的巨额长期赤字使财政政策的新重点转向减少赤字。所谓反凯恩斯主义时代始于 1982 年废除里根的大部分商业减税政策，在 80 年代中期经历了数次失败的尝试（例如格拉姆—拉德曼—霍林斯法案），并成为乔治·H.W.布什总统财政政策的重点，最终促成了具有里程碑意义的 1990 年预算协议。

所有这些都是克林顿总统任期的序幕，就像激光束（克林顿主义最受欢迎的一种）一样专注于减少联邦预算赤字。克林顿经济学的成功催生了一些极端的反凯恩斯主义思想，比如负财政乘数。减少预算赤字能够创造就业机会吗？这种反凯恩斯主义的世界观将再次困扰奥巴马时代的政策制定者。

但克林顿领导下的美国繁荣真的证明凯恩斯错了吗？并非如此。克林顿的赤字削减计划被严重滞后执行，且短期内几乎没有削减预算。因此，也许正确的教训是，财政政策可以通过承诺未来赤字削减计划来刺激今天的经济。其机制可能是通过利率的期限结构：如果相信未来将有较低的短期利率，那么今天的长期利率应该降低。建立高可信度以及非负的财政乘数是使这一伎俩奏效的关键。

2000 年，当乔治·W.布什和阿尔·戈尔竞选总统时，主要的经济政策辩论是如何处理联邦政府不断增加的盈余。布什想要实行供给侧减税，戈尔想偿还国债。两派纲领听起来都不像凯恩斯主义者。因此，在 1982 年至 2001 年的整个时期，多数思考稳定政策的经济学家都优先考虑了货币政策。

当政策界发生这一切的同时，学术界的凯恩斯主义者正忙于对抗货币主义、供给侧经济学、新古典经济学，甚至包括所谓真实商业周期理论，这是一种将衰退视为生产率负增长的奇怪学说。到 90 年代末，学术界开始重新转向凯恩斯主义，因为新古典经济学的支持者开始承认宏观市场不会立即达到均衡。相反，正如凯恩斯主义者一直坚持的那样，价格和工资是"黏性的"，即使在理性预期下也会产生凯恩斯主义的政策影响。[7]

就像战壕里没有无神论者*一样，即便是在原则上宣称敌视凯恩斯主义的政策制定者，在经济衰退时也往往采取凯恩斯主义政策。这正是 2001 年发生的情况。小布什找到了一种新的理由支持供给侧的减税政策：经济需要财政刺激。美联储则大幅降低联邦基金利率，尽管艾伦·格林斯潘（据我所知）从未自称为凯恩斯主义者。如果货币政策和财政政策由詹姆斯·托宾和沃尔特·赫勒来实施，结果也不会有太大差别。

但这仅是即将到来的风暴的小小预演。当全球金融危机催生 2007—2009 年的大衰退时，世界各地的政策制定者迅速转向凯恩斯主义。在 2008—2009 年一系列仓促安排的峰会上，世界主要国家的领导人承诺将践行凯恩斯主义政策，但没有提到凯恩斯勋爵的名字。

---

* 比喻人在危机关头往往会放弃原则或信仰，转而寻求帮助。——译者注

　　虽然这些峰会在当时被誉为国际合作的典范，但实际上它们都是大规模的散兵坑行为。由于几乎每个国家都面临着同样的问题——总需求不足，因此它们都通过提振总需求来追求自身的国家利益。世界必然走向凯恩斯主义。有趣的是，中国率先推出了大规模财政刺激措施，其规模约占 GDP 的 10％。紧随其后的是奥巴马总统任期内的美国，采取的刺激政策约占 GDP 的 5％。

　　然而，这段罗曼史并未持久。在美国，共和党主导的国会很快又开始担心预算赤字，即使在奥巴马总统和美联储主席伯南克的反对下，财政政策还是在 2011—2013 年期间转向收缩。实际上，国会在 2013 年差点将美国经济推向一个陡峭的财政悬崖。

　　2017 年 1 月，唐纳德·特朗普就任美国总统时，一切都似曾相识。他的所得税削减计划在规模和结构上类似于小布什，但也有一些值得注意的差异。特朗普税收减免计划正值低失业率时期，而 2001 年的美国经济则需要刺激。布什的减税政策源于日益增长的预算盈余，而特朗普的则是建立在已经庞大的预算赤字之上的。最后，特朗普有关供给侧的言论远远超过了布什团队曾敢于提出的任何观点。如果你相信特朗普的言论，减税政策将推动美国 GDP 年增长率达到 5％—6％的区间，减少预算赤字，进而产生足以偿还国债的盈余。当然，没有一个经济学家在认真思考后会相信这些说法。我想知道特朗普政府是否相信。

　　不管怎样，2017 年的减税政策使得联邦预算在 2020 年初疫情冲击时严重失衡。与 2008—2009 年的情况类似，当时全世界都在实行凯恩斯主义的政策，没有人过于关注标签。2020 年 3 月，美联储将利率降到了最低点。截至该年底，国会通过了具有里程碑意义的《冠状病毒援助、救济和经济安全法案》（CARES Act），并于 2020 年 12 月和 2021 年 3 月再次提供更多财政救济。总的来说，对新冠肺炎的大规模财政反应让一些人想起了第二次世界大战的动员。不断上升的国债也是如此。

　　回顾 60 多年的财政政策，2021 年政府的态度肯定比 1961 年更像凯恩斯主义者。但这条路既崎岖又充满政治色彩。如果把凯恩斯主义政策定义为相信财政政策能够影响总需求，那么我会把美国总统分为三类。无论是在原则上还是在实践中,肯尼迪、约翰逊、尼克松、福特、卡特、奥巴马和拜登基本上都是凯恩斯主义者。里根、小布什和特朗普避开了凯恩斯主义的标签,但在实践中扮演了凯恩斯主义者的角色。在小布什和克林顿时期,当时的政策重点是无论如何都要减少赤字,这是唯一一个真正可以被称为反凯恩斯主义的财政插曲。

从马丁到杰罗姆·鲍威尔,货币政策的领导者更容易归类。除了伯南克和珍妮特·耶伦,没有人愿意被称为凯恩斯主义者。但他们都试图按照凯恩斯主义的思路来管理总需求。所以,名称又能代表什么呢?

预算赤字重要吗?

对联邦预算赤字和国家债务的态度在本书所涵盖的 60 年间发生了巨大的变化。事实上,对其态度改变了好几次。

德怀特·戴维·艾森豪威尔总统会去想"赤字重要吗?"这个问题很愚蠢。对于他和许多在 20 世纪 50 年代(以及此后)的人来说,赤字在财政上是不明智的,在道德上是令人厌恶的,对我们子孙后代构成负担。而且,如果你听了他的任何一位经济顾问的话,你会发现,赤字还会提高利率并挤出私人投资。即使赤字没有被美联储货币化,人们仍认为赤字会引发通胀,尽管这个机制具体的影响仍不明确。[8]凯恩斯主义因似乎支持甚至主张赤字而备受诟病。

肯尼迪和约翰逊政府在赤字存在时,仍然削减了税收,这标志着对传统思想的第一次重大突破。随着 20 世纪 60 年代的进展,也许是在货币主义的思想迫使下,预算赤字即使不创造货币也会导致通货膨胀的指责逐渐消失了。(通货膨胀始终是一种货币现象。)取而代之的是另一种指责:赤字通过挤出投资给子孙后代带来负担。[9]尽管如此,这一负担并没有阻止理查德·尼克松在 1972 年动用大规模赤字以协助他竞选连任。他并不是一个教条主义者。

吉米·卡特(一位严格的道德主义者)在尼克松—福特任期结束后担任总统,他对赤字问题更加重视,甚至可能将其视为道德愤慨。然而,在他的整个任期内,联邦赤字一直保持在 GDP 的 2.5% 左右。具有讽刺意味的是,在 1980 年的竞选活动中,这一"巨大"赤字正是候选人里根痛击卡特的要点之一。

确实很讽刺。早在里根总统任期内,预算赤字就从 1981 财年占 GDP 的 2.5% 猛增至 1983 财年的近 6%,这是"二战"之后相对于 GDP 的最大比例。[10] 然而,即使财政政策将实际预算赤字推至新的高度,平衡预算的意识形态仍然存在。你想要一致性吗? 供给侧学派通过宣称里根计划将在四年内平衡预算(White House 1981)从而解决了这个看似无法解决的难题。

当然,预算并没有平衡,减少预算赤字成了未来 15 年左右财政政策的首要任务。乔治·布什总统和民主党在 1990 年达成的"现收现付"制度可以被认为要求在边际上实现预算平衡,因为任何增加赤字的政策都必须伴随着对等且相反的减少赤字政策。事实上,90 年代平衡预算的修辞吸引力非常强,以至于比尔·克林顿和阿尔·戈尔经常将预算盈余称为"平衡预算",而算术却无足轻重。

在这种背景下令人惊讶的是,乔治·布什总统竟然如此迅速而轻松地使美国重新陷入巨额的预算赤字之中。国会终止了"现收现付"制度。2001 年和 2003 年的减税政策并没有取得成效。阿富汗和伊拉克的战争开支没得到弥补。甚至连一个新的大型福利项目联邦医疗保险(Medicare)处方药福利都没得到足够的资金支持。所有这些很快将联邦预算状况从 2001 财政年度占 GDP 的 1.2% 的盈余转变为 2003 财政年度占 GDP 的 3.3% 的赤字。艾森豪威尔式的共和党人不再存在。

此时,一个清晰的政治格局已经形成:民主党人当政时,共和党人会抱怨预算赤字,但当共和党人执政时,共和党人则会心甘情愿,甚至热切地接受预算赤字,尤其是当赤字源于对富人的减税时。回想起来,里根事件并没有背离共和党曾经主张的财政纪律。相反,它标志着一个新常态的开始,只是被老布什和克林顿打断了。

巴拉克·奥巴马于 2009 年 1 月就职,当时经济大衰退已经接近尾声。他的新政府设法在几乎没有共和党人的帮助下推行了一项大幅增加赤字的刺激法案。但在那之后,财政刺激的大门再次关闭。进一步增加赤字在政治上是不可能的。这种节俭的态度使美国在奥巴马政府余下的大部分时间里不得不采取紧缩的财政政策。但下一任共和党总统当选后,这种政策并没有得到延续。

特朗普在 2017 年推动国会通过的大规模减税计划,再一次没有得到充分资金支持。我想知道,有多少国会议员真的相信,特朗普总统和他的财政部长所说的荒谬言论,即另一次供给侧的奇迹能使预算免于税收损失。毕竟,1981 年和 2001 年许诺的供给侧奇迹并未发生。

当 2020 年初疫情暴发时,两党都没有过多担心预算赤字问题,因为 2019 财年预算赤字已经达到 GDP 的 4.6%。国家动员财政政策抗击新冠病毒,只有联邦政府有足够的借贷能力,而财政部支付极低的利息来借贷。更重要的是,美联储购买了大量新发行的国债[11],并将利率降至最低且承诺将维持在这一水平。所有人都在努力将新冠疫情对经济造成的损害降至最低,即使这意味着货币化的巨额赤字。

然而,两党对待赤字问题的宽松态度并未持续下去。随着《冠状病毒援助、救济和经济安全法案》(2020 年 3 月)的资金开始消耗殆尽,两党就后续救助计划的可取性和规模展开了一场充满激烈政治分歧的争论。税收减免不再占据中心舞台之际,国会共和党人对庞大的预算赤字感到不满,2020 财年赤字达到惊人的 GDP 的 15%。尽管如此,国会最终通过了一项新的救助法案,在 2020 年 12 月以大多数跨党派的投票通过。特朗普总统甚至抱怨纾困资金的规模太小。

进入拜登总统任职期间。2021 年 3 月,拜登凭借在国会参众两院的多数席位的赞成(尽管优势少得可怜)得以通过另一项破坏预算的巨额新冠疫情救助法案,其中包括另一轮救助支票。值得注意的是,参众两院的投票完全是按党派划分的,这迫使副总统哈里斯在参议院打破了 50 比 50 的僵局。共和党人反对的理由有很多,其中之一是美国国债的激增,到 2021 财年结束时,美国国债占 GDP 的比重达到了 96%。这个国家已经发生了天翻地覆的变化,从 1960 财年的平衡预算到 2021 超过 GDP 的 12% 的赤字。

在这种背景下,拜登和民主党人在推动增加开支方面遇到了困难。2021 年通过了一项超过 1 万亿美元的两党基础设施法案，但至少有一个被偿付的幌子。拜登计划的其余部分在参议院遭到共和党人和参议员乔·曼钦（民主党人）的阻挠。

持续上升的央行独立性

自 1961 年以来，货币与财政领域最明显但最不引人注意的变化之一是人们对中央银行独立性（CBI）的普遍态度。几十年来，CBI 的价值对经济学家来说是不言自明的。更重要的是，世界上大多数民主政府显然都同意这一点；无论是在法律上还是事实上，这些国家都赋予了央行相当大的独立性。但与我交谈过的许多经济学家惊讶地发现，CBI 理论在 20 世纪六七十年代并没有被广泛接受，甚至在美国，美联储的独立性在世界标准中显得不同寻常。

甚至一些著名的经济学家对 CBI 的明智性产生了疑问。正如第 11 章所述，两位左派和右派的经济学巨人，詹姆斯·托宾和米尔顿·弗里德曼在几乎所有事情上都有分歧。但他们仍然一致认为美联储不应该独立。就连美联储主席马丁也认为美联储是经济团队的一部分。

到 2021 年，人们对 CBI 的态度已截然不同。但这种观念的演变不是一夜之间发生的。CBI 在美国的最低谷大概出现在尼克松和伯恩斯执政时期，当时总统认为他能够且应该大力影响货币政策，而美联储主席似乎默许了这一点。

几年后，在保罗·沃尔克的领导下，美联储的处境发生了巨大变化。吉米·卡特知道沃尔克会坚定不移地保持独立，但他还是放手让新任美联储主席去抗击通胀。沃尔克像肩负使命的人一样紧握缰绳，坚称美联储独立自主，并不断推行激进的反通胀政策，最终导致经济严重衰退。从那以后，CBI 的优点就很少受到质疑，至少在美国是这样。

然而在 20 世纪 80 年代的全球范围内，独立的央行仍然是个例外而不是规则。美联储、德意志联邦银行和瑞士国家银行几乎是唯一的几个例子。70 年代和 80 年代的通胀经历改变了这一切。是的，撒切尔夫人在没有独立央行的情况下，在唐宁街 10 号征服了英国的高通胀。但以新西兰为首的大多数国家从沃尔克和德国央行的例子中看到了更多希望：让你们的中央银行独立，并给予其降低通胀的授权。英国随后也采纳了这一准则。

1992 年，欧洲各国政府起草并批准《马斯特里赫特条约》时，似乎自然而然地将 CBI 作为加入欧元区的一个条件。1999 年欧洲央行开始运作时，它成了世界上最独立的央行，基本上不需要向任何政府报告。自此，尽管偶尔有对欧洲央行的极端独立性的"民主赤字"怨言，但对于这种独立性的威胁并不严重，毕竟这是被写在多国条约中的。

关于美联储独立性的故事的最后两章与之前的章节截然不同。而且，它们还对未来提出了一些问题。

在应对 2007—2009 年和 2020—2021 年的超级危机时，美联储与其他央行一样，发现自己在以非同寻常的方式与财政部合作。一些批评者认为，这种密切合作相当于让央行屈从于财政部。例如，艾伦·梅尔泽（Allan Meltzer 2009c，13）认为："本·伯南克主席似乎愿意牺牲保罗·沃尔克在 20 世纪 80 年代恢复的大部分独立性。他与财政部紧密合作，并屈从于来自众议院和参议院银行委员会主席以及国会其他人的压力。"除了"与财政部紧密合作"这部分外，其余的伯南克完全不同意。到底是财政部还是美联储占主导地位？

值得一提的是，美联储在 2008—2009 年间展现了巨大的权力，这促使国会在 2010 年《多德—弗兰克法案》中考虑了削弱其权力的几种办法。但伯南克领导的美联储成功地抵制了几乎所有削弱其权力的提议，甚至使美联储在伯南克辩论后获得了更大的权力。[12] 那么，究竟是谁从属于谁呢？

本书出版时，最近的一段插曲基本结束了。当国会、财政部和美联储准备在 2020 年抗击新冠肺炎疫情时，美联储被迫采取了多种不同寻常的措施。欧洲央行的一些任务是传统的：扩大货币政策并维护金融稳定。但是国会和财政部要求美联储颁布一些远非正常的贷款工具。[13] 一个例子是命运多舛的"主街贷款计划"（Main Street Lending Program），但美联储没有能力执行这项计划。另一个

是为小型企业提供背书贷款的"薪资保护计划"（Paycheck Protection Program），
不过这些贷款大部分预计不会被偿还。

正如主席杰罗姆·鲍威尔一直指出的那样，美联储的业务是"贷款，而不是
支出"；它不希望其贷款上出现亏损。因此，国会通过让小企业管理局吸收薪资
保护计划贷款的所有损失来解决这个问题。尽管如此，该计划永不偿还的贷款
是美联储资产负债表上一个相当不寻常的条目。即便如此，美联储在 2020 年的
非常时期没有强烈反对承担这些新职责。因此，只要后新冠疫情世界没有重大
偏差，央行的独立性似乎有望幸存。

最后的话

思想、事件和政策决策相互作用，因果关系在各个方向上发挥作用。在财政
政策方面，有时是在货币政策方面，政治因素也起着重要作用。

在财政政策领域，经济学家长期以来一直在为政治家提供政策建议。其中
一些影响很大。自主财政政策虽然在 1961 年才出现，但现在已为人所熟悉，尽
管 2020—2021 年的插曲在范围和规模上都是前所未有的。回顾 60 多年的财政
历史，美国的一些重大决策看起来很明智，而另一些则并非如此。但无论如何，
重大决策总是由政治家做出。这一点从未改变，可能永远不会改变。我们称之
为民主。

在货币政策方面，现在的决策权和思维方式与 1961 年截然不同。除了唐纳
德·特朗普外，自比尔·克林顿以来的美国总统（但在他之前没有）对美联储采
取了不干涉的态度。美国中央银行是经济学家的组织，而不是政治家的组织。
打个比方，它像一群经济学家一样思考、说话和行动。在一些观察家看来，这造
成了民主赤字。然而，在过去 60 年里，很多观察者都将美联储的独立视为宏观
经济表现优越的重要因素。

在接下来的 60 年中，货币政策和财政政策会出现很多不可预知的变化，但

它们的发展方向会与过去 60 年相似。然而,本书的结尾我还是会有一个无畏的预测:财政政策的决策在很大程度上仍将基于政治因素,而货币政策的决策将主要考虑技术性和经济性问题。两种政策不会很快相遇。

注释

1. 例如,瑞典的稳定财政政策已经有很长的历史。例子可见 Lundberg(1985)。
2. 随后出现了财政紧缩,但它们是通过减少预算赤字而不是通过放缓增长来合理化的。
3. 1995 年后生产率的飙升无疑也起到了重要作用。
4. 降息并不是美联储行动的全部内容,详情见第 13 章和第 14 章。
5. 滞胀造成了一个明显的困境。
6. 在那个年代,货币政策制定者很少有经济学博士学位(阿瑟·伯恩斯是个罕见的例外)。政府希望"谨慎的男人"(是的,男人)来管理他们的中央银行。
7. 例如,参见 Christiano, Eichenbaum 和 Evans(1999)。
8. 现代经济学家所说的"价格水平的财政理论"在这场辩论中没有发挥作用。
9. 一些学者认为,以这种方式给后代造成"负担"是好的,甚至更可取,因为后代会更富有。然而,这种观点并未被普通大众所接受。事实上,在大众的视野中几乎见不到此论调。
10. 1983 年的确是经济衰退的一年,经济衰退会降低收入。但两年后,预算赤字仍占 GDP 的 5%。
11. 不完全是。美联储实际上是在二级市场购买国债,而不是在最初发行时购买。
12. 主要的例外是《多德—弗兰克法案》对基于第 13(3)条的紧急贷款设置了一些限制。
13. 顺便说一句,其中一些政策涉及对第 13(3)条贷款权力的自由使用,财政部欣然批准了。

参考文献

Abrams, Burton A. 2006. "How Richard Nixon Pressured Arthur Burns: Evidence from the Nixon Tapes." *Journal of Economic Perspectives* 20 (4): 177–88.

Abrams, Burton A., and James L. Butkiewicz. 2017. "The Political Economy of Wage and Price Controls: Evidence from the Nixon Tapes." *Public Choice* 170 (1): 63–78.

Agarwal, Sumit, and Wenlan Qian. 2014. "Consumption and Debt Response to Unanticipated Income Shocks: Evidence from a Natural Experiment in Singapore." *American Economic Review* 104 (12): 4205–30.

Alesina, Alberto, and Lawrence Summers. 1993. "Central Bank Independence and Macroeconomic Performance: Some Comparative Evidence." *Journal of Money, Credit and Banking* 25 (2): 151–62.

American Banker. 1982. "Volcker Speech Announcing Temporary Deemphasis of M1." October 13.

Andersen, Leonall C., and Jerry L. Jordan. 1968. "Monetary and Fiscal Actions: A Test of Their Importance in Economic Stabilization." *Federal Reserve Bank of St. Louis Review* 50 (11): 11–23.

Anderson, Martin. 1991. "Promises the Supply-Siders Made—and Didn't." *Wall Street Journal,* August 13.

Ando, Albert, and Franco Modigliani. 1965. "The Relative Stability of Monetary Velocity and the Investment Multiplier." *American Economic Review* 55 (4): 693–728.

Andrews, Edmund L. 2008. "Greenspan Concedes Error on Regulation." *New York Times,* October 23.

Bade, Robin, and Michael Parkin. 1988. "Central Bank Laws and Monetary Policy." Working Paper, University of Western Ontario, London, Ontario, October 1988. https://economics.uwo.ca/people/parkin_docs/CentralBankLaws.pdf

Ball, Deborah. 2018. "Mnuchin Brushes Off Concern about Dollar, Trade." *Wall Street Journal,* January 24.

Barr, Nicholas. 2004. "Phillips, Alban William Housego (1914–1975)." Oxford Dictionary of National Biography, September 23. https://www.oxforddnb.com/.

Barro, Robert J. 1977. "Unanticipated Money Growth and Unemployment in the United States." *American Economic Review* 67 (2): 101–15.

Barro, Robert J. 1979. "On the Determination of the Public Debt." *Journal of Political Economy* 87 (5): 940–71.

Barro, Robert J. 1986. "The Behavior of United States Deficits." In *The American Business Cycle: Continuity and Change*, ed. Robert J. Gordon, 361–94. Chicago: University of Chicago Press for NBER.

Beckner, Steven K. 1996. *Back from the Brink: The Greenspan Years.* New York: Wiley.

Benati, Luca, and Paolo Surico. 2009. "VAR Analysis and the Great Moderation." *American Economic Review* 99 (4): 1636–52.

Berke, Richard L. 1990. "The Budget Agreement: The Opposition; Rebellion Flares among Republicans over Accord." *New York Times*, October 2.

Bernanke, Ben S. 1983. "Nonmonetary Effects of the Financial Crisis in Propagation of the Great Depression." *American Economic Review* 73 (3): 257–76.

Bernanke, Ben S. 2002. "On Milton Friedman's Ninetieth Birthday." Remarks by Governor Ben S. Bernanke before the Conference to Honor Milton Friedman, University of Chicago, Chicago, November 8, 2002.

Bernanke, Ben S. 2004. "The Great Moderation." Remarks by Governor Ben S. Bernanke at the meetings of the Eastern Economic Association, Washington, DC, February 20, 2004.

Bernanke, Ben S. 2006. "Monetary Aggregates and Monetary Policy at the Federal Reserve: A Historical Perspective." Speech by Chairman Ben S. Bernanke at the Fourth ECB Central Banking Conference, Frankfurt, Germany, November 10, 2006.

Bernanke, Ben S. 2012a. "The Economic Club of New York, 426th Meeting, 105th Year, November 20, 2012: The Honorable Ben S. Bernanke, Chairman, Federal Reserve System." https://www.econclubny.org/documents/10184/109144/2012BernankeTranscript.pdf.

Bernanke, Ben S. 2012b. "Transcript of Chairman Bernanke's Press Conference, December 12, 2012." Board of Governors of the Federal Reserve System. https://www.federalreserve.gov/mediacenter/files/FOMCpresconf20121212.pdf.

Bernanke, Ben S. 2015. *The Courage to Act: A Memoir of a Crisis and Its Aftermath.* New York: Norton.

Berry, John M. 2001. "Greenspan Supports a Tax Cut." *Washington Post*, January 26, 2001.

Birnbaum, Jeffrey H., and Alan S. Murray. 1987. *Showdown at Gucci Gulch: Lawmakers, Lobbyists, and the Unlikely Triumph of Tax Reform.* New York: Random House.

Blanchard, Olivier J. 1984. "Current and Anticipated Deficits, Interest Rates and Economic Activity." *European Economic Review* 25 (1): 7–27.

Blanchard, Olivier J. 2019. "Public Debt and Low Interest Rates." *American Economic Review* 109 (4): 1197–229.

Blinder, Alan S. 1979. *Economic Policy and the Great Stagflation.* New York: Academic Press.

Blinder, Alan S. 1980. "The Consumer Price Index and the Measurement of Recent Inflation." *Brookings Papers on Economic Activity* 2: 539–65.

Blinder, Alan S. 1981a. "It's a Peter Pan Style of Economics." *Boston Globe*, April 10.

Blinder, Alan S. 1981b. "Temporary Income Taxes and Consumer Spending." *Journal of Political Economy* 89 (1): 26–53.

Blinder, Alan S. 1982. "The Anatomy of Double Digit Inflation in the 1970s." In *Inflation: Causes and Effect*, ed. Robert E. Hall, 261–82. Chicago: University of Chicago Press for NBER.

Blinder, Alan S. 1984. "Reaganomics and Growth: The Message in the Models." In *The Legacy of Reaganomics: Prospects for Long-Term Growth*, ed. Charles R. Hulten and Isabel V. Sawhill, 199–227. Washington, DC: Urban Institute Press.

Blinder, Alan S. 1987a. *Hard Heads, Soft Hearts: Tough–Minded Economics for a Just Society*. Reading, MA: Addison-Wesley.

Blinder, Alan S. 1987b. "Keynes, Lucas, and Scientific Progress." *American Economic Review* 77 (2): 130–36.

Blinder, Alan S. 1987c. "Paul Volcker was the Babe Ruth of Central Banking." *Business Week*, June 29.

Blinder, Alan S. 1988. "The Fall and Rise of Keynesian Economics." *Economic Record* 64 (4): 278–94.

Blinder, Alan S. 1990. "Can Congress Make the Budget Stick? Don't Bet on It." *Business Week*, December 31.

Blinder, Alan S. 1991. "Set the Record Straight on Violation of Trust." *Wall Street Journal*, August 21.

Blinder, Alan S. 2010. "In Defense of Ben Bernanke." *Wall Street Journal*, November 15.

Blinder, Alan S. 2013. *After the Music Stopped: The Financial Crisis, the Response, and the Work Ahead*. New York: Penguin Books.

Blinder, Alan S. 2018. *Advice and Dissent: Why America Suffers When Economics and Politics Collide*. New York: Basic Books.

Blinder, Alan S. 2021. "BPEA and Monetary Policy over 50 Years." *Brookings Papers on Economic Activity*, spring, 231–50.

Blinder, Alan S., and Stanley Fischer. 1981. "Inventories, Rational Expectations, and the Business Cycle." *Journal of Monetary Economics* 8 (3): 277–304.

Blinder, Alan S., and Douglas Holtz-Eakin. 1984. "Public Opinion and the Balanced Budget." *American Economic Review* 74 (2): 144–49.

Blinder, Alan S., and William J. Newton. 1981. "The 1971–1974 Controls Program and the Price Level: An Econometric Post-Mortem." *Journal of Monetary Economics* 8 (1): 1–23.

Blinder, Alan S., and Ricardo Reis. 2005. "Understanding the Greenspan Standard." In *Proceedings of the Federal Reserve Bank of Kansas City Symposium: The Greenspan Era; Lessons for the Future*, 11–96. Jackson Hole, WY, August 25–27, 2005. Kansas City, MO: Federal Reserve Bank of Kansas City.

Blinder, Alan S., and Jeremy B. Rudd. 2013. "The Supply-Shock Explanation of the Great Stagflation Revisited." In *The Great Inflation: The Rebirth of Modern Central Banking*, ed. Michael D. Bordo and Athanasios Orphanides, 119–75. Chicago: University of Chicago Press for NBER.

Blinder, Alan S., and Robert M. Solow. 1974. "Analytical Foundations of Fiscal Policy." In *The Economics of Public Finance: Essays*, ed. Alan S. Blinder, 3–115. Washington, DC: Brookings Institution Press.

Blinder, Alan S., and Janet L. Yellen. 2001. *The Fabulous Decade: Macroeconomic Lessons from the 1990s.* New York: Century Foundation Press.

Blinder, Alan S., and Mark Zandi. 2010. "How the Great Recession Was Brought to an End." *Moody's Analytics*, July 27, 2010.

Bordo, Michael D., and Barry Eichengreen. 2013. "Bretton Woods and the Great Inflation." In *The Great Inflation: The Rebirth of Modern Central Banking*, ed. Michael D. Bordo and Athanasios Orphanides, 449–89. Chicago: University of Chicago Press for NBER.

Bordo, Michael D., Christopher Erceg, Andrew Levin, and Ryan Michaels. 2017. "Policy Credibility and Alternative Approaches to Disinflation." *Research in Economics* 71 (3): 422–40.

Bordo, Michael D., and Athanasios Orphanides, eds. 2013. *The Great Inflation: The Rebirth of Modern Central Banking.* Chicago: University of Chicago Press for NBER.

Boston Herald. 2007. "McCain Says Greenspan's His Choice, Dead or Alive." October 6. https://www.bostonherald.com/2007/10/06/mccain-says-greenspans-his-choice-dead-or-alive/.

Bouey, Gerald K. 1982. "Monetary Policy–Finding a Place to Stand." Per Jacobsson Lecture, University of Toronto, September 5, 1982. Washington, DC: Per Jacobsson Foundation, International Monetary Fund. http://www.perjacobsson.org/lectures/1982.pdf.

Brenan, Megan. 2019. "Tax Day Update: Americans Still Not Seeing Tax Cut Benefit." Gallup News, April 12, 2019. https://news.gallup.com/poll/248681/tax-day-update-americans-not-seeing-tax-cut-benefit.aspx.

Broda, Christian, and Jonathan A. Parker. 2014. "The Economic Stimulus Payments of 2008 and the Aggregate Demand for Consumption." *Journal of Monetary Economics* 68 (December): S20–36.

Brown, E. Cary. 1956. "Fiscal Policy in the 'Thirties: A Reappraisal." *American Economic Review* 46 (5): 857–79.

Brunner, Karl. 1968. "The Role of Money and Monetary Policy." *Federal Reserve Bank of St. Louis Review* 50 (7): 9–24.

Bruno, Michael, and Jeffrey D. Sachs, 1985. *Economics of Worldwide Stagflation.* Cambridge, MA: Harvard University Press.

Burns, Arthur F. 1979. "The Anguish of Central Banking." Per Jacobssen Lecture, Belgrade, Yugoslavia, September 30, 1979. Washington, DC: Per Jacobssen Foundation, International Monetary Fund. http://www.perjacobsson.org/lectures/1979.pdf.

Bush, George W. 2000. "Address Accepting the Presidential Nomination at the Republican National Convention, Philadelphia, August 3, 2000." The American Presidency Project. https://www.presidency.ucsb.edu/node/211699.

Bush, George W. 2006. "Remarks to the Business and Industry Association of New Hampshire, Manchester, NH, February 8, 2006." The American Presidency Project. https://www.presidency.ucsb.edu/node/214730.

Campbell, John Y., and Robert J. Shiller. 1991. "Yield Spreads and Interest Rate Movements: A Bird's Eye View." *Review of Economic Studies* 58 (3): 495–514.

Carter, James Earl, Jr. 1979. Transcript of "Crisis of Confidence" Speech, July 15, 1979. The Miller Center of Public Affairs, University of Virginia. https://web .archive.org/web/20090721024329/http://millercenter.org/scripps/archive /speeches/detail/3402.

Case, Karl E., and Robert J. Shiller. 2003. "Is There a Bubble in the Housing Market?" *Brookings Papers on Economic Activity* 2: 299–362.

Cassidy, John. 2010. "On Tim Geithner." *The New Yorker*, March 9.

CBO (Congressional Budget Office). 1990. *The 1990 Budget Agreement: An Interim Assessment.* CBO Papers 217, December 1990. Washington, DC: CBO. https:// www.cbo.gov/sites/default/files/101st-congress-1989-1990/reports/90doc217 .pdf.

CBO (Congressional Budget Office). 1997. *The Economic and Budget Outlook: Fiscal Years 1998–2007.* CBO Report 10330, January 1997. Washington, DC: CBO. https://www.cbo.gov/publication/10330.

CBO (Congressional Budget Office). 1998a. *The Economic and Budget Outlook: Fiscal Years 1999–2008.* CBO Report 10607, January 1998. Washington, DC: CBO. https://www.cbo.gov/publication/10607.

CBO (Congressional Budget Office). 1998b. *Projecting Federal Tax Revenues and the Effect of Changes in Tax Law.* CBO Paper, December 1998. Washington, DC: CBO.

CBO (Congressional Budget Office). 2000. *The Budget and Economic Outlook: An Update.* CBO Report 12477, July 2000. Washington, DC: CBO. https://www .cbo.gov/publication/12477.

CBO (Congressional Budget Office). 2001. *The Budget and Economic Outlook: Fiscal Years 2002–2011.* CBO Testimony before the Committee on the Budget, U.S. Senate, January 31, 2001. Washington, DC: CBO. https://www.cbo.gov /sites/default/files/107th-congress-2001-2002/reports/entire-testimony.pdf.

CBO (Congressional Budget Office). 2004a. *The Budget and Economic Outlook: Fiscal Years 2005–2014.* CBO Report 15179, January 2004. Washington, DC: CBO. https://www.cbo.gov/publication/15179.

CBO (Congressional Budget Office). 2004b. *A Detailed Description of CBO's Cost Estimate for the Medicare Prescription Drug Benefit.* CBO Paper, July 2004. Washington, DC: CBO. https://www.cbo.gov/sites/default/files/108th -congress-2003-2004/reports/07-21-medicare.pdf.

CBO (Congressional Budget Office). 2014. *Competition and the Cost of Medicare's Prescription Drug Program.* CBO Report to the Chairman of the Subcommittee on Health Care of the Senate Finance Committee, 45552, July 2014. Washington, DC: CBO. https://www.cbo.gov/publication/45552 and https://www .cbo.gov/sites/default/files/113th-congress-2013-2014/reports/45552-PartD .pdf.

CBO (Congressional Budget Office). 2017a. *CBO's Economic Forecasting Record: 2017 Update.* CBO Report 53090, October 2017. Washington, DC: CBO. https://www.cbo.gov/system/files/115th-congress-2017-2018/reports/53090 -economicforecastaccuracy.pdf.

CBO (Congressional Budget Office). 2017b. *An Update to the Budget and Economic Outlook: 2017 to 2027.* CBO Report 52801, June 29, 2017. Washington, DC: CBO. https://www.cbo.gov/publication/52801.

CBO (Congressional Budget Office). 2019. *The Budget and Economic Outlook: 2019 to 2029.* CBO Report 54918, January 2019. Washington, DC: CBO. www.cbo.gov/publication/54918.

CBO (Congressional Budget Office). 2021. Budget and Economic Data: Potential GDP and Underlying Inputs. Washington, DC: CBO. https://www.cbo.gov/data/budget-economic-data#6.

CBO (Congressional Budget Office). 2022. Noncyclical Rate of Unemployment [NROU Dataset]. Retrieved from FRED, Federal Reserve Bank of St. Louis. https://fred.stlouisfed.org/series/NROU.

CEA (Council of Economic Advisers). 1964. *Economic Report of the President,* January 1964. Washington, DC: U.S. Government Printing Office.

CEA (Council of Economic Advisers). 1965. *Economic Report of the President.* Washington, DC: U.S. Government Printing Office.

CEA (Council of Economic Advisers). 1968. *Economic Report of the President.* Washington, DC: U.S. Government Printing Office.

CEA (Council of Economic Advisers). 1969. *Economic Report of the President: Hearings before the Joint Economic Committee, Congress of the United States.* Washington, DC: U.S. Government Printing Office.

CEA (Council of Economic Advisers). 2017. *Corporate Tax Reform and Wages: Theory and Evidence.* October 2017. Washington, DC: U.S. Government Printing Office. https://trumpwhitehouse.archives.gov/sites/whitehouse.gov/files/documents/Tax%20Reform%20and%20Wages.pdf.

Chandler, Adam. 2017. "Why Would Trump Want a Weaker Dollar? *The Atlantic,* January 18, 2017.

Chodorow-Reich, Gabriel, Laura Feiveson, Zachary Liscow, and William Gui Woolston. 2012. "Does State Fiscal Relief during Recessions Increase Employment? Evidence from the American Recovery and Reinvestment Act." *American Economic Journal: Economic Policy* 4 (3): 118–45.

Christiano, Lawrence J., Martin Eichenbaum, and Charles L. Evans. 1999. "Monetary Policy Shocks: What Have We Learned and to What End?" In *The Handbook of Macroeconomics,* Vol. 1A, ed. John B. Taylor and Michael Woodford, 65–148. Amsterdam: North-Holland.

Clinton, William J. 1992. *Putting People First: How We Can All Change America.* New York: Three Rivers.

Clinton, William J. 1998. State of the Union Address, January 27, 1998. William J. Clinton Presidential Library. The Miller Center of the University of Virginia. https://millercenter.org/the-presidency/presidential-speeches/january-27-1998-state-union-address.

Clinton, William J. 2011. *Back to Work.* New York: Knopf.

CNN (Cable News Network)/Knight Ridder. 1992. Gallup/CNN/Knight Ridder Poll: Town Meeting Study 31088130, Version 3. Gallup Organization. Cornell

University, Ithaca, NY: Roper Center for Public Opinion Research. https://ropercenter.cornell.edu/ipoll/study/31088130.

Cochrane, Emily. 2021. "Congress Clears $1.9 Trillion Aid Bill, Sending It to Biden." *New York Times*, March 10.

Colvin, Jill. 2020. "As Americans Take Virus Precautions, Trump Flouts Advice." *Associated Press News*, March 10. https://apnews.com/article/michael-pence-public-health-donald-trump-ap-top-news-virus-outbreak-55466402fcfd1234f4120623f364772a.

Condon, Christopher. 2019. "Key Trump Quotes on Powell as Fed Remains in the Firing Line." Bloomberg News, August 22.

Cox, Jeff. 2018. "Trump Lays into the Federal Reserve, Says He's 'Not Thrilled' about Interest Rate Hikes." CNBC News, July 19. https://www.cnbc.com/2018/07/19/trump-lays-into-the-fed-says-hes-not-thrilled-about-interest-rate-.html.

CRFB (Committee for a Responsible Federal Budget). 2017. "Today's CBO Report Makes Clear Just How Far the President's Budget Is from Balance." CRFB Press Release, July 13. https://www.crfb.org/press-releases/todays-cbo-report-makes-clear-just-how-far-presidents-budget-balance.

Davidson, Kate. 2017. "Treasury Secretary Steven Mnuchin: GOP Tax Plan Would More Than Offset Its Cost." *Wall Street Journal*, September 28.

Dionne, E. J., Jr. 1988. "Political Memo; Yes, Late Voter Swings Do Happen, but Underdogs Can't Count on Them." *New York Times*, November 5.

Draghi, Mario. 2012. Speech by the European Central Bank President at the Global Investment Conference, London, July 26, 2012. https://www.ecb.europa.eu/press/key/date/2012/html/sp120726.en.html.

Eckstein, Otto. 1981. *Core Inflation*. New York: Prentice Hall.

The Economist. 2011. "The Rise of the Anti-Keynesians: Paul Ryan's Intellectual Hinterland." April 14, 2011.

Eisner, Robert. 1969. "What Went Wrong?" *Journal of Political Economy* 79 (3): 629–41.

Eizenstat, Stuart E. 2018. *President Carter: The White House Years*. New York: St. Martin's.

Elliott, Larry. 2019. "Trump Raises Pressure on Federal Reserve to Cut Interest Rates." *The Guardian*, August 21, 2019.

Evans, Paul. 1987. "Do Budget Deficits Raise Nominal Interest Rates? Evidence from Six Countries." *Journal of Monetary Economics* 20 (2): 281–300.

Fair, Ray C. 1978. "The Effect of Economic Events on Votes for President." *Review of Economics and Statistics* 60 (2): 159–73.

Fair, Ray C. 1993. "Testing the Rational Expectations Hypothesis." *Oxford Economic Papers* 45 (2): 169–90.

Faulkender, Michael, Robert Jackman, and Stephen I. Miran. 2022. "The Job-Preservation Effects of Paycheck Protection Program Loans." Office of Economic Policy Working Paper, U.S. Department of the Treasury.

FCIC (Financial Crisis Inquiry Commission). 2011. *The Financial Crisis Inquiry Report: Final Report to the National Commission on the Causes of the Financial and Economic Crisis in the United States.* Washington, DC: U.S. Government Printing Office.

Federal Reserve Act. 1913. Section 14, Open-Market Operations, December 1913. https://www.federalreserve.gov/aboutthefed/section14.htm.

Federal Reserve Bank of St. Louis. 2022. FRED (Federal Reserve Economic Data), FRASER (Federal Reserve Archival System for Economic Research). https://fred.stlouisfed.org/ and https://www.loc.gov/item/lcwaN0003909.

Federal Reserve System. 2006. "G. William Miller, 1925–2006." *Federal Reserve History*. Federal Reserve Bank of St. Louis. https://www.federalreservehistory.org/people/g_william_miller.

Federal Reserve System, Board of Governors. 2008. "Board Announces Creation of the Commercial Paper Funding Facility (CPFF) to Help Provide Liquidity to Term Funding Markets." Board of Governors of the Federal Reserve System Press Release, October 7, 2008. https://www.federalreserve.gov/newsevents/pressreleases/monetary20081007c.htm.

Federal Reserve System, Board of Governors. 2022. Main Street Lending Program. https://www.federalreserve.gov/monetarypolicy/mainstreetlending.htm.

Feldstein, Martin. 1994. *American Economic Policy in the 1980s*. Chicago: University of Chicago Press.

Feyrer, James, and Bruce Sacerdote. 2011. "Did the Stimulus Stimulate? Real Time Estimates of the Effects of the American Recovery and Reinvestment Act." NBER Working Paper 16759. Cambridge, MA: National Bureau of Economic Research.

Fischer, Stanley. 1977. "Long-Term Contracts, Rational Expectations, and the Optimal Money Supply Rule." *Journal of Political Economy* 85 (1): 191–206.

FOMC (Federal Open Market Committee). n.d. Washington, DC: Board of Governors of the Federal Reserve System. https://www.federalreserve.gov/monetarypolicy/fomc.htm.

FOMC (Federal Open Market Committee). 1975. "Meeting, February 19, 1975: Memorandum of Discussion." Washington, DC: Board of Governors of the Federal Reserve System.

FOMC (Federal Open Market Committee). 1982. "Meeting, October 5, 1982: Transcript." Washington, DC: Board of Governors of the Federal Reserve System.

FOMC (Federal Open Market Committee). 1994a. "Federal Reserve Press Release." Board of Governors of the Federal Reserve System Press Release, February 4, 1994.

FOMC (Federal Open Market Committee). 1994b. "Meeting, February 3–4, 1994: Transcript." Washington, DC: Board of Governors of the Federal Reserve System.

FOMC (Federal Open Market Committee). 2004. "Meeting, January 27–28, 2004: Transcript." Washington, DC: Board of Governors of the Federal Reserve System.

FOMC (Federal Open Market Committee). 2010a. "Meeting, January 26–27, 2010: Transcript." Washington, DC: Board of Governors of the Federal Reserve System.

FOMC (Federal Open Market Committee). 2010b. "Meeting, April 27–28, 2010: Transcript." Washington, DC: Board of Governors of the Federal Reserve System.

FOMC (Federal Open Market Committee). 2011. "Meeting, August 9, 2011: Transcript." Washington, DC: Board of Governors of the Federal Reserve System.

FOMC (Federal Open Market Committee). 2012a. "Federal Reserve Issues FOMC Statement." Board of Governors of the Federal Reserve System Press Release, January 25, 2012.

FOMC (Federal Open Market Committee). 2012b. "Federal Reserve Issues FOMC Statement." Board of Governors of the Federal Reserve System Press Release, December 12, 2012.

FOMC (Federal Open Market Committee). 2013. "Federal Reserve Issues FOMC Statement." Board of Governors of the Federal Reserve System Press Release, December 18, 2013.

FOMC (Federal Open Market Committee). 2014. "Federal Reserve Issues FOMC Statement." Board of Governors of the Federal Reserve System Press Release, March 19, 2014.

FOMC (Federal Open Market Committee). 2020a. "Federal Reserve Issues FOMC Statement." Board of Governors of the Federal Reserve System Press Release, March 3, 2020.

FOMC (Federal Open Market Committee). 2020b. "Federal Reserve Press Release." Board of Governors of the Federal Reserve System, March 23, 2020.

FOMC (Federal Open Market Committee). 2020c. "Federal Reserve Press Release." Board of Governors of the Federal Reserve System, July 29, 2020.

FOMC (Federal Open Market Committee). 2021. "Federal Reserve Issues FOMC Statement." Board of Governors of the Federal Reserve System, November 3, 2021.

Friedman, Milton. 1948. "A Monetary and Fiscal Framework for Economic Stability." *American Economic Review* 38 (3): 245–64.

Friedman, Milton. 1956. "The Quantity Theory of Money–A Restatement." In *Studies in the Quantity Theory of Money*, ed. Milton Friedman, 1–21. Chicago: University of Chicago Press.

Friedman, Milton. 1957. *A Theory of the Consumption Function*. Princeton, NJ: Princeton University Press.

Friedman, Milton. 1959. "The Demand for Money: Some Theoretical and Empirical Results. *Journal of Political Economy* 67 (4): 327–51.

Friedman, Milton. 1960. *A Program for Monetary Stability*. New York: Fordham University Press.

Friedman, Milton. 1968. "The Role of Monetary Policy." *American Economic Review* 58 (1): 1–17.

Friedman, Milton. 1969. *The Optimum Quantity of Money and Other Essays.* Chicago: Aldine.

Friedman, Milton. 1974a. "Is Money Too Tight?" *Newsweek*, September 23.

Friedman, Milton. 1974b. "Perspective on Inflation." *Newsweek*, June 24.

Friedman, Milton. 1975a. "Congress and the Federal Reserve." *Newsweek*, June 2.

Friedman, Milton. 1975b. "Perspectives on Inflation." *Newsweek*, June 24.

Friedman, Milton. 1979. *Free to Choose: A Personal Statement*. New York: Harcourt Brace Jovanovich.

Friedman, Milton. 1980. "Monetary Overkill." *Newsweek*, July 14.

Friedman, Milton. 2017. *Milton Friedman on Freedom: Selections from the Collected Works of Milton Friedman*. Edited by Robert Leeson and Charles G. Palm. Stanford, CA: Hoover Institution Press.

Friedman, Milton, and Rose D. Friedman. 1962. *Capitalism and Freedom*. Chicago: University of Chicago Press.

Friedman, Milton, and Walter W. Heller. 1969. *Monetary vs. Fiscal Policy*. New York: Norton.

Friedman, Milton, and David Meiselman. 1963. "The Relative Stability of Monetary Velocity and the Investment Multiplier in the United States, 1897–1958." In *Stabilization Policies*, 165–268. Commission on Money and Credit. Englewood Cliffs, NJ: Prentice Hall.

Friedman, Milton, and David Meiselman. 1965. "Reply to Ando and Modigliani and to DePrano and Mayer." *American Economic Review* 55 (4): 753–85.

Friedman, Milton, and Anna Jacobson Schwartz. 1963. *A Monetary History of the United States, 1867–1960*. Princeton, NJ: Princeton University Press.

Fullerton, Don, and Yolanda Kodrzycki Henderson. 1984. "Incentive Effects of Taxes on Income from Capital: Alternative Policies in the 1980s." In *The Legacy of Reaganomics: Prospects for Long-Term Growth*, ed. Charles R. Hulten and Isabel V. Sawhill, 45–90. Washington, DC: Urban Institute Press.

Fuster, Andreas, Greg Kaplan, and Basit Zafar. 2021. "What Would You Do with $500? Spending Responses to Gains, Losses, News, and Loans." *Review of Economic Studies* 88 (4): 1760–95.

Gali, Jordi, and Luca Gambetti. 2009. "On the Sources of the Great Moderation." *American Economic Journal: Macroeconomics* 1 (1): 26–57.

Gallup Organization. 2001. "Presidential Approval Ratings—Bill Clinton." Gallup News, November 9, 2021. https://news.gallup.com/poll/116584/presidential-approval-ratings-bill-clinton.aspx.

Gallup Organization. 2017. Gallup Poll: December 2017, Question 1, USGALLUP. 120617A.R03 [Dataset]. Cornell University, Ithaca, NY: Roper Center for Public Opinion Research. https://news.gallup.com/poll/1714/taxes.aspx.

Ganong, Peter, Pascal J. Noel, and Joseph S. Vavra. 2020. "US Unemployment Insurance Replacement Rates During the Pandemic." *Journal of Public Economics* 191 (104273): 1–12.

GAO (General Accounting Office [now Government Accountability Office]). 1996. *Financial Audit: Resolution Trust Corporation's 1995 and 1994 Financial Statements*, GAO/AIMD-96-123. Washington, DC: Accounting and Information Management Division.

Garten, Jeffrey E. 2021. *Three Days at Camp David: How a Secret Meeting in 1971 Transformed the Global Economy*. New York: HarperCollins.

Geithner, Timothy F. 2014. *Stress Test: Reflections on Financial Crises*. New York: Broadway Books.

Goldfeld, Stephen M. 1976. "The Case of the Missing Money." *Brookings Papers on Economic Activity* 3: 683–739.

Goldfeld, Stephen M., and Alan S. Blinder. 1972. "Some Implications of Endogenous Stabilization Policy." *Brookings Papers on Economic Activity* 3: 585–644.

Goodman, Peter S. 2008. "Taking Hard New Look at a Greenspan Legacy." *New York Times*, October 9.

Goodwin, Doris Kearns. 1976. *Lyndon Johnson and the American Dream.* New York: Harper & Row.

Goolsbee, Austan. 2008. "Looking for Lasting Solutions." *Face the Nation,* CBS News. Transcript of interview with Bob Schieffer, November 23. http://www.cbsnews.com/htdocs/pdf/FTN_112308.pdf.

Goolsbee, Austan, and Chad Syverson. 2021. "Fear, Lockdown, and Diversion: Comparing Drivers of Pandemic Economic Decline 2020." *Journal of Public Economics* 193 (January): 104311. SI: The Public Economics of COVID-19.

Gordon, Robert J. 1970. "The Recent Acceleration of Inflation and Its Lessons for the Future." *Brookings Papers on Economic Activity* 1: 8–47.

Gordon, Robert J. 1972. "Wage-Price Controls and the Shifting Phillips Curve." *Brookings Papers on Economic Activity* 2: 385–421.

Gordon, Robert J. 1975. "The Impact of Aggregate Demand on Prices." *Brookings Papers on Economic Activity* 3: 613–70.

Gordon, Robert J. 1977. "Can the Inflation of the 1970s Be Explained?" *Brookings Papers on Economic Activity* 1: 253–79.

Gordon, Robert J. 1982. "Price Inertia and Policy Ineffectiveness in the United States, 1890–1980." *Journal of Political Economy* 90 (6): 1087–117.

Gordon, Robert J., ed. 1986. *The American Business Cycle: Continuity and Change.* Chicago: University of Chicago Press for NBER.

Gordon, Robert J. 2011. "The History of the Phillips Curve: Consensus and Bifurcation." *Economica* 78 (309): 10–50. SI: A. W. H. Phillips 50th Anniversary Symposium.

Gorton, Gary B. 2010. *Slapped by the Invisible Hand: The Panic of 2007.* New York: Oxford University Press.

Granville, Kevin. 2017. "A President at War with His Fed Chief, 5 Decades before Trump." *New York Times*, June 13.

Greenhouse, Steven. 1993. "Fed Abandons Policy Tied to Money Supply." *New York Times*, July 23.

Greenspan, Alan. 1993. "Semiannual Monetary Policy Report to the Congress." Testimony of Alan Greenspan before the Committee on Banking, Finance, and Urban Affairs, U.S. Senate, February 19. Washington, DC: Board of Governors of the Federal Reserve System.

Greenspan, Alan. 2007. *The Age of Turbulence: Adventures in a New World.* New York: Penguin Books.

Grilli, Vittorio, Donato Masciandaro, Guido Tabellini, Edmond Malinvaud, and Marco Pagano. 1991. "Political and Monetary Institutions and Public Financial Policies in the Industrial Countries." *Economic Policy* 6 (13): 342–92.

Gupta, Sumedha, Kosali I. Simon, and Coady Wing. 2020. "Mandated and Voluntary Social Distancing during the COVID-19 Epidemic: A Review." *Brookings Papers on Economic Activity*, Summer, 269–326.

Haberman, Maggie, and David E. Sanger. 2020. "Trump Says Coronavirus Cure Cannot 'Be Worse Than the Problem Itself.'" *New York Times*, March 23.

Hamilton, James D., and Jing Cynthia Wu. 2012. "The Effectiveness of Alternative Monetary Policy Tools in a Zero Lower Bound Environment." *Journal of Money, Credit, and Banking* 44 (1): 3–46.

Hansell, Saul. 1999. "Business Travel; Priceline.com Stock Zooms in Offering." *New York Times*, March 31.

Hansen, Alvin. 1939. "Economic Progress and Declining Population Growth." *American Economic Review* 29 (1): 1–15.

Hegel, Georg Wilhelm Friedrich. 1899. *The Philosophy of History*, Vol. 10. Translated by J. Sibree. New York: Colonial Press. https://www.bartleby.com/73/570.html.

Heller, Walter W. 1966. *New Dimensions of Political Economy*. Godkin Lectures on the Essentials of Free Government and the Duties of the Citizen. Cambridge, MA: Harvard University Press.

Hirsh, Michael. 2009. "The Party of Goldwater?" *Newsweek,* January 28.

Holston, Kathryn, Thomas Laubach, and John C. Williams. 2016. "Measuring the Natural Rate of Interest: International Trends and Determinants." Federal Reserve Bank of San Francisco Working Paper 2016-11, December. https://doi.org/10.24148/wp2016-11.

Hulse, Carl, and David M. Herszenhorn. 2008. "Behind Closed Doors, Warnings of Calamity." *New York Times*, September 19.

Ice Data Indices, LLC. 2022. ICE Bank of America US High Yield Index Effective Yield [BAMLH0A0HYM2EY]. Retrieved from FRED, Federal Reserve Bank of St. Louis. https://fred.stlouisfed.org/series/BAMLH0A0HYM2EY.

Iša, Ján. 2006. "Profiles of World Economists: Nicholas Kaldor–One of the First Critics of Monetarism." *Biatec* 14 (12): 26–30. National Bank of Slovakia, Bratislava. https://www.nbs.sk/_img/Documents/BIATEC/BIA12_06/26_30.pdf.

Jacobs, Jennifer, and Billy House. 2016. "Trump Says He Expected to Lose Election Because of Poll Results." Bloomberg News, December 13.

Jordan, Jerry L. 1986. "The Andersen-Jordan Approach after Nearly 20 Years." *Federal Reserve Bank of St. Louis Review* 68 (8): 5–8.

Kennedy, John F. 1962. Commencement Address at Yale University, New Haven, CT, June 11, 1962. https://www.jfklibrary.org/archives/other-resources/john-f-kennedy-speeches/yale-university-19620611.

Kilborn, Peter T. 1987a. "The Business Cycle Rolls Over and Plays Dead." *New York Times*, January 11.

Kilborn, Peter T. 1987b. "Walter Heller, 71, Economic Adviser in 60s, Dead." *New York Times*, June 17.

Kilian, Lutz. 2008. "The Economic Effects of Energy Price Shocks." *Journal of Economic Literature* 46 (4): 871–909.

Kindleberger, Charles P. 1978. *Manias, Panics, and Crashes: A History of Financial Crises*. New York: Basic Books.

King, Robert G., and Charles I. Plosser. 1984. "Money, Credit, and Prices in a Real Business Cycle." *American Economic Review* 74 (3): 363–80.

Klamer, Arjo. 1984. *The New Classical Macroeconomics: Conversations with New Classical Economists and Their Opponents*. Brighton, UK: Wheatsheaf Books.

Kliesen, Kevin L. 2002. "Die Another Day? Budget Deficits and Interest Rates." Federal Reserve Bank of St. Louis, National Economic Trends, December 2002. https://files.stlouisfed.org/files/htdocs/datatrends/pdfs/net/20021201/cover .pdf.

Krishnamurthy, Arvind, and Annette Vissing-Jorgensen. 2011. "The Effects of Quantitative Easing on Interest Rates: Channels and Implications for Policy." *Brookings Papers on Economic Activity*, Fall, 215–87.

Krugman, Paul R. 2001. *Fuzzy Math: The Essential Guide to the Bush Tax Plan*. New York: Norton.

Kudlow, Larry. 2010. "Kudlow's Money Politics: My Interview with George W. Bush." *National Review,* November 2, 2010. https://www.nationalreview.com /kudlows-money-politics/my-interview-george-w-bush-larry-kudlow/.

Kydland, Finn E., and Edward C. Prescott. 1977. "Rules Rather Than Discretion: The Inconsistency of Optimal Plans." *Journal of Political Economy* 85 (3): 473–91.

Kydland, Finn E., and Edward C. Prescott. 1982. "Time to Build and Aggregate Fluctuations." *Econometrica* 50 (6): 1345–70.

La Monica, Paul R. 2016. "Trump: Janet Yellen Should Be 'Ashamed of Her-self.'" *CNN Money*, September 13, 2016. https://money.cnn.com/2016/09/13 /investing/stocks-donald-trump-janet-yellen-federal-reserve/index.html.

Leeper, Eric M. 1991. "Equilibria under 'Active' and 'Passive' Monetary and Fiscal Policies." *Journal of Monetary Economics* 27 (1): 129–47.

Leonhardt, David. 2001. "Back in Business; Supply-Side Economists Regain Influence under Bush." *New York Times*, April 10.

Lipsey, Richard G. 1960. "The Relation between Unemployment and the Rate of Change of Money Wage Rates in the United Kingdom, 1862–1957: A Further Analysis." *Economica* 27 (105): 1–31.

Louis Harris & Associates. 1977. Louis Harris Poll: September 1977, Question 71, [USHARRIS.103177.R1]. Cornell University, Ithaca, NY: Roper Center for Public Opinion Research. https://ropercenter.cornell.edu/ipoll/study/31103250.

Lovell, Michael C. 1986. "Tests of the Rational Expectations Hypothesis." *American Economic Review* 76 (1): 110–24.

Lucas, Robert E., Jr. 1972a. "Econometric Testing of the Natural Rate Hypothesis." In *The Econometrics of Price Determination: Conference, October 30–31, 1970*, ed. Otto Eckstein, 50–59. Washington, DC: Board of Governors of the Federal Reserve System.

Lucas, Robert E., Jr. 1972b. "Expectations and the Neutrality of Money." *Journal of Economic Theory* 4 (2): 103–24.

Lucas, Robert E., Jr. 1973. "Some International Evidence on Output-Inflation Trade-offs." *American Economic Review* 63 (3): 326–34.

Lucas, Robert E., Jr. 1976. "Econometric Policy Evaluation: A Critique." *Carnegie-Rochester Conference Series on Public Policy* 1 (1): 19–46.

Lucas, Robert E., Jr. 1995. "Robert E. Lucas Jr., Biographical." NobelPrize.org. Nobel Prize Outreach. https://www.nobelprize.org/prizes/economic-sciences /1995/lucas/biographical/.

Lucas, Robert E., Jr., and Leonard A. Rapping. 1969. "Price Expectations and the Phillips Curve." *American Economic Review* 59 (3): 342–50.

Lucas, Robert E., Jr., and Thomas J. Sargent. 1978. "After Keynesian Macroeconomics." In *After the Phillips Curve: Persistence of High Inflation and High Unemployment*, 49–83. Federal Reserve Bank of Boston Conference Series 19. Federal Reserve Bank of Boston.

Lundberg, Erik. 1985. "The Rise and Fall of the Swedish Model." *Journal of Economic Literature* 23 (1): 1–36.

Macleod, Iain. 1965. "Economic Affairs." Hansard Transcript of House of Commons Debate, U.K. Parliament, Vol. 720, Cols. 1155–284, November 17, 1965. https://hansard.parliament.uk/Commons/1965-11-17/debates/06338c6d-ebdd -4876-a782-59cbd531a28a/EconomicAffairs?highlight=stagflation.

Martin, William McChesney, Jr. 1955. Address before the New York Group of the Investment Bankers Association of America, New York, October 19, 1955. Board of Governors of the Federal Reserve System. https://fraser.stlouisfed .org/title/448/item/7800.

Mayer, Martin. 1990. *The Greatest-Ever Bank Robbery: The Collapse of the Savings and Loan Industry*. New York: Scribner.

McMahon, Madeline. 2015. "Trump: Janet Yellen Keeping Interest Rates Low as Political Favor to Obama." Bloomberg News, October 16.

Meltzer, Allan H. 1995. "Monetary, Credit and (Other) Transmission Processes: A Monetarist Perspective." *Journal of Economic Perspectives* 9 (4): 49–72.

Meltzer, Allan H. 2009a. *A History of the Federal Reserve*, Vol. 2, Bk. 1, *1951–1969*. Chicago: University of Chicago Press.

Meltzer, Allan H. 2009b. *A History of the Federal Reserve*, Vol. 2, Bk. 2, *1970–1986*. Chicago: University of Chicago Press.

Meltzer, Allan H. 2009c. "Policy Principles." In *The Road Ahead for the Fed*, ed. John D. Ciorciari and John B. Taylor, 13–52. Stanford, CA: Hoover Institute Press.

Meltzer, Allan H. 2009d. "Preventing the Next Financial Crisis." *Wall Street Journal*, October 22.

Meyer, Laurence H. 2004. *A Term at the Fed: An Insider's View*. New York: HarperCollins.

Mishkin, Frederic S. 1982. "Does Anticipated Monetary Policy Matter? An Econometric Investigation." *Journal of Political Economy* 90 (1): 22–51.

Mishkin, Frederic S. 1995. "Symposium of the Monetary Transmission Mechanism." *Journal of Economic Perspectives* 9 (4): 3–10.

Mitchell, Daniel. 1992. "Bad Numbers, the Price for Bad Tax Policy." *Wall Street Journal*, July 28.

Mohr, Charles. 1976. "Vance Is Selected by Carter to Run State Department." *New York Times*, December 4.

Moore, Stephen. 1992. "Crime of the Century: The 1990 Budget Deal after Two Years." Cato Institute Policy Analysis 182, October 12. https://www.cato.org/sites/cato.org/files/pubs/pdf/pa182.pdf.

Moynihan, Daniel Patrick. 1986. "The Diary of a Senator." *Newsweek*, August 25.

Muller, Christopher. 2015. "Delivering Food to the Front Door: A New, or Very Old, Convenience?" Boston Hospitality Review, Boston University School of Hospitality Administration. https://www.bu.edu/bhr/2015/02/01/780/.

Mundell, Robert A. 1960. "The Monetary Dynamics of International Adjustment under Fixed and Flexible Exchange Rates." *Quarterly Journal of Economics* 84: 227–57.

Mundell, Robert A. 1971. "The Dollar and the Policy Mix: 1971." *Essays in International Finance* 85:1–40. International Finance Section, Department of Economics, Princeton University. Princeton, NJ: Princeton University Press.

Muth, John F. 1961. "Rational Expectations and the Theory of Price Movements." *Econometrica* 29 (3): 315–35.

Nelson, Edward. 2007. "Milton Friedman on Inflation." Federal Reserve Bank of St. Louis Economic Synopses 1. https://doi.org/10.20955/es.2007.1.

Nelson, Edward. 2013. "Milton Friedman and the Federal Reserve Chairs, 1951–1979." Working Paper presented at Economics History Seminar, University of California, Berkeley, October 23. http://citeseerx.ist.psu.edu/viewdoc/download?doi=10.1.1.404.5347&rep=rep1&type=pdf.

Nelson, Edward. 2020. *Milton Friedman and Economic Debate in the United States, 1932–1972,* Vol. 2. Chicago: University of Chicago Press.

Newport, Frank. 2009. "Views on Government Aid Depend on the Program." Gallup News, February 24. https://news.gallup.com/poll/116083/views-government-aid-depend-program.aspx.

New York Times. 1987. "Arthur F. Burns Is Dead at 83; A Shaper of Economic Policy." June 27. https://timesmachine.nytimes.com/timesmachine/1987/06/27/754287.html?pageNumber=1.

Nixon, Richard M. 1962. *Six Crises.* Garden City, NY: Doubleday.

Nixon, Richard M. 1972. Transcript of a Recording of a Meeting between the President and H. R. Haldeman in the Oval Office, The White House, Washington, DC, June 23. Richard Nixon Presidential Library & Museum, Yorba Linda, CA. https://www.nixonlibrary.gov/sites/default/files/forresearchers/find/tapes/watergate/wspf/741-002.pdf.

Noble, Holcomb B. 2002. "James Tobin, Nobel Laureate in Economics and an Adviser to Kennedy, Is Dead at 84." *New York Times*, March 13.

Nordhaus, William D. 2007. "Who's Afraid of a Big Bad Oil Shock?" *Brookings Papers on Economic Activity* 2: 219–38.

Obama, Barack. 2020. *A Promised Land.* New York: Crown.

O'Brien, Patrick Joseph. 1935. *Will Rogers: Ambassador of Good Will, Prince of Wit and Wisdom.* Philadelphia: John C. Winston.

Okun, Arthur M. 1970. *The Political Economy of Prosperity*. Washington, DC: Brookings Institution Press.

Okun, Arthur M. 1971. "The Personal Tax Surcharge and Consumer Demand, 1968–70." *Brookings Papers on Economic Activity* 1: 167–211.

Oliner, Stephen D., and Daniel E. Sichel. 2002. "The Resurgence of Growth in the Late 1990s: Is Information Technology the Story?" *Journal of Economic Perspectives* 14 (4): 3–22.

O'Neill, Michael. 1999. Issue cover. *TIME*, February 15. http://content.time.com/time/magazine/0,9263,7601990215,00.html.

Oprysko, Caitlin. 2019. "Trump Accuses the Fed of Making a 'Big Mistake' with Its Interest Rate Hikes." POLITICO, June 10, 2019. https://www.politico.com/story/2019/06/10/trump-federal-reserve-interest-rate-hikes-1358816.

Orphanides, Athanasios. 2003. "The Quest for Prosperity without Inflation." *Journal of Monetary Economics* 50 (3): 633–63.

Palin, Sarah. 2010. "'Refudiation' of $600 Billion Printed Out of Thin Air." Letter to the Editor. *Wall Street Journal,* November 18. https://www.wsj.com/articles/SB10001424052748703326204575616901259121246.

Parker, Jonathan A., Nicholas S. Souleles, David S. Johnson, and Robert McClelland. 2013. "Consumer Spending and the Economic Stimulus Payments of 2008." *American Economic Review* 103 (6): 2530–53.

Passell, Peter. 1991. "Spurning Fine-Tuning; Any Fixes Washington Might Do to Help Could Just as Well Harm, Economists Say." *New York Times*, December 11.

Paulson, Henry M., Jr. 2009. "Statement on Comprehensive Approach to Market Developments." U.S. Department of the Treasury Press Release, September 19. http://www.treasury.gov/press-center/press-releases/Pages/hp1149.aspx.

Paulson, Henry M., Jr. 2010. *On the Brink: Inside the Race to Stop the Collapse of the Global Financial System*. New York: Business Plus.

Perloff, Jeffrey, and Michael L. Wachter. 1979. "The New Jobs Tax Credit: An Evaluation of the 1977–78 Wage Subsidy Program." *American Economic Review* 69 (2): 173–79.

Perry, George L. 1975. "Policy Alternatives for 1974." *Brookings Papers on Economic Activity* 1: 222–37.

Pew Research Center. 2012. "Auto Bailout Now Backed, Stimulus Divisive." Pew Research Center Survey Report, February 23. https://www.pewresearch.org/politics/2012/02/23/auto-bailout-now-backed-stimulus-divisive/.

Phelps, Edmund S. 1967. "Phillips Curves, Expectations of Inflation and Optimal Unemployment over Time." *Economica* 34 (135): 254–81.

Phelps, Edmund S. 1968. "Money-Wage Dynamics and Labor-Market Equilibrium." *Journal of Political Economy* 76 (4): 678–711.

Phelps, Edmund S. 1978. "Commodity-Supply Shock and Full-Employment Monetary Policy." *Journal of Money, Credit and Banking* 10 (2): 206–21.

Phillips, Alban William. 1958. "The Relation between Unemployment and the Rate of Change of Money Wage Rates in the United Kingdom, 1861–1957." *Economica* 25 (100): 283–99.

Pierce, James L., and Jared J. Enzler. 1974. "The Effects of External Inflationary Shocks." *Brookings Papers on Economic Activity* 1: 13–61.

POLITICO. 2016. "Full Transcript: Third 2016 Presidential Debate, October 19, 2016." POLITICO, October 20, 2016. https://www.politico.com/story/2016/10/full-transcript-third-2016-presidential-debate-230063.

Poole, William. 1970. "Optimal Choice of Monetary Policy Instruments in a Simple Stochastic Macro Model." *Quarterly Journal of Economics* 84 (2): 197–216.

Powell, Jerome. 2021. "Jerome Powell on the Pandemic Year: Tools to Avoid a Meltdown and Save Livelihoods" *Wall Street Journal*, March 19.

Presidential Task Force on Market Mechanisms. 1988. *Report of the Presidential Task Force on Market Mechanisms: Submitted to the President of the United States, the Secretary of the Treasury and the Chairman of the Federal Reserve Board*. Washington, DC: U.S. Government Printing Office. https://catalog.hathitrust.org/Record/005316860.

Reagan, Ronald. 1984. *Address before a Joint Session of the Congress on the State of the Union*, January 25, 1984. Online by Ronald Reagan Presidential Library. https://www.reaganlibrary.gov/archives/speech/address-joint-session-congress-state-union-january-1984.

Reeves, Richard. 1993. *President Kennedy: Profile of Power*. New York: Simon & Schuster.

Reinhart, Carmen M., and Kenneth S. Rogoff. 2009. *This Time Is Different: Eight Centuries of Financial Folly*. Princeton, NJ: Princeton University Press.

Reuters. 1971. "Nixon Reportedly Says He Is Now a Keynesian." *New York Times*, January 7. https://www.reuters.com/article/us-usa-fed-2013-timeline-idUS KCN1P52A8.

Reuters. 2019. "Key Events for the Fed in 2013: The Year of the 'Taper Tantrum.'" January 11. https://www.reuters.com/article/us-usa-fed-2013-timeline-idUS KCN1P52A8.

Romano, Lois. 1986. "Warren Rudman and His New Cause." *Washington Post*, January 22.

Rucker, Philip. 2009. "Sen. DeMint of S.C. Is Voice of Opposition to Health-Care Reform." *Washington Post*, July 28.

Ryan, Paul, George F. Will, Barney Frank, and Robert B. Reich. 2011. "Transcript: The Great American Debate, Part 1: There's Too Much Government in My Life." ABC News and the Miller Center of the University of Virginia, moderated by Christiane Amanpour, Washington, DC, December 18. https://abcnews.go.com/Politics/transcript-great-american-debates/story?id=15182473.

Safire, William. 1984. "On Language; Free World, So-Called." *New York Times*. December 16.

Samuelson, Paul Anthony. 1947. *Foundations of Economic Analysis*. Cambridge, MA: Harvard University Press.

Samuelson, Paul Anthony. 1948. *Economics: An Introductory Analysis*. New York: McGraw-Hill.

Samuelson, Paul Anthony. 1985. "Reagan's Tax Plan: A Help, but Not as Good as Treasury Proposal." *Boston Globe,* May 31.

Samuelson, Paul Anthony, and Robert M. Solow. 1960. "Analytical Aspects of Anti-inflation Policy." *American Economic Review* 50 (2): 177–94.

Samwick, Andrew. 1996. "Tax Shelters and Passive Losses after the Tax Reform Act of 1986." In *Empirical Foundations of Household Taxation*, ed. Martin Feldstein and James Poterba, 193–233. Chicago: University of Chicago Press for NBER.

Sargent, Thomas J. 1971. "A Note on the 'Accelerationist' Controversy." *Journal of Money, Credit and Banking* 3 (3): 721–25.

Sargent, Thomas J., and Neil Wallace. 1975. "'Rational' Expectations, the Optimal Monetary Instrument, and the Optimal Money Supply Rule." *Journal of Political Economy* 83 (2): 241–54.

Scheiber, Noam. 2012. *The Escape Artists: How Obama's Team Fumbled the Recovery.* New York: Simon & Schuster.

Schultze, Charles. 2011. "Slaying the Dragon of Debt: Fiscal Politics and Policy from the 1970s to the Present: A Project of the Walter Shorenstein Program in Politics, Policy and Values." Conducted by Martin Meeker in 2010, Regional Oral History Office, The Bancroft Library, University of California, Berkeley. https://digitalassets.lib.berkeley.edu/roho/ucb/text/schultze_charles.pdf.

Seru, Ami, and Luigi Zingales. 2020. "Save Capitalism from the Cares Act." *Wall Street Journal*, March 30.

Shiller, Robert J. 1989. "Investor Behavior in the October 1987 Stock Market Crash: Survey Evidence." *Market Volatility*, 379–402. Cambridge, MA: MIT Press.

Shultz, George P., and Kenneth W. Dam. 1977. "Reflections on Wage and Price Controls." *Industrial and Labor Relations Review* 30 (2): 139–51.

Solomon, Robert. 1982. *The International Monetary System: 1945–1981.* New York: Harper & Row.

Solow, Robert. 2018. "A Theory Is a Sometime Thing." *Review of Keynesian Economics* 6 (4): 421–24.

Sorkin, Andrew Ross. 2010. *Too Big to Fail: The Inside Story of How Wall Street and Washington Fought to Save the Financial System—and Themselves.* New York: Penguin.

Sperling, Gene B. 2001. "Greenspan Should Have Thought Twice." Brookings, February 5. The Brookings Institution, Washington, DC. https://www.brookings.edu/opinions/greenspan-should-have-thought-twice/.

Statista. 2021. Foreclosure Rate in the United States from 2005 to 2019. ATTOM Data Solutions. Statista Research Department, April 15, 2021. https://www.statista.com/statistics/798766/foreclosure-rate-usa/.

Stein, Herbert. 1969. *The Fiscal Revolution in America.* Chicago: University of Chicago Press.

Stock, James H., and Mark W. Watson. 2002. "Macroeconomic Forecasting Using Diffusion Indexes." *Journal of Business and Economic Statistics* 20 (2): 147–62.

Stock, James H., and Mark W. Watson. 2003. "Has the Business Cycle Changed? Evidence and Explanations." In *Proceedings of the Federal Reserve Bank of Kansas City Symposium on Monetary Policy and Uncertainty: Adapting to a Changing*

Economy, 11–96. Jackson Hole, WY, August 28–30, 2003. Federal Reserve Bank of Kansas City.

Stockman, David A. 1986. *The Triumph of Politics: Why the Reagan Revolution Failed.* New York: Harper & Row.

Summers, Lawrence H. 2014. "U.S. Economic Prospects: Secular Stagnation, Hysteresis, and the Zero Lower Bound." *Business Economics* 49 (2): 65–73.

Summers, Lawrence H. 2021. "Opinion: The Biden Stimulus Is Admirably Ambitious. But It Brings Some Big Risks, Too." *Washington Post,* February 4, 2021.

Suskind, Ron. 2004. *The Price of Loyalty: George W. Bush, the White House, and the Education of Paul O'Neill.* New York: Simon & Schuster.

Swagel, Phillip. 2009. "The Financial Crisis: An Inside View." *Brookings Papers on Economic Activity*, Spring, 1–78.

Swanson, Ana, and Binyamin Applebaum. 2017. "Trump Announces Jerome Powell as New Fed Chairman." *New York Times*, November 2.

Tax Foundation. n.d. "Federal Individual Income Tax Rates History: Nominal Dollars, Income Years 1913–2013." https://files.taxfoundation.org/legacy/docs/fed_individual_rate_history_nominal.pdf.

Tax Policy Center. 2017. Historical Capital Gains and Taxes [Dataset]. Urban Institute, Brookings Institution. https://www.taxpolicycenter.org/statistics/historical-capital-gains-and-taxes.

Taylor, John B. 1980. "Aggregate Dynamics and Staggered Contracts." *Journal of Political Economy* 88 (1): 1–23.

Taylor, John B. 1981. "On the Relation between the Variability of Inflation and the Average Inflation Rate." *Carnegie-Rochester Conference Series on Public Policy* 15 (1): 57–85.

Taylor, John B. 2009a. *Getting Off Track: How Government Actions and Interventions Caused, Prolonged, and Worsened the Financial Crisis.* Stanford, CA: Hoover Institution Press.

Taylor, John B. 2009b. "How Government Created the Financial Crisis." *Wall Street Journal,* February 9.

Taylor, John B. 2011a. "An Empirical Analysis of the Revival of Fiscal Activism in the 2000s." *Journal of Economic Literature* 49 (3): 686–702.

Taylor, John B. 2011b. "The 2009 Stimulus Package: Two Years Later." Testimony before the Committee on Oversight and Government Reform, Subcommittee on Regulatory Affairs, Stimulus Oversight and Government Spending, U.S. House of Representatives, February 16. http://citeseerx.ist.psu.edu/viewdoc/download?doi=10.1.1.362.5150&rep=rep1&type=pdf.

Tempalski, Jerry. 2006. "Revenue Effects of Major Tax Bills." OTA Working Paper 81, revised September 2006. Office of Tax Analysis, U.S. Department of the Treasury. https://www.treasury.gov/resource-center/tax-policy/tax-analysis/Documents/WP-81.pdf.

Thomas, Kenneth H. 2000. "Doubling Deposit Insurance Would Compound S&L Error." *American Banker*, September 1. https://www.americanbanker.com/search?q=%22Doubling+deposit+insurance+would+compound+%2C%22#nt=navsearch.

TIME. 1961. "The Economy: The Pragmatic Professor." March 3.

TIME. 1965. "The Economy: We Are All Keynesians Now." December 31.

Timiraos, Nick. 2022. *Trillion Dollar Triage: How Jay Powell and the Fed Battled a President and a Pandemic—and Prevented Economic Disaster*. New York: Little, Brown.

Timiraos, Nick, and Amara Omeokwe. 2021. "Powell Lays Groundwork for Faster End to Stimulus as Inflation Outlook Worsens." *Wall Street Journal*, November 30.

Tobin, James. 1974. *The New Economics One Decade Older*. Princeton, NJ: Princeton University Press.

Tufte, Edward. 1978. *Political Control of the Economy*. Princeton, NJ: Princeton University Press.

Türegün, Adnan. 2017. "Revisiting Sweden's Response to the Great Depression of the 1930s: Economic Policy in a Regional Context." *Scandinavian Economic History Review* 65 (2): 127–48.

Turner, Adair. 2016. *Between Debt and the Devil: Money, Credit, and Fixing Global Finance*. Princeton, NJ: Princeton University Press.

Turnovsky, Stephen J., and Marcus H. Miller. 1984. "The Effects of Government Expenditure on the Term Structure of Interest Rates." *Journal of Money, Credit and Banking* 16 (1): 16–33.

USA Today. 2010. *USA Today*/Gallup Poll: August Wave 1, Question 43, USGALLUP.10AGT027.R17 [Dataset]. Gallup Organization. Cornell University, Ithaca, NY: Roper Center for Public Opinion Research.

U.S. Congress. 1993. *Congressional Record: Proceedings and Debates of the U.S. Congress*. 103rd Congress, 1st Session, Vol. 139, Part 2, February 2, 1993. Washington, DC: U.S. Government Printing Office. https://www.congress.gov/bound -congressional-record/1993/02/02/house-section.

U.S. Department of the Treasury. 2009. "Secretary Geithner Introduces Financial Stability Plan." U.S. Department of the Treasury Press Release, February 10. https://www.treasury.gov/press-center/press-releases/pages/tg18.aspx.

U.S. Department of the Treasury. 2021. Troubled Assets Relief Program. TARP Investment Program Transaction Reports. https://home.treasury.gov /data/troubled-assets-relief-program/reports/tarp-investment-program -transaction-reports.

U.S. Department of the Treasury, Office of the Secretary. 1984. *Tax Reform for Fairness, Simplicity, and Economic Growth, Report to the President*, Vol. 1, *Overview*. November 1984. https://www.treasury.gov/resource-center/tax-policy /Documents/Report-Tax-Reform-v1-1984.pdf.

U.S. Department of the Treasury, Office of the Secretary. 1985. *The President's Tax Proposals to the Congress for Fairness, Growth, and Simplicity*. May 29. https:// home.treasury.gov/system/files/131/Report-Reform-Proposal-1985.pdf.

U.S. House Committee on Financial Services. 2010. *Monetary Policy and the State of the Economy*. Hearing, Committee on Financial Services, U.S. House of Representatives, Serial No. 111-64, July 21, 2009. Washington, DC: U.S. Government

Printing Office. https://www.gpo.gov/fdsys/pkg/CHRG-111hhrg53244/pdf/CHRG-111hhrg53244.pdf.

U.S. Joint Economic Committee. 1979. *The Economic Report of the President: Hearings before the Joint Economic Committee, U.S. Congress.* 96th Congress, 1st Session, Part 1, January 29, 1979. Washington, DC: U.S. Government Printing Office. https://fraser.stlouisfed.org/title/5332/item/536835.

U.S. Senate Committee on Banking, Housing, and Urban Affairs. 1971. *Hearings, Committee on Banking, Housing, and Urban Affairs, U.S. Senate,* March 1971. Washington, DC: U.S. Government Printing Office. https://www.banking.senate.gov/.

Volcker, Paul A. 1979. "Transcript of Press Conference Held in Board Room, Federal Reserve Building, Washington, DC, October 6, 1979." https://fraser.stlouisfed.org/title/statements-speeches-paul-a-volcker-451/transcript-press-conference-held-board-room-federal-reserve-building-washington-dc-8201.

Volcker, Paul A. 1990. "The Triumph of Central Banking." Per Jacobssen Lecture, International Monetary Fund, September 23, 1990. Washington, DC: Per Jacobsson Foundation, International Monetary Fund. http://www.perjacobsson.org/lectures/1990.pdf.

Volcker, Paul A. 2018. *Keeping at It: The Quest for Sound Money and Good Government.* New York: PublicAffairs.

Wall Street Journal. 1998. "Bush Pins 1992 Election Loss on Fed Chair Alan Greenspan." August 25. https://www.wsj.com/articles/SB904002475770183000.

Wanniski, Jude. 1978. *The Way the World Works: How Economies Fail and Succeed.* New York: Basic Books.

Watson, Kathryn. 2020. "Trump Says He Wants the Country 'Raring to Go by Easter,' Later Says It Will Be Based on 'Hard Data.'" *CBS News,* March 24. https://www.cbsnews.com/news/trump-says-he-wants-the-country-raring-to-go-by-easter-despite-warnings-from-many-health-experts-2020-03-24/.

Weissmann, Jordan. 2019. "Trump Gives World's Worst Economist the Presidential Medal of Freedom." Slate, May 31. https://slate.com/business/2019/05/trump-gives-art-laffer-the-worlds-worst-economist-the-presidential-medal-of-freedom.html.

Wessel, David. 2009. *In Fed We Trust: Ben Bernanke's War on the Great Panic.* New York: Random House.

Wessel, David, and Thomas T. Vogel Jr. 1993. "Arcane World of Bonds Is Guide and Beacon to a Populist President." *Wall Street Journal,* February 25.

White, Lawrence J. 1991. *The S&L Debacle: Public Policy Lessons for Bank and Thrift Regulation.* New York: Oxford University Press.

White House. 1981. *America's New Beginning: A Program for Economic Recovery.* Office of the President Report to the U.S. Congress, February 18. Washington, DC: U.S. Government Printing Office. https://fraser.stlouisfed.org/title/america-s-new-beginning-1221.

White House. 2021. "President Biden Nominates Jerome Powell to Serve as Chair of the Federal Reserve, Dr. Lael Brainard to Serve as Vice Chair." White

House Release, November 22. https://www.whitehouse.gov/briefing-room/statements-releases/2021/11/22/president-biden-nominates-jerome-powell-to-serve-as-chair-of-the-federal-reserve-dr-lael-brainard-to-serve-as-vice-chair/.

Wicker, Tom. 1985a. "In the Nation: Congress, Good and Bad." *New York Times*, November 29.

Wicker, Tom. 1985b. "In the Nation: Keeping It Simple." *New York Times*, January 18.

Wilentz, Sean. 2008. *The Age of Reagan: A History, 1974–2008.* New York: Harper Collins.

Wilson, Daniel. 2012. "Fiscal Spending Jobs Multipliers: Evidence from the 2009 American Recovery and Reinvestment Act." *American Economic Journal: Economic Policy* 4 (3): 251–82.

Woodward, Bob. 1994. *The Agenda: Inside the Clinton White House.* New York: Simon & Schuster.

Woodward, Bob. 2000. *Maestro: Greenspan's Fed and the American Boom.* New York: Simon & Schuster.

Wray, Randall. 1993. "Money, Interest Rates, and Monetarist Policy: Some More Unpleasant Monetary Arithmetic?" *Journal of Post Keynesian Economics* 15 (4): 541–69.

Yang, John E. 1990. "Budget Negotiators Meet at Andrews in Cheery, Summer Camp-Like Mood." *Washington Post*, September 8.

图书在版编目(CIP)数据

美国货币与财政史 : 1961—2021 / (美)艾伦·布
林德(Alan S. Blinder)著 ; 黄文礼,游春,马可嘉译.
上海 : 上海人民出版社, 2025. -- ISBN 978-7-208
-19329-1

Ⅰ. F827.129;F817.129

中国国家版本馆 CIP 数据核字第 2025YX8130 号

责任编辑 王 琪
封面设计 赤 祥

美国货币与财政史(1961—2021)

[美]艾伦·布林德 著

黄文礼 游 春 马可嘉 译

出 版 上海人民出版社
 (201101 上海市闵行区号景路 159 弄 C 座)
发 行 上海人民出版社发行中心
印 刷 上海商务联西印刷有限公司
开 本 720×1000 1/16
印 张 24.5
插 页 2
字 数 349,000
版 次 2025 年 7 月第 1 版
印 次 2025 年 7 月第 1 次印刷
ISBN 978 - 7 - 208 - 19329 - 1/F · 2907
定 价 108.00 元

A Monetary and Fiscal History of the United States, 1961—2021
by Alan S. Blinder
Copyright © 2022 by Princeton University Press
Chinese (Simplified Characters only) Trade Paperback
Copyright © 2025 by Shanghai People's Publishing House